农民工市民化

制度创新与顶层政策设计

国务院发展研究中心课题组 - 著

CITIZENIZATION OF MIGRANT WORKERS
SYSTEM INNOVATION AND TOP-LEVEL POLICY DESIGN

（校订本）

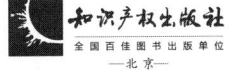

图书在版编目（CIP）数据

农民工市民化：制度创新与顶层政策设计：校订本/国务院发展研究中心课题组著. —北京：知识产权出版社，2021.11
ISBN 978-7-5130-7436-0

Ⅰ.①农… Ⅱ.①国… Ⅲ.①民工—城市化—研究—中国 Ⅳ.① D422.64

中国版本图书馆 CIP 数据核字（2021）第 033072 号

内容提要

本书基于对全国 20 多个城镇 6232 名（部分项目为 6272 名）农民工的问卷调查和对重庆等 6 个城市的实地考察，对农民工市民化的相关理论和政策问题进行了全面系统的研究。还对新时期农民工总体特征及发展趋势，农民工市民化与统筹城乡发展的关系，农民工市民化与城镇人口空间合理布局，农民工社会融入，健全城乡平等的就业制度，以及农民工市民化涉及的公共服务制度、社会保障制度、住房制度、财税制度、土地制度、户籍制度等专题进行了深入研究。在对实地调研和各专题研究成果进行综合、概括、提炼的基础上，从城乡统筹发展的角度，提出了加快推进农民工市民化进程的整体政策思路和建议。

总 策 划：王润贵	项目负责：蔡　虹
套书责编：蔡　虹　石红华	责任校对：潘凤越
本书责编：荆成恭	责任印制：刘译文

农民工市民化：制度创新与顶层政策设计（校订本）
国务院发展研究中心课题组　著

出版发行：知识产权出版社有限责任公司	网　址：http://www.ipph.cn
社　址：北京市海淀区气象路 50 号院	邮　编：100081
责编电话：010-82000860 转 8324	责编邮箱：caihongbj@163.com
发行电话：010-82000860 转 8101/8102	发行传真：010-82000893/82005070/82000270
印　刷：三河市国英印务有限公司	经　销：各大网上书店、新华书店及相关专业书店
开　本：787mm×1092mm　1/32	印　张：15.5
版　次：2021 年 11 月第 1 版	印　次：2021 年 11 月第 1 次印刷
字　数：432 千字	定　价：78.00 元
ISBN 978-7-5130-7436-0	

出版权专有　侵权必究
如有印装质量问题，本社负责调换。

编委会名单

主　　编： 李　伟

副 主 编： 刘　鹤　　刘世锦　　侯云春
　　　　　　 卢中原　　韩　俊

编委会成员： 丁宁宁　卢　迈　卢中原　包月阳
　　　　　　　 冯　飞　吕　薇　任兴洲　米建国
　　　　　　　 刘　鹤　刘世锦　孙兰兰　李　伟
　　　　　　　 李善同　余　斌　迟福林　张小济
　　　　　　　 张军扩　陈小洪　陆文强　侯云春
　　　　　　　 侯永志　夏　斌　郭励弘　徐小青
　　　　　　　 隆国强　韩　俊　程秀生　葛延风

出版说明

知识产权出版社自1980年成立以来，一直坚持以传播优秀文化、服务国家发展为己任，不断发展壮大，影响力和竞争力不断提升。近年来，我们大力支持经济类图书尤其是经济学名家大家的著作出版，先后编辑出版了《孙冶方文集》《于光远经济论著全集》《刘国光经济论著全集》和《苏星经济论著全集》等一批经济学精品力作，产生了广泛的社会影响。受此激励和鼓舞，我们和孙冶方经济科学基金会携手于2018年1月出版《孙冶方文集》之后，又精选再版孙冶方经济科学奖获奖作品。

"孙冶方经济科学奖"是中国经济学界的最高奖，每两年评选一次，每届评选的著作奖和论文奖都有若干个，评选的对象是1979年以来所有公开发表的经济学论著。其获奖成果基本反映了中国经济科学发展前沿的最新成果，代表了中国经济学研究各领域的最高水平。这次再版的孙冶方经济科学奖获奖作品，是我们从孙冶方经济科学奖于1984年首届评选到2017年第十七届评选出的获奖著作中精选的20多部作品。这次再版，一方面是为了缅怀和纪念中国卓越的马克思主义经济学家和中国经济改革的理论先驱孙冶方同志；另一方面有助于系统回顾和梳理我国经济理论创新发展历程，对经济学同人深入研究当代中国经济学思想史，在继承的基础上继续推动我国经济学理论创新、更好构建中国特色社会主义政治经济学都具有重要意义。

在编辑整理"孙冶方经济科学奖获奖作品选"时，有几点说明如下。

第一，由于这20多部作品第一版是由不同出版社出版的，所以开本、版式、封面和体例不太一致，这次再版进行了统一。

第二，再版的这 20 多部作品中，有一部分作品这次再版时作者进行了修订和校订，因此与第一版内容不完全一致。

第三，大部分作品由于第一版时出现很多类似"近几年""目前"等时间词，再版时已不适用了。但为了保持原貌，我们没有进行修改。

在这 20 多部作品编辑出版过程中，孙冶方经济科学基金会的领导和同事对本套图书的出版提供了大力支持和帮助；86 岁高龄的著名经济学家张卓元老师亲自为本套图书作了思想深刻、内涵丰富的序言；这 20 多部作品的作者也在百忙之中给予了积极的配合和帮助。可以说，正是他们的无私奉献和鼎力相助，才使本套图书的出版工作得以顺利进行。在此，一并表示衷心感谢！

知识产权出版社
2019 年 6 月

总 序

张卓元

知识产权出版社领导和编辑提出要统一装帧再版从1984年起荣获孙冶方经济科学奖著作奖的几十本著作,他们最终精选了20多部作品再版。他们要我为这套再版著作写序,我答应了。

趁此机会,我想首先简要介绍一下孙冶方经济科学基金会。孙冶方经济科学基金会是为纪念卓越的马克思主义经济学家孙冶方等老一辈经济学家的杰出贡献而于1983年设立的,是中国在改革开放初期最早设立的基金会。基金会成立36年来,紧跟时代步伐,遵循孙冶方等老一辈经济学家毕生追求真理、严谨治学的精神,在经济学学术研究、政策研究、学术新人发掘培养等方面不断探索,为繁荣我国经济科学事业做出了积极贡献。

由孙冶方经济科学基金会主办的"孙冶方经济科学奖"(著作奖、论文奖)是我国经济学界的最高荣誉,是经济学界最具权威地位、最受关注的奖项。评奖对象是改革开放以来经济理论工作者和实际工作者在国内外公开发表的论文和出版的专著。评选范围包括:经济学的基础理论研究、国民经济现实问题的理论研究,特别是改革开放与经济发展实践中热点问题的理论研究。强调注重发现中青年的优秀作品,为全面深化改革和经济建设,为繁荣和发展中国的经济学做出贡献。自1984年评奖活动启动以来,每两年评选一次,累计已评奖17届,共评出获奖著作55部,获奖论文175篇。由于孙冶方经济科学奖的评奖过程一直是开放、公开、公平、公正的,在作者申报和专家推荐的基础上,由全国著名综合性与财经类大学经济院系和中国社会科学院经济学科领域研究所各推荐一

名教授组成的初评小组,进行独立评审,提出建议入围的论著。然后由基金会评奖委员会以公开讨论和无记名投票方式,以简单多数选定获奖作品。最近几届的票决结果还要进行公示后报基金会理事会最终批准。因此,所有获奖论著,都是经过权威专家几轮认真的公平公正的评审筛选后确定的,因此这些论著可以说代表着当时中国经济学研究成果的最高水平。

作为17届评奖活动的参与者和具体操作者,我不敢说我们评出的获奖作品百分之百代表着当时经济学研究的最高水平,但我们的确是尽力而为,只是限于我们的水平,肯定有疏漏和不足之处。总体来说,从各方面反映来看,获奖作品还是当时最具代表性和最高质量的,反映了改革开放后中国经济学研究的重大进展。也正因为如此,我认为知识产权出版社重新成套再版获奖专著,是很有意义和价值的。

首先,有助于人们很好地回顾改革开放40年来经济改革及其带来的经济腾飞和人民生活水平的快速提高。改革开放40年使中国社会经济发生了翻天覆地的变化。贫穷落后的中国经过改革开放30年的艰苦奋斗于2009年即成为世界第二大经济体,创造了世界经济发展历史的新奇迹。翻阅再版的获奖专著,我们可以清晰地看到40年经济奇迹是怎样创造出来的。这里有对整个农村改革的理论阐述,有中国走上社会主义市场经济发展道路的理论解释,有关于财政、金融、发展第三产业、消费、社会保障、扶贫等重大现实问题的应用性研究并提出切实可行的建议,有对经济飞速发展过程中经济结构、产业组织变动的深刻分析,有对中国新型工业化进程和中长期发展的深入研讨,等等。阅读这些从理论上讲好中国故事的著作,有助于我们了解中国经济巨变的内在原因和客观必然性。

其次,有助于我们掌握改革开放以来中国特色社会主义经济理论发展的进程和走向。中国的经济改革和发展是在由邓小平开创的中国特色社会主义及其经济理论指导下顺利推进的。中国特色社会主义理论体系也是在伟大的改革开放进程中不断丰富和发展的。由于获奖著作均系经济理论力作，我们可以从各个时段获奖著作中，了解中国特色社会主义经济理论是怎样随着中国经济市场化改革的深化而不断丰富发展的。因此，再版获奖著作，对研究中国经济思想史和中国经济史的理论工作者是大有裨益的。

最后，有助于年轻的经济理论工作者学习怎样写学术专著。获奖著作除了少数应用性、政策性强的以外，都是规范的学术著作，大家可以从中学到怎样撰写学术专著。获奖著作中有几套经济史、经济思想史作品，都是多卷本的，都是作者几十年研究的结晶。我们在评奖过程中，争议最少的就是颁奖给那些经过几十年研究的上乘成果。过去苏星教授写过经济学研究要"积之十年"，而获奖的属于经济史和经济思想史的专著，更是积之几十年结出的硕果。

是为序。

2019年5月

前　言

农民变市民，是城镇化过程中的必然现象。我国目前仍处在城镇化快速发展阶段，吸纳农村转移人口在城镇落户定居，实现永久性转移，是统筹城乡发展的重大任务。2010年年初，国务院发展研究中心设立"促进城乡统筹发展，加快农民工市民化进程研究"重大课题，成立了以侯云春（国务院发展研究中心副主任）、韩俊（国务院发展研究中心副主任，时任国务院发展研究中心党组成员、农村经济研究部部长）、蒋省三（中华全国供销合作总社监事会主任，时任国务院发展研究中心党组成员、办公厅主任）为总负责人的课题组，对农民工市民化相关理论和政策问题进行全面系统研究。课题组集中了国务院发展研究中心这一领域的骨干研究人员，成员包括：农村经济研究部徐小青、谢扬、肖俊彦、何宇鹏、刘守英、郭建军、秦中春、张云华、樊雪志、崔传义，办公厅张军扩、王辉、王宾，发展战略和区域经济研究部侯永志、刘锋、刘云中，宏观经济研究部孟春、陈昌盛、张俊伟，社会发展研究部贡森，市场经济研究所任兴洲、廖英敏、刘卫民，企业研究所许召元、李志能，信息中心金三林。农村经济研究部徐小青、谢扬任课题协调人，何宇鹏、樊雪志任联络员。

该课题研究突出对农民工市民化新情况、新问题、新经验的调查总结，突出对以就业为引导和支撑的市民化的研究，突出对农民工市民化制度创新这一主线的探讨，突出及时和直接为中央决策服务。课题研究旨在通过开展大量实地调查，从统筹城乡发展这一大背景出发，对农民工市民化中长期重大政策问题进行前瞻性研究，提出可行的政策思路和建议。

为准确把握农民工市民化的实际进程和趋势，课题组开展了大量的实地调研工作。选择江苏、浙江、山东、安徽、湖北、河南、山西、重庆8省市20多个城镇的农民工进行问卷调查，共发放问卷7000份，有效问卷6232份（部分项目为6272份），在此基础上进行农民工市民化的实证分析。同时，课题组还对重庆、武汉、合肥、郑州、嘉兴、东莞6个城市进行调研，举行省、市、县（区）三级政府座谈会20多次，走访大量企业、学校、社区和农民工，对事关农民工市民化的转移就业和培训、社会保障和福利、公共服务、人口社会管理、户籍制度、土地权益保护、进城定居成本等展开深入分析，对地方政府推进农民工市民化的创新性实践经验进行总结。在大量实地调研的基础上，课题研究较好地、科学地把握了政策需求，并形成了一些重要判断。

为全面分析农民工市民化的制度安排，课题组对13个专题开展了深入研究。专题研究内容包括新时期农民工总体特征及发展趋势，农民工市民化与统筹城乡发展的关系，农民工市民化与城镇人口空间合理布局，农民工社会融入，健全城乡平等的就业制度，以及农民工市民化涉及的公共服务制度、社会保障制度、住房制度、财税制度、土地制度、户籍制度等。在对实地调研和各专题研究成果进行综合、概括、提炼的基础上，形成了综合性研究报告，系统阐述农民工市民化的内涵、重大意义、现状和问题、有利条件、制约因素和发展趋势，并提出加快农民工市民化进程的整体性政策框架和主要政策建议。

该课题研究的特点在于：注重大规模的实地调查，对不同类型城市和小城镇进行实地调研，对不同地区的农民工进行抽样调查，使研究结论更可靠；注重从宏观层面进行研究，在城乡统筹和中国特色城镇化道路的大背景下，系统研究农民工市民化的重大理论和政策问题；以新生代农民工市民化为核心，突出对重点群体的研究；以制度创新为主线，突出构建农民工市民化整体性政策框架。

在研究过程中，课题成果陆续以国务院发展研究中心《调查研究报告》形式送交有关决策部门参考，其中一些成果得到国务院领导同志的重要批示。本书收录了课题研究的综合研究报告和各专题研究报告。为了让广大读者全面了解研究成果，我们在附录中还收录了调查问卷和统计分析报告。全书由侯云春、韩俊最终审定，各章的作者名单附于章节之后。

在调研过程中，湖北省政府研究室、安徽省政府办公厅、河南省政府发展研究中心、重庆市委研究室和福建省政府发展研究中心等单位做了大量协调工作，武汉市、合肥市、郑州市、嘉兴市、东莞市、泰州市、宿州市、莱芜市、常熟市、如皋市、嘉善县、平湖市、诸城市、胶南市、平度市、肥东县、荥阳县、开县和太谷县政府有关部门等给予了大力支持，在此致以谢意。

农民工市民化将伴随着我国工业化、城镇化与解决"三农"问题的全过程，贯穿到2020年建成全面小康社会的整个阶段。本课题的研究不足之处在所难免，希望广大读者不吝赐教，以便我们不断深化对这一重大政策问题的研究。

国务院发展研究中心课题组

2011年6月

目 录

第一篇　总体研究

第一章　推进城乡统筹发展，加快农民工市民化进程　3

一、推进农民工市民化的现实基础与重大意义　4

二、推进农民工市民化的政策进展与存在的主要问题　12

三、农民工市民化的意愿分析　33

四、农民工市民化公共成本的测算　43

五、我国未来农民工的变化趋势　49

六、推进农民工市民化的整体性政策框架与思路　52

第二篇　专题研究

第二章　新时期农民工总体特征及发展趋势　69

一、农民工流动和就业的发展阶段　69

二、新时期农民工流动和就业的主要特点　72

三、新生代农民工的主要特点　89

四、"十二五"及中长期农民工发展趋势　100

第三章　农民工市民化的现状和意愿　110

一、调查对象基本情况　111

二、就业情况 113

三、收入和支出情况 118

四、居住情况及居住意愿 124

五、享受公共服务及业余文化生活情况 132

六、土地情况及处置意愿 135

七、市民化意愿 142

八、社会参与 149

九、政策建议 155

第四章 农民工市民化与统筹城乡发展的关系 159

一、农民工市民化的背景和阶段特征 159

二、统筹城乡发展背景下农民工市民化的主要内容 162

三、农民工市民化的基础和条件 166

四、推进农民工市民化对统筹城乡发展具有重要作用和意义 170

五、结论和判断 174

第五章 农民工市民化与城镇人口空间合理布局 178

一、进城农民工规模与空间流向分析 178

二、农民工市民化规模与城镇合理空间格局构想 181

三、基于人口合理分布的政策建议 187

第六章 农民工市民化与建立平等的就业制度 191

一、进城农民工首先关心的是就业收入问题 191

二、影响农民工转移就业、平等就业及收入增长的问题与原因 193

三、完善促进就业政策、构建平等就业制度的建议 198

第七章 建立覆盖农民工的普惠公共服务制度 202
一、基本公共服务的内涵及其范围界定 202
二、现行基本公共服务制度存在的问题阻碍了农民工的市民化 204
三、按照城乡和区域统筹的原则建立覆盖包括农民工在内的城市外来人口的普惠公共服务制度 209
四、保障农民工享受普惠的基本公共服务若干重要领域的思路 212

第八章 完善农民工的社会保障制度 217
一、农民工有多条途径享有城镇职工社会保险,但实际参保比例偏低 217
二、为农民工获得与输入地居民同等的社会福利和救助开辟通道 218
三、农民工参保率低的主要原因 220
四、完善农民工缴费制度和政策 222
五、以参加城镇职工社会保险年限为条件赋予农民工平等居民权利 225
六、完善中央投入和考评机制,增强地方公共服务覆盖农民工的能力和愿望 229

第九章 建立适合农民工特点的住房供应和政策体系 231
一、现阶段我国城市农民工住房现状 231
二、各地解决农民工住房的探索与实践 238
三、部分国家在城市化过程中住房保障政策经验借鉴 248
四、当前我国农民工定居城镇的条件已初步形成 252

五、新时期建立适合农民工特点的住房供应体系的
   思路 258

六、建立和完善多层次农民工住房供应体系的政策支持
   体系 262

第十章 农民工市民化的成本测算 265

一、农民工市民化成本的相关概念 265

二、农民工市民化成本的主要内容和测算方法 267

三、调研城市农民工市民化成本的测算结果 271

四、主要结论 273

第十一章 推进农民工市民化的财政政策 275

一、基本政策原则 275

二、主要的财政政策 276

三、优化收入分配结构,提高城镇接纳农民工的
   能力 279

四、细化政策设计,有效降低财政负担 280

第十二章 改革户籍和福利合一的社会管理制度 283

一、突破以户籍与服务挂钩的人口社会管理制度 283

二、以完善公共服务将农民工福利与城镇户籍脱钩 285

三、以居住证制度分期分批解决农民工的公共
   服务问题 287

四、农民工获得平等服务不应设交换条件 289

第十三章 推进农民工的社会融入 293

一、当前农民工社会融入的意愿分析 293

二、制约农民工社会融入的主要障碍 297

三、当前制约农民工社会融入的制度根源分析 300

四、农民工社会融入的政策内涵　304

五、农民工社会融入的衡量标准　306

六、当前推动农民工社会融入的政策方向　308

第十四章　农民工的政治参与倾向　315

一、当前农民工政治参与的群体特征　315

二、农民工政治参与的发展趋势与挑战　319

三、妥善应对农民工政治参与的政策思路　321

第三篇　附　件

第十五章　调查问卷统计分析　327

A　基本情况　327

B　就业情况　337

C　收入情况　351

D　支出情况　362

E　居住情况　374

F　居住意愿　395

G　享受公共服务、参与社会保险、业余文化生活情况　416

H　土地情况　424

I　意愿调查　436

J　社会参与　446

附录　农民工调查问卷　468

第一篇

1

总体研究

第一章 推进城乡统筹发展，加快农民工市民化进程

农民工是改革开放进程中成长起来的一支新型劳动大军，是现代产业工人的组成部分，是我国现代化建设的重要力量。农民工这一概念与我国特有的户籍管理制度相联系，主要是指户籍在农村，但主要在城镇从事非农产业的劳动人口。广义的农民工还包括在农村内部从事第二、第三产业的人员。2009年，我国共有22978万农民工，其中，前者即外出打工的农民工14533万人，占63.2%，后者即在本乡镇务工的农民工8445万人，占36.8%。

在我国，"市民"特指那些在城镇居住、拥有非农业户口的城镇居民。农民工尽管在城镇就业和居住，有的已经实现了举家迁移，但他们的户口还是农业户口，还不能和城镇居民享有同等的就业和福利待遇。从制度安排上说，户口是造成城乡居民待遇差别的最大障碍。长期以来，在消除城乡差别的改革思路上，多以户籍改革为手段，试图通过户籍改革来一次性解决农民工与"市民"之间的差别待遇。但是，一次户改的牵涉面广、成本高、障碍多。实际上这也成为户籍制度改革难以深入推进并饱受社会诟病的原因。这样，在城镇化进程加快的背景下，原有的城乡二元结构非但没有打破，反而正在向新的城镇居民、农村居民和城镇农民工三元结构转变。因此加快实现农民工市民化，不仅是破除城乡分割体制改革的需要，也是推进城镇化健康发展的需要。农民工市民化的过程，实质是公共服务均等化的过程。在这个过程中，户口的转换是形，服务的分享是实。要通过逐步增加和不断完善农民工的公共服务，最

终达到消除户口待遇差别的目标。在本章中，我们把农民工市民化的内涵界定为：以农民工整体融入城市公共服务体系为核心，推动农民工个人融入企业、子女融入学校、家庭融入社区，也就是农民工在城市"有活干，有学上，有房住，有保障"。当农民工的公共服务逐项落到实处后，传统户籍制度的消亡，正如粮票的取消，是一个水到渠成的过程。

为了使研究对促进农民工市民化的政策设计更有针对性和更具操作性，课题组对重庆、武汉、合肥、郑州、嘉兴、东莞6个城市进行了调研，了解了各地推进农民工市民化的政策举措，测算了农民工市民化需要支付的公共成本。课题组还对重庆等8个省市20多个小城镇的7000名农民工进行了问卷调查，有效问卷6232份（部分项目为6272份），在此基础上分析了农民工市民化的意愿和要求。本章我们主要侧重进行宏观分析和判断，并主要以专栏形式介绍各地的调查发现，以此作为宏观分析和判断的补充。研究表明，"十二五"时期是推进农民工市民化的关键时期，必须把以人为本、公平对待、一视同仁作为解决好农民工问题的根本要求，以稳步推进农民工市民化为方向，以扩大农民工转移就业、保障农民工合法权益、完善农民工公共服务和安置农民工进城定居为重点，深化户籍制度改革，扎实提高人口城镇化水平，促进农民工共享改革发展成果。

一、推进农民工市民化的现实基础与重大意义

（一）农民工流动的历史回顾

农村劳动力向非农产业和城镇转移是农民工市民化的必经阶段，农民工流动开始之时，即是城镇化和市民化开始之日。改革开放以来，农民工的流动经历了三个阶段，在空间分布上呈现出两大特征。

第一阶段是20世纪80年代，以就地转移为主，乡镇企业是农

民工就业的主要渠道。这一阶段,外出就业农民工数量从 20 世纪 80 年代初期的 200 万人左右发展到 1989 年的 3000 万人左右。

第二阶段是 20 世纪 90 年代,以跨地区异地流动为主,城市第二、第三产业成为农民工就业的主要渠道。这一阶段,乡镇企业发展趋缓,各种限制劳动力转移的制度逐渐放开,外出就业农民工数量从 20 世纪 90 年代初期的 6000 万人左右发展到 20 世纪末的 1 亿人左右。农民工流动范围扩大,跨省流动比重大幅上升。1993 年全国跨省流动的农民工约为 2200 万人,跨省流动的比重达到 35.5%。

第三阶段是进入 21 世纪后,农村劳动力供求关系进入重要转折期,农民工数量增长稳中趋缓。2002—2008 年,全国外出就业农民工数量年均增长约 595 万人,年均增长 5% 左右,低于 20 世纪 90 年代的平均增速(15%),进入稳定增长阶段。虽然总体上农村劳动力仍然过剩,但结构性供求矛盾开始突出,农村劳动力供求关系正从长期"供过于求"转向"总量过剩结构短缺"。农村青壮年劳动力大量转移到非农产业,供求明显偏紧,有一技之长的农民工供给严重不足,农民工供求的区域矛盾突出,"招工难"开始由沿海向内地扩散,有蔓延和加剧之势。

第一个特征是随着国家产业结构和区域经济布局的调整,中部崛起、西部大开发政策的深入实施,以及沿海地区劳动密集型产业向中西部转移,农民工的区域流向发生明显变化。国家统计局 2009 年的调查显示,与 2005 年相比,东部地区吸纳外出农民工占外出农民工总数的比重由 75.4% 下降到 62.5%,中部地区由 12.3% 提高到 17%,西部地区由 12% 提高到 20.2%。虽然外出农民工的就业地仍以东部地区为主,但农民工流动开始从东部地区向中西部转移,跨省外出的比重开始下降。

第二个特征是农民工外出务工以大中城市为主,但县域经济和小城镇的作用不容忽视。从外出农民工就业的地点看,2009 年,在直辖市务工的农民工占 9.1%,在省会城市务工的农民工占 19.8%,在地级市务工的农民工占 34.4%,在县级市务工的农民工

占18.5%，在建制镇务工的农民工占13.8%，在其他地区务工的占4.4%。在地级以上大中城市务工的农民工占63.3%，大中城市是外出农民工的主要就业场所。但从农民工的总量分布上看，在地级以上大中城市务工的农民工为9199万人，占农民工的40%，在县域（含县级市）务工的农民工为1.38亿人，占农民工的60%。县域经济特别是小城镇的发展对农村劳动力转移尤其是就地转移有着重要影响。需要指出的是，东部地区县域经济和小城镇的发展，已构成以城市群为主体推动城镇化战略的重要组成部分。大体上，东部地区主要以城市群"面状"吸纳农民工，特别是以小城镇为主吸纳本地农民工，中西部地区主要以大城市"点状"吸纳农民工（专栏1）。

专栏1

农民工流动的区域变化

随着"中部崛起"和"西部大开发"等区域发展政策的实施，我国产业升级转移和结构优化调整的步伐明显加快，中西部地区就业吸纳能力大大加强。据湖北省的调查，到2010年6月底，全省农民工数量达964万人，其中在东部务工的429.9万人，占44.6%；在中部务工的454.6万人，占47.2%；在西部务工的76.6万人，占8.0%。中部地区取代东部地区，成为湖北省农民工最大的输出地。同样，重庆市814.7万外出务工人口中，在市外就业的425万人，在市内就业的389.7万人，加上来渝就业的60多万外地农民工，市内就业农民工已达449.7万人以上，超过了外出就业农民工数量。与东部地区主要以城市群"面状"吸纳农民工不同，中西部地区主要以大城市"点状"吸纳农民工，如武汉市中心城区吸纳农民工137.5万人，占湖北省内农民工数量的27.7%，重庆市主城区吸纳农民工222万人，占重庆市内农民工数量的49.4%。中西部地区就业吸纳能力的增强，拓展了农村劳动力就地就近转移的空间，但也在一定程度上造成了东部地区的"招工难"。今后，以东部地区为主吸纳农民工和中西部地区吸纳农民工比重不断上升的趋势将并存,劳动力供求"两难""三抢"的局面(招工难和就业难,沿海与内地争抢、本地留用与外地务工争抢、实体型企业与服务型企业争抢劳动力的现象)将并存。农民工供求形势的变化,将进一步推动经济结构的调整和城市公共服务体系的完善。

(二)推进农民工市民化的现实基础

从农民工流动的特征和环境看,推进农民工市民化已经有了一定的现实基础。

1. 农民工就业的稳定性得到显著提升,流动的"家庭化"趋势明显

一是完全脱离农业生产、常年在外打工的农民工已经占到较大比重。根据国家统计局有关数据推算,2009年,农村劳动力转移率已达到45.8%,将近一半的农村劳动力已在第二、第三产业实现就业。

二是举家外出的农民工已经占到一定比例。据国家统计局资料显示,举家外出的农民工数量不断增长,2009年达到2966万人,占外出农民工的20.4%。

三是农民工外出就业趋于长期化。问卷调查表明,2010年,农民工外出打工的年数平均为7.01年,56.7%的人累积外出打工年数为5年以上,28.6%的人累积外出打工年数为10年以上。❶

四是农民工在同一城市就业和居住趋于稳定。问卷调查表明,2010年,农民工在当前城市务工和停留的时间平均为5.30年,其中40.7%的人在当前城市5年及以上,19.0.%的人为10年及以上。

---

❶ 农民工外出务工就业长期化趋势也得到了其他调查的证实。如国家人口和计划生育委员会2009年7月对北京、上海、深圳、成都、太原等地47461名流动人口的调查表明,劳动年龄人口中平均在现居住地停留时间为5.3年,有一半的人停留时间超过4年,18.7%的人停留时间超过10年。

农民工外出的时间越长,在一地稳定就业和居住的可能性越大。平均而言,初次外出2年以后,农民工务工地选择趋于稳定。

2. 新生代农民工成为主体,融入城市的意愿强烈

20世纪六七十年代"婴儿潮"时期出生的进城农民工已步入中年,并逐步退出城市,他们的子女即新生代农民工开始成为农民工的主要构成部分。目前,20世纪80年代以后出生的、年满16周岁以上的青年农民工已经超过1亿人(专栏2)。新生代农民工多数不具备从事农业生产的技能,不会再回到农村。虽然在户籍上还是归属于农民,但他们中的多数人在城市成长甚至出生在城市,心理上已经从上一代农民工的"城市过客"心态变成了"城市主体"心态。新生代农民工对土地的情结弱化,思想观念、生活习惯、行为方式已日趋城市化。新生代农民工代表着农民工的主流,渴望市民身份认同、待遇平等及融入城市,正发生由"亦工亦农"向"全职非农"转变,由"城乡双向流动"向"融入城市"转变,由"寻求谋生"向"追求平等"转变。

专栏2

新生代农民工成为流动主体

由于户籍制度的制约,我国农村劳动力流动具有鲜明的年龄替代特征,即年轻的劳动力进城不断补充替换年长的劳动力回乡,形成了城乡之间的双向流动。2009年与2006年相比,农村外出务工劳动力由13181万人增长到14533万人,增加了1352万人。其中,30岁以下年龄组由6933万人增长到8952万人,增加了2019万人;31~40岁年龄组由3888万人减少到3241万人,减少了647万人;40岁以上年龄组由2359万人减少到2340万人,减少了19万人。如今,40岁以上年龄组的农民工有2340万人,而10年前30岁以上年龄组的同批农民工有2931万人,净减少591万人。31~40岁年龄组的农民工有3241万人,而10

年前21~30岁年龄组的同批农民工有3603万人，净减少362万人。可见，新增的城市农民工主要来自1980年后出生的农村劳动力的补充，而30岁特别是40岁以上的农民工在逐步退出城市劳动力市场，回流农村。这部分人不太可能再次外出，不再形成城市劳动力的供给来源。当以"独生子女"为主的新生代农民工成为流动人口主体时，他们进城打工的诉求也发生了变化，双向流动将被进城定居逐步取代。

3. 2009年农村劳动力转移情况见表1-1

表1-1　2009年农村劳动力转移情况　　（万人，%）

年龄分组	劳力总量	比重	非农就业	比重	农业就业	比重
30岁及以下	15236	30.4	14155	61.6	1081	4.0
31~40岁	11978	23.9	5124	22.3	6854	25.3
41岁及以上	22903	45.7	3699	16.1	19204	70.7
合计	50117	100	22978	100	27139	100

资料来源：根据第二次农业普查数据公报和2009年农民工监测报告等数据推算。

（三）推进农民工市民化的重大意义

实现农民工向市民角色转型，是一个顺应亿万农民工意愿和我国现代化建设要求的重大转变。推进农民工市民化的重大现实意义在于：

第一，是从根本上解决好"三农"问题的需要。农民工不能在城市安居乐业，家分两地，长期奔波于城乡之间，这种不彻底的转移方式，起不到减少农民、使土地向务农劳动力稳定流转集中的作用。同时，农村青壮年的黄金时间用在城里，实际是把人口红利留在发达地区和城市，从长远来看，这样会进一步导致城乡、区域差距的扩大。我国三农问题突出，城乡居民收入差距持续扩大，根本原因在于农村人口多、农民转移不彻底、农业劳动生产率水平低。农民在户均不足半公顷的土地上搞农业，是不可能达到全面小康水平的。只有减少农民、增加市民，从根本上改善城乡资源配置，才能扩大农业经营规模和农产品市场规模，才能为发展现代农业、持续增加农民收入创造条件，才能富裕农民和繁荣农村。

第二，是推进城镇化健康发展的需要。从第五次人口普查开始，我国将进城就业、居住半年以上的流动人口（主体是农民工）计入"城镇常住人口"。按照这一口径计算，目前，每4个城镇常住人口中，就有1个是外来流动人口。近年来，我国城镇化水平的提高很大程度上来源于农民工进城就业。沿海各省份城镇化率的提高，主要来自农民工进城数量的不断增加（分子变大），浙江、北京、上海、天津和广东，农民工流入对城镇化的贡献率分别为30.7个、27.9个、24.7个、24.4个和18.6个百分点。内地各省份城镇化率的提高，主要来自农民工离乡数量的不断增加（分母变小），四川、河南、安徽和湖南农民工流出对城镇化的贡献率分别为9.5个、10.6个、13.3个和16.6个百分点。但是，在我国目前的城乡分割二元体制下，农民工仍被视为城市的"过客"，不能享受同城市居民同等的待遇，没有获得市民身份。从这个角度看，我国城镇化是"夹生"的。城镇化要以吸纳农民并使之向市民转变为目标。大量农民工不能沉淀在城镇，工业化进程与农民工市民化进程相脱节，是严重制约城镇化健康发展的一个突出矛盾。随着我国城镇化进程的加快，农村劳动力将继续大量涌向城市，推进农民工市民化是大势所趋。必须改变将进城农民工拒于城市社会之外的制度环境，促进农民工向市民角色的整体转型。

第三，是扩大内需、促进国民经济平稳较快发展的需要。目前，农村居民人均消费水平还不到城镇居民的1/3，主要耐用消费品拥有量大大低于城市居民，住房质量和环境也远远落后于城市居民。伴随农民工在城镇安家落户，其消费环境的改善、消费能力的提高和消费意愿的改变，必然会促进其衣食住行等方面的消费升级，必然会带动城市基础设施投资的增长。农民工市民化创造的巨大内需，无疑将会为保持我国经济平稳较快发展提供重要支撑。

第四，是加快产业结构优化升级的需要。农民工不能在城镇定居，流动性强，使企业不能形成稳定的、不断积累经验和技术的产业大军，对企业的人力资本积累、技术进步和产业升级造成了不利影响。无论是加强传统产业的技术改造，发展先进制造业，还是加快发展战略性新兴产业，都需要为农民工在城市定居创造条件，努力造就一支稳定的熟练工人队伍。服务业是扩大就业的重要渠道，服务业发展的规模，与人口城镇化和人口集聚的规模密切相关。我国服务业发展严重不足，推进农民工市民化可以带动服务业发展，提高服务业比重，优化经济结构。

第五，是促进社会和谐发展的需要。世界各国现代化过程中最基本的人口变动特征就是农民进城务工后成为工人和市民。我国长期以来实行的是城乡分治的户籍管理制，农民虽已进城务工，但农民的身份没有变，未被城市认同接纳为城市居民，于是出现了大批农民工。农民工现象无疑是中国的特色。农民工长期处在城市的边缘，只被当作廉价劳动力，不被城市认同接纳乃至受到忽视、歧视或伤害，融不进城市社会，享受不到应有的权利，定会累积很多矛盾，不仅他们自身的合法权益难以得到保护，也会导致农民工对城市社会普遍怀有疏离感和责任意识匮乏，处理不好还会形成重大的不稳定隐患。农民工市民化，不仅关乎内需，更关系到民生。从发展趋势看，城乡分割体制下出现的农民工现象终将会终结。在城市管理体制和政策上，应当转变观念，以开放和包容的胸襟把进城农民工作为城市居民的一部分，对农民工要由排斥到容纳，由管制为主转向服务为主，改变农民工"边缘化"的社会地位，给农民工摘掉农民的帽子，逐步做到权利平等。这样做，有利于农民工在城市

第一章 推进城乡统筹发展，加快农民工市民化进程

安居乐业，对促进城市社会安定和谐、健康发展，有着不容置疑的重要作用。

总之，农民工市民化涉及几亿农村人口转入非农产业和城镇的社会经济结构变迁，涉及几亿农村人口生产方式和生活方式的转变，是我国社会主义现代化进程中一个重大战略问题。这个问题驾驭得好，我国的现代化进程就可以比较顺利，处理不好也可能造成重大不稳定因素。解决好农民工问题，不仅直接关系到从根本上解决农业、农村和农民问题，也关系到工业化、城镇化乃至整个现代化的健康发展，关系到从城乡二元经济结构向现代社会经济结构转变，关系到改革发展稳定的全局。必须进一步转变观念，站在全局和战略的高度，充分认识在全面建设小康社会和实现现代化的进程中推进农民工市民化的重大意义。

二、推进农民工市民化的政策进展与存在的主要问题

改革开放以来，对农民工问题的认识经历了一个不断深化的过程。适应建立社会主义市场经济体制的要求，尊重农民的创造和选择，政府适时调整政策，20世纪80年代的政策基调是消除农民"离土"的限制，允许农民"离土不离乡，进厂不进城"；20世纪90年代的政策基调是消除农民"离乡"的限制，允许农民跨地区流动和进城打工；进入21世纪政策基调正在向允许农民工在城镇定居转变。2002年，中央提出了对农民进城务工就业实行"公平对待，合理引导，完善管理，搞好服务"的方针，此后，在清理与取消针对农民进城就业的歧视性规定和不合理收费、简化农民跨地区就业和进城务工的各种手续、保护进城务工农民的合法权益等方面出台了一系列政策。党的十六大以来，农民工政策取得重大突破，特别是2006年颁布了《国务院关于解决农民工问题的若干意见》，形成了较为完整的农民工工作政策体系。各地区各部门将农民工工作摆在重要位置，突出解决好转移培训、权益维护、社会保险、子

女入学等农民工最关心、最直接、最现实的利益问题,在推进农民工市民化方面进行了很多有益的探索。但总的来看,保护农民工合法权益的长效机制还没有形成,农民工进得了城但留不下的问题仍很突出,农民工管理制度还没有从根本上摆脱城乡分割二元体制的影响。

(一)保护农民工合法劳动权益取得了一定进展,但城乡平等的就业和收入分配制度还未形成

20世纪90年代以后,一些城市沿用计划经济体制下劳动用工管理的办法,对企业使用农民工实行总量指标控制,硬性规定企业使用本地工和农民工的比例。一些大中城市为了保证城市居民就业,规定了限制或禁止农民进入的职业和工种。这些做法损害了进城农民平等的就业权利,对外出就业农民带有明显的歧视性。2004年中央一号文件提出了对农民进城就业取消行政性限制,保护合法经济权益,提供公共服务和培训等政策。2006年发布的《国务院关于解决农民工问题的若干意见》,强调要消除农民工就业歧视和促进机会平等。2007年颁布了《就业促进法》《劳动合同法》《劳动争议调解仲裁法》,基本形成了消除农民工就业歧视和促进机会平等的法律框架。2003年制订了《2003—2010年全国农民工培训规划》,开始把农民工的就业服务和培训纳入公共财政的范畴。各地清理和取消了针对农民工进城就业的歧视性规定、不合理限制和乱收费问题,开放城市公共职业介绍机构,免费向农民工提供就业信息、职业指导和职业介绍服务等,农民工权益保护力度明显加强。尽管在保障农民工权益方面取得了明显的进展,但是仍存在一些薄弱环节和突出问题。农民工工资水平普遍偏低,城乡劳动者同工不同酬,导致农民工在城市压低消费水平,影响其在城镇安居,也对整个经济内需扩大造成不利影响。劳动用工管理不规范,签订劳动合同的比例还不高,合同期限短、内容不规范、履约不理想,农民工超时间劳动比较普遍。农民工劳动安全条件差,职业病和工伤事

故较多。农民工组织化程度低,工会维权职能发挥不够(专栏3)。

专栏3

农民工工资的变动趋势

农民工工资长期以来处于偏低的水平。国务院发展研究中心的调查表明,2004年之前的12年中,珠江三角洲外来农民工月平均工资仅增加了68元,与当地年均20%以上的GDP增长速度相比,工资水平几乎原地踏步,说明农民工未能很好地分享企业效益增长和国民经济发展的成果。近年来,农民工收入出现了较快增长。2009年与2005年相比,外出农民工月平均收入由872元提高到1417元,年均增长12.9%。值得注意的是,中西部工资涨幅加快,与东部工资差距明显缩小。根据国家统计局的调查,2009年,外出农民工的月均收入东部地区为1455元,中部地区为1389元,西部地区为1382元,东部地区只比中西部地区高5%,而5年前东部地区工资比西部地区工资平均高15%。近几年农民工工资水平的上涨,除了国家经济增长较快,就业需求比较旺盛的原因以外,更重要的原因是农村剩余劳动力供给特征发生了变化,即从过去的无限供给阶段转为有限剩余、有限供给阶段。目前,农民工工资总体仍处于较低水平,农民工工资仅相当于城镇职工的55%,比2004年下降了3个百分点。据研究,农民工和城镇职工的收入差距,有60%是人力资本差异造成的,40%是体制差异造成的。农民工不但工资低,而且劳动强度大,平均每月工作26天,每周工作58.4小时。相当于每月比国家规定多工作84小时,折合为10.5个工作日。按此推算,农民工真实月工资水平为960元左右,农民工的实际工资水平大体和各地的城市最低工资标准相当,只能维持基本生活需要。

问卷调查表明，农民工对打工所在地的环境总体满意。60.7%的农民工对所在城镇的环境表示基本满意或很满意，比2006年国家统计局农民工生活质量调查的满意程度提高了近9个百分点。农民工的就业趋于稳定，农民工累积外出打工平均年数达7.01年，在同一城市就业时间平均为5.30年，在同一企业就业时间平均为3.99年。近三年中，没有更换过工作单位的农民工达到57.9%。稳定的就业也带动了农民工家庭收入的提高，2009年，农民工家庭人均纯收入为6616.7元，比全国农村居民人均纯收入高28.4%。农民工家庭的人均纯收入，在按收入五等分的排列中，位于农村居民家庭的中高收入组（60%~80%，平均6467.6元）。特别是在工资拖欠的治理上，政策效果非常显著。被调查农民工中，只有4.3%的人被拖欠工资，比2006年下降了近16个百分点。

与就业的稳定性增强相比，工资待遇问题成为农民工最关心的问题。问卷调查表明，2009年农民工月工资平均为1719.83元，平均工作时间为9.86月／年。62.5%的人月工资为1000（不含）~2000元（图1-1）。农民工家庭人均纯收入比城镇居民家庭人均可支配收

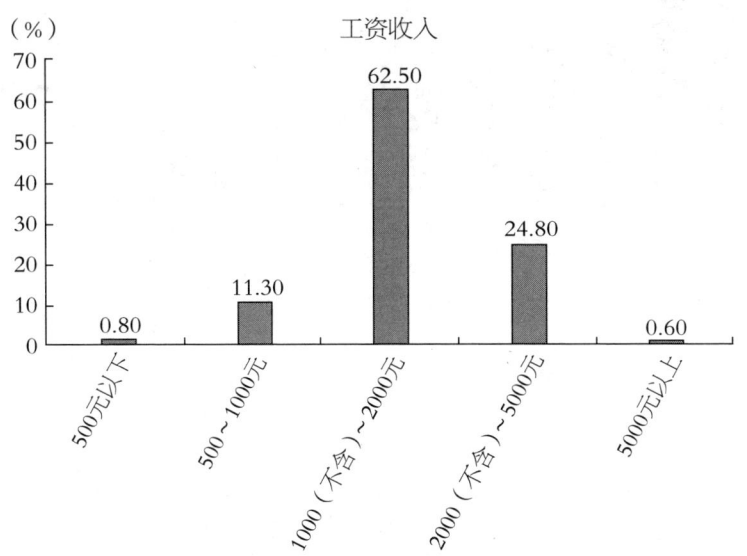

图1-1　2009年农民工月工资收入分布

入低 61.5%，仅比城镇居民家庭 10% 的最低收入户高 1363.5 元，比城镇居民家庭 10% 的低收入户低 1545.4 元，位于按收入五等分排列的城镇居民家庭收入最低的 20% 组。特别是农民工每天工作时间平均 9.19 小时，每个月的加班时间平均 4.79 天，上述工资主要是通过加班加点才获得的。调查表明，农民工通过加班等获得的工资补贴为 511.1 元，占月工资的 30%。❶ 与 2006 年国家统计局农民工生活质量调查数据相比，农民工对工资不满意的程度由 32.94% 上升到了 59.70%，提高了 26.76 个百分点（图 1-2），取代医疗条件成为农民工最不满意的事情，也是最希望政府帮助解决的问题（图 1-3）。由此看来，收入分配问题已取代就业问题，将成为未来几年农民工相关事件的热点，2010 年发生的一系列劳资矛盾已显现端倪，对此要高度重视。

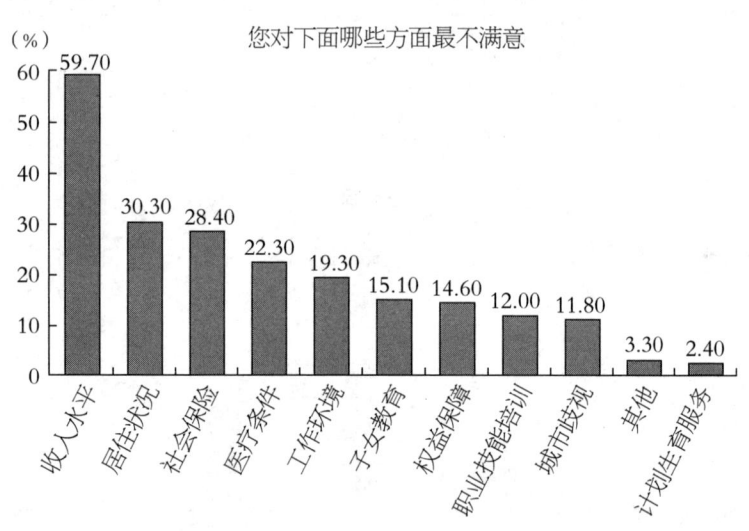

图 1-2 农民工最不满意的公共服务排序

---

❶ 按照国家统计局提供的数据推算，2009 年，农民工通过加班得到的工资为 457 元，占月工资的 32%，与课题组调查的数据基本一致。

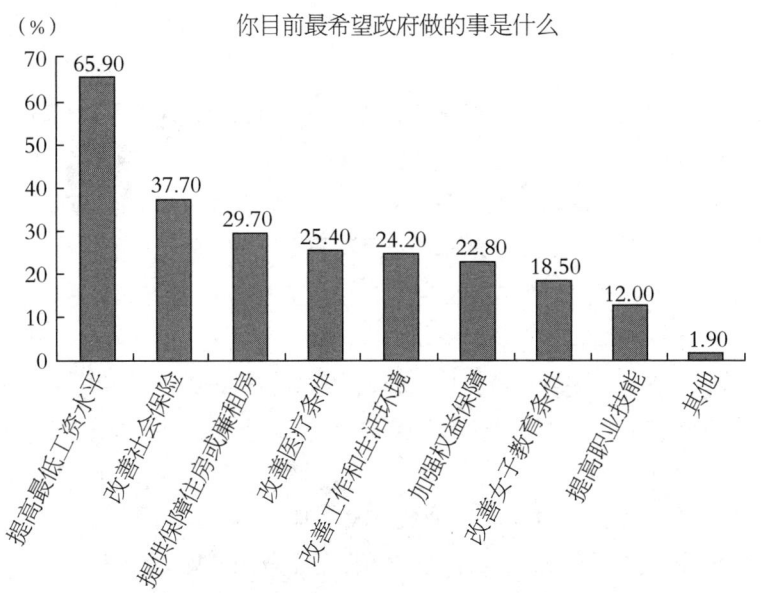

图 1-3 农民工对政府的主要诉求

（二）农民工各项社会保障从无到有，但参保的比例还不高

2003 年出台的《工伤保险条例》和 2006 年《国务院关于解决农民工问题的若干意见》，共同构筑了当前农民工工伤保险政策体系。近年来，农民工工伤保险工作取得较快进展。现行城镇职工基本社会保险制度在制度层面并不排斥正规就业的农民工，但目前农民工参加养老保险的比例很低，大多数农民工还没有参加城镇医疗保险。根据人力资源社会保障部和国家统计局调查，2009 年，外出农民工参加养老保险、医疗保险、工伤保险和失业保险的比例分别为 18.2%、29.8%、38.4% 和 11.3%，其中，雇主或单位为农民工缴纳各种城镇社会保险的比例分别为：养老 7.6%、医疗 12.2%、工伤 21.8%、失业 3.9%、生育 2.3%。农民工参保率普遍偏低，其中，既有农民工就业状态不稳定而难参保等客观存在的问题，也有用人单位怕参保增加人工成本、地方政府担心推进农民工参保会影响本

地投资环境等主观方面的问题,还有现行制度不适合农民工方面的问题。

一是参保费率相对偏高。以武汉市为例,承担农民工各项社会保险,企业缴费约占工资总额的31%(养老20%,医疗8%,失业0.5%,计划生育0.7%,工伤0.5%~2%),个人达到10%(养老8%,医疗2%)。在2010年,一个农民工要交足各项职工保险,企业要支付516元/月,个人要支付165.71元/月。由于社保缴费基数是按上年度在岗职工平均工资60%确定的,而农民工的平均工资低于城镇在岗职工平均工资,故此农民工实际缴费占到了当年月均工资的12%左右,缴费负担对农民工来说是比较重的。企业调查表明,制造业的工资成本占10%~15%,服务业的工资成本占30%~35%。如果缴齐农民工社保,企业成本将增加1.8%~6%,而许多中小企业的利润也就在5%左右,缴费负担对企业来说也是比较重的。在农民工和企业都有避缴意愿的情况下,双方很容易达成行动上的一致。

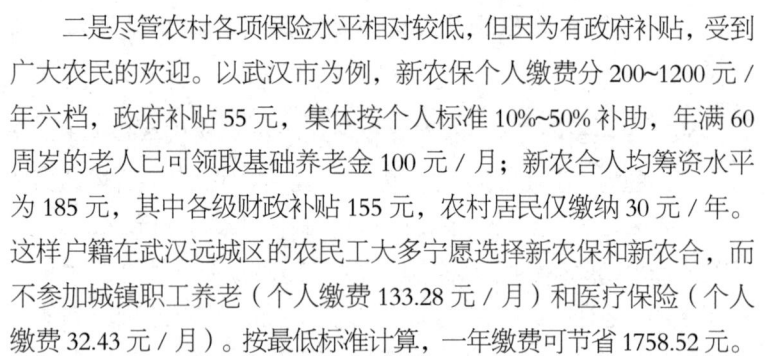

二是尽管农村各项保险水平相对较低,但因为有政府补贴,受到广大农民的欢迎。以武汉市为例,新农保个人缴费分200~1200元/年六档,政府补贴55元,集体按个人标准10%~50%补助,年满60周岁的老人已可领取基础养老金100元/月;新农合人均筹资水平为185元,其中各级财政补贴155元,农村居民仅缴纳30元/年。这样户籍在武汉远城区的农民工大多宁愿选择新农保和新农合,而不参加城镇职工养老(个人缴费133.28元/月)和医疗保险(个人缴费32.43元/月)。按最低标准计算,一年缴费可节省1758.52元。

三是养老保险接续麻烦,多数农民工处在流动中,在一地缴够15年养老保险的可能性不大。除去跨地接续的问题外,农民工多盼望新农保和城镇养老保险间也能实现接续。

四是医疗保险不能实现异地结算,由于新农合以县为单位统筹,参保农民工在务工地就医不能即时即报,住院费用补助率也较低,他们迫切希望能像银行"一卡通"那样,建立新农合的跨区域结算体系。

此外，农民工尚未纳入当地医疗救助体系。从计划生育看，农民工计划生育管理和服务经费已纳入流入地财政预算，免费享受"三查四术"（查孕、查病、查环、人流、引产、上环和结扎）和避孕药具，但手术补助和独生子女奖励政策仍在户籍地进行。农民工被排斥在城镇低保救助体系之外（专栏4）。

专栏4

农民工不能享受城镇低保

由于城市和农村最低生活保障按属地管理原则审批低保对象，所以农民工难以纳入流入地低保范围。一方面，有相当一批农民工在城市生活困难，据统计，2009年，外出农民工月均收入在600元以下的占2.1%，600~800元的占5.2%，800（不含）~1200元的占31.5%。另一方面，城市政府担心，如果将无地农民和农民工纳入城市低保范围，资金需求量将大大增加。嘉兴市做过一个粗略的测算：2010年，全市低保人口占1.15%，约3.8万人，城镇低保标准340元，补差247.68元，农村低保标准250元，补差15.5元，全年低保资金支出7954万元。如果按同样的比例推算农民工中的低保人口，则可享受低保的农民工为2.2万人，按城镇补差计算，需支付6538.7万元。如果加上医疗救助，还需支出1087.3万元，两项合计达7626万元。但是，由于农民工属于低收入群体，贫困发生率肯定要高于当地人口，所以实际支付应远高于1.15%的比例。湖北省对居住在城市符合低保条件的无地农民，2010年全省按月人均补助144元做过一个测算，当年至少需增加低保资金3.8亿元。如果加上农民工，需要增加的资金更多。这也是湖北各城市在放宽农民工落户条件时会附加一条收入须高于当地最低工资标准的原因，意在减少低保人口，防止增加城市治理贫困的成本。

问卷调查表明，社会保险问题已位列农民工最不满意的公共服务项目第三位（图1-2），并成为农民工希望政府解决的仅次于工资收入的第二位问题（图1-3），近40%的农民工希望政府改善社会保险。调查发现，65%的农民工在农村老家参加了新型农村合作医疗保险，11.8%的农民工在农村老家参加了农村养老保险（与第一年10%的覆盖比例大体相当）。这证实了农民工并非不愿意参加社会保险，而是在保险的机制上，希望能够实现城乡对接和异地结算。农村保险由于个人缴费较低，又有政府补贴，受到农民欢迎。大约有30%的农民工在农村老家未参加任何社会保险，与调查农民工25%的举家迁移率和29.8%的城镇医疗保险参加率大体相当，可能表明在城镇稳定就业的农民工趋于选择城镇社会保险，而大多数农民工趋于选择农村社会保险。这也预示如果政府增加对城镇保险的补贴，部分农民工有可能选择城镇社会保险。因此，完善社会保障的政策设计，是农民工有保障融入城市的关键。

（三）一些地方开始采取措施改善农民工居住条件，但覆盖农民工的城镇住房保障体系还没有建立

住房是各项公共服务中进展最慢，同时也是农民工最关心的项目之一。问卷调查表明，住房是农民工不满意程度仅次于收入待遇的服务项目（图1-2），也是农民工希望政府加快解决排名第三的服务项目（图1-3）。

从农民工的居住方式看，农民工在城市居住主要靠三种渠道解决：由用工单位提供住房、租房和购房。据国家统计局调查，从外出农民工住所类型看，由雇主或单位提供宿舍（包括在生产经营场所和工地居住）的占51.8%（后者占17.9%），租房的占47.4%（其中9.3%的外出农民工在乡镇以外从业但每天回家居住），仅有0.8%的农民工在务工地自购房。从外出农民工的居住成本看，50.5%的农民工由雇主或单位提供免费住宿，7.4%的农民工雇主或单位不提供住宿但有住房补贴，42.1%的农民工雇主或单位不提供住宿也没有住房补贴。雇主或单位不提供免费住宿的农民工每人月均居住支出245元，相当于2000年农民工月均收入的17.3%。但是，从大城市特别是东部沿海地区情况来看，在城乡接合部租房的农民工占大多数。如重庆市53.6%的农民工居住在出租屋，武汉市67.7%的农民工居住在出租屋，嘉兴市82.6%的农民工居住在出租屋。多数农民工居住面积在10平方米以下（专栏5）。

专栏5

农民工居住条件亟待改善

一项对上海、广州、武汉、成都和阜阳五地农民工居住情况的调查表明，农民工住房条件远远低于所在城市居民水平。例如，成都市2005年调查数据显示，有超过1/4的务工人员人均居住面积在5平方米以下，1/3的务工人员人均居住面积为5~10平方米，远远低于成都市划定的人均16平方米的居住困难户标准。上海市2005年年底城镇人均居住面积达15.5平方米，而人均居住面积在10平方米以下的农民工占被调查农民工的74.9%。人均居住面积在7平方米以下的农民工占五个城市被调查农民工的66%。

问卷调查表明，农民工居住条件总体上难以令人满意，居住在有厨房和卫生间的成套单元房的农民工仅占约1/5，将近4/5的农民工居住在设施不完善的各类简易住房中（图1-4）。从居住方式看，在用工单位提供的住房中，74.3%的人和工友同住，这种方式适用于单身年轻外出时间短的农民工或部分行业如建筑业农民工，且个人不用支付成本或支付成本低（70.9%的人不用交房租，平均支付56.03元/月），但集中居住（平均5.59人/间，而出租

屋为2.9人/间）带来的心理健康问题（富士康事件是极端案例）需要关注。在出租屋中，58.6%的人与家人同住，这种方式避免了集中居住的心理问题，但需要支付个人成本，农民工受收入水平所限，多选择城乡接合部条件较差的简易房，公共卫生和安全问题存在隐患。调查表明，2010年农民工的租房成本为420.8元/月，比国家统计局2009年的调查数据高71.8%，相当于其月收入的约1/4（24.5%）。由于出租屋位置较远，距离上班地点平均5.1公里，也给城市公共交通发展提出了挑战。

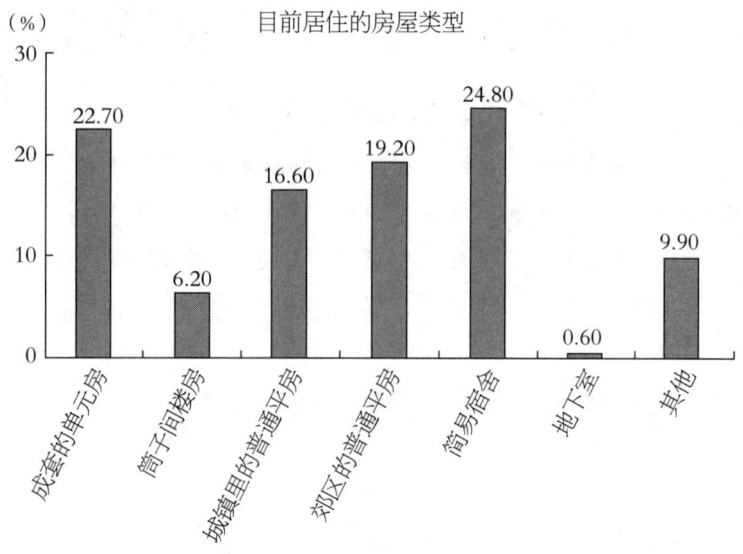

图1-4 农民工居住的房屋类型

各地开始采取一些办法改善农民工的居住状况，主要有两种方式。一是鼓励企业特别是工业园区建设农民工宿舍。如湖北省对招用农民工数量较多的企业规定，在符合规划的前提下，其可在依法取得的企业用地范围内建设农民工集体宿舍。农民工集中的开发园区和工业园区，可建设统一管理、供企业租用的农民工宿舍。2008年，武汉市启动3万平方米的企业进城务工专用住宅建设，咸宁市长江工业园区投资1550万元,开工建设1.6万平方米的农民工公寓,共356套,主要套型分别为24平方米和31平方米,都设有独立的厨房和卫生间,用来解决农民工的居住问题。

二是政府建设保障性住房,供农民工租用。如合肥市从2008年起利用政府划拨的保障性住房建设用地,加大公租房建设力度,投资1.1亿元,建成3.8万平方米公租房,共730套,包括37平方米、45平方米和50平方米三种户型,房租平均在400元左右,低于周边价格20%,解决了4000名农民工的居住问题。东莞市从2009年起,政府投资10亿元,用于农民工廉租房建设。主要包括两种方式,一种是政府新建廉租房小区,已在市区和8个镇先行试点,如石牌镇投资3.8亿元规划建设农民工公寓两期4000套。另一种是统包统租模式,即政府将农民出租屋统租下来转变为廉租房,再以低于市场的价格转租给农民工,实行统一管理。

目前,解决农民工住房保障的探索还是局部性的,城市的经济适用房、廉租房等公共住房基本上不对农民工开放,农民工住房仍游离于城镇住房保障体系之外。这种情况与农民工希望定居城市的意愿形成鲜明对比,并成为他们融入城镇的最大障碍之一。问卷调查表明,在现实情况下,至少有58.8%的农民工打算在城镇或城市定居,其中40.2%的农民工打算在务工所在城镇或城市定居,只有15.6%的人明确表示愿意回农村定居(图1-5)。尽管多数农民工定居城镇或城市的意向明确,但符合农民工意愿的房价和房租与现实差距巨大。那些想在务工地购房的农民工,能够承受的商品房单价平均约为2214.04元/平方米,能够承受的商品房总价平均约为21.82万元,能够承受的月租金平均约为292.69元,都大大低于务工地的一般房价和房租水平。因此,将农民工尽快纳入城镇住房保障体系,成为市民化的重要内容之一。

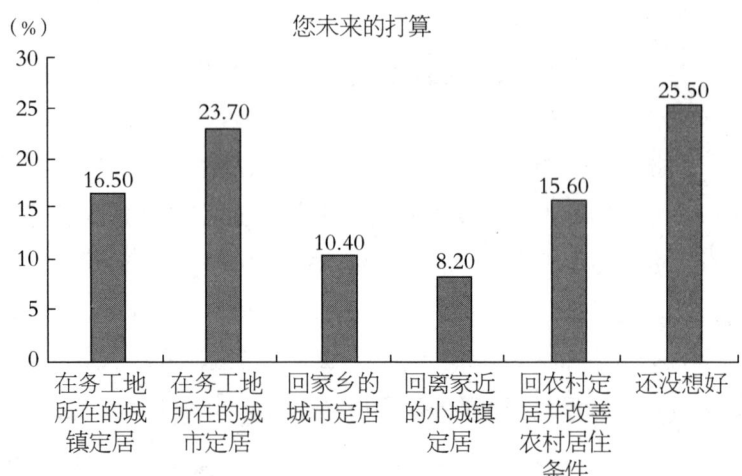

图1-5 现实情况下农民工定居地点意愿

(四)义务教育阶段以公办教育为主接收农民工子女就学的格局基本形成,但地区不平衡,农民工子女高中阶段就学问题突出

自2003年国务院颁布《关于进一步做好进城务工就业农民子女义务教育工作的意见》,明确农民工子女义务教育"以流入地为主,以公办学校为主"的政策导向后,各地采取切实措施,多数地方基本实现了以公办学校为主接收农民工子女入学并接受义务阶段教育。目前,约80%的农民工子女在城镇公办学校就读。据调查,武汉市共有义务教育阶段农民工子女14.4万人,在公办学校就读的有13.2万人,占91.7%;郑州市共有14.4万人,在公办学校就读的有12.4万人,占86.1%。一些地方不仅将农民工子女纳入学籍管理,安排教育经费,享受和本地学生同等待遇,可以异地参加中考(全体学生)、高考(省籍学生),还大力推进"融合教育",通过一系列干预手段,促进农民工子女融入城市学校(专栏6)。不少地方还积极推进义务教育和职业教育间的衔接。如武汉市中等职业教育实行开放入学,农村学生凭义务教育完成证书,即可注册入学，并可转为武汉市户籍。但是，随着农民工数量的逐年增加，农民工随迁子女的教育需求也日益增长，许多城市公办学校教学资源未能相应扩充，还有相当多的农民工子女就读于农民工子弟学校。如嘉兴市农民工随迁子女有11.3万人，在公办学校就读的有7.1万人，占62.8%；东莞市有47.1万人，在公办学校就读的有12.5万人，占26.5%。民办的农民工子弟学校教学条件普遍不好，收费标准参差不齐。多数民办农民工子弟学校得不到政府的扶持，其义务教育经费没有列入财政预算，只是靠向农民工收费维持运转，影响教育质量，加重农民工负担。我国高中教育还没有纳入免费义务教育范围，农民工家庭高中阶段教育负担较重。根据对53个国家公立普通高中学费情况的分析，只有7个国家收费，我国年均学费1139元，是7个国家中收费最高的。义务教育和高中教育的衔接成为农民工子女能否在城市顺利就业的关键，非本省籍农民工子女的中高考问题日益突出。由于负担重，农民工子女初中毕业后弃读高中的现象比较普遍。

专栏6

武汉市对农民工随迁子女实施"融合教育"

武汉市从2007年6月开始，在汉阳区等实施了以"融合教育"为主题的农民工随迁子女义务教育试点项目，探索从小学抓起，在日常学习生活管理中，以多种干预手段淡化"城里"和"乡下"孩子的界限，一视同仁地对待祖国的下一代，实施"融合教育"，让农民工子女尽快融入城市学校，尽早养成城市文明习惯，尽快融入城市生活方式。经过几年的试点，"融合教育"取得了积极进展，积累了许多经验。

一是在学校层面，注重平等地尊重每一位学生，促进自然融合。融合教育是多元文化敞开、接纳和认同的教育，是城乡两类不同群体相互了解、欣赏并取长补短的教育。其中，最核心的价值理念是平等地尊重每一位学生。这种理念应贯穿学校制度、文化之中，且根植于所有教师心中。以班级模式的选择为例，武汉市经过了"单独编班"和"混合编班"的多种尝试，实践证明，单独编班容易造成对农民工子女的身份歧视和群体性隔离，而混合编班更便于城乡两类学生优势互补，农民工子女更容易被城里孩子所接受。为了避免身份的"社会标签化"，武汉市在班级编排上努力体现公平性。

二是在学生层面，注重通过对农民工子女行为的干预教育，让他们尽快融入学校。武汉市参与试点的学校提出"用真心、真情、真爱点亮外来务工子女心灯"，开展融合教育试点的学校的教师倾情付出，总结出许多具有推广价值的融合教育模式。

三是在家长层面，注重引导消除对农民工子女的成见，把关爱送到农民工家庭。

问卷调查表明，农民工子女在老家及随父母外出的基本上各占一半（图1-6）。其中，48.2%的农民工子女随父母在务工地（城镇）就读。在务工地就读的农民工子女中，81.3%的人在公办学校接受教育，18.7%的人在民办学校接受教育，基本证实了80%的农民工子女在城镇公办学校就读的判断。近年来，在"两为主"政策的推动下，农民工对子女在城镇接受教育的不满意程度，由2006年的19.79%下降到2009年的15.1%，已经明显退居到较后位置（据相关资料）。但是，也要看到，还有51.8%的农民工子女在农村老家学校接受教育。在市民化加快的情况下，如果他们进入城镇就读，势必对城镇公办教育资源的承载能力形成新的压力。还要看到（据调查问卷数据），21.9%的农民工希望子女能在务工城镇参加中考和高考，这个比例大致与举家迁移的农民工比例相当。表明农民工在城镇就业和居住越稳定，越期望子女完全融入当地教育制度安排，预示着考试制度的改革，将逐步取代就读准入，成为农民工子女融入城镇教育的新焦点。

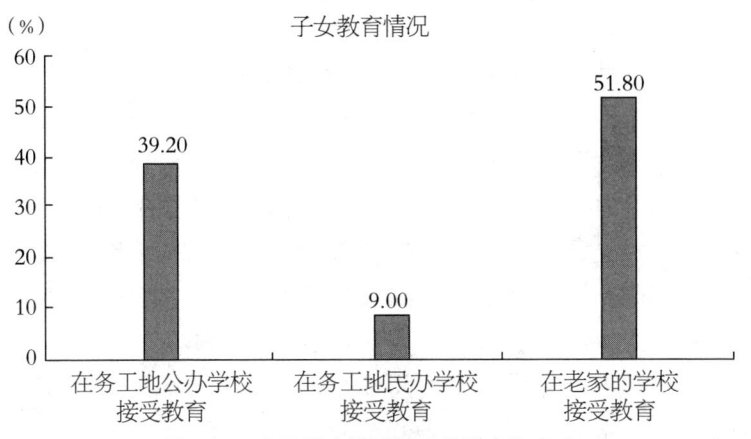

图1-6 农民子女接受教育的地点和方式

（五）个别地区开始探索农民工在流入地城市社区参加选举，但农民工城市社会参与程度总体很低

充分行使民主权利，是促进农民工融入城市的有效手段之一。目前，个别地区为农民工参与城市基层公共事务管理出台了一些措施，主要是规定居住在城市社区满一定时间（通常为1年以上），在当地农村未参加村委会选举，愿意参加城市社区选举，经社区选举委员会同意的，可登记为社区选民，参加选举的相关活动，行使选举和被选举权。但实际进展情况差别较大，多数地方农民工参选比例较低。这方面，重庆市组织农民工参加城市社区居委会换届选举工作做得比较突出。2007年，在重庆市第七届居委会换届选举工作中，有近8.8万农民工登记为选民，其中渝中区登记农民工选民2.5万人。全市有21名农民工当选为社区居委会委员，4987名农民工当选为社区居民代表。东莞市在鼓励农民工参政议政上也进行了有益的探索。目前，有2名新莞人当选为省党代会和人代会代表，17人当选为市党代会代表，5人当选为市政协委员，市人大设立了新莞人旁听席，并公开选拔新莞人担任专职的工青妇组织副职。总体来看，由于现行的选举制度与户籍制度直接联系在一起，按现行的选举法及相关法规规定，农民工不能在就业地参与所居住社区的选举。这使得农民工长期游离于城市政治生活之外，其利益诉求难以在城市公共政策的制定中得到充分反映。

问卷调查表明，67.5%的农民工认为，他们应该参加居住社区选举活动，54.7%的农民工希望参加工作单位和居住社区的民主决策、管理和监督活动。农民工参加基层选举和管理的主要目的是维权，占68.3%（图1-7）。目前，农民工的利益诉求在很大程度上都是通过间接渠道表达的，如政策研究和新闻媒体的关注，这就使他们的利益表达具有一定的时间滞后性。一旦成为社会关注焦点，往往是以突发事件和危机处理方式出现的，具有群体伤害性和社会破坏性的特点。因此，通过基层民主方式赋予农民工利益表达的正常渠道，已成为城市社会管理和安全的重要内容。

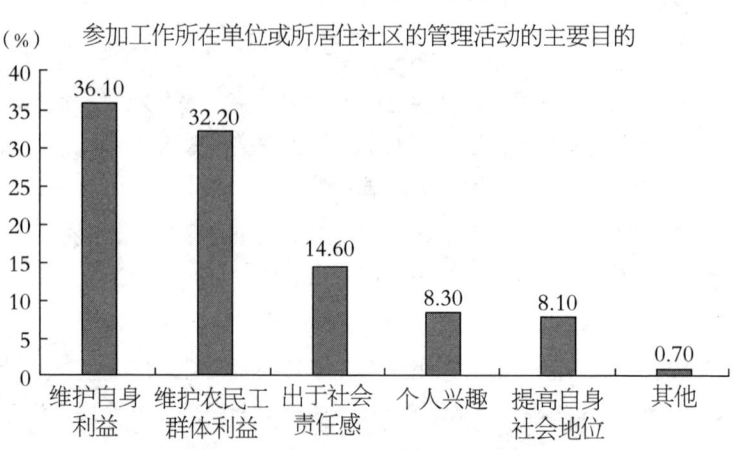

图1-7 农民工参与基层管理的目的

另外，加强工青妇等社团组织的作用，将它们的基层组织活动与农民工的利益诉求密切结合起来，也成为新时期组织创新的重要工作。调查表明，农民工中共产党员占5.3%，共青团员占29.6%，但他们当中经常参加基层党团组织活动的只有18.5%，44.3%的人从未参加过基层党团组织活动。调查表明，农民工中44.1%的人单位没有工会，73.5%的人没有参加工会。而且更重要的是农民工在多大程度上认可工会能够切实代表农民工的利益（图1-8）。尽管已有45.2%的农民工对工会的维权作用予以认可，是一个很大的进步，但相当比例的农民工（42.3%）还是不相信工会的作用，充分表明基层社团组织的创新还有很多工作要做。而那些被认可的工会和其工作方法无疑提供了这方面的经验。调查表明，农民工对组织归宿并非没有需求，73%的人明确表示愿意加入属于农民工自己的合法组织。可见农民工的组织需求与现有工青妇等社团组织的形态和方法都存在较大差异。基于政府、企事业单位等正式部门建立的这些组织，需要适应经济社会形态的新变化，创新组织形态，改进工作方法，满足农民工市民化的合理要求。否则，其他组织的渗入将可能改变农民工的价值取向，这一点需要引起高度重视。

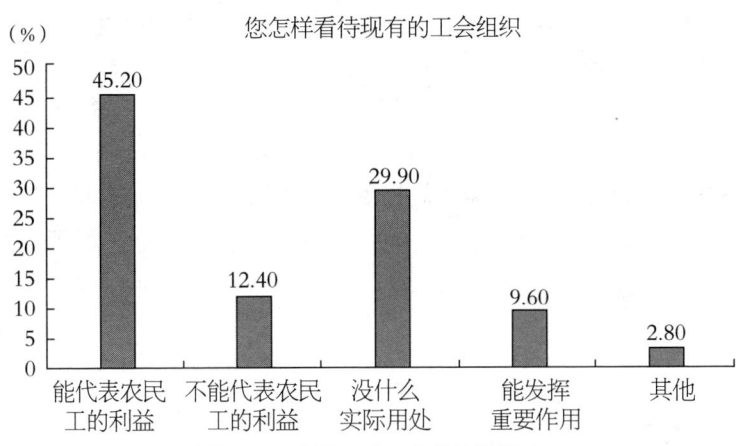

图1-8 农民工对工会的认可程度

需要关注的还有，农民工由于缺乏正规组织和经济条件，业余生活匮乏，排遣渠道单调，这也构成不安定的隐患。本次调查的农民工中，53.7%的人没有业余文化生活，60.9%的人务工企业没有文化娱乐设施。农民工的主要业余文化生活方式是看电视（73%），次之是上网（28.5%）或休息（28.5%），和外界的交流不多。作为现代都市的一员，他们也渴望丰富多彩的文化生活，包括免费的公园（39.2%）、免费的文化站和图书馆（38.2%）、免费上网（34.3%）、组织农民工自己的文化体育活动（22.8%）、免费的报纸杂志（20.6%）、定期的文艺演出（17.9%）、免费的体育场馆（16.7%）、可供选择的免费电影票（13.8%）、公共电视（13.6%）、夜校（13.4%）、开放社区公共设施（11.3%）。开放城市文化设施尤其是免费项目对农民工的服务，对农民工的身心健康至为重要。调查还显示，在遇到侵权问题时，93.9%的人不赞同采取极端方式如自杀解决问题，53.5%的人不赞同采取对抗方式如罢工解决问题，表明农民工大都愿意以理性合作的方式解决问题，合理引导农民工采取有效方法化解矛盾是有群体心理认同基础的。问题在于，排遣或解决的渠道不够通畅。82.4%的人表示没有主动向劳动、工会、妇联等部门反映过遇到的权益侵犯问题，83.7%的人表示没有向信访部门反映过工作中的问题，77%的人表示没有向媒体提供新闻线索反映过身边的不公平，只有20%左右的人会自觉运用正规渠道反映问题，其中只有5%左右的人会经常运用正规渠道解决问题。长此以往，必然造成矛盾的爆发，形成危机事件。从农民工身边的生活和权益问题入手，帮助他们有效排解心理烦恼和日常矛盾，可以视为相关部门特别是基层社团组织开展农民工工作的有效切入点。

（六）户籍制度改革迈开步伐，但实质性进展不大

我国的公共服务和社会福利体系是和相应的户籍绑在一起的，导致城乡和不同地区户籍"含金量"存在明显差别。目前，全国已有20多个省份宣布实现城乡统一登记的居民户口制度，但是附着在户籍制度上的公共服务和福利制度并没有发生实质性改变，原城乡人口在最低生活保障、经济适用房（廉租房）住房保障、社会保险、征兵、退伍兵安置、优抚对象的抚恤优待甚至交通事故赔偿上的待遇差别问题，尚未得到根本解决。各试点地区在政策设计上，原则上规定具有稳定就业、稳定收入和稳定住所及一定工作、居住年限的农民工，可以在城镇落户并享有与当地城镇居民同等的

权益，但实际上落户的前置条件还很多，农民工难以真正在城镇落户。特别是进入设区市，获得户口与放弃土地挂钩，农民工大多难以接受。大体上，迄今为止的户籍制度可以分为两种类型，一是居民户口登记制度改革（专栏7），二是居住证制度改革（专栏8）。居民户口登记制度改革为县以下特别是小城镇放开户籍树立了一个基本模式，居住证制度改革为分类、分批、渐次解决进城务工特别是跨区域进入大中城市的农民工放开户籍提供了一个参考模式。但是，以户籍制度改革推进农民工福利均等化属于一步到位的改革，一次性支付成本高，许多地方特别是外地户籍农民工流入多的城市受人财物的限制难以在短期内做到。很多地方的户籍改革主要是针对本辖区（往往是本县或最多是地级市）的非农户口，但对跨行政区的流动人口户籍基本没有放开。除了跨区流动人口户籍改革进展缓慢之外，特大、大型乃至一些中等城市的户籍改革也基本没有放开。户籍制度抬高了农民工进城的门槛，使城镇化处于僵持状态，成为农民工谋求机会公平、待遇平等、权益保障的障碍，限制了农民工融入城市社会。

专栏7

湖北省推进一元化户籍制度改革

2006年12月起，湖北开始在全省实行城乡统一的户口登记制度，取消农业户口、非农业户口及其他各类户口类型，统称"湖北居民户口"。目前，全省共登记"湖北居民户口"1532.5万人，占全省总人口的25%。但原城乡人口福利待遇差别问题没有得到实质解决，反而由于登记上的问题，引发了诸如城乡人口交通事故赔偿标准、计划生育指标发放和低保对象认定等一系列新的矛盾。正如地方公安部门所表述的，户口是根晾衣杆，拿掉以后，所有的部门衣服（福利）不知道挂哪里，还是要找公安。在推进"湖北居民户口"制度基础上，从2008年起，湖北省开始实施"迎接新市民工程",规定除武汉中心城区外,在湖北的县(市)和地级市城区、建制镇以及武汉远城区稳定就业,并有固定住所的农村劳动者,可获得城镇户口,享受与城镇居民相同的就业、社保以及子女义务教育等政策。"迎接新市民工程"实行准入制度,凡在县级市和地级市的建制镇有合法固定住所、相对稳定职业或合法生活来源的农民工,可直接申请加入当地城镇户口。申请加入武汉市远城区和其他地级市城区的户口,门槛有所提高。除了有合法固定住所、相对稳定职业或合法生活来源外,还应具备投靠入户、投资落户、人才落户、奖励落户、购房落户条件中的一条,或在城镇连续就业3年以上并与用人单位签订了2年以上的劳动合同、年收入高于当地最低工资标准。同时,要求退出土地。结果,大中城市的落户通常与购房、投资、人才引进挂钩,大多数农民工难以满足条件,而小城镇落户虽然门槛低,但并非农民工务工的主要目标地,缺乏足够的吸引力。全省只有近10万农民工成为新市民,他们多半是农民工中的成功者。

专栏8

嘉兴市以居住证制度改革实行农民工分类管理的新模式

嘉兴市从2008年起全面推行居住证制度,绕过户口来设计附着在户籍上的福利制度,探索建立与经济社会发展水平相协调、与产业结构调整力度相匹配和与公共财政供给能力相适应的人口增长机制,推动新老居民逐步融合。在居住证制度中,要把握三个重点:一是分类管理。对外来人口实行临时居住证和居住证分类登记管理,从劳动就业、社会保障、子女教育、维权救助等方面让新居民享受到越来越多的本地居民待遇,对领取临时居住证人员主要是加强管理、提高素质,对领取居住证人员主要是优化服务、吸引人才。二是控制准入门槛。根据外来人口来嘉兴工作时间长短、技术能力高低和贡献程度大小等条件,采取择优式、级差式、渐进式方法,设置准入门槛,控制进入人口数量,

> 提高进入人口质量。三是给予相应待遇。根据居住证类型，享受不同的优惠政策。据嘉兴新居民事务局摸底统计，180万新居民中，45.1%可以领取《临时居住证》，44.5%可以领取《居住证》，10.4%可以领取《专业员工居住证》。

三、农民工市民化的意愿分析

（一）农民工市民化意愿强烈

随着农民工进城务工就业趋于稳定，市民化的要求越来越强烈。我们的问卷调查表明，在双向流动情况下，有一半以上的农民工已在城镇有稳定工作，他们不会因经济波动的周期影响离城返乡；即便不放开户口，约80%的农民工也将在城镇就业居住；能够自主选择的话，约90%的农民工将在城镇定居，多数农民工对居住地的选择与务工地重合。随着条件的放松，越来越多的农民工将选择进城定居。

一是双向流动虽然仍是当前农民工外出务工的基本特征，但半数以上的人已在城镇稳定就业。尽管进城就业和居住是农民工生存的常态，但在户籍制度未发生根本改变的情况下，城乡双向流动仍是当前农民工外出务工的基本特征。在就业选择上，51.8%的农民工选择了城市单向流动，且有23.6%的人相信户籍政策终将改变。48.2%的农民工选择了城乡双向流动，且有27.7%的人把双向流动视为正常状态（图1-9）。这种选择反映了农民工流动的实际状况。据不同渠道的调查，金融危机时，短期内返乡的农民工占40%~50%，也证明了在经济不景气条件下，城乡双向流动对稳定农民工群体的重要性。换句话说，我们还不能把14533万外出农民工看作在城市稳定就业的整体，其中约有7000万人的就业受宏观形势的影响并不稳定，随时存在着返乡的可能。❶为此，在

---

❶ 据国家统计局统计，2009年，因金融危机影响，春节前有7000万民工返乡，与调查问卷推算数据完全吻合。

农民工能够在城市扎下根来以前，在农民工能够和城镇居民享受同等待遇之前，要稳定农村基本经济制度，确保农民工家庭进退有据。同时，约7533万农民工已在城镇稳定就业，他们不再是传统意义上的流动人口，迫切需要与其就业方式相适应的社会管理制度。

二是农民工定居城镇意愿强烈，约八成农民工表示即便不放开户口也将长期留在城镇。尽管双向流动是当前农民工外出务工的基本特征，但他们在城镇稳定就业和定居的意愿却十分强烈。我们以"假如不提供城镇户口，你愿意留在城里吗"来衡量农民工定居城镇的意愿。结果发现79.5%的农民工都选择留在城市，只有20.5%的农民工表示干些年再回去（图1-9）。后者主要是年纪较大的农民工。只有18.3%的30岁以下新生代农民工选择可能返乡，而有25%的40岁以上老一代农民工选择可能返乡（表1-2）。也就是说，约八成农民工无论如何都会选择留在城镇就业和居住，他们进城的选择与户籍制度是否改变无关。当农民工的就业与城镇经济发展紧密挂钩而福利却与城镇社会管理严重脱节时，需要尽快实现户籍与服务的分离，改善农民工在城镇的各项福利待遇。否则，城乡二元分割的状态将在城镇被复制蔓延。

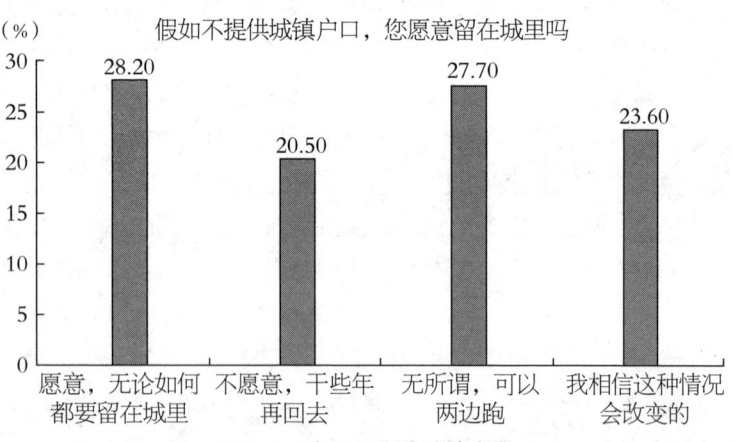

图1-9 农民工定居城镇意愿

表 1-2 分年龄段农民工定居城镇意愿　　　　　（人，%）

项目			假如不提供城镇户口，您愿意留在城里吗				合计
			1.愿意，无论如何都要留在城里	2.不愿意，干些年再回去	3.无所谓，可以两边跑	4.我相信这种情况会改变的	
年龄	16~25 岁	计数	563	391	660	640	2254
		占比	25.0	17.3	29.3	28.4	100.0
	26~30 岁	计数	476	288	367	321	1452
		占比	32.8	19.8	25.3	22.1	100.0
	31~40 岁	计数	328	298	323	247	1196
		占比	27.4	24.9	27.0	20.7	100.0
	41~50 岁	计数	143	112	140	71	466
		占比	30.7	24.0	30.0	15.2	100.0
	50 岁以上	计数	30	26	20	9	85
		占比	35.3	30.6	23.5	10.6	100.0
	合计	计数	1540	1115	1510	1288	5453
		占比	28.2	20.4	27.7	23.6	100.0

三是新生代农民工基本不可能再回乡务农，九成农民工表达了市民化的意愿。调查表明，新生代农民工中，高达 79.2% 的人没有从事过农业生产（表 1-3），他们的就业技能已和第二产业、第三产业相适应，他们的生活方式已和城镇相融合，回乡务农和定

居的可能性不大。调查显示，愿意在各类城镇定居的农民工高达91.2%，愿意回农村定居的农民工只占8.8%（图1-10）。年龄越小的农民工，越不愿意回到农村。只有7.7%的新生代农民工愿意回农村定居，而老一代农民工的比例为13.3%（表1-4）。这一选择意味着以新生代为主的农民工留在城镇已成为政策必须面对的紧迫事实。

表1-3 分年龄段农民工有无从事过农业生产（交叉制表） （人，%）

项目		您在进城打工之前在家有无从事过农业生产		合计
		没有	有	
16~25岁	计数	1826	334	2160
	占比	84.5	15.5	100.0
26~30岁	计数	1028	414	1442
	占比	71.3	28.7	100.0
31~40岁	计数	645	599	1244
	占比	51.8	48.2	100.0
41~50岁	计数	165	314	479
	占比	34.4	65.6	100.0
50岁以上	计数	18	63	81
	占比	22.2	77.8	100.0
合计	计数	3682	1724	5406
	占比	68.1	31.9	100.0

表 1-4 分年龄段农民工定居意愿（交叉制表）

（人，%）

项目		如果能够选择，您希望定居在什么地方							合计
		1.直辖市	2.省会或副省级城市	3.地级市	4.县级市	5.县城或小城镇	6.农村	7.只要是城里，哪里都行	8.在哪里打工就待在哪里	
16~25岁	计数	307	203	158	151	311	118	128	455	1831
	占比	16.8	11.1	8.6	8.2	17.0	6.4	7.0	24.8	100.0
26~30岁	计数	173	89	84	107	184	115	90	353	1195
	占比	14.5	7.4	7.0	9.0	15.4	9.6	7.5	29.5	100.0
31~40岁	计数	113	66	51	85	171	99	87	297	969
	占比	11.7	6.8	5.3	8.8	17.6	10.2	9.0	30.7	100.0

第一章 推进城乡统筹发展，加快农民工市民化进程

续表

项目		1.直辖市	2.省会或副省级城市	3.地级市	4.县级市	5.县城或小城镇	6.农村	7.只要是城里,哪里都行	8.在哪里打工就待在哪里	合计
41~50岁	计数	47	37	13	27	55	43	40	114	376
	占比	12.5	9.8	3.5	7.2	14.6	11.4	10.6	30.3	100.0
50岁以上	计数	12	6	1	2	6	16	7	18	68
	占比	17.6	8.8	1.5	2.9	8.8	23.5	10.3	26.5	100.0
合计	计数	652	401	307	372	727	391	352	1237	4439
	占比	14.7	9.0	6.9	8.4	16.4	8.8	7.9	27.9	100.0

如果能够选择,您希望定居在什么地方

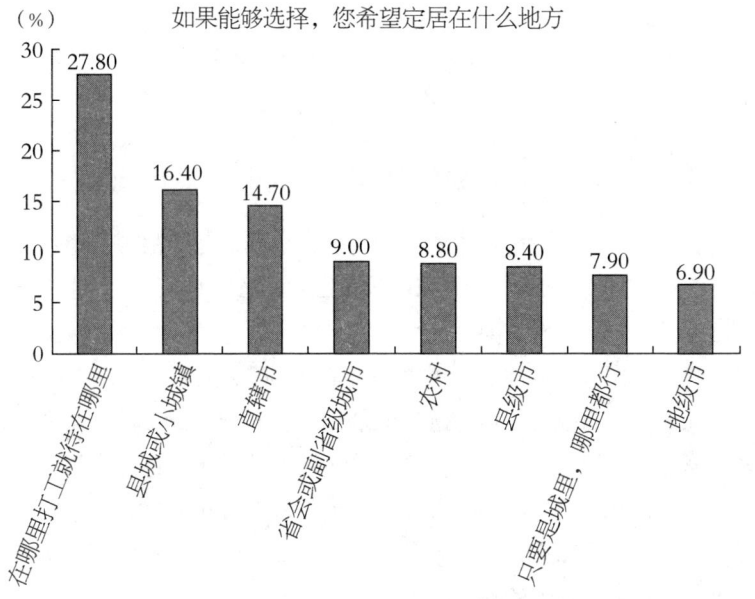

图 1-10　能够自主选择情况下农民工的定居意愿

四是农民工对定居城市的选择是多元的。对定居的地方，27.8%的农民工表示在哪里打工就待在哪里，16.4%的农民工希望定居在县城或小城镇，14.7%的农民工希望定居在直辖市，9.0%的人希望定居在省会或副省级城市，6.9%的人希望定居在地级市（图1-10）。根据相关数据调整后推算出愿意在地级以上大中城市定居的农民工占53.2%，愿意在县城或小城镇定居的农民工占38.0%，愿意回农村定居的农民工占8.8%。这表明农民工进城定居的选择与就业路径高度一致，与大中小城市和小城镇协调发展的城镇化路径高度一致。为此，应通过规划引导产业和城镇空间布局合理发展，注重发挥各类城市和小城镇的就业和人口吸纳能力。

农民工市民化的意愿，是分析各项公共服务和社会管理政策改革的基础。目前，已有约1/4的农民工举家迁移城镇，1/2以上的农民工在城镇稳定就业，约4/5的农民工无论如何都将以城镇为就业和居住的主要场所，约9/10的农民工表达了市民化的愿景。

市民化进程的推进,应根据农民工流动的现实和意愿,在方向上要明确,在措施上要稳妥,在进度上要加快,要给农民工以稳定的预期。

(二)农民工不愿意以"双放弃"换取城镇户籍

农民工是否以土地权利交换城镇户籍福利,是户籍制度和人口社会管理制度改革滞后于城镇化进程遇到的最大问题。一些地方正在推行以农民工"双放弃"(承包地、宅基地)为条件换取城镇户口的试点工作。对各地的试点工作,争议不断,褒贬不一,但必须建立在充分尊重农民工自主选择的基础上。问卷调查表明,农民工多不愿以置换的方式(土地换户口)来获取城镇居民身份。调查分析显示,在城镇化进程中,农民的土地不仅具备保障功能,而且表现出日益增值的财产功能。农民工并非完全不愿意退出土地,而是要求对土地具有更大的处置权。

首先,见图1-11,83.6%愿意进城定居的农民工希望保留老家承包地,❶其中46.0%的人希望自家耕种,27.2%的人希望有偿流转,10.4%的人希望以入股分红的方式处置承包地。只有9.2%的人表示愿意以土地换户口,其中2.6%的人表示给城镇户口可以无偿放弃承包地,6.6%的人表示给城镇户口可以有偿放弃承包地。另有7.3%的人希望有其他方式处置承包地。这基本上反映了农村土地经营的实际情况。调查表明,农民工家庭自种承包地的占51.6%,委托代种或转租的占20.7%,其他情况占27.7%。重要的是,承包地对农民工不仅具有家庭粮食安全和就业保障的功能,还显示出日益重要的财产收入功能。有土地流转的农户,每亩承包地的年租金平均约为336.74元。在农民工大规模流动的情况下,许多农民已不再是传统意义上的自耕农,承包地的财产价值逐步显现,成为农民家庭重要的收入来源之一。对于双向流动的农民工来说,承包

---

❶ 这个调查结果与中国社会科学院调查的八成农民工不愿放弃承包地转为非农户口高度吻合。

地更成为他们在经济不景气时"进退有据"的重要安全屏障。据不同数据来源，金融危机时没有耕地可种的农民工仅占返乡农民工的2%~6%，"家中有地"极大保障了社会安定。

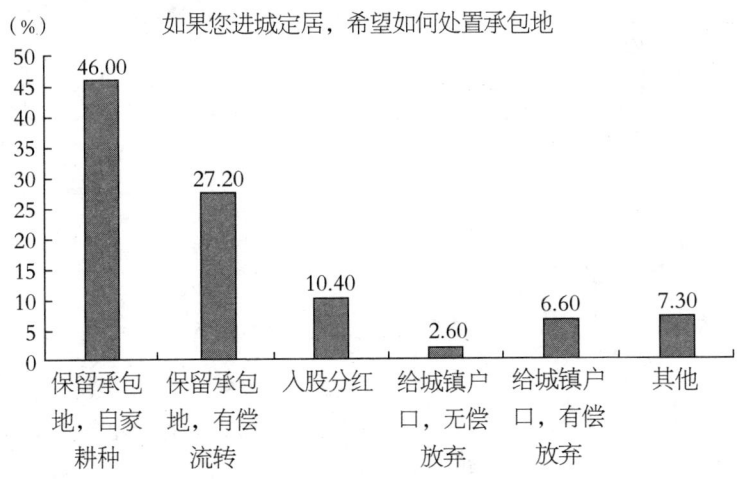

图1-11 农民工希望的承包地处置方式

其次，如图1-12所示，66.7%愿意进城定居的农民工希望保留农村的宅基地或房产，以备将来使用。33.3%的人希望能够拥有不同方式的自主处置权，其中12.3%的人希望能有偿转让，11.4%的人希望能置换城里的住房，4.7%的人希望给城镇户口有偿放弃，还有4.8%的人希望以其他方式处置。调查农民工家庭在农村的宅基地面积平均为约0.77亩，住宅建筑面积平均约为131.67平方米，比全国农村居民家庭平均住宅建筑面积低2.73平方米，住宅价值平均约为7.67万元，比全国农村居民家庭平均住宅价值高2.84万元。由于农村建设用地的升值预期和在城镇定居的不确定性，使得多数农民工不愿意退出农村宅基地。当然，比之只有9.2%的农民工愿意以承包地换城镇户口，毕竟有多一倍约16.1%的农民工愿意以宅基地换城镇住房或城镇户口（约1/3的农民工愿意交易）。这一点给地方改革探索留下了空间。

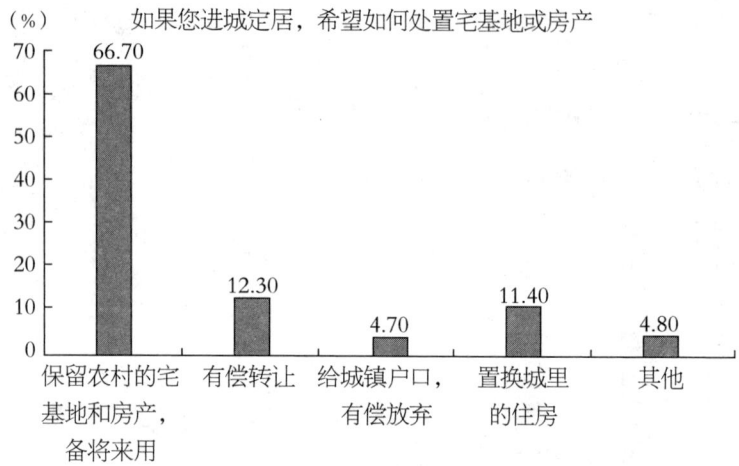

图 1-12 农民工希望的宅基地处置方式

最后,接近 10% 的农民工能从农村集体资产获得收益(图 1-13)。参加本次调查的农民工中,有 7.8% 的人能从老家村集体资产获得收入,年均约为 554.32 元,其中 2.4% 的人每年能从村集体资产里获得 2000 元以上的收入。在村集体经济比较发达并且有收益分配的情况下,这部分农民工更加不可能退出集体成员权,来换取一纸城镇户口。通常,这类农村地区已经融入城市群或都市圈的发展,农民不但有稳定的非农就业,还有来自农村集体建设用地的租金收益分红,他们已经在实质上实现了城镇化。但是,一些地方却以城市规划区的扩张和城镇户口的交换再来帮助他们实现名义上的市民化,可谓是南辕北辙,这也是城市周边地区征地矛盾不断激化的重要原因。

显然,以土地换户口构成了市民化进程中的一个悖论。不退地,地方政府一次支付均等服务的财力不足;退地,不符合农民自由支配财产处置权的意愿。因此,以户籍改革为手段推进市民化的传统思路值得反思。正是在这个层面上,实现户籍与服务脱钩,逐步增加和不断完善公共服务的改革对于推进市民化具有现实的操作意义。

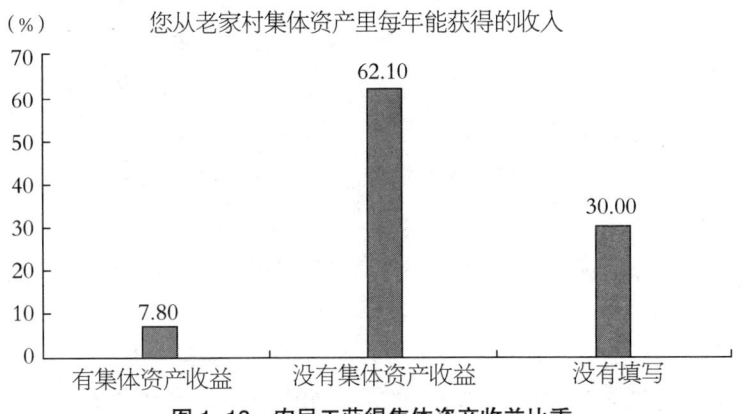

图 1-13　农民工获得集体资产收益比重

四、农民工市民化公共成本的测算

农民工市民化的成本测算（专栏 9、专栏 10）是各级政府关心的问题，也是一个相当复杂的问题。从已有的研究看，2000 年，多数研究认可的每个农民工市民化的成本在 2.5 万元左右。到 2010 年，市民化成本提高到 10 万元左右，但没有区分个人成本和政府成本。为了衡量政府的公共支出，我们对重庆、郑州、武汉、嘉兴四个城市进行了调研测算。基本的判断是，按照 2010 年不变价格计算，每个农民工市民化的政府支出公共成本约为 8 万元（见表 1-5）。

专栏 9

城镇化的成本研究综述

城镇化战略确立后的 21 世纪之初，有关研究曾根据当时的情况测算了城镇化成本。当时，国家统计局课题组在题为《我国城市化战略研究》的报告中，根据城建部门综合测算，每增加一个城镇人口需投入基础设施建设和安排就业岗位资金约 2 万元。50 年内城镇化水平达到 70%，城镇人口要增加 5.5 亿人，需要 11 万亿元配套资金，亦即未来50年城镇化建设平均每年至少需要投入2200亿元，相当于2000年国民生产总值的2.5%。今后随着全国整体生活水平的提高和科学技术的进步，城镇人口生活成本和技术装备程度都需要大幅度提高，但纵然每年城镇化投入再翻一番，也只是4400亿元，即使再增加一点，我国也还是有这个经济承受能力的。《2001—2002中国城市发展报告》计算了"城市化成本"。该报告预测到2050年，中国城市人口总量将达到10亿~11亿，依照城市化"成本—收益"模型分析，按2000年不变价格，每进入城市一个人，需要"个人支付成本"1.45万元/人，"公共支付成本"1.05万元/人，总计每转变一个农民成为城市居民，平均需支付的社会总成本为2.5万元/人。在现有城镇人口的基础上，未来50年中国将增加6亿~7亿城市人口，城镇化所需的社会总成本达到15万亿~16万亿元，平均每年要支付3000亿~3500亿元，相当于2000年国民生产总值的4%左右。多数研究认可人均2万~2.5万元这个估计范围。

但是，2010年发布的《2009中国新型城市化报告》预测，到2050年，中国城市人口将达到10亿~11亿，每进入城市一个人，需要"个人生存成本"7.35万元，"个人发展成本"2.47万元，总计每转变一个农民成为城市居民平均需支付的社会总成本约为9.8万元/人。在现有城市人口基础上，未来50年间中国将增加4亿~6亿城市人口，按2006年不变价格计算，城镇化所需的社会总成本将达43万亿元，平均每年要支付9863亿元，相当于2006年国民生产总值的4.7%。

联合国的一份材料认为，住宅和市政设施投资应保持稳定。作为经验的总结，住宅投资应占国民生产总值的5%，基础设施投资应相当于住宅投资的50%~100%。两项合计，应占国民生产总值的7.5%~10%。据此推算，2007年，我国住宅投资2.5万亿元，市政设施投资8553亿元，占GDP的13%。仅从投资的角度

看，城镇化基础设施的建设能够满足人口增长的需要。问题在于，投资偏重于商品住房建设，轻于保障住房建设，也轻于市政设施特别是县以下市政设施建设（占25%），难以满足城镇新居民公共服务和农村城镇化的需要。

已有研究的缺陷在于，一是计算多为静态计算，如没有考虑收入增长带来的保障费用变化；二是含重复计算，如教育投资并不需要按每个人来计算，而是具有一次投资的反复利用性；三是社会管理费用或缺失，或重复计算，没有适当方法纳入，如增加一个人需要的公安、保障、教育费用等；四是按公共服务分项目计算，容易忽略已有人口的分担，夸大服务成本，如基础设施是共享服务，而非增量投资；五是大多没有区分公共支出和个人支出，总成本的测算不具财政含义；六是没有区分当期成本和长远成本，使得总成本具有一次支出过大的特征。克服这些缺陷并非易事，我们在测算城镇化成本时力图对此做出校正。

专栏10

重庆市城镇化成本测算

重庆市于2010年8月启动引人关注的户籍制度改革，未来10年将有1000万农民转户进城。1000万农民转户进城分"两步走"。2010—2012年，重点推进有条件的农民及新生代转为城镇居民，力争在两年内新增城镇居民300万人，实现转户人口在主城、区县城和小城镇三级城镇体系内的合理布局。2012—2020年，通过系统的制度设计，进一步放宽城镇入户条件，新增城镇居民700万人，非农户籍人口提升至60%。重庆市对户籍制度改革进行了评估，以全部整户转移、全部退出土地测算，每个城镇化"新市民"平均有6.7万元的"进城成本",包括农村宅基地、承包地、林地"三件衣服"的"退出成本",以及"新市民"养老、医疗、住房、就业、教育"五件衣服"的"进入成本"。经测算,2010—2011年集中转户的有300万人,总的资金需求达2010亿元。其中取得城镇居民身份的入口端"五件衣服"需要1241亿元,解除农村居民身份的出口端"三件衣服"所需资金为769亿元。2010亿元的城镇化成本中,企业承担1229亿元,主要用于农民工转户后的养老、医疗、住房和土地流转成本;转户农民个人承担465亿元,主要用于缴纳自身就业、养老、医疗、住房、教育等费用;政府承担316亿元,主要用于转户农民养老保险补助、土地退出,以及公租房、学校等配套基础设施建设。人均6.7万元城镇化成本中,转户农民人均可一次性获得宅基地退出补偿、承包地退出补助等直接收益1.8万元,略高于进城后"个人支付成本"1.6万元;政府除支付"退出成本"外,直接支付的"服务成本"人均约1万元,合计的"政府支出成本"为2.6万元;企业支付大头为4.1万元。测算认为,由于户籍制度改革是一项时空跨度较大的改革,其中相当部分的成本不是要当期支付,而是在今后相当一段时间内实现到位。在"五件衣服"中,养老和医疗是大头,而转户对象主要是新生代农民工,大规模的养老和医疗资金支付将在一二十年以后发生;而农村"三件衣服"的退出,也有1~3年的过渡期,当期资金需求不大。总体来看,重庆市338万农民转户的即期成本通过建立土地退出周转金即可启动运作,预计需要启动资金100亿元左右。但是,据浙江大学米红计算,按现有改革模式,从2018年起,重庆市养老基金将出现缺口,20年后缺口将达1860亿元。

表1-5 市民化的公共成本测算

项目		嘉兴市	武汉市	郑州市	重庆市
1. 义务教育	小学生（元）	5807.6	7898.3	3252.2	3021.0
	中学生（元）	7321.9	10067.7	4931.3	3077.6
	校舍（元）	2659.3	2919.3	3016.8	2773.3
2. 居民合作医疗保险（元/年）		118.0	52.0	31.2	62.4
3. 基本养老保险（元）		36089.0	29753.9	42049.3	35816.3
4. 民政部门的其他社会保障	意外伤害保险（元/年）	—	5.0	—	—
	低保（元/年）	76.5	80.7	59.0	85.9
	医疗等救助（元/年）	8.2	49.4	15.9	9.0
	妇幼保健等（元/年）	46.1	6.3	—	13.5
	孤寡老人（元/年）	14.2	—	8.0	—
5. 城市管理费用（元/年）		338.0	401.0	259.8	490.7
6. 住房（元）		10284	9975.6	8696.9	8570.1
7. 其他（元）		20927.2	23877.4	15040.9	26488.2
合计	总成本（元）	83690.0	85086.6	77361.3	80408.0

第一章 推进城乡统筹发展，加快农民工市民化进程

47

从测算结果看,四个城市的农民工市民化成本差别不太大,从7.7万元到8.5万元,具体来看,主要有以下几个特点:

①市民化的成本支出是一个长期的过程,短期来看子女教育和保障性住房是主要支出(33%左右),远期来看养老保险补贴是主要支出(40%~50%)。

②从远期看,农民工退休后按目前的养老金发放办法,约10年后即平均在65岁以后需要政府对个人养老金发放进行补贴,也就是说养老金补贴主要是在离现在平均约35年以后支出。嘉兴、武汉、郑州和重庆这部分支出分别约为3.6万元、3.0万元、4.2万元和3.6万元,约占总成本的43%、35%、54%和45%。

③从近期看,市民化初期政府需要提供的主要是子女教育和保障性住房的支出。嘉兴、武汉、郑州和重庆这部分支出分别约为2.6万元、3.1万元、2.0万元和1.7万元,约占总成本的31%、36%、26%和22%。这部分费用主要发生在农民工进城的前几年,特别是前5年。

④除此以外的支出是一个长期的年度支出。这一部分主要是各项年度支出的社会管理费用和保障费用,例如低保、医疗救助、妇幼保健、各种优抚等。由于各地管理服务费用的区别,年度支出不尽相同。大体上,四个城市这部分支出为300~700元。

⑤由于目前的农民工已经享受部分公共服务,因此市民化所需要增加的实际成本可能没有计算的那么多。从调研的四个城市看,农民工随迁子女多数已经基本享受了义务教育,城市由于本地学龄儿童数量的减少,新增农民工子女并不需要新建大量学校,也不需要同等比例增加教师和教学设施。在城市管理费用部分,许多城市农民工流动已经稳定很长时间,各项城市基础设施和管理服务已经考虑到了农民工事实存在的现象。因此,农民工市民化后需要新增的成本并没有计算的那么多。

⑥即便没有市民化,有些开支也要同样支出。如在四个城市农民工都可以参加企业职工基本养老保险,并在退休后需要政府补贴。

他们即使不市民化，政府仍然需要支出这部分补贴。不同的是，如果没有市民化的政策，一方面农民工参保率较低，另一方面由于许多农民工可能会返回原籍地，因此这部分支出或会转移到其他地方，或会变为新农保等其他形式的养老支出。另外，部分城市已经启动了城乡一体化改革的进程，本市农村居民所享受的公共服务开始与市民接近。因此，他们的市民化成本要么计算为城镇化成本，要么计算为新农村建设成本。列支项目不同，支付上没有区别。

在进行了细分后，我们的基本判断是，每个农民工市民化的公共支出成本在8万元左右（2010年不变价）。但去除养老保险的远期支出后，即期平均成本为4.6万元左右。如果再将年度支付的日常费用分解，一次支付平均最多为2.4万元，年度支付约560元。对公共支出分解后的分析表明，农民工的市民化成本并非不可承受，关键在于政府的行动能力。当然，做好未来的风险防范，也是现在就要开始考虑的。所以，近期做好义务教育和公共住房服务，对于农民工准入的意义重大。其他方面特别是养老保险的风险防范，则需要不断完善制度。

五、我国未来农民工的变化趋势

为了掌握农民工发展的中长期趋势，我们运用国务院发展研究中心长期开发维护的全国可计算一般均衡模型（DRCCGE），分析了中长期内我国经济增长和劳动力转移的基本趋势。主要分析结论如下。

（一）"十二五"期间我国农村总体就业压力依然很大，农民工供求的结构性矛盾将更加突出

按照本文运用DRCCGE模型的模拟结果（见表1-6），我国中长期城镇化仍将处于快速发展阶段，"十一五"末期城镇化率估计超过47%，"十二五"期间城镇化水平约提高5个百分点，超

过53%，到2020年和2030年分别达到58%和64%左右。随着经济增长和城市化发展，农业劳动力继续向非农产业转移，2010年的全社会就业将在79822万人左右，农业劳动力为29500万人，2015年全社会就业将在82000万人左右。"十二五"期间，第一产业占全社会就业的比例下降6.5个百分点，到2015年下降到30.5%，农业劳动力为25000万人左右。由此，"十二五"期间，农业劳动力由29500万人下降到25000万人左右，有4500万农业劳动力需要转入非农产业和城镇就业，每年平均转移900万人。预测表明，中长期中国就业增长的最重要行业在于服务业，而制造业的吸纳就业人数在"十二五"期间虽然仍有增长，但对就业的贡献已经减小。

表1-6 城镇化及劳动力从业结构变化预测

从业结构	2005	2008	2010	2015	2020	2025	2030
总人口（亿人）	13.08	13.28	13.45	13.85	14.16	14.46	14.60
农村	7.45	7.22	7.04	6.50	5.98	5.57	5.19
城镇	5.62	6.06	6.40	7.35	8.18	8.89	9.41
城镇化率（%）	42.97	45.63	47.58	53.07	57.78	61.48	64.45
分产业从业人员（亿人）	7.58	7.75	7.84	8.04	8.02	8.00	7.86
第一产业	3.40	3.07	2.92	2.59	2.25	2.01	1.78
第二产业	1.81	1.91	1.95	1.99	1.95	1.92	1.85
第三产业	2.38	2.76	2.98	3.46	3.81	4.08	4.23
非农就业比重（%）	55.2	60.3	62.8	67.8	71.8	75.0	77.4

数据来源：国务院发展研究中心。

虽然"十二五"期间新增农村劳动力数量有所减少，但农村剩余劳动力存量依然庞大。农村剩余劳动力主要以中西部地区40岁以上、初中文化程度以下劳动力为主，转移难度进一步加大，农民工供求的结构性矛盾将更加突出。"十二五"期间，世界经济将在曲折中缓慢恢复和调整，我国对外贸易很难保持以往的增长速度，出口导向型产业对农民工的吸纳能力会有较大下降；资源和要素成本将持续上升，劳动密集型行业增长将会放缓或出现跨国转移，制造业劳动生产率将较快提高，影响农民工需求增长；国家加快推进传统产业技术改造，加快发展战略性新兴产业，促进经济增长由主要依靠增加物质资源消耗向主要依靠科技进步、劳动者素质提高和管理创新转变，对农民工素质、劳动力培训和职业教育体系提出了更高要求。

（二）我国正在加速进入"刘易斯转折点"阶段，"十三五"期间农村剩余劳动力将由结构性短缺发展到全面短缺

"刘易斯转折点"的到来不是突然的，而是一个由量变到质变的渐进过程，从劳动力的结构性短缺开始。这一过程分为两个阶段：第一阶段是农村剩余劳动力从无限供给到有限剩余的转折，其主要标志是农村剩余劳动力出现绝对下降，劳动力供求的结构性矛盾开始突出，转移劳动力工资开始上涨。第二阶段是农村剩余劳动力由结构性短缺发展到全面短缺，其主要标志是劳动人口出现负增长，各年龄段农村劳动力都会出现短缺。继人口自然增长率从20世纪60年代中期开始持续下降之后，劳动年龄人口的增长率从20世纪80年代也开始了下降的过程，21世纪以来下降速度明显加快。根据2009年的预测，劳动年龄人口从2013年前后开始上升趋势就会十分平缓，2016—2017年达到最高峰后开始绝对减少。这时，作为无限劳动力供给的一个源泉，人口因素不再助长劳动力供给

的增长。无论是大规模的抽样、经验观察,还是相关研究成果都表明,我国正在经历着劳动力从无限供给到出现短缺的转变,目前已经进入了"刘易斯转折点"的第一阶段,并可能在"十三五"期间进入第二阶段。此时,农村剩余劳动力将由结构性短缺发展到全面短缺。

六、推进农民工市民化的整体性政策框架与思路

农民工市民化是指农民流入城市就业并生活,成为城市新市民和逐步融入城市的过程,与这个过程相伴随的不仅是农民职业上的转变,而且是从传统乡村文明向现代城市文明的整体转变。农民工变市民,不是简单地改写户口本,而是确保进城农民在就业、住房、养老、医疗、教育等方面与城市居民享有同等待遇。农民工市民化,既与城市提供非农就业岗位能力有关,也与提供公共服务和社会保障的财力有关。推进农民工市民化,既是一个十分紧迫的问题,又是一个比较长的历史过程。因此,必须加快推进劳动就业、义务教育、公共住房和社会保障等公共服务制度改革,允许符合条件的农民工在城镇就业和落户,转变为城镇居民,逐步形成农民工与城市居民身份统一、权利一致、地位平等的公共服务制度体系。

(一)促进农民工在城镇稳定就业,合理稳定提高农民工工资水平

构建平等的就业制度是农民工市民化的前提。构建平等的就业制度,一是在就业市场准入上要实现劳动者平等获得就业机会的权利,现已基本实现。但近年来农村劳动力剩余总量依然较大和供需结构不对称的矛盾叠加在一起,加大了转移就业的难度,同时已经进城的农民工仍然有个稳定就业的问题。这就需要继续把促进农民工就业置于突出位置,完善就业政策,多渠道转移农村劳动力。

二是在劳动关系上要实现农民工平等获得劳动报酬的权利，包括加强劳动者与企业谈判的平等地位、改善工资待遇和劳动条件、实现同工同酬等，这是当前农民工就业矛盾集中发生的领域，也是"十二五"期间需要重点解决的问题。三是在平等就业制度的延伸层面上，要实现劳动者平等获得公共资源和公共服务的权利。

根据经济结构调整和劳动力市场出现的新变化，"十二五"时期，要把提升农村劳动力技能作为关键，把改善劳资关系作为重点，把平等就业和服务作为方向，继续多渠道促进农村劳动力向非农产业和城镇转移就业，夯实农民工市民化的基础。

一是继续把扩大农民非农就业放在突出位置。首先，产业、企业发展政策要密切联系积极的就业政策。推进国民经济产业结构调整，要顾及和满足农村劳动力转移就业和进城农民工稳定就业的现实要求，大力推动高新技术产业和劳动密集型产业均衡发展，稳定和提高传统产业的就业吸纳能力；重点发展服务业，培植就业新的增长点；为中小企业发展创造良好的政策环境，促进中小企业与大型骨干企业共同发展，增加就业机会。其次，城市发展政策要增强对农民工就业的吸纳和保障能力。大中城市要继续改善农民工的就业环境，提高农民工的就业质量，成为吸纳农民工的重要场所；县城和重点镇要加大基础设施和社会服务建设投入力度，促进特色产业、优势项目集聚，提高综合承载能力，吸纳农村人口就地转移和集中；通过规划加强区域协调，加快城市群内实现资源共享，提高中小城市和小城镇的产业和人口聚集能力，改善中小城市和小城镇的服务水平和居住质量，减轻大城市资源环境过载压力，形成大城市和中小城市、小城镇产业分工协作、人口均衡分布、经济错位发展和社会共同进步的协调发展局面。再次，区域发展政策要促进农村劳动力多渠道转移。东部沿海地区和大中城市在产业升级过程中要通过大力发展产业集群、延长产业链条和积极发展生产型服务业，稳定和扩大农民工外出务工就业；中西部地区要抓住产业转移的有利时机,推进乡镇企业结构调整和产业升级,拓展农村非农就业空间,为农村劳动力就近就地转移创造条件;在信贷、税收、用地等方面实施优惠措施,扶持农民工返乡创业,以创业促就业,带动农村劳动力转移,形成促进输出与返乡创业的良性互动局面。最后,健全人力资源市场和覆盖农民工的公共就业服务。建立农村劳动力资源登记系统,实行城乡统一的就业登记制度,推进跨地区公共就业服务机构间的信息对接,加强政府公共就业信息服务对农村劳动力转移就业和合理流动的指导作用。

二是加大对职业教育和农民工技能培训的投入力度。对农民工全面开展职业教育和技能培训,是促进农民工就业和提高农民工收入的需要,是企业技术创新和产业升级的需要,也是国家转变发展方式和提高国际竞争力的需要。要将农民工职业教育和技能培训纳入国民教育体系,形成政府、企业、劳动者和培训机构共同推进,以市场为导向,以提高农民工就业能力为目标,充分尊重农民工自主选择权,多方受益,充满活力的教育培训机制。以促进转移就业为目标,加大对农村富余劳动力、"两后生"(初、高中毕业)未能继续升学的学生和在岗农民工的技能培训投入力度,加快实行农村职业教育免学费制度,大力推行"培训券"制度,积极实施"订单式"培训,推进培训就业一体化。增加公共投入,强化企业培训责任,发挥行业组织的作用,调动农民工参加培训的积极性,鼓励参加培训的农民工经过考核鉴定获得培训合格证书、职业能力证书或职业资格证书,以技能促就业。

三是建立农民工工资合理增长机制,构建和谐劳资关系。依法保护农民工劳动权益,是农民工生存保障的需要,是企业稳定发展的需要,也是社会和谐稳定的需要。各级政府要继续完善最低工资标准制度,根据经济发展情况,及时调整最低工资标准,引导企业合理加薪,保证农民工生活水平随经济社会发展同步改善。大力发挥工会维权作用,加快建设企业劳资对话机制,推进企业建立规范合理的工资共决机制、支付保障机制和正常增长机制，确保包括农民工在内的职工收入与企业效益联动，建立规范有序、公正合理、互利共赢、和谐稳定的新型劳资关系。加大执法力度，加强对用人单位订立和履行劳动合同的监督，加强安全管理、职业卫生管理和劳动保护等，提高处理劳动争议和保护劳动权益效能，切实维护农民工的合法劳动权益。

（二）健全覆盖农民工的公共服务体系，促进农民工平等享受城市公共服务

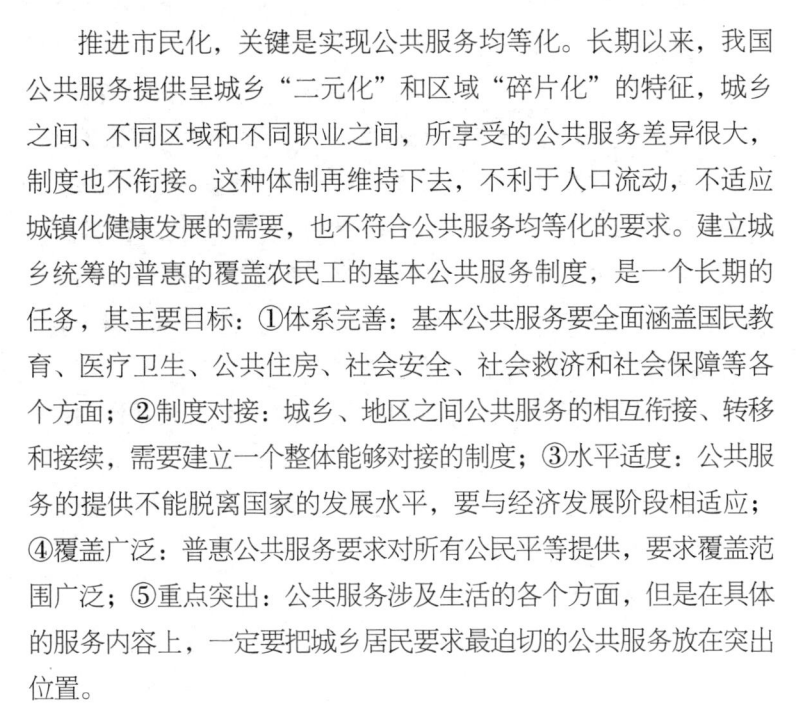

推进市民化，关键是实现公共服务均等化。长期以来，我国公共服务提供呈城乡"二元化"和区域"碎片化"的特征，城乡之间、不同区域和不同职业之间，所享受的公共服务差异很大，制度也不衔接。这种体制再维持下去，不利于人口流动，不适应城镇化健康发展的需要，也不符合公共服务均等化的要求。建立城乡统筹的普惠的覆盖农民工的基本公共服务制度，是一个长期的任务，其主要目标：①体系完善：基本公共服务要全面涵盖国民教育、医疗卫生、公共住房、社会安全、社会救济和社会保障等各个方面；②制度对接：城乡、地区之间公共服务的相互衔接、转移和接续，需要建立一个整体能够对接的制度；③水平适度：公共服务的提供不能脱离国家的发展水平，要与经济发展阶段相适应；④覆盖广泛：普惠公共服务要求对所有公民平等提供，要求覆盖范围广泛；⑤重点突出：公共服务涉及生活的各个方面，但是在具体的服务内容上，一定要把城乡居民要求最迫切的公共服务放在突出位置。

根据以上原则和农民工公共服务的现状和要求，"十二五"时期，要进一步促进农民工在教育、医疗卫生、计划生育和文化生活等服务上享有更多的权利。

一是进一步做好农民工子女的义务教育和职业教育工作，切

实保障农民工的教育权益。农民工子女融入学校是农民融入城市的基础,要打开城市优质教育资源向农村开放的大门,张开城市热情接纳农民工子女的怀抱,促进教育公平。不仅要在义务教育阶段努力体现公平,而且要着力衔接农民工子女高中阶段教育,加强农民工子女职业教育。继续推进以公办中小学为主、以流入地为主,接收农民工子女入学接受义务教育。要按照预算内生均公用经费标准和实际接收人数,足额拨付教育经费。对接收农民工子女较多、现有教育资源不足的地区,地方政府要加大教育资源的统筹和规划力度,采取切实有效措施,改善办学条件。对接受政府委托承担义务教育的民办学校,加强管理,提高质量,按在校学生数量对学校公用经费给予财政补贴,就读学生参照公办义务教育标准免除学杂费,享受补助。完善转移支付制度,扩大中央财政对外来人口子女教育补助金的规模,提高中央财政在义务教育投资中的比重,加大对流入地接收农民工子女学校的支持力度。建立健全覆盖农民工子女的普通高中教育资助体系,做好义务教育和职业教育的衔接工作,根据新生代农民工的特点,"两后生"可直接进入中等职业学校继续学习,实现免费的中等职业教育。

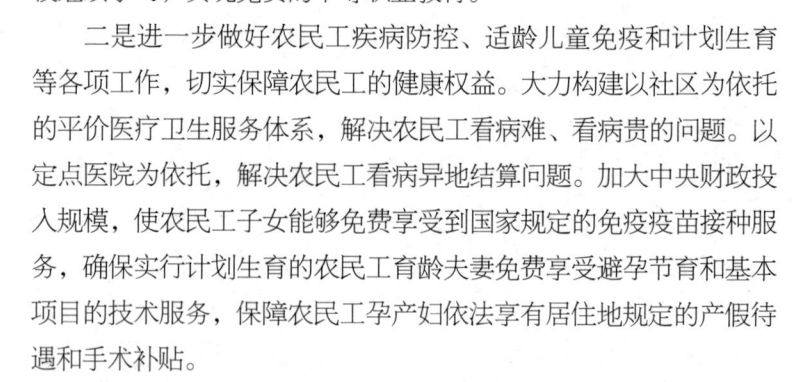

二是进一步做好农民工疾病防控、适龄儿童免疫和计划生育等各项工作,切实保障农民工的健康权益。大力构建以社区为依托的平价医疗卫生服务体系,解决农民工看病难、看病贵的问题。以定点医院为依托,解决农民工看病异地结算问题。加大中央财政投入规模,使农民工子女能够免费享受到国家规定的免疫疫苗接种服务,确保实行计划生育的农民工育龄夫妻免费享受避孕节育和基本项目的技术服务,保障农民工孕产妇依法享有居住地规定的产假待遇和手术补贴。

三是丰富农民工的文化生活,切实保障农民工的文化权益。确保农民工平等使用公益性文化设施,鼓励文化经营单位和文艺工作者为农民工提供免费或优惠的文化产品和服务,推动农民工用工单位文化建设,引导农民工增强学习文化知识的自觉性,帮助他们提升思想和心理素质,培养良好的生活方式。

(三)建立覆盖农民工的城镇住房保障体系,促进农民工在城镇落户定居

从农民工定居城镇的意愿和他们在城镇的实际居住状况看,保障性住房已成为当前农民工最迫切要求解决的问题之一。农民工住房问题解决得如何,直接关系到我国城镇化的质量,即能否避免一些发展中国家出现的"贫民窟"现象和由此产生的"城市病"。农民工居住状况是否得到改善,是考察均等服务的重要指标,也是衡量社会融入程度的重要标志。农民工居住问题解决不好,不仅会在城镇空间上造成社会群体的隔离和贫富差距的凸显,更会在社会心理上带来不平衡。逐步将农民工住房纳入城镇住房保障体系,是提高农民工生活质量和促进农民工社会融入的必然要求,也是实现市民化安居乐业要求的一个重要支撑点。

在"十二五"乃至更长的时期,要顺应城镇化发展趋势,稳步推进覆盖农民工的城镇保障性住房体制改革,促进农民工市民化。指导思想是,强化政府的主导作用,落实企业的社会责任,发挥市场的调节功能,允许各地探索由集体经济组织利用农村建设用地建设农民工公寓,多渠道改善农民工居住条件。不断完善农民工住房保障体系和政策支持体系,加快建立多种形式、多个层次的农民工住房供应体系,逐步解决农民工居住问题。

一是建立多层次住房供应体系,多渠道改善农民工居住条件。根据农民工工作特点和收入状况,以及我国的国情、国力,加快建立多层次住房供应体系(见表1-7),满足农民工不同的住房需求。主要包括:

表1-7 新时期农民工住房供应体系基本框架

供应体系	市场特性	住房类型	需要住房的农民工（家庭）类型	说明
由市场提供	一级市场二级市场	新建和二手较让普通商品房	少数进城时间较长、有一定支付能力的农民工家庭	完全竞争市场
由市场提供	租赁市场	低端、普通出租屋	一般在城市务工、没有住房的农民工	完全竞争市场
用工企业提供	工作宿舍	具有基本生活条件的集体宿舍	在工厂或服务业工作的农民工	政府政策支持用工企业建设标准化的农民工宿舍
政府政策性支持	保障性住房	具有基本生活功能的公共租赁房	收入较低、没有住房的农民工家庭	有政策支持，申请有一定准入条件
政府政策性支持	保障性住房	封闭运行的廉租房	贫困农民工家庭	住房保障，只租不售
政府政策性支持	保障性住房	封闭运行的经济适用房	希望购买住房的中低收入农民工家庭	政府补贴，封闭运行
政府政策性支持	保障性住房	限价房	具有一定支付能力、希望购买住房的中低收入农民工家庭	有政策支持，出售有一定限制

适用于农民工的保障性住房体系：目前城市住房保障体系不包括农民工，因此城市政府要建立适用于农民工的保障性住房体系，主要由公租房、廉租房、经济适用房和限价房组成，其中公租房应占较大比率，解决不同类型农民工的住房需求。

标准化的农民工工作宿舍：鼓励使用农民工的企业为农民工提供满足基本居住需求、符合安全卫生标准的工作宿舍。

规范有序的房屋租赁市场：发展为农民工提供交通方便、生活功能齐全、价格便宜的普通住房房屋租赁市场。

农民工能承受的商品房市场：为有购房意愿的农民工提供其能承受的新建商品房或二手商品房。

二是完善农民工住房支持政策。建立农民工住房补贴制度和农民工城市公共住房专项资金。逐步将住房公积金制度覆盖范围扩大到在城市中有固定工作的农民工群体，实行灵活的缴存政策，允许农民工及其单位暂按较低的缴存比例，先行建立住房公积金账户。对购买城市经济适用房、限价房的农民工，给予契税优惠。对为农民工提供租赁住房的业主或机构，给予一定的税收减免。对兴建农民工公寓的个人和机构，鼓励金融机构提供低息长期银行贷款或公积金贷款。完善土地供应制度，土地利用规划、城市总体规划都要为农民工住房预留空间。逐步完善"住房公积金制度、住房补贴制度、财税支持制度、金融服务制度、土地供应制度、规划保障制度相互补充"的农民工住房政策体系。

（四）建立有效覆盖农民工的社会保障体系，提高参保比例和保障水平

农民工始终不能为社会保障体系有效覆盖，问题不在于农民工不愿意参保，而在于政策设计的缺陷。研究表明，农民工参保意愿不强的主要障碍在于缴费能力不足、政府补贴缺失和社保平台不统一。因此，根据农民工的实际情况，完善社会保障制度，是推进市民化的重要手段。

"十二五"时期，要继续完善农民工参加各类社会保险项目的办法，切实提高农民工参保比例和保障程度。

一是尽快实现工伤保险对农民工全覆盖。保障遭工伤或患职业病的农民工获得与城镇职工一样的医疗救治和经济补偿。

二是健全农民工医疗保障制度。鼓励常年外出稳定就业农民工参加城镇职工基本医疗保险。季节性外出就业的农民工以参加新型农村合作医疗保险为主。尽快建立覆盖全省的新农合结算体系，试点建立省际新农合定点医疗机构互认制度协议的多种模式。

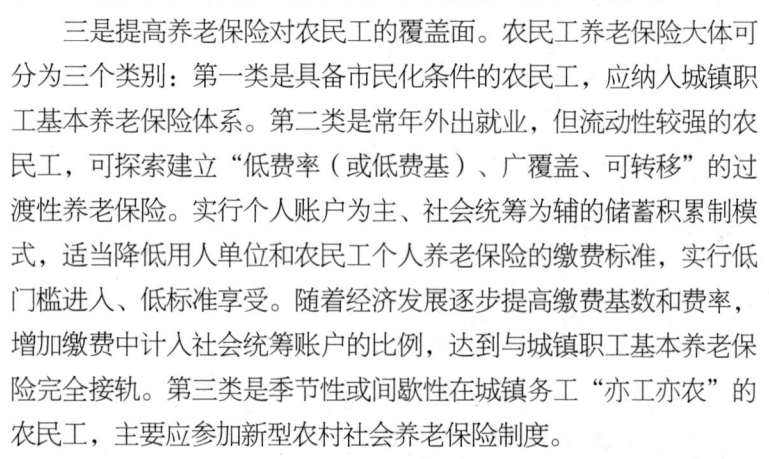

三是提高养老保险对农民工的覆盖面。农民工养老保险大体可分为三个类别：第一类是具备市民化条件的农民工，应纳入城镇职工基本养老保险体系。第二类是常年外出就业，但流动性较强的农民工，可探索建立"低费率（或低费基）、广覆盖、可转移"的过渡性养老保险。实行个人账户为主、社会统筹为辅的储蓄积累制模式，适当降低用人单位和农民工个人养老保险的缴费标准，实行低门槛进入、低标准享受。随着经济发展逐步提高缴费基数和费率，增加缴费中计入社会统筹账户的比例，达到与城镇职工基本养老保险完全接轨。第三类是季节性或间歇性在城镇务工"亦工亦农"的农民工，主要应参加新型农村社会养老保险制度。

四是为农民工建立临时性、应急性的社会救济。将符合条件的农民工纳入城市最低生活保障覆盖范围。

五是探索打通城保和农保的有效管理措施，搭建五险统一管理的大社保平台。建立将城镇企业职工、城镇居民、农村居民和外来农民工逐步纳入同一体系的城乡一体的社保体系，让农民工能够根据经济条件和流动状况，灵活选择险种和缴费水平，真正享受到社会保障的安全网作用。

六是逐步建立个人缴费、单位匹配、国家补贴的参保办法，促进农民工有能力同等参加城镇职工社会保险。目前政府对城镇就业困难群体参加社会保险有缴费补贴，对城乡居民参加医疗保险有缴费补贴，对农民参加农村养老保险也有缴费补贴，唯独对农民工参保没有补贴。建议将针对城镇就业困难群体的社会保险补贴制度扩展到全体从业人员，纠正社会保险过度依赖劳资双方缴费的做法。增加财政社保投入的渠道，除了调整财政支出结构，近期可将国有资产（国有企业的红利和股票、国有土地收益等）更多地转化为社会保险缴费补贴，远期可通过征收房地产税及增设遗产税、赠予税和资本利得税等来解决。

（五）推进农民工行使民主权利，促进农民工在城镇当家做主

农民工在城镇行使民主权利，既是农民工权益保障的重要内容，也是推进城镇改善服务的重要手段。"十二五"时期，要大力推动农民工融入城市社区，建立健全农民工依法参加城市社区民主选举和管理的办法，使农民工的利益有制度化的表达渠道。要构建平等开放的城镇社区，创建多种形式的农民工参加城市管理渠道。鼓励农民工参与社区自治，增强作为社区成员的意识，提高自我管理、自我教育、自我服务的能力。推动农民工参与社区的公共活动、建设和管理，发展与城市居民的交往、互信和互助，使城市社区成为农民工和当地居民共建、共管、共享的社会生活共同体。逐步增加农民工在流入地党代会、人代会代表和政协委员的名额，推动农民工参政议政，以民主促民生。

（六）完善农民工市民化过程中土地权利实现机制，依法保护农民工土地权益

农民工身份转为城镇居民以后，其承包地和宅基地的处置、原有集体积累权益享受问题，是城镇化过程中的重大政策选择。尽管农民工进城务工趋于稳定，但我国城镇化在较长一段时间内仍将以数量庞大的农民工流动方式实现，经济周期波动和产业布局调整还将对农民工的流量和目的地产生影响，公共服务的改善也不是短期可以完成的。要求农民工以土地换市民身份，既不现实，也不公

平。长久不变的土地承包权利和依法保障的宅基地用益物权，是农民的财产权利，即使农民工进城定居，也不能强行要求农民放弃。明确界定土地权利是完善土地制度的一项最基础性的工作，要进一步明确"长久不变"的农民土地承包经营权的权能，明确农民宅基地用益物权的内涵和实现形式。在确权的基础上，为农民颁发具有明确法律效力的土地承包经营权证书和宅基地使用权证书，加快建立全国统一的权威性的农地登记体系。鼓励农民工在平等协商、自愿有偿的原则下，采取委托、代耕，或通过转包、出租、转让等形式，流转土地承包经营权。农民工进城落户定居后，是否放弃承包地和宅基地，要强调"自觉自愿"，不能把"双放弃"作为农民进城落户的先决条件，更不能强制性要求农民工退出。适应农民工进城落户和城镇化发展的需要，赋予农民工对承包土地、宅基地、农房和集体资产股权更大的处置权。农民工可以在自愿基础上探索多种形式转让土地、宅基地、农房和集体资产股权等（见专栏11）。

专栏11

不以土地换市民权

最近几年，凭借丰厚的能源条件，内蒙古自治区鄂尔多斯市东胜区的国民经济实现了跨越式发展，从一个落后地区变成了经济强县（区）。工业和城市经济的快速发展为农民进城从事第二、第三产业提供了广阔的空间。发展起来的东胜区发挥自身经济优势，结合实际区情大胆尝试，勇于探索，闯出了一条别具特色的农民市民化道路。东胜区推进农民市民化的总体思路是，在农民进城的过程中依然保留二轮土地承包确定的土地权益，让农民放心进城，同时政府在住房、培训、就业和社会保障等基本公共服务方面给予与市民同等甚至更优惠的政策，通过政策组合推动农民进城进镇，鼓励农民向城市第二、第三产业转移，让他们成为有土地的市民。东胜区的工作人员形象地把这项工作称为"给馒头不拿走窝头"。这项工作得到了当地农民的积极拥护，他们高兴地说这辈子把"当农民和城里人的好处都占了"。

首先，通过统一城乡户籍管理，把农民变为"有土地的居民"。自2008年6月起，东胜区在全区范围内取消农业户口、非农业户口性质及由此衍生的其他户口类型的区分，户籍簿上不再标注农业和非农业家庭户口类型，按照常住居住地统一登记为"居民户口"。在新的户籍制度基础上，实行户籍管理与承包土地管理分离的政策，户籍不再作为确定是否具有农民身份、能否享受相关政策的凭证。在二轮土地承包的基础上建立以承包土地卡为主的农村土地承包确权体系，只要是确权认定承包二轮土地的农村居民，不论在何处居住或者从事何种职业，其家庭承包经营权、集体资产的收益权在二轮土地承包期限内均保持不变，而且还可以继承。

其次，通过推进安居工程和城乡统筹试验区工程，让农民进得了城、定得了居。东胜区实施了经济适用房、廉租住房和农民小区等城乡安居工程，让进城农民享受与市民同等的保障性住房购租政策，统筹解决城乡居民的住房问题。进城农民根据家庭人口每户可以申请一套60~120平方米的保障性住房，按东胜区的城市房价，60平方米的商品房价格在30万元以上，政府按6万~7万元的价格出售给农民。2008年，东胜区实施了农民集中安置小区项目，该项目解决了1450户、5073人的居住问题。从2009年开始，财政还将对农民安置小区物业费进行补贴，补贴额度为50%，连续补贴5年。

再次，加强培训，促进就业，解决进城农民的生计问题。为了加强职业技能培训的针对性，东胜区开展"菜单式"培训服务，设置了26个门类、83个工种的培训项目，进城农民可以根据自己的意愿自由选择。

最后，在社会保障方面给农民同等甚至更优惠的待遇。根据东胜区的养老保险政策，男年满60周岁、女年满55周岁的城镇居民，养老金标准每月不低于450元，农民养老金标准每月不低于200元，进城农民全部纳入城镇居民养老保障体系。农村新型合作医疗住院报销封顶线由2万元提高至5万元，报销比例由25%提高至50%，进城农民按照自愿原则，可自由选择参加农村新型合作医疗或城镇居民医疗保险，还可参加最高15万元的大病救助保险。进城农民生活水平低于城镇居民最低生活保障线的，全部纳入城镇低保范围。

（七）以城市群为主体，增强城镇对农民工的吸纳和服务能力

研究表明，未来城镇人口在空间分布上将形成以城市群地区为主体、区域性中心城市为重要节点、各类中小城市和小城镇为基础的城镇化人口分布格局。根据课题组计算，2010—2020年，城市群地区人口将占城镇人口的60%左右，其他城市和小城镇人口将占城镇人口的40%左右。为此，要按照大中小城市和小城镇协调发展的城镇化方针，统筹资源环境约束、产业转移趋势和公共投入分配，合理引导人口分布，形成有利于市民化的国土开发新格局。

一是加快主体功能区规划实施，引导人口合理分布。鼓励重点开发区域特别是东部沿海大中城市提升发展能力，改善服务水平，更多吸纳外来人口。进一步加强中西部地区基础设施和公共服务建设，提高优化开发区域产业和人口集聚的能力，增加优化开发区域内中小城市和小城镇的人口承载容量。促进限制开发区域、禁止开发区域的人口有序转移。

二是以城市群为重点，促进农民工市民化。通过规划明确城市群以及城市群内部各城镇的功能定位和分工，促进区域公共产品、基础设施的统一建设和网络化发展，优化产业布局，引导人口集聚，为农民工市民化创造有利条件。以"扩权强县"和推动经济发展快、人口吸纳能力强的重点镇行政管理体制改革为突破口，强化中小城市产业功能，增强小城镇公共服务和居住能力，缓解特大城市中心城区压力，实现区域内大中小城市和小城镇协调发展，提升中小城市和小城镇吸纳农村劳动力转移和承载人口的能力。

三是改革财税体制，完善流入地吸纳人口的激励机制。按照把常住人口作为财政分成依据，逐步调整各级政府之间的财政分配关系。探索建立农民工专项资金转移支付制度，形成中央和地方财政共担机制。对吸引流动人口较多的城市补助建设资金，支持城市建设更多面向流动人口的社区医疗卫生、义务教育和职业教育设施，对吸纳流动人口较多的中小城市和小城镇，通过转移支付专项资金，做好基础设施扩容和公共服务提升。促进生产型税收向消费型税收的转变，增强流入城市吸引人口定居的动力。建立健全财权与事权相匹配的财政管理体制，实现基层政府"事权"和"财权"的对应，确保基层政府具备提供公共服务和以一定财政资金调配人口空间分布的能力。

（八）进一步明确户籍制度改革方向，逐步突破以户籍与福利合一的社会管理制度

综观各地户籍制度改革的探索，主要有两种思路：一种方式是，以农民工退出宅基地、承包地等集体成员权益为前提条件，让他们获得城市户口，进而全面获得城市福利和保障；另一种方式是，逐步增加和不断完善农民工的公共服务，不断降低城镇户籍的福利含量，逐步让户口与福利脱钩。不把获得城市户籍与放弃农村土地权利挂钩，逐步消除户籍人口与非户籍人口之间的不平等待遇和差距，还原户籍的人口登记功能，突破以户籍与福利合一的社会管理制度，将户籍与福利脱钩，这才是户籍制度改革的根本方向所在。"十二五"时期，要进一步探索福利与户籍脱离的人口社会管理制度，建立健全推进农民工市民化的长效管理机制。

一是将城镇户籍准入与农民土地权利分离。建议修改《农村土地承包法》，取消"承包方全家迁入设区的市，转为非农业户口的，应当将承包的耕地和草地交回发包方。承包方不交回的，发包方可以收回承包的耕地和草地"一条，赋予农民完全的土地财产处置权，让包括农民工在内的农民在自愿基础上探索财产转让的多种方式。

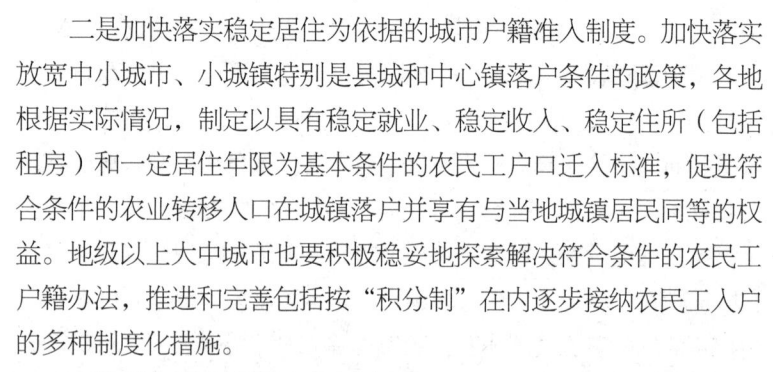

二是加快落实稳定居住为依据的城市户籍准入制度。加快落实放宽中小城市、小城镇特别是县城和中心镇落户条件的政策，各地根据实际情况，制定以具有稳定就业、稳定收入、稳定住所（包括租房）和一定居住年限为基本条件的农民工户口迁入标准，促进符合条件的农业转移人口在城镇落户并享有与当地城镇居民同等的权益。地级以上大中城市也要积极稳妥地探索解决符合条件的农民工户籍办法，推进和完善包括按"积分制"在内逐步接纳农民工入户的多种制度化措施。

三是以加强公共服务推进市民化。城市无论大小，对于已经具备条件的公共服务项目，如义务教育、就业培训、职业教育、计划生育等，应率先实现同等对待。与城市户籍紧密挂钩的低保、经济适用房、廉租房等，也要逐步覆盖符合条件的农民工。探索以参保代替户口作为农民工享受均等公共服务权利的改革，彻底使福利与户口脱钩，也使通过户口要求农民土地权利与城镇福利权利置换脱钩。

执笔人：韩　俊　何宇鹏　金三林

第二篇

2

专题研究

第二章 新时期农民工总体特征及发展趋势

农民工是我国改革开放进程中成长起来的一支新型劳动大军，是现代产业工人的主体，是我国现代化建设的重要力量。农民工队伍的产生和不断壮大，对改变农村面貌做出了特殊贡献，成为推动我国经济发展和社会结构变革的巨大力量。从 21 世纪开始，农民工规模保持了稳定增长，流动和就业环境大大改善，并出现了一些新的特点和趋势。

一、农民工流动和就业的发展阶段

受国内、国际诸多因素的影响，我国农民工队伍的发展具有一定波动性，在时间上则表现为较强的阶段性，不同阶段的流动方式和特点也不同。由于没有成熟的农民工统计制度，无法获取农民工数量的精确时间序列数据，但可利用国家统计局等部门组织的较大规模调查，以及有关专家的研究结果，对改革开放以来主要年份的外出就业农民工数量进行一个汇总，如表 2-1 所示。

尽管不同部门对外出就业农民工数量的调查、估算结果有一定差异，但基本上都反映了我国农民工数量较快增长的趋势。根据相关调查结果来计算，我国外出就业农民工数量从 1983 年的约 200 万人增加到 2009 年的 1.45 亿人，26 年增长了近 73 倍，年均增长 18% 左右。

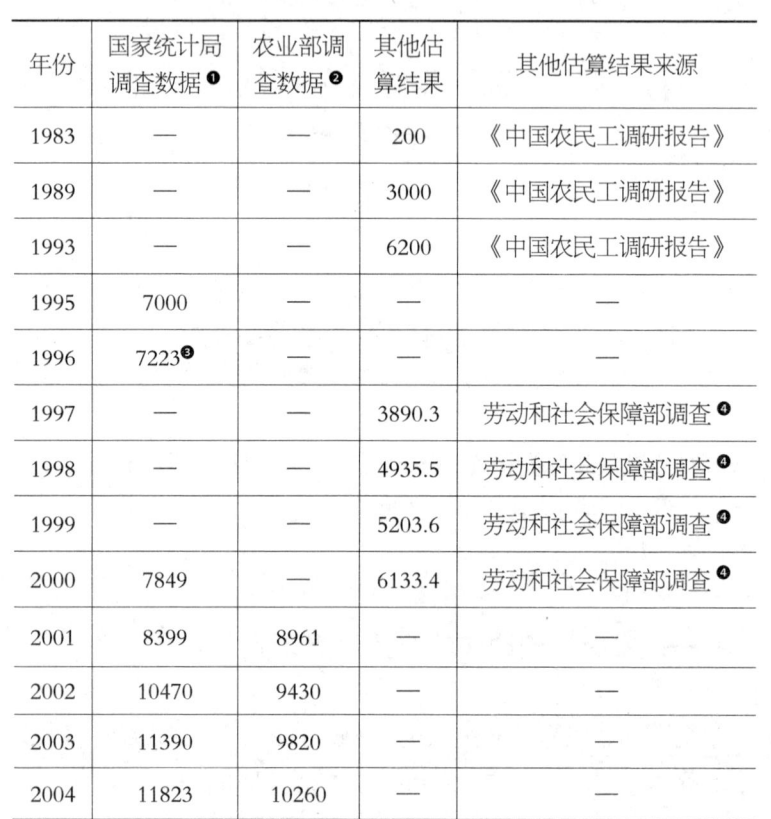

表 2-1 改革开放以来主要年份外出就业的农民工数量　　（万人）

年份	国家统计局调查数据❶	农业部调查数据❷	其他估算结果	其他估算结果来源
1983	—	—	200	《中国农民工调研报告》
1989	—	—	3000	《中国农民工调研报告》
1993	—	—	6200	《中国农民工调研报告》
1995	7000	—	—	—
1996	7223❸	—	—	—
1997	—	—	3890.3	劳动和社会保障部调查❹
1998	—	—	4935.5	劳动和社会保障部调查❹
1999	—	—	5203.6	劳动和社会保障部调查❹
2000	7849	—	6133.4	劳动和社会保障部调查❹
2001	8399	8961	—	—
2002	10470	9430	—	—
2003	11390	9820	—	—
2004	11823	10260	—	—

❶　国家统计局对31个省份的6.8万个农村住户和近7100个行政村进行抽样调查，调查口径为本年度内在本乡以外的地域就业1个月以上的农村劳动力。2009年统计样本扩大。

❷　农业部全国农村固定观察点系统每年两次对31个省份的20084个农户进行调查，调查口径为本年度内在乡镇之外从业3个月以上的农村劳动力。

❸　第一次全国农业普查数据。

❹　劳动和社会保障部调查口径为本年度内在乡镇之外就业的农村劳动力，时间未限定。

续表

年份	国家统计局调查数据	农业部调查数据	其他估算结果	其他估算结果来源
2005	12578	10824	—	—
2006	13181	11490	—	—
2007	—	12600	—	—
2008	14041	—	—	—
2009	14533	—	—	—

其中，20世纪80年代农民工数量年均增长50%左右；90年代初期到中期农民工数量年均增长15%左右；21世纪前8年，农民工数量年均增长7%左右；2008年爆发的金融危机对农民工就业产生较大冲击。再考虑到80年代和90年代，农民工的流动方式发生了较大变化，可以将改革开放以来我国农民工的流动分为四个阶段。

第一阶段：20世纪80年代初期到80年代末期，以就地转移为主的阶段。农民工数量从80年代初期的200万人左右发展到1989年的3000万人左右，乡镇企业是农民工就业的主要渠道。跨省流动的人数逐渐增多，但比重较小，1989年约为23%。

第二阶段：20世纪90年代初期到21世纪初期，为大规模跨地区流动阶段。农民工数量从90年代初期的6000万人左右

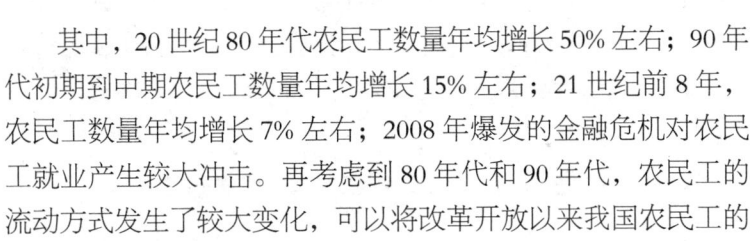 本数据为第二次农业普查数据，与当年抽样调查数据13212万人有一定差异，误差率为0.2%。

发展到21世纪初期的1亿人左右，沿海地区和城市第二、第三产业成为农民工就业的主要渠道。跨省流动比重大幅上升，2001年达到44%。以乡镇企业吸纳为主的农民工就业模式已转变为外出异地就业为主的模式。

第三阶段：21世纪初期到2007年，为稳定增长阶段。2002—2007年，外出就业农民工数量年均增长650万~700万人，增速下降但相对稳定。农民工继续向沿海地区和城市第二、第三产业集中，在外向型行业就业的比重明显上升。

第四阶段：2008—2009年，为危机冲击和深刻调整阶段。受金融危机的影响，2008年下半年出现了较大规模的农民工返乡，但随着国家一系列扩大内需政策及增加农民工就业政策的实施，2009年农民工就业较快恢复，基本呈现以一季度为谷底的V形复苏态势，全年外出就业农民工达到1.45亿人，❶比2008年增加492万人，增长3.5%，但农民工就业的地域结构、行业结构、总体供求关系都在发生深刻的调整。

二、新时期农民工流动和就业的主要特点

进入21世纪，农民工总量继续增加，流动广度和跨度日益扩大，组织形式和流动方式日趋复杂，在保持其流动性等基本特征的同时，还呈现一些新的特点和动向。为了全面、深入了解现阶段我国农民工的主要特点，国务院发展研究中心课题组在2006年、2007年先后两次开展了全国范围内大规模的调查，2009年年初又组织了以"国际金融危机对农民工就业的影响"

---

❶ 为国家统计局调查数据。年度农民工数量包括年内外出从业6个月以上的外出农民工和本地非农从业6个月以上的本地农民工两部分。年度农民工与年末（季末）外出务工劳动力口径不同，年末（季末）数据是指调查时点在外从业的农村劳动力人数，包括了外出不满6个月的人。

为主题、覆盖东中西部19个省市的百村调查及相关辅助调查（以下简称2009年百村调查），2010年再次开展了以农民工市民化为重点的全国性调查（以下简称课题组2010年调查）。综合这四次调查结果以及其他研究结果和统计数据来看，新阶段农民工具有以下一些新的特点。

（一）虽然农民工需求会受到外部冲击的短期影响，但农村劳动力供求关系从"供过于求"转向"总量过剩，结构短缺"的总体趋势没有改变，"民工荒"正在成为常态

1. 有近90%农村青壮年劳动力转移到非农产业，30岁以下的农村劳动力供求明显偏紧

第二次全国农业普查数据表明，青壮年是外出农民工的主体。在全部外出从业农民工中，30岁以下的占52.6%，30~40岁的占29.5%，40岁以上的占17.9%。而且，在全部30岁以下的农村劳动力资源中，外出从业的比重为43%。如果再考虑本地非农就业的农民工，则30岁以下农村劳动力有近90%已转移到非农产业。国务院发展研究中心2006年对全国2749个村庄的调查显示，74.3%的村庄认为，本村能够外出打工的青年劳动力都已经出去了，只有25%的村认为本村还有青壮年劳动力可转移。2009年百村调查表明，18~25岁的农民工供需匹配度❶为30，26~35岁的供需匹配度为76。这说明，虽然总体上青壮年劳动力仍存在过剩的现象，但经过近30年的持续转移，越来越多的地区农村青年剩余劳动力正在被吸纳殆尽。

---

❶ 供需匹配度＝农民工求职比重/企业需求比重×100，结果为100，说明供需平衡，高出100说明农民工求职（供给）大于企业需求，低于100说明农民工求职（供给）小于企业需求。

2. 有近60%初中以上文化程度的农村劳动力已转移到非农产业，有一技之长的农民工供给严重不足

第二次全国农业普查结果表明，外出从业农民工中，初中及以上文化程度的占80.1%。同时，在全部初中及以上文化程度农村劳动力资源中，外出就业的比重为33%。如果再考虑本地非农就业的农民工，并假定其文化程度构成与外出农民工类似，则初中及以上农村劳动力有近60%转移到非农产业。在课题组2010年对湖北、河南、安徽、江苏、重庆等省市的重点调查中，各地区都反映技术工短缺比较严重，如郑州市在2010年6月时技工缺口约10万人。

3. "民工荒"正在成为常态

国务院发展研究中心课题组的调查表明，从2009年第三季度开始，用工需求增长强劲，劳动力市场的求人倍率（劳动力市场需求人数与求职人数之比）逐步攀升，珠江三角洲等地就出现用工紧张。进入2010年，沿海多数地区纷纷出现"招工难"。人力资源和社会保障部的调查表明，2010年招工"有困难"或"有一定困难"的企业占70%，比往年上升5个百分点，"招工难"有蔓延和加剧之势。课题组2010年对湖北、河南、安徽、江苏、重庆等省市的调查进一步发现，"民工荒"已成为常态，主要表现在以下三个方面：一是"招工难"开始由沿海向内地扩散，中西部一些经济发展快的地区也出现了不同程度的缺工现象；二是季节性用工短缺与一些行业常年缺工并存，尤其是那些待遇低、工作生活条件差的企业，"招工难"已经趋于常态化；三是不仅技工严重短缺，而且普工紧缺也呈常态化。

（二）外出务工已成为农民就业和增收的主要途径，农民工流动的稳定性增强

国家统计局《2009年农民工监测调查报告》数据显示，

2009年全国广义农民工总量为22978万人,其中外出农民工14533万人,占63%;在本乡镇以内从业6个月以上的本地农民工8445万人,占37%。外出打工的比重高于本地从事非农业生产的比重,可见外出打工是农村劳动力转移的主要途径。

2009年百村调查还表明,被调查村农民家庭纯收入来源结构中,外出就业收入比重最大,农业收入次之,本地非农收入最少。2008年农民人均纯收入3555.6元,比2007年增长5.4%。其中,外出就业收入占到48.3%,比上年提高0.5个百分点;农业收入占到28.2%,比上年下降0.8个百分点;本地非农收入占到23.5%,比上年提高0.3个百分点(见表2-2)。

表2-2 2009年百村调查的农民人均收入情况

项目	2007年 均值(元)	2007年 占比(%)	2008年 均值(元)	2008年 占比(%)
农民人均纯收入	3373	100.0	3555.6	100.0
农业收入	977.4	29.0	1001.3	28.2
本地非农业收入	783.9	23.2	836.0	23.5
外出就业收入	1611.7	47.8	1718.3	48.3

资料来源:国务院发展研究中心课题组调查报告。

随着经济大发展和社会大开放,流动就业农民工的稳定性特征正逐步显现并不断强化,出现了三个新的趋势。

1. 就业形势日趋稳定

当前,农民工已经占据流入地各类"脏、险、苦、累"工作岗位的绝大多数和制造业、服务业工作岗位的大多数,其就业领域已经从最初的临时性岗位、补充性岗位向各个行业的固定性岗位扩张,就业形式的稳定性得到显著提升。课题组2010年的调查表明,农民工在目前企业就业的平均时间已达到 4 年，有 30% 的农民工在 5 年以上，有 10% 的农民工在 10 年以上。参与调查的农民工中，有 57.9% 近 3 年没有更换过单位，22.8% 只更换过一个单位，20% 更换过 2 个以上单位，这说明农民工就业单位也趋于稳定。

2. 流动"家庭化"和居住的稳定性趋势明显

随着时代的发展，农民工日益注重家庭成员的团聚、子女的教育以及家庭生活水平的改善，流动形式正从以前男劳动力外出"独闯"逐渐演变成现在夫妻二人同时外出务工以及携子女外出流动，流动的"家庭化"趋势明显，举家外出、完全脱离农业生产和农村生活环境的农民工已经占到一定比例。国家统计局公布的《2009 年农民工监测调查报告》显示，在 2009 年外出农民工中，举家外出农民工达 2966 万人，占全部外出就业农民工（14533 万人）的 20.4%。据浙江省的统计数据显示，农民工中居住在出租房屋和单位内部宿舍的比例逐年增加，并且已经占到农民工总数的 86.37%。课题组 2010 年的调查也表明，目前举家外出的农民工占到了 25%；已婚农民工中，与配偶在同一城市打工的占到了 50.6%，与配偶在同一单位工作的占 18.1%，合计接近 70%；有子女的农民工中，子女在自己务工城市的占到了 46.2%，在配偶务工城市的有 4.9%。

3. 在流入地居住趋于长期化

农民工在现居住地稳定居住的持续时间逐年增加，返回户籍地老家的次数减少，"移民"倾向渐趋明显，很大一部分已经成为事实"移民"。据浙江省 2007 年抽样调查显示，在流入地居住 1 年以上的农民工已经占到总数的 63.4%。其他调查也表明，农民工在城市沉淀的程度和长期居留倾向增加，由"候鸟式"流动向迁徙式流动转变。人口和计划生育委员会 2009 年 7 月对北京、上海、深圳、成都、太原等地 47461 名流动人口的调查表明，劳动年龄人口中平均在现居住地停留时间为 5.3 年，有一半的人停留时间超过 4 年，18.7% 的人停留时间超过 10 年。课题组 2010 年的调查也表明，参与本次调查的农民工中，在目前城市的就业时间平均也为

5.3 年，超过 5 年的约占 40%，超过 10 年的约占 20%。

（三）制造业和建筑业仍然是农民工的主要就业领域，但服务业就业比重不断提高

根据国务院发展研究中心农村部课题组的跟踪研究，2008 年以前我国农民工就业的行业结构有以下主要特征：一是以制造业和建筑业为主；二是从事制造业的农民工比重最高，但就业增长开始放缓，服务业就业比重稳中有升；三是外向型制造业和城市服务业的就业比重逐步上升。

金融危机后，农民工就业从制造业向服务业转移的趋势更加明显。国家统计局公布的《2009 年农民工监测调查报告》显示，在外出农民工中，从事制造业的农民工所占比重最大，占 39.1%，其次是建筑业占 17.3%，服务业占 11.8%，住宿餐饮业和批发零售业各占 7.8%，交通运输仓储邮政业占 5.9%。从事制造业的农民工比上年下降 2.6 个百分点，建筑业、批零业、服务业、住宿餐饮业等均有所增长。

可以预见，随着我国产业结构的升级、城市化的发展、农民工教育培训的加强和新生代农民工文化素质的提高，农民工的就业结构、就业方式都将继续发生变化：农民工仍将继续流向工业和建筑业，但餐饮、娱乐、新型服务业等第三产业正在成为更多农民工就业的重要选择。

（四）农民工就业地域仍以东部地区为主，但中西部地区的就业比重开始上升，跨省外出的比重开始下降

国家统计局的相关调查显示，农民工区域流向开始出现一些新的变化。

1. 在东部地区务工的农民工开始减少，外出农民工向中西部地区转移

从输入地看，2003—2008 年在东部地区就业的农民工呈持续

增长态势，但2009年在东部地区务工的外出农民工比2008年下降8.9%，占全国外出农民工人数的62.5%，比2008年降低8.5个百分点；在中部地区务工的外出农民工比2008年增长33.2%，占全国外出农民工人数的17%，比2008年提高3.8个百分点；在西部地区务工的外出农民工比2008年增长35.8%，占全国外出农民工人数的20.2%，比2008年提高4.8个百分点（见表2-3）。

表2-3　农民工就业区域布局　　　　　　　　　　（%）

年份	东部地区	中部地区	西部地区
2003	69.9	14.9	15.2
2006	70.1	14.8	14.9
2008	71	13.2	15.4
2009	62.5	17	20.2

数据来源：国家统计局网站。

2. 在长三角地区和珠三角地区务工农民工减少

2009年在长三角地区务工的农民工比2008年减少7.8%，在珠三角地区务工的农民工比2008年减少22.5%。在长三角和珠三角地区务工的外出农民工分别占全国外出农民工的19.4%和22.6%，分别比2008年下降2.4个和7.6个百分点。在长三角和珠三角地区务工的农民工减少，特别是在珠三角地区务工的农民工大幅减少，是2009年下半年以来东部沿海地区出现"民工荒"的一个重要原因。

3. 在省内务工的农民工数量开始增加，跨省外出的农民工比重下降

在外出农民工中，2009年在省外务工的农民工比上年减少43万人，减少0.6%，占全国的51.2%；在省内务工的农民工比上年增加535万人，增长8.2%，占全国的48.8%，在省内务工的比重比2008年上升2.1个百分点。调查结果显示，2009年外出农民工增加，主要是在省内就近转移的农民工数量大幅增加。分地区看

（见表2-4），东部地区农民工仍以在省内务工为主，中、西部地区农民工大多数在省外务工，但中西部地区农民工在省内就近务工的比例明显增加。农民工省内就业的增长主要是因为近年来农民工就近就地就业和回乡创业步伐明显加快。根据国务院发展研究中心农村部课题组2007年组织的百县调查，301个调查村回流农民工3.7万多人，其中回乡创业者占到了16.06%。根据调查推算，2007年全国回乡创业农民工总数约为800万人，他们约创造了3000万个就业机会。

表2-4　不同地区外出农民工在省内、省外务工的分布　　（%）

地区	2009年		2008年	
	省内	省外	省内	省外
东部地区	79.6	20.4	79.7	20.3
中部地区	30.6	69.4	29.0	71.0
西部地区	40.9	59.1	37.0	63.0

数据来源：国家统计局网站。

4. 外出农民工主要流向地级以上大中城市

从外出农民工就业的地点看，2009年在直辖市务工的农民工占9.1%，在省会城市务工的农民工占19.8%，在地级市务工的农民工占34.4%，在县级市务工的农民工占18.5%，在建制镇务工的农民工占13.8%，在其他地区务工的占4.4%。在地级以上大中城市务工的农民工占63.3%，比上年略降0.3个百分点。

（五）农民工收入近年增长较快，但总体水平仍然较低，消费支出压力大

我国农民工工资长期以来处于偏低的水平，并且一度几无增长。国务院发展研究中心的调查表明，2004年之前的12年中，珠江三角洲外来农民工月平均工资仅增长了68元，与当地年均20%

以上的 GDP 增长速度相比，工资水平几乎原地踏步，说明农民工未能很好分享企业效益增长和国民经济发展的成果。但近年来，农民工收入情况出现了一些新的特点。

1. 工资收入增长较快

国家统计局的调查数据显示（见图 2-1），2009 年与 2005 年相比，外出农民工月平均收入由 872 元提高到 1417 元，年均增长 12.5%。近几年农民工工资水平的上涨，除了国家经济增长较快、就业需求比较旺盛的原因外，更重要的原因是农村剩余劳动力供给特征发生了变化，即从过去的无限供给阶段转为有限剩余、有限供给阶段。这种有限剩余的农村劳动力供给特征通过绝对工资水平上涨和局部劳动力供求紧张等方式体现出来。劳动力市场供求格局的新变化，必然会倒逼企业重视保护劳动者权益，带来了农民工工资上升，有利于改善劳动收入在国民收入初次分配中的比例。

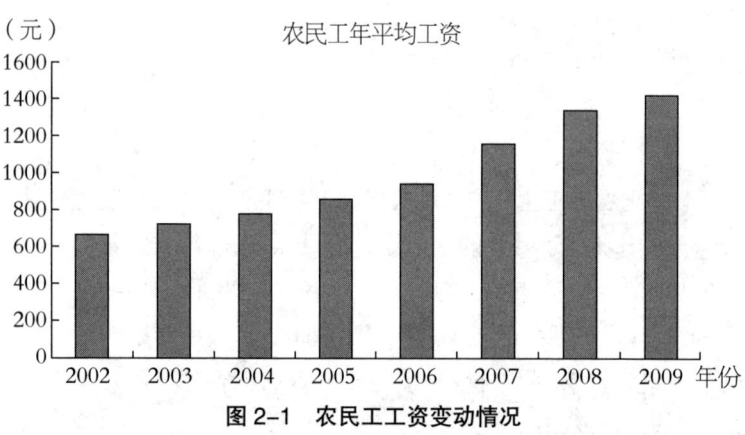

图 2-1　农民工工资变动情况

2. 中西部工资涨幅加快，与东部工资差距明显缩小

根据国家统计局的调查（见表 2-5），2009 年，外出农民工的月均收入东部地区为 1422 元，中部地区为 1350 元，西部地区为 1378 元，东部只比中西部高约 4.3%，而 5 年前东部工资比西部平均高 15%。收入差距的缩小，也是中西部地区农民工就业比重上升的一个重要原因。

表 2-5 农民工在不同地区的月均收入水平及增幅

项目	2009年（元）	2008年（元）	增减（元）	增幅（%）
全国	1417	1340	77	5.7
东部地区	1422	1352	70	5.2
中部地区	1350	1275	75	5.9
西部地区	1378	1273	105	8.2

数据来源：国家统计局网站。

3. 不同行业收入水平差别较大

制造业、服务业和住宿餐饮业收入水平偏低，批发零售业和采矿业收入增长相对较慢。从农民工从事的几个主要行业看，收入水平较高的是交通运输业、采矿业和建筑业的农民工，2009年月均收入分别为1671元、1640元和1625元；收入较低的分别是住宿餐饮业、服务业和制造业的农民工，月均收入分别为1264元、1276元和1331元。从收入增幅看，增幅高于各行业平均水平的是住宿餐饮业和建筑业，增幅分别为8.1%和5.9%；收入增幅较低的是批发零售业和采矿业，分别增长3.3%和4.5%。

4. 农民工工资收入水平总体仍然很低

2009年，外出农民工月平均收入为1417元，只有全国城镇单位就业人员平均劳动报酬的一半，与城镇职工的收入差距有继续扩大之势（2005年这一比重接近60%）。农民工月收入主要在800~1600元之间，高收入比重很低。2009年外出农民工月均收入在600元以下的占2.1%，600~800元的占5.2%，800（不含）~1200元的占31.5%，1200（不含）~1600元的占33.9%，1600（不含）~2400元的占19.7%，2400元以上的农民工占7.6%。

5. 农民工消费水平偏低

课题组2010年的调查数据显示，参与调查的农民工2009年的年家庭纯收入平均27724.08元，折合约2310元/月，而其家庭在目前务工地每月的生活费支出平均1243.03元，占到家庭月均纯收入的近54%。扣除社保支出后的消费支出约为1100元，只有2009年城镇居民（家庭月均消费支出为2953元）的37%左右，是农村居民（家庭月均消费支出为1324元）的83%。这种差距，也反映出农民工的消费潜力巨大，如果农民工能够在城镇稳定就业、稳定居住并平等享受城镇居民的公共服务水平，其消费水平达到城镇居民的平均水平，这一群体将创造巨大的消费需求。

6. 农民工消费结构仍然比较落后

调查显示，在农民工每月生活费支出中，食品支出最大，平均为540.32元，占到消费支出（扣除社保支出后，后面同）的49%，高于城镇居民2009年的恩格尔系数（36.5%），也高于农村居民的41%；其次为居住方面的支出，平均为214.60元，占到19.5%，也高于城镇居民2009年居住支出比重（10.2%）。其余支出依次为日常生活支出、社会保险个人缴费支出、交通支出、医疗支出和通信支出，均低于城镇居民平均水平。造成这种现象的原因，除了农民工自身收入水平低以外，还与农民工无法享受城镇公共服务有关，必须通过个人支出来弥补公共服务的不足。

（六）农民工在城镇居住状况较差，意愿房价房租水平与现实差距巨大，对保障性住房需求强烈

国家统计局《2009年内民工监测调查报告》显示，外出农民工的住宿是以雇主或单位提供住房为主，四成外出农民工的雇主或单位不提供住宿也没有住房补贴。从外出农民工住所类型看，由雇主或单位提供宿舍的占33.9%，在工地或工棚居住的占10.3%，在生产经营场所居住的占7.6%，与人合租住房的占17.5%，独立租赁住房的占17.1%，有9.3%的外出农民工在乡镇以外从业但每天回家居住，仅有0.8%的外出农民工在务工地自购房。再结合课题组2010年的调查来看，农民工在城镇居住状况有以下几个显著特点。

1. 农民工居住条件总体较差，对居住情况不太满意

大多数农民工居住面积在 7 平方米以下，配套设施不完善（无卫生设施，无独立厨房，生活设施差），居住条件恶劣。尤其是近几年城市房价、房租增长过快，"城中村"等农民工集聚地改造加快，城市边缘不断向远郊区扩展，使农民工的居住成本、通勤成本快速上升，生活受到较大影响。参与课题组 2010 年调查的农民工中，对目前务工地的居住情况，只有 18% 的人表示很满意，65.7% 的人表示满意程度一般，12.3% 的人表示不满意，4% 的人表示非常不满意。

2. 农民工意愿的房价和房租水平与现实水平差距巨大

课题组 2010 年的调查表明，那些想在务工地购房的农民工能够承受的商品房单价平均为 2214.04 元（其中，有约 43% 的农民工能承受的单价在 2000 元 / 平方米以下，有约 53% 的农民工能承受的单价为 2000~5000 元 / 平方米）；能够承受的商品房总价平均为 21.82 万元（其中，有约 47% 的农民工能承受的商品房总价在 20 万元以下，有约 48% 的农民工能承受的商品房总价为 20 万 ~50 万元），大大低于当地的实际房价水平。按其目前的家庭收入水平和当地房价计算，平均大概需要 15.58 年才能买得起房子，约 71% 的农民工需要 10 年以上才能买得起，近 30% 的农民工需要 20 年以上才能买得起。调查还表明，那些想在务工地租房的农民工，能够承受的月租金水平平均为 292.69 元 / 平方米，也大大低于当地的一般房租水平。其中，有约 82% 的农民工只能承受 500 元 / 月以下的租金，有 15% 的农民工能承受 500~1000 元 / 月的租金，约 3% 的农民工能承受 1000 元 / 月以上的租金。

3. 农民工对保障性住房需求强烈

课题组 2010 年的调查表明，有四成左右的农民工想在务工地定居并成为市民，这其中有 44.2% 的人期望能购买经济适用房或两限房，12.3% 的人期望能申请廉租房或公共租赁房，合计达到了 56.6%。即使对那些想回家乡的城市（城镇）定居并成为市民的农

民工，也有31.6%的人期望能购买经济适用房或两限房，5.8%的人期望能申请廉租房或公共租赁房，合计接近40%。

（七）农民工群体不断分层分化，不同群体的利益诉求有较大差异

农民工是一个复杂的群体。改革开放以来，农民工的素质得到了提升，农民工思想和行为的独立性、选择性、多变性、差异性不断增强，农民工群体发生了巨大变化，呈现人口成分、流动目的、个体诉求多元化的新特点。

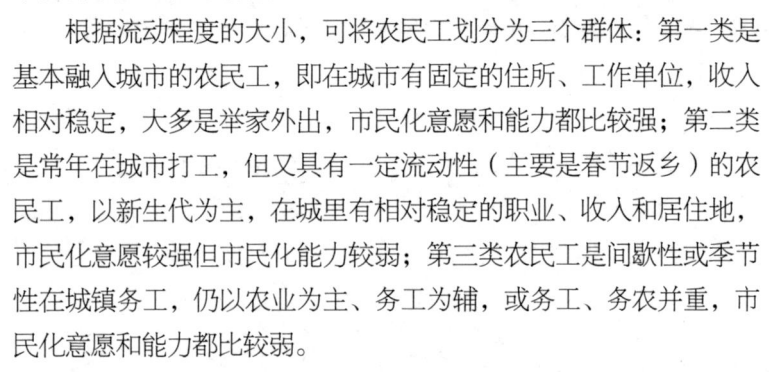

根据流动程度的大小，可将农民工划分为三个群体：第一类是基本融入城市的农民工，即在城市有固定的住所、工作单位，收入相对稳定，大多是举家外出，市民化意愿和能力都比较强；第二类是常年在城市打工，但又具有一定流动性（主要是春节返乡）的农民工，以新生代为主，在城里有相对稳定的职业、收入和居住地，市民化意愿较强但市民化能力较弱；第三类农民工是间歇性或季节性在城镇务工，仍以农业为主、务工为辅，或务工、务农并重，市民化意愿和能力都比较弱。

对第一类农民工而言，除了收入需求以外，更多地要求获得尊重、要求公平对待、要求平等权益以及实现自我价值等。这一群体对在就业地落户、获取社会保障、解决子女教育问题、享受公共医疗服务、享有更多公民权利有较高要求，对农村的土地依赖性相对较小。第二类农民工是目前我国农民工的主体，他们渴望稳定、较高水平的收入，同时对稳定的居住场所、公共医疗服务、文化服务、计生服务、就业服务、工伤和医疗保险等也有较强的需求，对远期的养老保险服务需求意愿较弱。这一类农民工尽管不以土地为生，但对土地仍有较强的依赖性。对第三类农民工而言，获得应得的劳动报酬是其基本需求，由于这类农民工的素质相对较低，外出具有一定盲目性，对就业信息服务、维权服务有较强的需求。

（八）农民工对务工地总体满意，但融入企业、融入社区、融入城市还尚在途中，参与意识强和参与渠道窄的矛盾十分突出

从调查情况来看，农民工对务工地总体满意。在2010年的调查中，对于打工所在地的总体评价，参与调查的农民工表示很不满意的占6.5%，表示不太满意的占19.5%，表示无所谓的占13.3%，表示基本满意的占52.6%，表示很满意的占8.1%。其中，最不满意的方面依次为：收入水平（占59.7%）、居住状况（占30.3%）、社会保险（占28.4%）、医疗条件（占22.3%）、工作环境（占19.3%）、子女教育（占15.1%）、权益保障（占14.6%）、职业技能培训（占12%）、城市歧视（占11.8%）、计划生育服务（占2.4%）。另外3.3%的人列举了其他方面。可以看出，"收入水平偏低"仍然是当前农民工最不满意的方面。

从相关调查情况来看，农民工还远没有融入企业、融入社区、融入城市，参与意识强和参与渠道窄的矛盾十分突出。

1. 大部分农民工希望能参与企业或社区管理，但实际参与机会很少

参与2010年调查的农民工，到城里后回老家参加村委会选举的占32.8%，另外67.2%没有回老家参加村委会选举。有54.7%的农民工认为应该参与工作所在单位或所居住社区的管理活动（如民主决策、民主管理、民主监督等）；有67.5%的农民工认为应该参与居住社区的选举活动。那些表示"想参加工作所在单位或所居住社区的管理活动"的农民工，其主要目的包括维护自身利益（占36.1%）、维护农民工群体利益（占32.2%）、出于社会责任感（占14.6%）等方面。但由于受相关制度约束等原因，农民工实际参与社区、企业管理的比重还很低，参与社区选举的更少。参与调查的

农民工中的党员、团员，对于在打工企业或者所在居住社区的党团组织活动，经常参加的占18.5%，偶尔参加的占37.2%，从不参加的占44.3%。

2. 大部分农民工没有加入工会，对工会的作用不太认同

参与2010年调查的农民工中，加入工会的占26.5%，73.5%的农民工没有加入工会。究其原因主要有两个方面：一方面，有相当多的企业或单位没有工会组织（占44.1%）；另一方面，有相当多的农民工认为工会"不能代表农民工的利益"（占12.4%）或"没什么实际用处（占29.9%）"。

3. 农民工的业余生活比较单调，和城市社会的其他群体交流不多

参与调查的农民工中，46.3%的人平时有参加业余文化生活，另外53.7%的人平时没有参加业余文化生活；31.7%的农民工务工所在企业有健身或文化娱乐设施，60.9%没有相关设施，另外7.5%的企业定期在其他地方组织一些文化娱乐活动。农民工的主要业余文化生活方式：看电视（占73%）、上网（占28.5%）、在家里或宿舍休息（占28.5%）、聊天打发时间（占20.1%）、逛大街（占18.8%）、看报纸杂志（占15.2%）、学习培训（占13.3%）、和工友一起打牌（占12.2%）等，和外界的交流不多。

4. 迫切希望政府在工资、社保和住房等方面提供支持

参与本次调查的农民工，最希望政府做的事情依次为（见图2-2）：提高最低工资水平（占65.9%）、改善社会保险（占37.7%）、提供保障住房或廉租房（占29.7%）、改善医疗条件（占25.4%）、改善工作和生活环境（占24.2%）、加强权益保障（占22.8%）、改善子女教育条件（占18.5%）、提高职业技能（占12%）。同时，农民工还希望政府能提供免费的公园、免费的文化站和图书馆、组织农民工自己的文化体育活动等文化服务。这些方面也是农民工融入城市的基本要求。

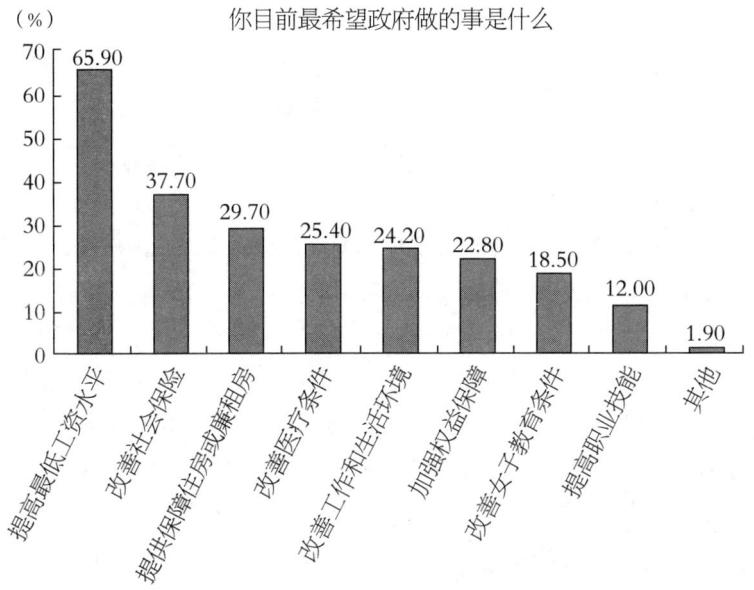

图 2-2 农民工希望政府提供的支持

（九）农民工市民化意愿强烈，但大部分不愿意放弃承包地和宅基地

课题组 2010 年的调查表明，农民工尤其是新生代农民工的市民化意愿非常强烈。这主要是因为城乡分割的二元户籍制度以及依附于其上的社会福利制度，使得城乡户口的"含金量"差别过大。在参与调查的农民工中，城镇户口最吸引他们的主要内容：子女教育条件好（占 37.4%）、社会保险水平高（占 36.6%）、城市生活条件好（占 30.7%）、就业稳定（占 29.2%）、有低保 / 下岗扶持等措施（占 24.6%）、城市比农村福利水平高很多（占 18.5%）、能购买政府保障性住房或政府提供的廉租房（占 16.9%）、身份平等（占 7.2%）、子女高考容易（占 6.1%）。总的来看，农民工市民化意愿强烈，对土地处置等问题的态度也很鲜明。

1. 农民工在城镇定居的意愿强烈

对于"假如不提供城镇户口，你愿意留在城里吗？"的问题，28.2%的农民工表示"愿意，无论如何都要留在城里"，20.5%的农民工表示"不愿意，干些年再回去"，27.7%的农民工表示"无所谓，可以两边跑"，23.6%的农民工表示"我相信这种情况会改变的"。

2. 近四成农民工想在务工地的城市或城镇定居成为市民，大多数农民工希望这一愿望能在5年内实现

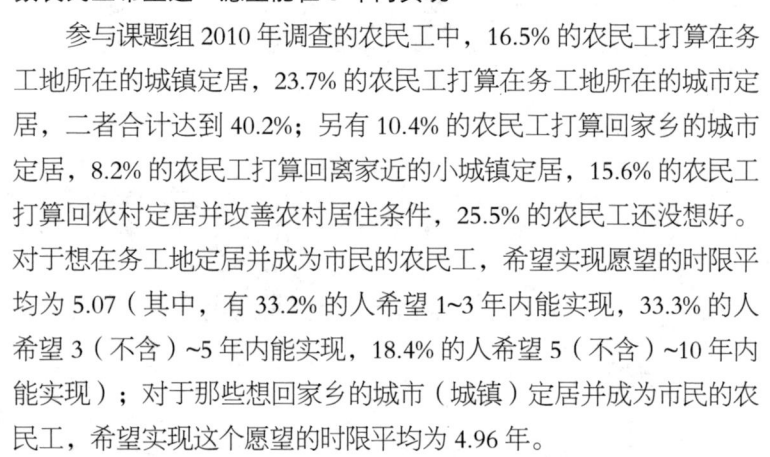

参与课题组 2010 年调查的农民工中，16.5%的农民工打算在务工地所在的城镇定居，23.7%的农民工打算在务工地所在的城市定居，二者合计达到40.2%；另有10.4%的农民工打算回家乡的城市定居，8.2%的农民工打算回离家近的小城镇定居，15.6%的农民工打算回农村定居并改善农村居住条件，25.5%的农民工还没想好。对于想在务工地定居并成为市民的农民工，希望实现愿望的时限平均为5.07（其中，有33.2%的人希望1~3年内能实现，33.3%的人希望3（不含）~5年内能实现，18.4%的人希望5（不含）~10年内能实现）；对于那些想回家乡的城市（城镇）定居并成为市民的农民工，希望实现这个愿望的时限平均为4.96年。

3. 绝大多数农民工希望变成市民后还能保留承包地和宅基地

如图 2-3 所示，对于愿意进城定居的农民工，关于其老家的承包地的处置方式，有46%的人希望能"保留承包地，自家耕种"，有27.2%的人希望能"保留承包地，有偿流转"，有10.4%的人希望能以"入股分红"的方式处置，有2.6%的人表示可以"给城镇户口，无偿放弃"，有6.6%的人表示可以"给城镇户口，有偿放弃"。关于其老家的宅基地或房产的处置方式，有66.7%的人希望能"保留农村的宅基地和房产，备将来用"，有12.3%的人希望能"有偿转让"，有4.7%的人表示可以"给城镇户口，有偿放弃"，有11.4%的人希望能"置换城里的住房"。农民工不愿意放弃土地的主要原因是"家中有地，进退有据"，这也是农民工未能完全融入城市情况下的理性选择。

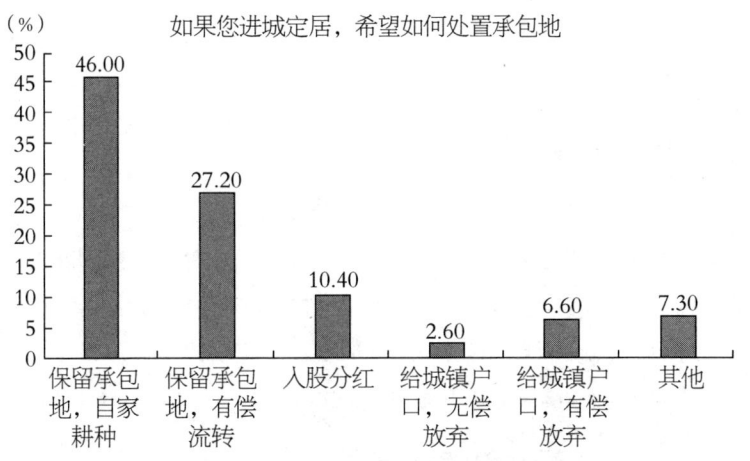

图 2-3 农民工对市民化后土地处置意愿

4. 大部分农民工愿意接受城市只生一胎的政策

参与调查的农民工中,对于"如果您在城镇落户定居,您是否愿意接受只生一胎的政策?"的问题,有 80.3% 的人表示愿意,有 14.9% 的人表示不愿意,有 2.8% 的人表示"生完孩子后再进城"。

三、新生代农民工的主要特点

目前,我国 1960—1970 年"婴儿潮"时期出生的进城农民工已步入中年,并逐步退出城市,他们的子女开始成为农民工的主要构成,即新生代农民工。目前,20 世纪 80 年代以后出生的、年满 16 周岁以上的新生代农民工已经超过 1 亿人。课题组 2010 年的调查表明,新生代农民工已占到 6.9%。其中,16~25 岁的占 41.1%,26~30 岁的占 25.7%。新生代农民工是在改革开放下成长起来的新一代群体,一方面,因其与传统农民工同处城乡二元经济社会结构中,面临共同的社会境遇,自然潜移默化了这一群体共有的一些特征;另一方面,又因其成长于改革开放、社会加速转型的时代背景下,明显带有不同于传统农民工的时代烙印。通过课题组 2010 年的调查,并结合其他调查结果来看,新生代农民工具有以下几个主要特点。

(一)文化水平较高,但职业技能仍然较低

新生代农民工多数人都接受了九年义务教育,文化水平已有较大提高。本次调查(见图2-4)表明,新生代农民工文化程度以初中为主,占40.73%;高中文化程度占到22.42%;中专及以上文化程度占到32.51%。而且16~25(不含)岁农民工中,中专及以上文化程度占到了34.50%,又高于25~30岁的农民工(占29.40%)。

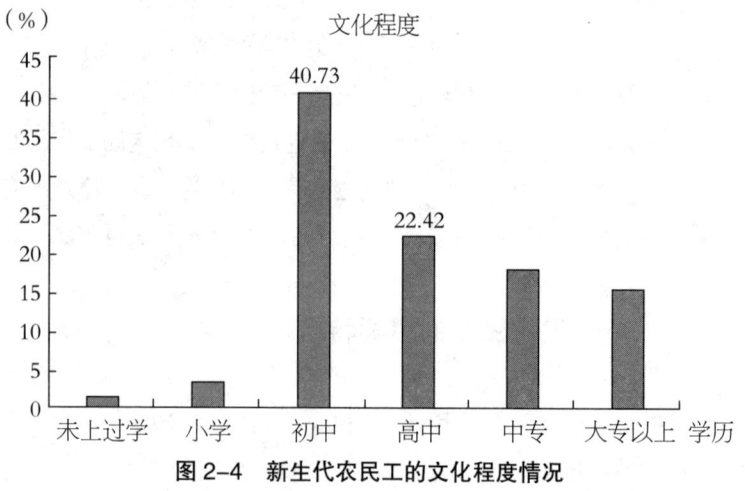

图2-4 新生代农民工的文化程度情况

新生代农民工普遍缺乏农业生产劳动经历。尽管在户籍上还是归属于农民,但是新生代农民工中的多数人实际上从离开学校后就进城务工了,很少参加农业劳动,不具有农业生产的基本技能和经验。本次调查(见图2-5)中,有79.23%的新生代农民工进城之前在家没有从事过农业生产。其中,16~25岁的农民工这一比例达到84.50%,26~30岁的农民工也达到71.30%。

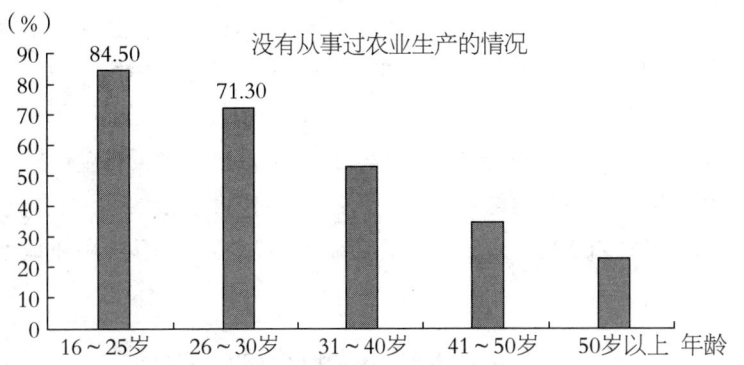

图2-5 不同年龄农民工进城务工之前没有从事过农业生产的情况

新生代农民工职业技能水平仍然偏低。本次调查中，57%的新生代农民工没有技能等级，22.7%为初级技工，20.2%具有中级技工及以上技能，而且还有近25%的新生代农民工没有接受过任何培训，这些情况和其他农民工并无太大差别。据中国劳动力市场网的统计，城市劳动力市场中需求量最大的是受过专门职业教育、具有一定专业技能的中专、职高和技校水平的劳动力，占总需求的60%左右，而在新生代农民工中这部分人不到30%，说明新生代农民工的职业技能素质还不能有效满足市场需求。

（二）就业的行业倾向更加明显，工作流动性较大

本次调查表明，新生代农民工就业行业以工业为主，占52.84%；其次是商业及服务业，占39.17%；第三是建筑业，占6.72%。在工业就业的比重明显高于40岁以上年龄组，在建筑业就业的比重明显低于40岁以上年龄组，而且16~25岁的农民工在建筑业就业的比重更低。这说明新生代农民工更偏向于劳动环境和就业条件更好的行业，就业的行业倾向更加明显。

调查还表明（见表2-6），大部分新生代农民工在就业单位中的职务为一般工人或服务人员，16~25岁这一比例为76.3%，26~30

岁这一比例为 64.4%。相比较而言，26~30 岁农民工在企业的职位较高，担任技术工人的比重达到 20.0%，高于其他年龄组；担任班组长以上职务的比重为 15.6%，和 31~40 岁农民工相当，高于其他年龄组。但从年龄分组数据来看，30 岁以后，农民工在企业担任班组长以上职务的比重反而趋于下降，说明大部分农民工无法随着年龄、经验的增长进入更高的职务岗位，农民工在务工企业还缺乏上升通道。

表 2-6　农民工在就业企业的工作岗位　　　（%）

年龄	一般工人或服务人员	技术工人	班组长	中层领导及以上
16~25 岁	76.3	15.5	5.2	3.0
26~30 岁	64.4	20.0	9.1	6.5
31~40 岁	67.2	17.1	9.5	6.2
41~50 岁	69.9	16.6	8.2	5.3
50 岁以上	81.9	10.6	2.2	5.3
总体平均	70.7	17.0	7.4	4.9

上升通道的缺乏也导致新生代农民工工作流动性较大。本次调查中，三年没有更换过工作单位的比例，16~25 岁的农民工为 50.2%，是所有年龄组中最低的；26~30 岁为 55.8%，在所有年龄组中次低。相反，更换过两个以上工作单位的比重明显高于其他年龄组。更换单位的原因还与新生代农民工重视劳动关系、工作环境，看重劳动付出与劳动报酬的对等，关注工作条件的改善和工资水平的提高，权益意识增强、吃苦耐劳精神弱化等特点有关。

（三）近七成是夫妻同时外出，近五成携带子女随迁

调查表明（见表2-7），已婚的新生代农民工中，超过50%配偶在同一城市打工。16~25岁这一比例为51.5%，26~30岁为54.0%，均高于其他农民工。另外，还有相当一部分是夫妻俩在同一个单位务工，16~25岁这一比例为18.9%，26~30岁为19.7%，也高于其他农民工。二者合计接近70%，说明绝大多数新生代农民工是夫妻一起外出。

表2-7　农民工配偶就业情况　　　　（%）

年龄	在同一城市打工	在同一单位工作	在其他地方打工	在老家
16~25岁	51.5	18.9	16.3	13.3
26~30岁	54.0	19.7	12.5	13.8
31~40岁	49.4	16.0	14.3	20.3
41~50岁	45.2	18.3	11.2	25.3
50岁以上	39.6	11.0	8.8	40.6

本次调查还发现，有子女的新生代农民工，近一半子女在自己或配偶务工城市随迁。由表2-8可知，16~25岁有39%在自己务工城市，9%在配偶务工城市，合计达到48%；26~30岁有43.1%在自己务工城市，4.1%在配偶务工城市，合计达到47.2%。从年龄分组数据来看，随着农民工年龄及务工经历的增加，子女随迁的比重会逐步上升。因此，随迁子女教育问题已成为新生代农民工最关心的问题之一。本次调查中，近5成新生代农民工希望子女能在务工地公办学校接受教育，比重高于其他年龄组。而目前仅有约40%的新生代农民工子女在务工地公办学校接受教育，有11%在务工地民办学校接受教育，其余在老家的学校接受教育。

表 2-8　农民工子女随迁情况　　　　　　　　　（%）

年龄	在自己务工城市	在配偶务工城市	在老家
16~25 岁	39.0	9.0	52.0
26~30 岁	43.1	4.1	52.8
31~40 岁	48.5	3.2	48.3
41~50 岁	54.5	5.5	40.0
50 岁以上	52.9	11.8	35.3

（四）26~30 岁农民工收入水平最高，16~25 岁农民工支付意愿最强

本次调查表明（见表 2-9），26~30 岁的农民工收入水平最高，16~25 岁的农民工收入水平低于平均水平。其中，26~30 岁年龄组农民工月工资收入平均为 1819 元，上一年度（2009 年）工资总收入平均为 26655 元，打工净结余平均为 9693 元，寄回或带回老家的现金金额平均为 8104 元，均远高于其他年龄组。而 16~25 岁的农民工，由于工作经验还欠缺，收入水平较低，主要指标均低于 26~50 岁农民工，仅高于 50 岁以上农民工。从年龄分组数据来看，从 30 岁开始，年龄越大收入水平反而越低，这说明农民工的人力资本并没有随年龄增长而提升，或者劳动报酬并没有随人力资本提升而增长。

表 2-9　农民工收入情况（均值）　　　　　　　　（元）

年龄	月工资收入均值	2009 年年工资收入	2009 年打工净结余	2009 年寄回或带回老家的现金
16~25 岁	1647	13703	6235	5166
26~30 岁	1819	26655	9693	8104
31~40 岁	1794	16862	8465	6896

续表

年龄	月工资收入均值	2009年年工资收入	2009年打工净结余	2009年寄回或带回老家的现金
41~50岁	1659	15862	7889	6408
50岁以上	1245	12757	6294	4067
总体平均	1720	18107	7844	6462

新生代农民工的支付意愿总体要高于其他农民工，尤其是16~25岁的农民工支付意愿明显高于其他年龄组。调查表明，有近40%的新生代农民工想在务工地定居并成为市民，超过85%希望拥有自己的住房（包括购买经济适用房、两限房、商品房），期望的住房面积在100平方米左右，均高于其他年龄组。在务工地购房，16~25岁农民工能承受的商品房单价为2012元/平方米，总价为20.2万元/套，是所有年龄组中最高的；26~30岁农民工能承受的商品房单价为1984元/平方米，总价为19.9万元/套（见表2-10）。即使那些打算在家乡城镇定居购房的新生代农民工，能承受的房价水平也明显高于其他年龄组。

表2-10 农民工在务工地定居购房所能承受的房价水平（中值）

年龄	能承受的商品房单价（元/平方米）	能承受的商品房总价（万元/套）
16~25岁	2012	20.2
26~30岁	1984	19.9
31~40岁	1807	17.2
41~50岁	1867	17.6
50岁以上	1733	14.1

对比分析来看，16~25岁农民工"低收入水平，高支付意愿"的特点十分突出，说明这一群体对未来发展前景比较自信，但务工地房价居高不下，是阻碍他们在务工地城市长期稳定就业、定居的最大障碍。

（五）市民化意愿更加强烈，绝大多数希望能继续保留承包地和宅基地

调查表明（见表2-11），相对于其他农民工，新生代农民工市民化的意愿更加强烈。对于问卷中"假如不提供城镇户口，你愿意留在城里吗？"这一问题，16~25岁及26~30岁农民工明确表示"不愿意，干些年再回去"的比重分别为17.3%和19.8%，明显低于其他年龄组。同时，选择"我相信这种情况会改变的"的比重分别为28.4%和22.1%，高于其他年龄组。

表2-11 农民工对"假如不提供城镇户口，你愿意留在城里吗"的回答　　（%）

年龄	愿意，无论如何都要留在城里	不愿意，干些年再回去	无所谓，可以两边跑	我相信这种情况会改变的
16~25岁	25.0	17.3	29.3	28.4
26~30岁	32.8	19.8	25.3	22.1
31~40岁	27.4	24.9	27.0	20.7
41~50岁	30.7	24.0	30.0	15.3
50岁以上	35.3	30.6	23.5	10.6

关于定居的城市（见表2-12），16~25岁农民工的选择依次为：在哪里打工就待在哪里（24.8%），县城或小城镇（17.0%），直辖市（16.8%），省会或副省级城市（11.1%），地级市（8.6%）。26~30岁农民工选择的依次是：在哪里打工就待在哪里（29.5%），县城或小城镇（15.4%），直辖市（14.5%），农村（9.6%），县级

市（9.0%）。16~25岁农民工选择地级以上城市的比例为36.5%，高于其他年龄组，而选择回农村的比例只有6.4%，低于其他年龄组。

表2-12 农民工希望定居的地方 （％）

年龄	直辖市	省会或副省级城市	地级市	县级市	县城或小城镇	农村	只要是城里，哪里都行	在哪里打工就待在哪里
16~25岁	16.8	11.1	8.6	8.2	17.0	6.4	7.0	24.8
26~30岁	14.5	7.4	7.0	9.0	15.4	9.6	7.5	29.5
31~40岁	11.7	6.8	5.3	8.8	17.6	10.2	9.0	30.7
41~50岁	12.5	9.8	3.5	7.2	14.6	11.4	10.6	30.3
50岁以上	17.6	8.8	1.5	2.9	8.8	23.5	10.3	26.5

调查还表明，无论哪个年龄组的农民工，就算进城定居，多数还是希望保留承包地，放弃承包地的是极少数。新生代农民工中，16~25岁希望保留承包地的比重达到80.2%，26~30岁希望保留承包地的比重达到76.1%（见表2-13）。

表2-13 农民工对进城定居后如何处置承包地的意愿 （％）

年龄	保留承包地，自家耕种	保留承包地，有偿流转	入股分红	给城镇户口，无偿放弃	给城镇户口，有偿放弃
16~25岁	50.9	29.3	9.4	2.2	8.2
26~30岁	45.1	31.0	14.2	2.7	7.1
31~40岁	52.8	27.2	11.3	3.1	5.5
41~50岁	49.7	29.1	10.3	4.1	6.8

续表

年龄	保留承包地，自家耕种	保留承包地，有偿流转	入股分红	给城镇户口，无偿放弃	给城镇户口，有偿放弃
50岁以上	48.2	33.9	5.4	7.1	5.4

同样，新生代农民工选择"保留农村的宅基地和房产备将来用"的比例也很高，16~25岁为69.4%，26~30岁为68.8%。不过，新生代农民工希望有偿转让的比例也高于其他年龄组（见表2-14）。

表2-14　农民工对进城定居后如何处置宅基地和房产的意愿　（%）

年龄	保留农村的宅基地和房产，备将来用	有偿转让	给城镇户口，有偿放弃	置换城里的住房
16~25岁	69.4	13.4	5.0	12.2
26~30岁	68.8	15.1	5.4	10.7
31~40岁	71.0	10.6	5.0	13.4
41~50岁	75.5	9.1	3.0	12.5
50岁以上	75.5	13.2	3.8	7.5

相比较而言，新生代农民工对保留承包地的意愿更为强烈，而对有偿转让或放弃宅基地的态度更加灵活一些。

（六）社会参与意愿和群体意识更强，维权手段更为理性

新生代农民工比老一代农民工有更强的平等意识和维权意识，对获得平等的就业权、劳动和社会保障权、教育和发展权、政治参与权、话语表达权，以及基本公共服务权等方面，都比父辈有更高的期待，并表现出维权态度由被动表达向积极主张转变、参与渠道

从农村向城市转变等特点。

在课题组本次调查中,16~25 岁的农民工,有 75.1% 没有回老家参加过村委会选举,但有 67.1% 认为应该参与所在居住社区的选举活动,52.5% 想参加工作所在单位或所居住社区的管理活动;有 80.1% 没有加入工会,但有 68.9% 想加入属于农民工自己的合法组织。26~30 岁的农民工,有 66.6% 没有回老家参加过村委会选举,但有 67.7% 认为应该参与所在居住社区的选举活动,56.2% 想参加工作所在单位或所居住社区的管理活动;有 71.9% 没有加入工会,有 73.8% 想加入属于农民工自己的合法组织(见表 2-15)。

表 2-15　农民工社会参与情况及意愿　　　　　　　(%)

年龄	没有回老家参加过村委会选举	应该参与所在居住社区的选举活动	想参加工作所在单位或所居住社区的管理活动	没有加入工会	想加入属于农民工自己的合法组织
16~25 岁	75.1	67.1	52.5	80.1	68.9
26~30 岁	66.6	67.7	56.2	71.9	73.8
31~40 岁	57.8	69.8	55.9	66.9	76.7
41~50 岁	57.3	63.8	57.6	64.8	78.5
50 岁以上	58.6	58.8	56.1	65.9	78.7

新生代农民工的群体意识更强。对于问卷中"其他农民工因权益被侵犯邀请您去有关部门上访"的问题,越年轻的农民工表示"积极参加"的比例越大,16~25 岁有 48.4%,26~30 岁有 46.5%,高于其他年龄组;而选择"表示同情,但不会参加"及"无所谓"的比例越小。

调查还表明(见表 2-16),新生代农民工维权手段更趋理性。对于"当农民工权益受到严重侵害时,用自杀(如跳楼)等极端方式,捍卫自己的权益",新生代农民工表示"很不赞同"的比例较高,16~25 岁为 60.3%,26~30 岁为 59.1%,明显高于其他年龄组,说明新生代农民工更加反对使用极端方式捍卫自己的权益。关于维权渠道,多数新生代农民工主张"一切用法律来解决问题"或"政府用制度来维护自己的利益"。

表 2-16　农民工用来维护自己的合法权益的途径　　　(%)

年龄	政府用制度来维护自己的利益	参加城市的社会管理	一切用法律来解决问题	由人大代表或政协委员代为解决	通过工会组织代为解决
16~25 岁	36.3	3.1	49.5	3.5	7.6
26~30 岁	36.7	1.9	48.9	2.4	10.1
31~40 岁	35.8	1.9	46.7	3.1	12.5
41~50 岁	34.9	1.2	46.7	3.4	13.7
50 岁以上	37.1	3.4	49.4	1.1	9.0

总的来看,新生代农民工代表着农民工的主流,正发生由"亦工亦农"向"全职非农"转变,由"城乡双向流动"向"融入城市"转变,由"寻求谋生"向"追求平等"转变,由"经济参与"向"社会参与"和"政治参与"转变,这一群体的壮大,将对我国经济社会发展产生重大影响。

四、"十二五"及中长期农民工发展趋势

经过几十年的改革、开放和发展,农村劳动力的剩余程度已经大大降低。为了掌握农民工发展的中长期趋势,我们运用国务院发展研究中心长期开发维护的全国可计算一般均衡模型(DRCCGE),分析了中长期内我国农村劳动力转移的基本趋势。

（一）"十二五"及2020年前农民工转移就业的环境总体良好

未来5~10年，我国农村劳动力转移仍然具有很多有利条件。

1. 农民工就业吸纳能力将进一步增强

"十二五"期间，我国仍然处于工业化、城镇化快速发展的阶段，我国经济增长速度有望保持8%以上，国家实施扩大内需战略，加快转变经济发展方式，积极推进城镇化，产业结构、需求结构将会进一步优化，服务业比重有望进一步提高，将为扩大农民工就业提供持续支撑。

2. 农民工就地就近转移面临新机会

面对用工短缺的困境和劳动力成本上升的压力，沿海地区正在加紧实施制造业升级。虽然我国劳动力成本已高于一些东南亚国家，但中西部地区基础设施日趋完善，具有承接东部沿海地区劳动密集型产业转移的良好条件，通过实施"雁阵模式"产业转移，可以使劳动密集型产业在我国继续发展，为中西部地区农村剩余劳动力就近转移创造条件。

3. 农民工市民化面临新机遇

吸纳农村转移人口在城镇落户，实现永久性转移，是城镇化的重要目标。"十二五"期间，随着城镇化过程的加快，国家将深化户籍制度改革，加快落实放宽中小城市、小城镇特别是县城和中心镇落户条件的政策，促进符合条件的农业转移人口在城镇落户并享有与当地城镇居民同等的权益，农民工市民化步伐将大大加快。

同时，农村劳动力转移就业也面临着不少挑战。一是转移压力仍然较大。"十二五"期间，我国农村新增劳动力将出现减少趋势，每年需要转移的新增农村劳动力数量在600万~750万人，新增转移数量有所减少。但整体就业压力依然很大，农村富余劳动力存量依然庞大，剩余劳动力主要以中西部地区40岁以上、初中文

第二章 新时期农民工总体特征及发展趋势

化程度以下劳动力为主，转移难度进一步加大。二是出口导向型和劳动密集型产业对农民工就业需求增长会放缓。"十二五"期间，世界经济将在曲折中缓慢恢复和调整，我国对外贸易很难保持以往的增长速度，出口导向型产业对农民工的吸纳能力会有较大下降。资源和要素成本将持续上升，劳动密集型行业增长将会放缓或出现跨国转移，制造业劳动生产率将较快提高，影响农民工需求增长。三是农民工素质要求会更高。国家加快推进传统产业技术改造，加快发展战略性新兴产业，促进经济增长由主要依靠增加物质资源消耗向主要依靠科技进步、劳动者素质提高和管理创新转变，对农民工素质、劳动力培训和职业教育体系提出了更高要求。

（二）受农村剩余劳动力存量下降和增量减少的共同影响，2020年前农民工数量增长将逐步放缓，农民工供求的结构性矛盾将更加突出

"十二五"期间，我国将加快进入"刘易斯转折点"阶段。"刘易斯转折点"是指一国农业部门的剩余劳动力被吸干以后，工资在市场机制的作用下出现上涨，农业部门不存在边际生产率为零的剩余劳动力，实现二元经济向一元经济转折的时期。"刘易斯转折点"的到来不是突然的，也不会一蹴而就，而是一个由量变到质变的渐进过程，从劳动力的结构性短缺开始。这一过程分为两个阶段：第一阶段是农村剩余劳动力从无限供给到有限剩余的转折。其主要标志是农村剩余劳动力出现绝对下降，劳动力供求的结构性矛盾开始突出，转移劳动力工资开始上涨。第二阶段是农村剩余劳动力由结构性短缺发展到全面短缺，其主要标志是劳动人口出现负增长，各年龄段农村劳动力都会出现短缺。❶无论是大规模的抽样、经验观察还是相关研究成果都表明，我国正在经历着劳动力从无限

---

 ❶ 劳动人口增长放缓会出现在整个"刘易斯转折点"到来的全部阶段，只是零增长往往出现在第二个阶段。

供给到出现短缺的转变,目前已经进入了"刘易斯转折点"的第一阶段,并可能在"十三五"期间进入第二阶段。受此影响,农民工供求关系也会出现一些新的特点。

1. **农村剩余劳动力绝对量下降,剩余劳动力以 40 岁以上为主**

从总数看,中国乡村劳动力资源和从业人员数在 2005 年达到顶峰,自 2006 年开始已经有所下降。2000 年时,乡村劳动力资源数为 5.14 亿人,到 2005 年缓慢增长为 5.46 亿人,平均每年增加 633 万人,但 2006—2008 年,平均每年减少 1000 万人,这一方面是由于农村劳动年龄人口绝对量有所减少,另一方面也与近年快速的城镇化有关。随着城镇的扩张,许多农村地区变为城镇,农村居民也随之转换为城镇居民。乡村从业人员数保持了与劳动力资源数大致相当的变化趋势(见表 2-17)。

表 2-17 中国乡村劳动力资源数及从业人员数   (万人)

年份	乡村劳动力资源数	乡村从业人员数❶	劳动力参与率(%)	农业从业人员数❶	非农产业从业人员数
1990	—	42010	81.7	33336	8674
1995	—	45042	86.9	32335	12707
2000	51405	47963	93.3	32798	15165
2001	51810	48229	93.1	32451	15778
2002	52238	48527	92.9	31991	16536
2003	52919	48971	92.5	31260	17711
2004	53783	49695	92.4	30596	19099

---

❶ 农业普查中定义的农村人口是指农村地区常住居民户数中的常住人口数,即经常在家或在家居住 6 个月以上,而且经济和生活与本户连成一体的人口。另外还包括外出 6 个月以上,但收入主要带回家中,经济与本户连为一体的外出人员。这个定义与人口统计中的乡村就业人员数有区别。

❷ 为简便起见,这里的农业指的是第一产业,即农林牧渔业,下同。

续表

年份	乡村劳动力资源数	乡村从业人员数	劳动力参与率(%)	农业从业人员数	非农产业从业人员数
2005	54569	50388	92.3	29976	20412
2006	53100	47852	90.1	33879	13973
2007	50894	47640	—	28130	19510
2008	50543	47270	—	27310	19960
2009	50117	—	—	—	—

资料来源：1990—2005年数据来源于《中国农村统计年鉴》。2002—2006年，其中非农产业从业人员数等于工业、建筑业、交通运输仓储及邮政业、批发零售和贸易餐饮业及其他行业加总，2006年数据来源于《第二次全国农业普查主要数据公报》第一号和第五号。2007—2009年乡村劳动力资源数来源于蔡昉（2009），2007—2008年乡村从业人员数来源于《中国统计年鉴2009》。2007和2008年的第一产业从业人员数根据《中国统计年鉴2009》中"按城乡分就业人员"和《中国劳动统计年鉴》中乡镇企业行业分布等数据计算。

农村从业人员包括两部分，即农业和非农产业从业人员，其中农村劳动力在农业部门的就业数是影响剩余劳动力规模和估计农民工转移前景的关键因素。根据2006年普查结果，当年农业从业人员共34874万人，去除来自农村的33879万人，城镇劳动力中从事农业的共995万人。这里我们假设2008年城镇劳动力中从事农业的仍然为1000万人，则来自乡村的农业从业人员数为29654（30654-1000）万人。

关于农业部门的劳动力需求量，我们假设，种植业和饲养业是主要的使用劳动力的部门，而其他部门则是利用农村剩余劳动力或边际劳动力的部门。根据《中国农村统计年鉴》中给出的这两个部门的劳动力用工资料，可以估算在目前劳动生产率水平下，农业究竟需要多少劳动力。我们假设了三种情形：一是按每个劳动力每年劳动 250 日计算；二是按每个劳动力每年劳动 300 日计算；三是按每个劳动力每年劳动 320 日计算。农业劳动力需求量见表 2-18。

表 2-18　农业劳动力需求量　　　　　　（亿人）

劳动日假设	种植业劳动力需求量（1）	饲养业劳动力需求量（2）	农业劳动力需求量（1）+（2）
250 个劳动日／年	1.48	0.80	2.28
300 个劳动日／年	1.23	0.67	1.90
320 个劳动日／年	1.15	0.63	1.78

资料来源：根据《中国农村统计年鉴》（2006）提供数据计算得到。

对剩余劳动力的估计大致有两种方法，一种是根据对农业部门劳动力需求的估计，然后用实际劳动力数量减去需求数量。根据前面的估计，2008 年我国农村劳动力中农业从业人员大约为 2.965 亿人，因为农村劳动力不统计失业人员，因此从业人员大致等于劳动力人数。这样，结合表 2-17，可以得到我国农村剩余劳动力大致有 0.7 亿~1.2 亿人。

另外一种估计农村剩余劳动力数量的方法，是根据调查那些尚未转移劳动力的转移意愿来进行推算。由于目前农村尚未转移劳动力往往年龄较大、教育水平偏低，因此用此方法得出的短期剩余劳动力往往较少，例如蔡昉、都阳、王美艳（2008）估计，2005 年可供转移的农业劳动力约为 4357 万人。

但如果考虑中长期的情况，由于农村劳动力存在更替过程（新增劳动力更年轻，而且教育水平更高），也就是说农村未转移劳动力的年龄和教育结构都会发生有利于进一步转移的变化，因此中长期来看采用第一种方法估计更为合适。即使这样，也表明农村剩余劳动力数量已大大下降。

进一步看，根据本章前文的分析，30 岁以下农村劳动力有近

90%已转移到非农产业。根据实际观察和经济理论的预期，我们假设农村剩余劳动力的年龄结构与务农劳动力是一样的。因此，在劳动力大规模流动和转移的条件下，仍然存在的剩余劳动力已经与以往有了巨大的差异，其中50%已经是40岁以上的劳动力。这些年龄较大的农村剩余劳动力，在向外转移的过程中，由于人力资本和家庭等方面的原因，比年轻人会遇到更大的障碍。这说明，农村劳动力已经告别了无限供给的时期，农村已经不再是剩余劳动力的"蓄水池"。

2. 劳动人口将出现负增长，农村剩余劳动力将由结构性短缺发展到全面短缺

继人口自然增长率从20世纪60年代中期开始持续下降之后，我国劳动年龄人口的增长率从80年代也开始了下降的过程，21世纪以来下降速度明显加快。根据2009年的预测，2013年前后，劳动年龄人口上升趋势就会十分平缓，2016—2017年达到最高峰后开始绝对减少。这时，作为无限劳动力供给的一个源泉，人口因素不再助长劳动力供给的增长。2004年以来，城镇用工企业迫于用工荒的压力，不得不放宽用工年龄，从过去的25岁以下放宽为30~40岁、甚至50岁。2005—2006年大量增加的是31岁以上的农民工，特别是31~40岁的农民工，2006年比2004年剧增41.8%。同时，农民工供不应求的年龄段也快速上升，从2003年的20岁以下，上升到2004年的25岁以下，以及2006年的30岁以下。我们在托达罗模型的基础上，结合我国国情建立了农民工家庭年龄结构—生命周期模型，通过估算农民工的最高预期工作寿命，认为40岁以下农民工供不应求可能在2016年出现。这预示着，"十三五"期间，我国将可能进入"刘易斯转折点"的第二阶段。

3.2020年前农民工数量仍将持续增长，但增长数量将逐步减少，农民工供求的结构性矛盾将会更加突出

本章采用CGE模型（Computable General Equilibrium Model）

方法，建立一个反映中国经济发展和劳动力转移的宏观经济模型，以 2005 年中国投入产出表为基础，根据中国近年来经济发展、结构变化及劳动力转移的实际情形，并考虑到 2008 年金融危机的影响，以及 2008 年第二次经济普查的结果，采用情景分析法对 2010—2030 年中国经济发展及农村劳动力转移的前景进行模拟和比较，并分析经济增长、城市化、对外贸易及产业结构变化对农村劳动力转移的可能影响，相关假设条件见表 2-19。

表 2-19　2010—2030 年农村劳动力转移模拟分析的假设条件

分析因素	假设条件
人口和劳动力的发展变化	主要参考中国社会科学院人口与劳动经济研究所的方案预测数据。根据此预测，中国的人口顶峰出现在 2037 年前后，那时人口约为 14.68 亿人。劳动年龄人口的高峰出现在 2017—2027 年，劳动年龄人口约 10 亿人，按 2006 年劳动力占劳动年龄人口比重计算，劳动力高峰时全国劳动力资源总量约 8.2 亿人，比 2006 年增加 4000 万劳动力
城市化水平的提高	城市化水平被设为一个外生的变量，考虑到"十二五"及更长时期内，中国仍然处于城市化快速发展的阶段，进一步促进城市化发展，特别是提高农民工市民化程度将是今后政策的方向，因此本模型中假设中国城市化水平将每年提高 0.85~0.55 个百分点，到"十一五"末期城市化率在 47% 左右（参考"十一五"规划目标），到"十二五"末期城市化率在 53% 左右，到 2020 年城市化率在 57.5% 左右，2030 年城市化率在 64.5% 左右
出口增长速度	考虑到国际经济环境和中国比较优势的变化，我们假设中国的出口增长速度在 2009 年达到最低值，但从 2010 年起将逐渐恢复，但总体上出口增长速度将逐步降低，"十二五"及更长时间内保持在略高于 GDP 增长速度的水平。考虑到中国的比较优势，模型中贸易顺差仍将在较长时间内存在，但也呈逐渐缩小的趋势，到 2030 年前后实现外贸进出口基本平衡

续表

分析因素	假设条件
全要素生产率的变化	未来中国进一步推进体制改革的潜力仍然非常巨大,但进一步改革的难度和阻力也在增加,不过考虑到中国政府不断促进企业增加研发投入,以及中国巨大的人力资源优势,在模型中我们假设"十二五"至2030年全要素年均增长率保持在2.5%左右的水平
其他设定	其他设定包括居民消费结构的变化、居民储蓄率变化、政府储蓄率和中间投入率变化等,这些因素在2006—2008年按照实际数据进行设定,2010—2030年的设定同韩俊(2009)的假设

在上述主要设定下,我们运用DRCCGE模型模拟2010—2030年的经济、社会发展前景以及劳动力转移的情况,基准情景下的模拟结果如下所述及见表2-20。

(1)到2020年以后,农民工转移的压力才会显著减轻

随着经济增长和城市化发展,农业劳动力逐步向非农产业转移,到"十二五"末期,农业从业人员约为2.6亿,比2008年约减少5000万人,到2020年约为2.25亿人,到2025年约为2亿人,2030年约为1.78亿人。

表2-20 城镇化及劳动力从业结构模拟结果

项目	年份						
	2005	2008	2010	2015	2020	2025	2030
总人口(亿人)	13.07	13.28	13.44	13.85	14.16	14.46	14.60
农村	7.45	7.22	7.04	6.50	5.98	5.57	5.19
城镇	5.62	6.06	6.40	7.35	8.18	8.89	9.41
城市化率(%)	43.00	45.63	47.62	53.07	57.77	61.48	64.45
分产业从业人员(亿人)	7.59	7.75	7.84	8.04	8.02	8.00	7.86

续表

项目	年份						
	2005	2008	2010	2015	2020	2025	2030
第一产业	3.40	3.07	2.92	2.59	2.25	2.01	1.78
第二产业	1.81	1.92	1.94	1.99	1.95	1.92	1.85
第三产业	2.38	2.76	2.98	3.46	3.82	4.07	4.23
非农就业比重（%）	55.2	60.4	62.8	67.8	71.9	74.9	77.4

（2）"十二五"农民工年均增长600万~650万人

"十二五"时期农村劳动力平均年转移860万~900万人，其中以农民工形式的年转移600万~650万人，新增转移数量较"十一五"时期有所减少。

（3）农村劳动力转移就业的难度加大

虽然农村剩余劳动力存量依然较大，但剩余劳动力主要以中西部地区40岁以上、初中文化程度以下劳动力为主，转移就业难度进一步加大，农民工供求的结构性矛盾也将更加突出。

（4）农民工在服务业就业的比重将会进一步上升

"十二五"期间，制造业吸纳就业人数虽然仍有增长，但对就业的贡献已经非常小，而批发零售贸易餐饮业、交通运输等第三产业的就业仍将有显著增长，并成为吸纳农民工就业的主要渠道。

（5）农民工就业从东部地区向中西部地区转移的趋势将会更加明显

随着东部地区劳动密集型产业向中西部加快转移，以及中西部地区内生增长能力的提升、城镇化水平的提高，中西部地区农民工就业的数量会进一步增长。

执笔人：金三林　王　宾　许召元

第三章 农民工市民化的现状和意愿

为了更好地了解农民工市民化的现状、问题、意愿和要求,国务院发展研究中心课题组于 2010 年 7—8 月开展了以"农民工市民化"为主题的大型问卷调查及实地调研。整个调查工作分三个阶段进行:

第一阶段:2010 年 5—6 月,进行调查问卷、调查方案的设计。

第二阶段:2010 年 7—9 月,结合农村联系点会议和重点城市的实地调研,组织实施调查。问卷调查涉及安徽、湖北、江苏、山东、山西、浙江、河南、重庆 8 个省市,其中有效调查问卷 6232 份(部分项目为 6272 份)。实地调研涉及重庆、武汉、合肥、郑州、嘉兴、东莞 6 个城市,共调查企业 50 多家,召开各类型座谈会 20 余次。

第三阶段:2010 年 10—11 月,调查数据的整理分析及撰写报告。首先进行频数统计分析,对连续变量进行 5 等分组,计算频数。然后进行交叉分析,以年龄、受教育程度、是否出省、举家外出等因素作为解释变量,对农民工的收入、支出、居住意愿、市民化意愿、土地处置意愿等进行交叉分析。形成了《频数统计分析报告》和《交叉分析报告》,并在此基础上形成了《综合分析报告》。

从调查结果来看,受国家政策支持、农民工供求关系变化等因素的影响,农民工就业和生活环境有较大改善,但离农民工的要求还有较大距离,今后应继续完善相关政策,改善农民工就业生活环境,促进农民工市民化。

一、调查对象基本情况

(一)以新生代农民工为主

参与本次调查的农民工,男性占49.6%,女性占50.4%,男女基本上各占一半。未婚的占37.8%,已婚的占60.9%,已婚的农民工子女数平均1.05个。农民工平均年龄29.14岁,新生代农民工(20世纪80年代以后出生的、年满16周岁以上)占到了66.8%。其中,16~25岁的占41.1%,26~30岁的占25.7%,31~40岁的占22.4%,41~50岁的占9.1%,50岁以上的占1.7%(见图3-1)。

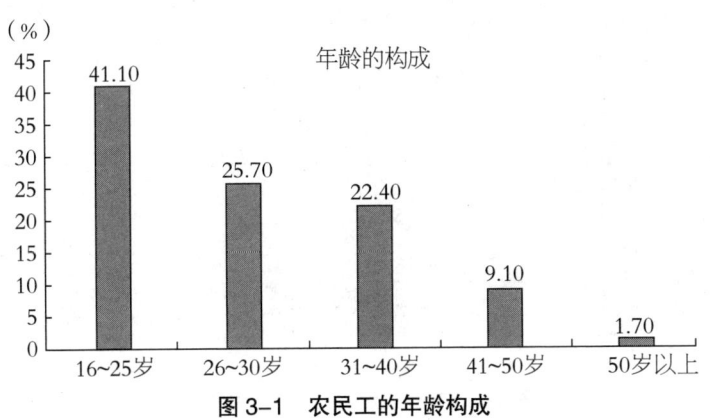

图3-1 农民工的年龄构成

(二)以初中以上文化程度为主

参与本次调查的农民工,1.5%未上过学,6.3%的文化程度为小学,45.5%为初中,21.7%为高中,13.5%为中专(见图3-2)。新生代农民工中,高中文化程度占到22.42%,中专及以上文化程度占到32.51%,明显高于其他年龄组。

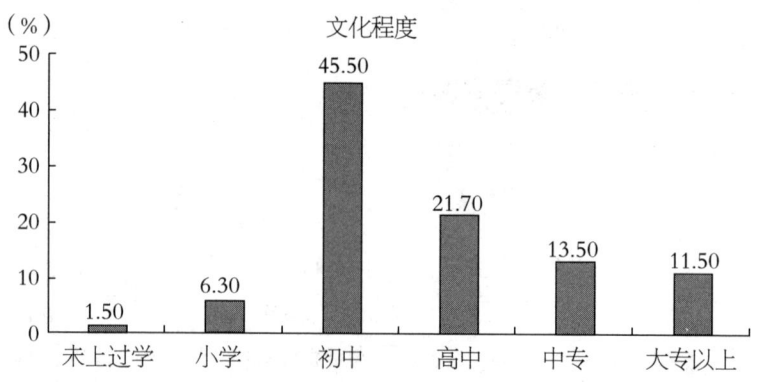

图 3-2 农民工的文化程度

职业技能素质总体较低,没有技能等级的占 58.2%,初级技工占 21.9%,中级技工占 15%,高级技工占 3%,技师占 1.4%,高级技师占 0.5%(见图 3-3)。

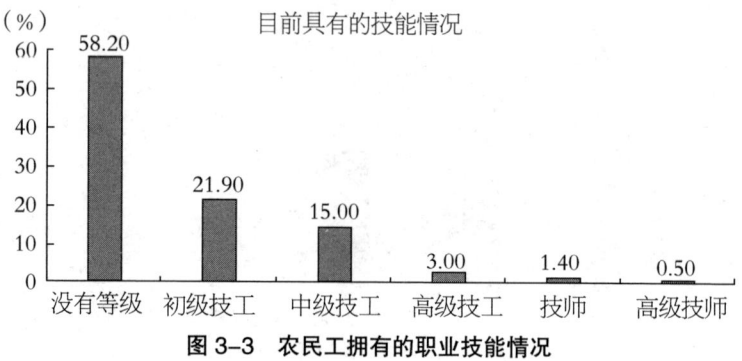

图 3-3 农民工拥有的职业技能情况

(三)以东中部地区来源为主

参与本次调查的农民工,41.4% 来自东部地区,41.3% 来自中部地区,17.3% 来自西部地区。家庭成员数量平均 4.19 人,家庭劳动力平均 2.61 人,2009 年外出(出乡/镇)就业的家庭成员平均 1.84 人。

(四)以在东部地区和省内就业为主

参与本次调查的农民工,58.7% 在东部地区就业,30.3% 在东部地区就业,11% 在西部地区就业。74.9% 的人在户籍所在地省内务工,25.1% 的人出省务工。

二、就业情况

（一）累积外出打工平均 7.01 年,在当前城市就业时间平均 5.3 年

参与本次调查的农民工,首次外出打工的平均年龄为 21.08 岁,到目前累积外出打工的年数平均 7.01 年。43.3% 的人累积外出打工年数为 5 年以下,28.1% 的人 5~9 年,16% 的人 10~14 年,6.7% 的人 15~19 年,5.9% 的人 20 年及以上（见图 3-4）。

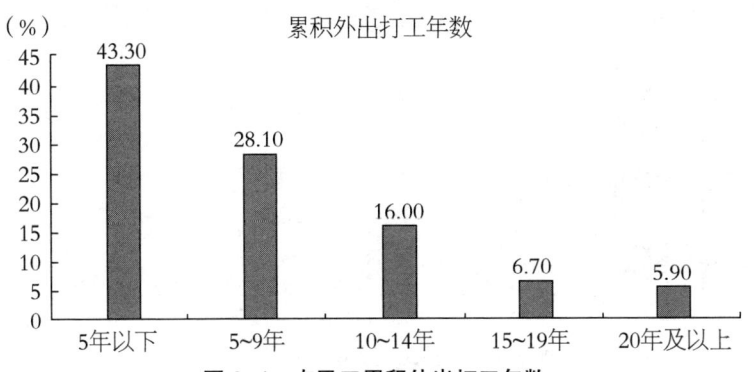

图 3-4　农民工累积外出打工年数

农民工在当前城市就业的时间平均有 5.3 年。59.2% 的人在 5 年以下,21.7% 的人为 5~9 年,11% 的人为 10~14 年,4.8% 的人为 15~19 年,3.2% 的人为 20 年及以上（见图 3-5）。

在目前企业就业的时间平均 3.99 年。71.1% 的人在 5 年以下,16.6% 的人为 5~9 年,8% 的人为 10~14 年,2.8% 的人为 15~19 年,1.6% 的人为 20 年及以上（见图 3-6）。

57.9% 的人近三年没有更换过单位,22.8% 更换过 1 个单位,

12.6%更换过2个单位,4.4%更换过3个单位,2.3%更换过4个及以上的单位。越年轻的农民工在近3年内更换工作越频繁(见表3-1)。

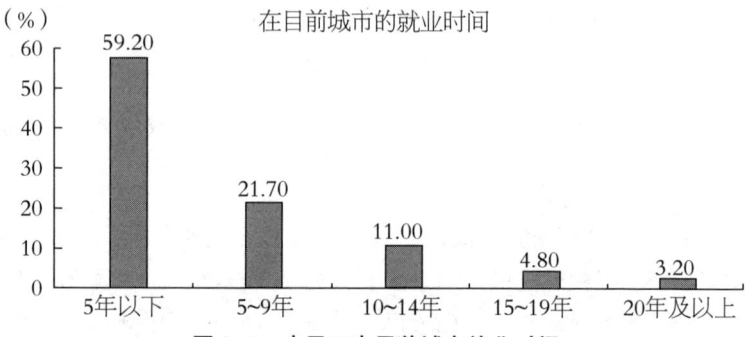

图3-5 农民工在目前城市就业时间

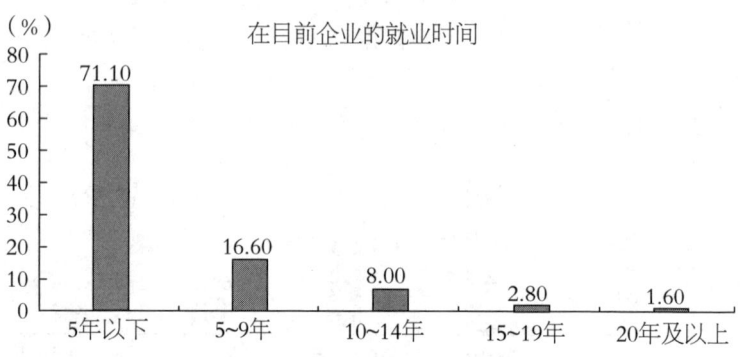

图3-6 农民工在目前企业就业时间

表3-1 不同年龄农民工近三年更换工作单位情况 (%)

年龄	没有更换过	更换过1个	更换过2个	更换过3个	更换过4个及以上
16~25岁	50.2	27.6	14.7	5.2	2.3
26~30岁	55.8	25.6	12.9	3.8	2.0
31~40岁	69.8	14.6	9.5	4.1	1.9

续表

年龄	没有更换过	更换过1个	更换过2个	更换过3个	更换过4个及以上
41~50 岁	68.7	14.4	9.4	3.3	4.1
50 岁以上	64.9	19.6	10.3	4.1	1.0
合计	57.9	22.8	12.6	4.4	2.3

（二）大多数人无农业生产经验，多数没有接受过正规的技能培训

参与本次调查的农民工，进城打工之前平均在家从事过 1.82 年的农业生产。72.3% 的人在进城打工之前在家没有从事过农业生产，5.2% 从事过 1 年的农业生产，5.8% 从事过 2 年的农业生产，5.3% 从事过 3~5 年的农业生产，11.4% 从事过 6 年以上农业生产。16~25 岁的农民工，没有从事过农业生产的比重达 84.5%（见图 3-7）。

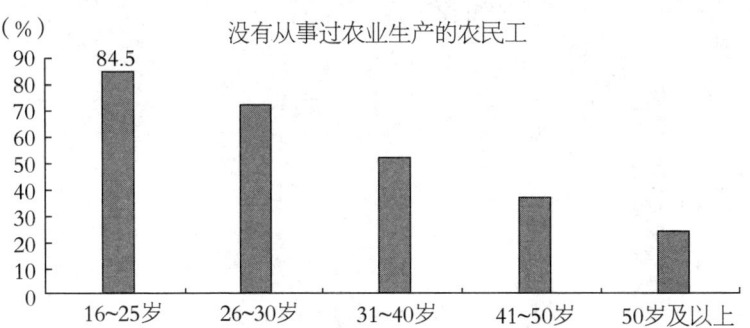

图 3-7 不同年龄农民工进城务工之前没有从事过农业生产的比重

大部分人没有接受过正规的技能培训。26.9% 没有参加过任何培训，35.5% 当过学徒工，16.9% 自费参加过技能培训，5.4% 参加过政府组织的培训，31.8% 参加过企业组织的培训（见图 3-8）。

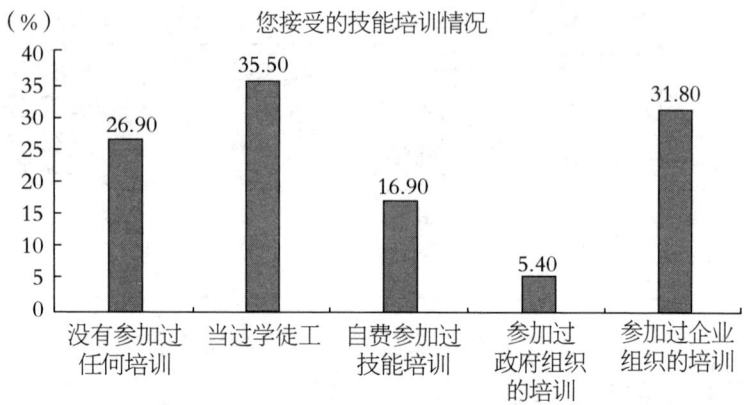

图 3-8 农民工接受技能培训情况

(三)就业行业以工业为主,单位性质以民营企业为主

参与本次调查的农民工,就业行业以工业为主,占 51.8%,并以新生代农民工为主。建筑业占 9.3%,以 40 岁以上农民工为主;商业占 6.3%,餐饮和家庭服务业占 9.0%,交通运输业占 0.6%(见图 3-9)。

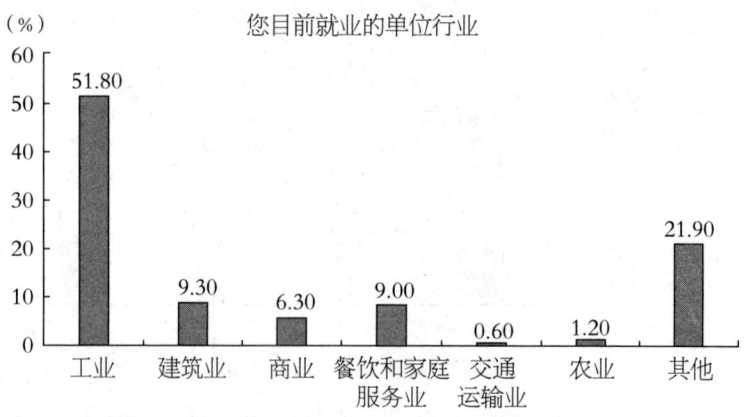

图 3-9 农民工就业行业情况

就业单位以民营企业为主,占 57.1%。国有企业占 7.4%,外资或合资企业占 22.4%。

以一般工人或服务人员为主,占 70.7%。17% 属于技术工人,

7.4%担任班组长,4.9%在单位中担任中层及以上领导。26~40岁担任管理职位的比重相对较高(见表3-2)。

表3-2 不同年龄农民工在就业企业的工作岗位 (%)

年龄	一般工人	技术工人	班组长	中层及以上领导
16~25岁	76.3	15.5	5.2	3.0
26~30岁	64.4	20.0	9.1	6.5
31~40岁	67.2	17.1	9.5	6.2
41~50岁	69.9	16.6	8.2	5.3
50岁以上	81.9	10.6	2.2	5.3
总体	70.7	17.0	7.4	4.9

(四)近70%夫妻同时外出,近50%携带子女随迁

参与本次调查的农民工,目前举家外出务工的占25%,年龄越大这一比重越高。与配偶在同一城市打工的占50.6%,在同一单位工作的占18.1%,合计接近70%,并以新生代农民工为主;配偶在其他地方打工的占13.6%,配偶在老家的占17.7%(见表3-3)。

表3-3 不同年龄农民工配偶就业情况 (%)

年龄	在同一城市打工	在同一单位工作	在其他地方打工	在老家
16~25岁	51.5	18.9	16.3	13.3
26~30岁	54.0	19.7	12.5	13.8
31~40岁	49.4	16.0	14.3	20.3
41~50岁	45.2	18.3	11.2	25.3
50岁以上	39.6	11.0	8.8	40.6
总体	50.6	18.1	13.6	17.7

第三章 农民工市民化的现状和意愿

子女在老家及随父母外出的基本上各占一半。在自己务工城市的占46.2%，在配偶务工城市的占4.9%，在老家的占48.9%。年龄越大，其子女在自己务工城市的越多（见图3-10）。

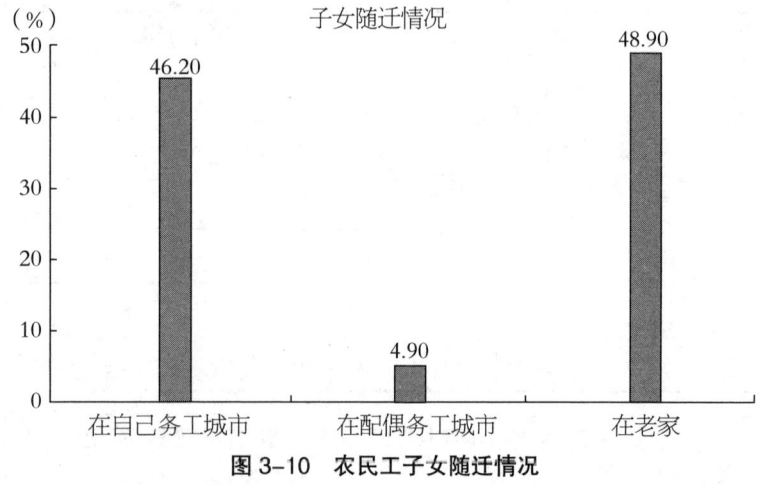

图3-10 农民工子女随迁情况

三、收入和支出情况

（一）外出务工时间平均约10个月，每天工作约9.19个小时

参与本次调查的农民工，2009年在外打工的实际工作时间平均9.86个月。3个月以下的占9.7%，3~6个月的4.9%，6（不含）~9个月的5.5%，9（不含）~12个月的32.6%，12个月以上的47.3%。接近一半的人全年在外务工。

每天工作时间平均9.19小时，每个月的加班时间平均4.79天。24.6%的人没有加班，11.2%的人每月加班2天以下，19.4%的人每月加班2（不含）~4天，6.3%的人每月加班4（不含）~6天，4.6%的人每月加班6（不含）~8天，10.3%的人每月加班8天以上。

工资拖欠情况较少。每月正常发放的占56.3%，每个月发上个月的工资的占 37.6%，每个季度或半年发一次的占 1.7%，经常拖欠/不固定的占 4.3%。

（二）平均月工资约 1720 元，26~30 岁农民工收入最高

参与本次调查的农民工，平均月工资 1719.83 元。其中，基本月工资平均 1208.73 元，其余为奖励/津贴/补贴等。月工资以 1000~2000 元为主。0.8% 的人的月工资收入在 500 元以下，11.3% 的人的月工资为 500~1000 元，62.5% 的人的月工资为 1000（不含）~2000 元，24.8% 的人的月工资为 2000（不含）~5000 元，0.6% 的人的月工资在 5000 元以上（见图 3-11）。

26~30 岁年龄组的农民工收入最高，从 30 岁开始，年龄越大收入越低，50 岁以上的农民工收入显著低于其他年龄组。16~25 岁的农民工收入低于平均水平（见表 3-4）。

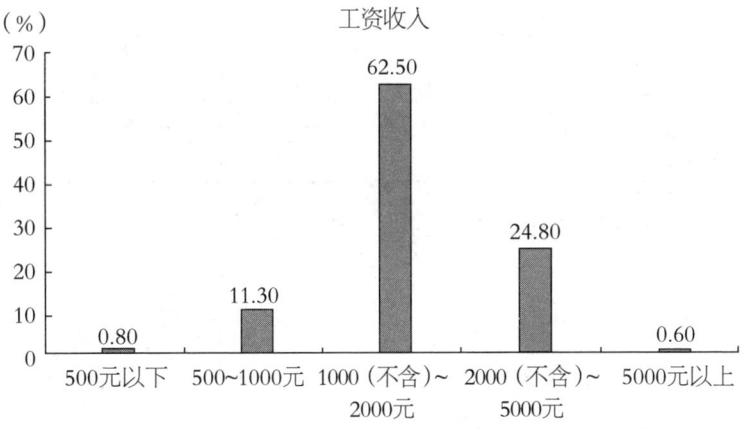

图 3-11 农民工月工资收入情况

表 3-4 不同年龄农民工月工资收入情况　　　　（元）

年龄	均值	中值
16~25 岁	1647	1492
26~30 岁	1819	1589

续表

年龄	均值	中值
31~40 岁	1794	1498
41~50 岁	1659	1475
50 岁以上	1245	963
总计	1720	1501

在东部和西部就业的农民工的月工资收入比较接近,高于在中部地区就业的农民工(见表 3-5)。

表 3-5　不同地区就业农民工的工资　　　　(元)

地区	均值	中值
东部地区	1851	1574
中部地区	1416	1197
西部地区	1802	1541
总计	1718	1501

未出省的农民工的月工资收入中值为 1486 元,出省的农民工的月工资收入中值为 1778 元,比未出省务工的农民工的收入高出约 20%。

(三)2009 年工资收入平均约 18107 元,家庭纯收入平均约 27724 元

参与本次调查的农民工,2009 年的年工资收入平均 18107.03 元。11.7% 的人年工资收入在 5000 元以下,12.6% 的人年工资收入为 5000~9999 元,45% 的人年工资收入为 10000~19999 元,29.3% 的人年工资收入为 20000~49999 元,1.4% 的人年工资收入为 50000 元及以上(见图 3-12)。

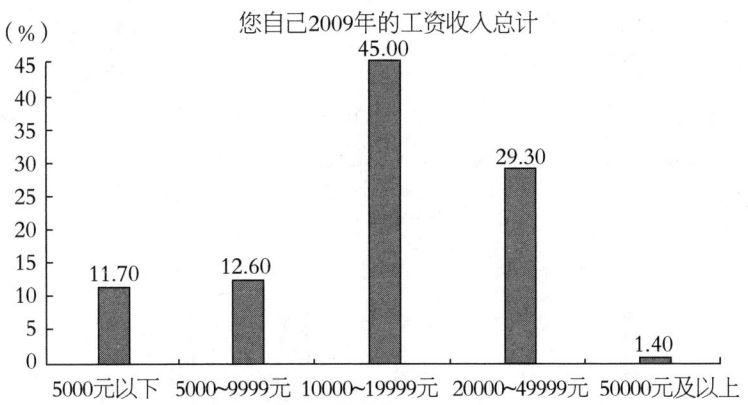

图 3-12　农民工 2009 年工资收入情况

2009 年家庭年纯收入平均 27724.08 元，以 20000~50000 元为主。11.0% 的人年家庭纯收入在 5000 元以下，7.3% 的人为 5000~9999 元，20.1% 的人为 10000~19999 元，48.7% 的人为 20000~49999 元，12.9% 的人为 50000 元及以上（见图 3-13）。

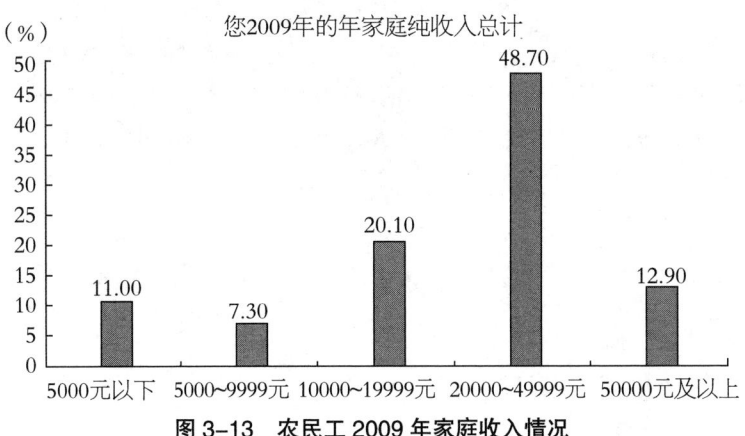

图 3-13　农民工 2009 年家庭收入情况

（四）2009 年打工净结余平均约 7844 元，寄回或带回老家的现金平均约 6462 元

参与本次调查的农民工，2009 年打工净结余平均 7843.94

元，以5000~20000元为主。结余1000元以下的人占19.3%，结余1000~2000元的人占5.2%，结余2001~5000元的人占15.6%，结余5001~10000元的人占23.9%，结余10001~19999元的人占26.8%，结余20000元及以上的人占9.2%（见图3-14）。

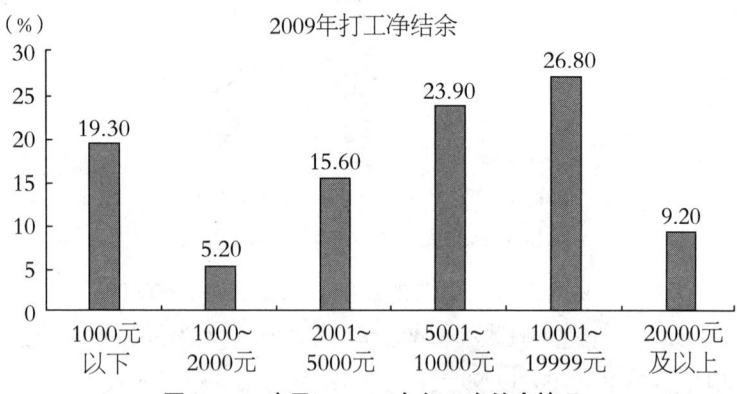

图3-14 农民工2009年打工净结余情况

2009年寄回或带回老家的现金平均6462.63元，以5000~20000元为主。1000元以下的人占25.5%，1000~2000元的人占6.1%，2001~5000元的人占17.5%，5001~10000元的人占22.6%，10001~19999元的人占21.5%，20000元及以上的人占6.8%（见图3-15）。

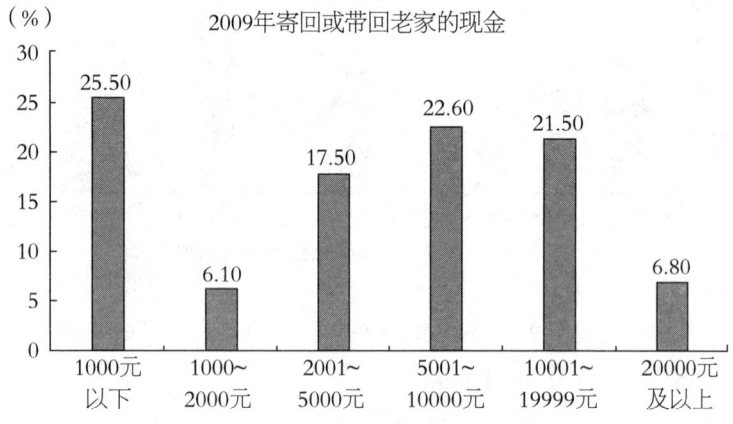

图3-15 农民工2009年寄回或带回老家的现金情况

从年龄分组数据来看，26~30年龄组的农民工其他收入指标也是最高的，从30岁开始，年龄越大，收入水平反而越低。

（五）家庭在目前务工地每月生活费支出平均约1243元，食品支出占比近半

参与本次调查的农民工，家庭在目前务工地每月的生活费支出平均1243.03元。每月生活费支出，12.9%的家庭在500元以下，32.2%的家庭为500~1000元，40%的家庭为1000（不含）~2000元，13.3%的家庭为2000（不含）~5000元，1.6%的家庭在5000元以上（见图3-16）。

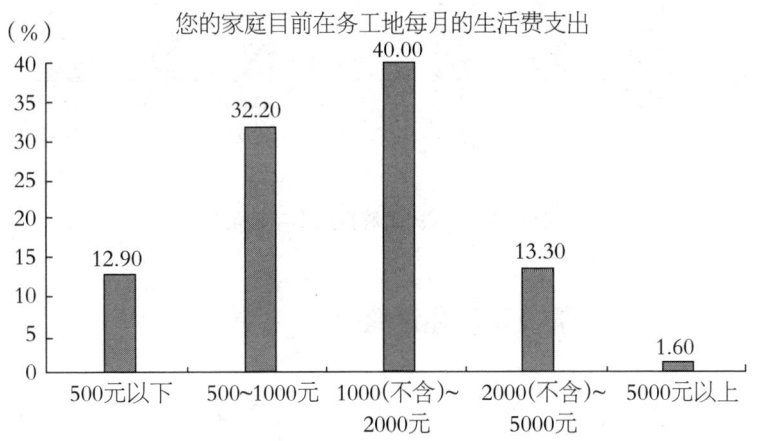

图3-16 农民工家庭在务工地月生活消费支出情况

从分组数据（中值）来看，26~50岁的3组家庭在务工地生活费支出较高，而且这3组间差异不大；16~25岁及50岁以上这两组家庭在务工地生活费支出较低。其原因与不同年龄段的农民工在务工地的家庭结构的差异有关：低年龄组的未婚比例高，而高年龄组的配偶在务工地的比例低。

从消费结构来看，食品支出最大，平均540.32元，占到消费支出（扣除社保支出后）的49%；其次为居住方面的支出，

平均214.60元；再次为日常生活支出，平均173.83元。其余支出依次为：社会保险个人缴费支出，平均137.31元；交通支出，平均99.45元；医疗支出，平均99.35元；通信支出，平均90.88元（见图3-17）。

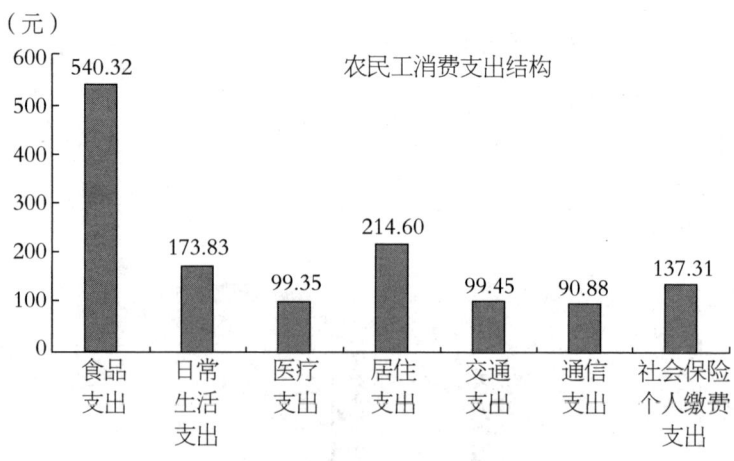

图3-17　农民工消费支出结构情况

四、居住情况及居住意愿

（一）自己租房和单位提供宿舍是主要居住形式，居住单元房的比重低

参与本次调查的农民工，8.4%居住自购的商品房，4.8%居住自购的经济适用房或两限房，0.4%居住政府提供的廉租房，34%居住自己租的房屋，35.5%居住单位提供的集体宿舍，18.9%居住其他形式的房屋（见图3-18）。

居住成套的单元房（有厨房和卫生间）的比重低，只有22.7%。居住筒子间楼房的占6.2%，居住城镇里的普通平房的占16.6%，居住郊区的普通平房的占19.2%，居住简易宿舍的占24.8%，居住地下室的占0.6%，9.9%居住其他类型的房屋。总的来看，26~30岁年龄居住条件最好，16~25岁居住条件最差。

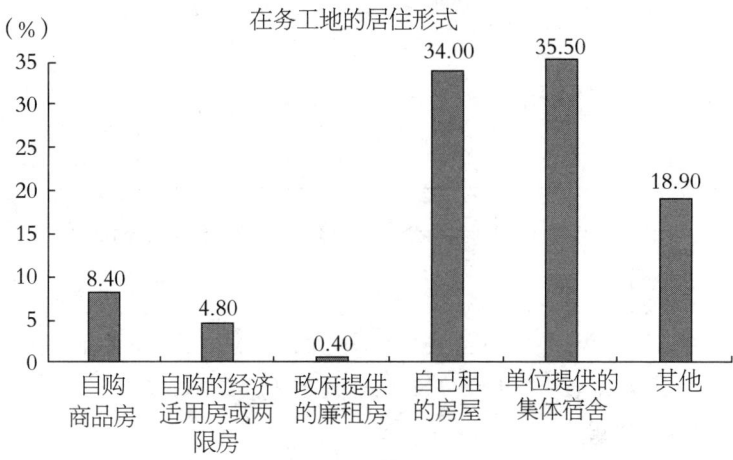

图3-18 农民工在务工地居住情况

低年龄组（16~25岁）农民工更多的是居住在单位提供的集体宿舍（包括建筑工棚）或自己租的房屋；26~50岁的农民工随着年龄的增大，更多的人居住在自购的商品房（见表3-6）。

表3-6 不同年龄农民工居住情况 （%）

年龄	自购商品房	自购的经济适用房或两限房	政府提供的廉租房	自己租的房屋	单位提供的集体宿舍（包括建筑工棚）	其他
16~25岁	4.8	2.0	0.3	32.2	44.5	16.1
26~30岁	9.3	4.0	0.4	38.3	27.1	20.9
31~40岁	12.7	8.1	0.8	31.8	23.4	23.2
41~50岁	12.2	11.6	0.2	32.1	28.3	15.7

续表

年龄	自购商品房	自购的经济适用房或两限房	政府提供的廉租房	自己租的房屋	单位提供的集体宿舍（包括建筑工棚）	其他
50 岁以上	5.6	7.9	0.0	51.7	20.2	14.6
总体	8.4	4.8	0.4	34.0	33.5	18.9

（二）对居住情况总体不太满意，改善住房的期望方式特点鲜明

参与本次调查的农民工，对居住情况，18% 的人表示很满意，65.7% 的人表示满意程度一般，12.3% 的人表示不满意，4% 的人表示非常不满意（见图 3-19）。

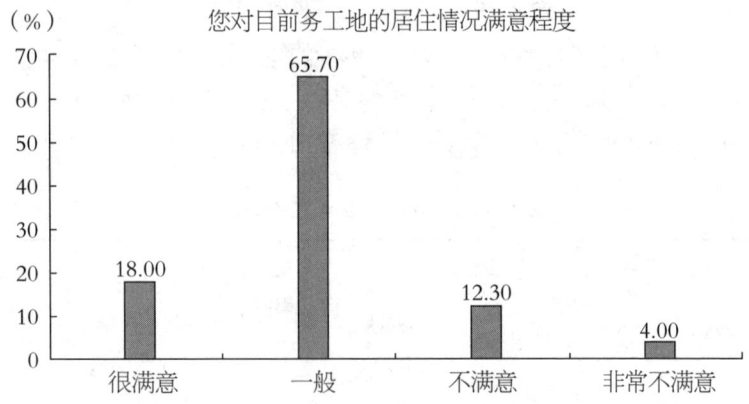

图 3-19　农民工对务工地居住情况满意程度

同时，农民工对在务工地改善住房的期望方式也有鲜明的特点。22.9% 的人期望政府建设专门的农民工公寓，20.1% 的人期望政府放开购买政策性住房的限制，17.1% 的人期望单位提供更舒适卫生的集体宿舍，16.3% 的人期望单位提供住房补贴，12.6% 的人

期望单位缴纳住房公积金，11.1%的人期望政府改善外来人口集聚区的生活环境（见图3-20）。

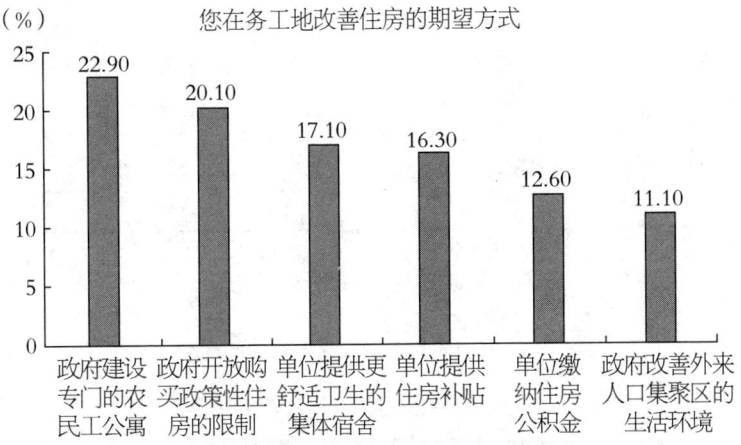

图3-20 农民工在务工地改善住房的期望方式

40岁以下的农民工期望"政府放开购买政策性住房限制"的比例高于40岁以上的农民工；而40岁以上的农民工期望"政府建设专门的农民工公寓"的比例要高于40岁以下的农民工。16~25岁的农民工期望"单位提供更舒适卫生的集体宿舍"的比例比其他年龄组高，这与该年龄组农民工住在集体宿舍的比例较高有关。

（三）有四成左右农民工想在务工地定居，是否出省及举家外出对定居意愿有重要影响

关于对未来的打算，16.5%的人打算在务工地所在的城镇定居，23.7%的人打算在务工地所在的城市定居，10.4%的人打算回家乡的城市定居，8.2%的人打算回离家近的小城镇定居，15.6%的人打算回农村定居并改善农村居住条件，25.5的人表示还没想好（见图3-21）。

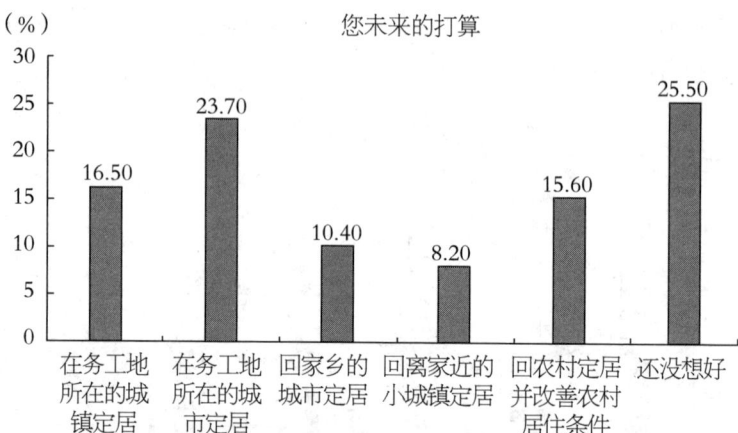

图 3-21 农民工对未来定居地的意愿

对于未来定居地点,年龄越小的农民工更多人表示"还没想好";50 岁以上的农民工打算"在务工地所在的城市定居"的比例明显高于其他组;16~25 岁年龄组的农民工打算"回农村定居并改善农村居住条件"的比例低于其他年龄组。

出省务工的农民工打算在务工地定居的比例低于未出省务工的农民工,而打算回家乡城市定居的比例高于未出省务工的农民工。

举家外出的农民工选择"在务工地所在的城市定居"的比例高于未举家外出的农民工,而未举家外出的农民工选择"回农村定居并改善农村居住条件"和表示"还没想好"的比例比举家外出的农民工高(见表 3-7)。

表 3-7　举家外出对农民工定居意愿的影响　　　　　　　　　(%)

举家外出情况	在务工地所在的城镇定居	在务工地所在的城市定居	回家乡的城市定居	回离家近的小城镇定居	回农村定居并改善农村居住条件	还没想好
举家外出	15.6	28.8	11.2	9.5	13.5	21.5
没有举家外出	16.9	21.9	10.3	7.8	16.3	26.9

（四）想在务工地定居的农民工能承受的房价水平很低，对保障性住房需求强烈

想在务工地定居并成为市民的农民工，希望实现愿望的时限平均为 5.07 年。对于住房，有 38.6% 的人期望能购买商品房，44.2% 的人期望能购买经济适用房或两限房，12.3% 的人期望能申请廉租房或公共租赁房，4.8% 的人表示要自己租房（见图 3-22）。

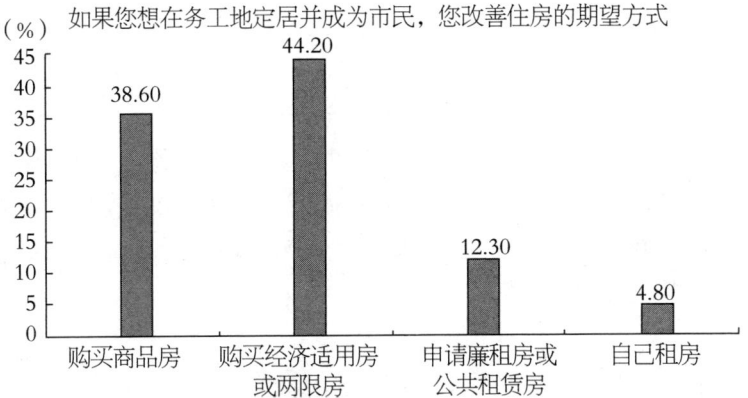

图 3-22 想在务工地定居的农民工改善住房的期望方式

40 岁以下的农民工更多的人期望购买商品房、经济适用房或两限房；40 岁以上的农民工更多的人期望申请廉租房或公共租赁房，或自己租房。

想在务工地购房的农民工，期望的住房面积平均为 119.29 平方米。能够承受的商品房单价平均为 2214.04 元/平方米［有 30.8% 为 1000（不含）~2000 元/平方米，52.9% 为 2000（不含）~5000 元/平方米］，能够承受的商品房总价平均为 21.82 万元［有 34.2% 为 10 万（不含）~20 万元，48.3% 为 20 万（不含）~50 万元］。不同年龄农民工承受能力有一定差异，新生代农民工承受能力总体较高，如表 3-8 所示。

表 3-8　农民工在务工地定居购房能承受的房价水平

年龄	能承受的商品房单价（元/平方米）	能承受的商品房总价（万元）
16~25 岁	2012	20.2
26~30 岁	1984	19.9
31~40 岁	1807	17.2
41~50 岁	1867	17.6
50 岁以上	1733	14.1
总体	2214.04	21.82

想在务工地租房的农民工，期望的住房面积平均为 70.61 平方米，能够承受的租金水平平均为 292.69 元/月（有 25.1% 的人能承受 101~200 元/月，46.8% 的人能承受 201~500 元/月，15% 的人能承受 501~1000 元/月，见图 3-23）。

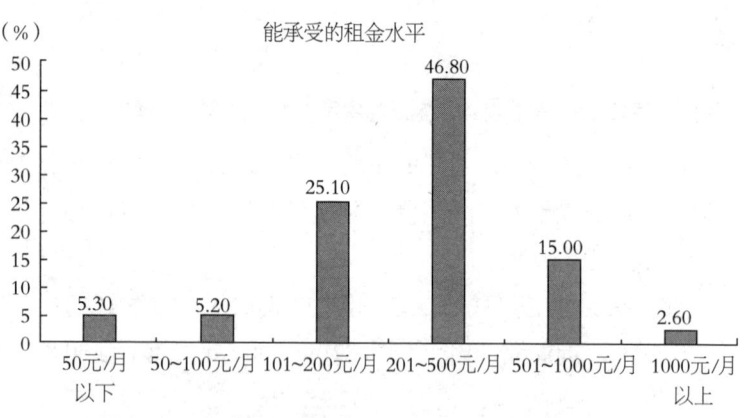

图 3-23　想在务工地租房的农民工能承受的租金水平

（五）想回家乡城镇定居的农民工多数希望能购买商品房，但能承受的房价水平也较低

对于想回家乡的城市（城镇）定居并成为市民的农民工，希望

实现这个愿望的时限平均为 4.96 年。有 34.2% 的人期望能购买商品房，31.6% 的人期望能购买经济适用房或两限房，5.8% 的人期望能申请廉租房或公共租赁房，26.8% 的人期望自己建房，1.6% 的人表示要自己租房（见图 3-24）。

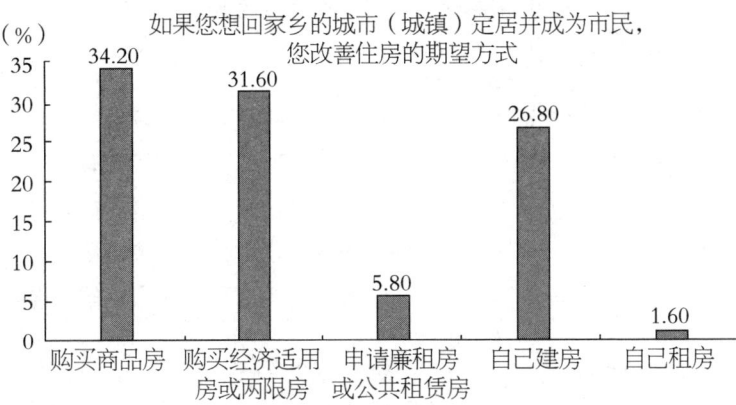

图 3-24　想回家乡城市（城镇）定居的农民工改善住房的期望方式

想在家乡的城市（城镇）购房的农民工，期望的住房面积平均为 128.56 平方米；能够承受的商品房单价平均为 1960.50 元，能够承受的商品房总价平均为 20.96 万元。不同年龄农民工的房价承受能力也有一定差异，新生代农民工承受能力较高（见表 3-9）。

表 3-9　不同年龄农民工在家乡城镇定居购房能承受的房价水平

年龄	能承受的商品房单价（元/平方米）	能承受的商品房总价（万元）
16~25 岁	1871	19.7
26~30 岁	1826	18.5
31~40 岁	1477	15.4
41~50 岁	1522	15.9
50 岁以上	1562	14.0

五、享受公共服务及业余文化生活情况

（一）子女在务工地和老家接受教育基本各占一半，对改善子女教育条件的期望较高

参与本次调查的农民工，39.2%在务工地公办学校接受教育，9%在务工地民办学校接受教育，51.8%在老家的学校接受教育。

对改善子女教育条件的期望较高。44.5%的人期望能提高老家学校的教学质量，41.6%的人期望能在务工地公办学校接受教育，21.9%的人期望能参加务工地的中考和高考，7.1%的人期望能在务工地民办学校接受教育（见图3-25）。

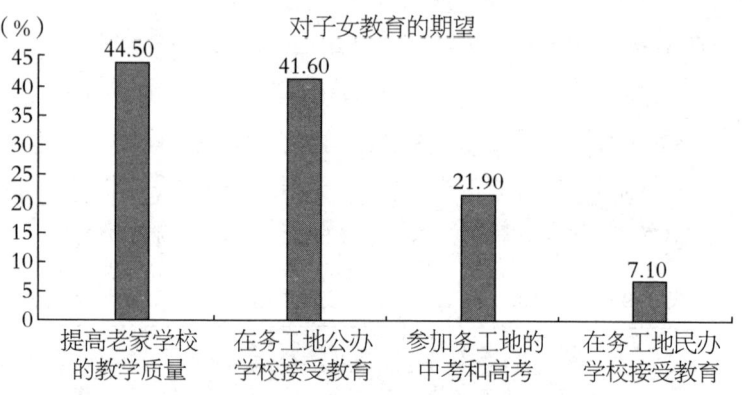

图3-25　农民工对子女教育的期望

16~25岁的农民工，其子女在务工地公办或民办学校接受教育的比例高于其他年龄组，期望子女在务工地公办学校接受教育的比例也明显高于其他年龄组。各年龄组都不太希望子女在务工地民办学校接受教育；31~50岁年龄组的农民工期望子女能在务工地参加中考和高考的比例高于其他年龄组（见表3-10）。

表 3-10　不同年龄农民工对子女教育的期望单位　　　（%）

年龄	在务工地公办学校接受教育	在务工地民办学校接受教育	参加务工地的中考和高考	提高老家学校的教学质量
16~25 岁	45.0	9.6	18.9	40.7
26~30 岁	46.3	6.6	17.9	45.5
31~40 岁	38.8	6.6	24.3	46.0
41~50 岁	34.5	6.6	30.3	40.7
50 岁以上	22.9	4.2	14.6	60.4

举家外出的农民工希望子女能在务工地公办、民办学校接受教育的比例高于未举家外出的农民工；对子女能在务工地参加中高考的比例明显高于未举家外出的农民工，达到 28.1%（见表 3-11）。

表 3-11　是否举家外出对农民工子女教育期望的影响　　（%）

举家外出情况	在务工地公办学校接受教育	在务工地民办学校接受教育	参加务工地的中考和高考	提高老家学校的教学质量
举家外出	46.9	8.5	28.1	34.1
没有举家外出	40.0	6.6	19.6	48.2

（二）农民工业余文化生活比较贫乏，期望能享受公共文化服务

参与本次调查的农民工，46.3% 的人平时有参加业余文化生活，另外 53.7% 的人平时没有参加业余文化生活。31.7% 的农民工务工所在企业有健身或文化娱乐设施，60.9% 没有相关设施。年龄越小的农民工，平时有参加业余文化生活的比例越高。

"看电视"是农民工最主要的业余文化生活,占73%。其余的业余文化生活依次为:上网(28.5%),在家里或宿舍休息(28.5%),聊天打发时间(20.1%),逛街(18.8%),看报纸杂志(15.2%),学习培训(13.3%),和工友一起打牌(12.2%),体育锻炼(7.2%),其他(5.7%),看电影(2.5%),见图3-26。

农民工和外界交流不多。业余时间去的地方主要为:家里或宿舍(59.9%),商场(45.2%),公园(31.1%),网吧(18%),图书馆(9.3%),电影院(5.3%),体育馆(4.4%),文化馆(2.3%)。

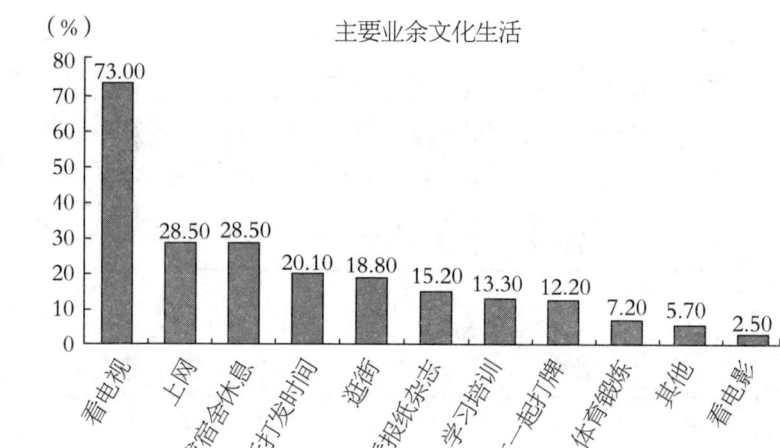

图3-26 农民工的业余文化生活

农民工期望能享受公共文化服务。最希望提供的文化服务依次是:免费的公园(39.2%),免费的文化站和图书馆(38.2%),免费上网(34.3%),组织农民工自己的文化体育活动(22.8%),免费的报纸杂志(20.6%),定期的文艺演出(17.9%),免费的体育场馆(16.7%),可供选择的免费电影票(13.8%),公共电视(13.6%),夜校(13.4%),开放社区公共设施(11.3%),见图

3-27。

16~25岁的农民工,有40.4%在业余时间去网吧,选择学习培训的比例也高于其他年龄组。因此,其最期望提供的文化服务是免费上网(40.4%),其余几个依次是:免费的文化站和图书馆(39.3%)、免费的公园(37.7%)、组织农民工自己的文化体育活动(19.0%)、免费的体育场馆(18.5%)、免费的报纸杂志(18.1%)、定期的文艺演出(18.0%)、夜校(17.1%)等。

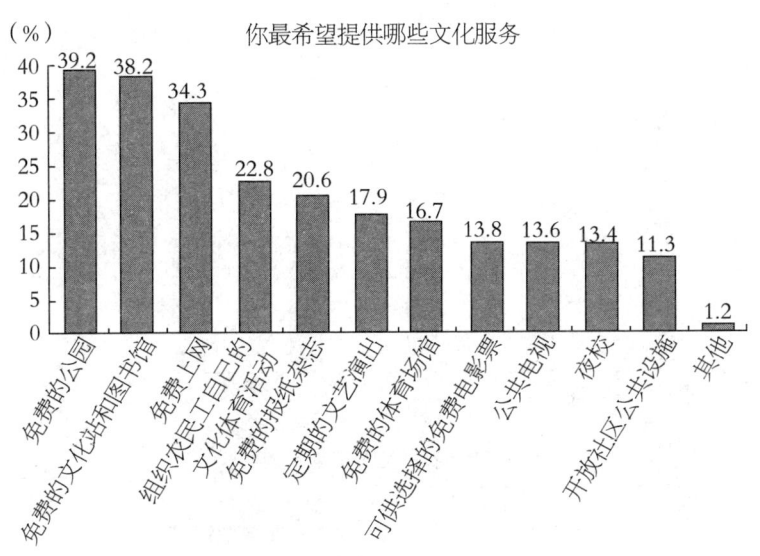

图 3-27 农民工希望的文化服务

六、土地情况及处置意愿

(一)老家承包地平均面积3.61亩,近一半委托代种或转租

参与本次调查的农民工,老家承包的土地平均面积为3.61亩。36.7%的人在老家没有承包土地,4.4%的人承包土地面积在1亩及

以下，23.9%的人有1（不含）~3亩，16.4%的人有3（不含）~5亩，14.3%的人有5（不含）~10亩，4.3%的人在10亩以上（见图3-28）。

新生代农民工没有承包地的比例较高。16~25岁的农民工中，有41.4%没有承包土地；26~30岁的农民工中，有35.4%没有承包土地（见表3-12）。

老家承包地由自家种的占51.6%，委托亲友代种的占12.7%，转租给别人种的占8%，其他情况占27.7%。转租给别人种的，每亩每年的租金平均约为336.74元。

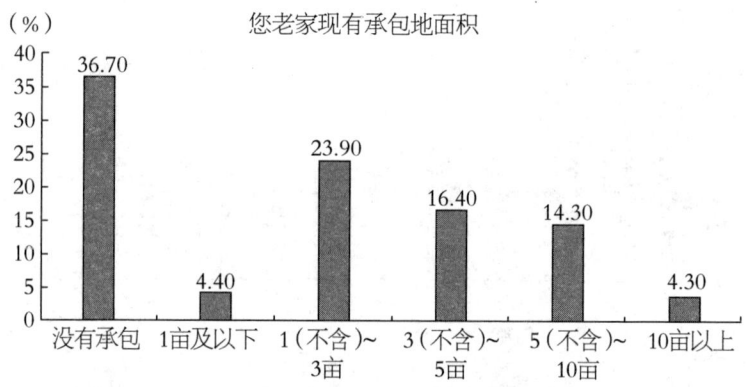

图3-28 农民工老家承包地面积

表3-12 不同年龄农民工家庭承包地情况

年龄	没有承包地的比例（%）	家庭承包地分组中值（亩）
16~25岁	41.4	1.99
26~30岁	35.4	2.04
31~40岁	31.3	2.45
41~50岁	32.1	2.07
50岁以上	43.8	1.29

参与调查的农民工,仅 7.8% 的农民工能从老家村集体资产里获得收入,年均收入 554.32 元。

(二)老家宅基地面积平均 0.77 亩,住宅建筑面积平均 131.67 平方米

参与本次调查的农民工,老家宅基地面积平均 0.77 亩。34.8% 的人在老家没有宅基地,6.7% 的人宅基地面积为 0.01~0.20 亩,24.3% 的人为 0.21~0.50 亩,19% 的人为 0.51~1.00 亩,8.6% 的人为 1.01~2.00 亩,6.7% 的人在 2 亩以上(见图 3-29)。

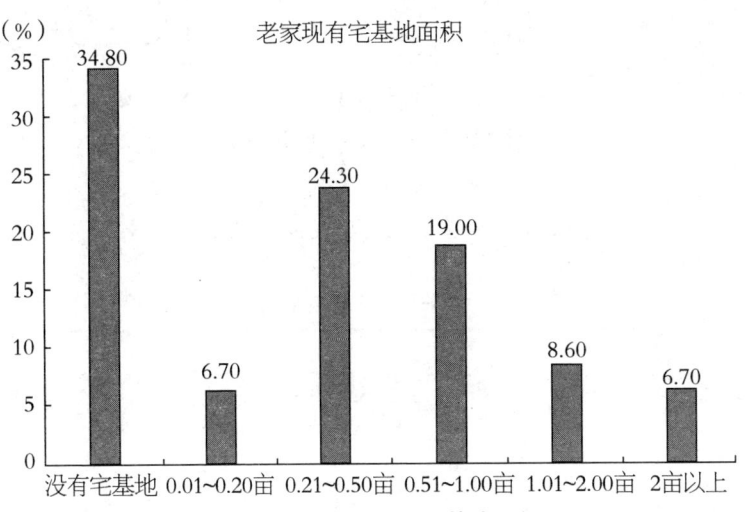

图 3-29 农民工老家宅基地面积

老家住宅建筑面积平均 131.67 平方米,住宅大多是 1991 年后盖的,平均价值 7.67 万元。11.5% 在老家没有住宅,4.4% 的人老家住宅建筑面积在 50 平方米以下,35.7% 的人为 50~100 平方米,21.4% 的人为 100(不含)~150 平方米,15% 的人为 150(不含)~200 平方米,12% 的人在 200 平方米以上(见图 3-30)。

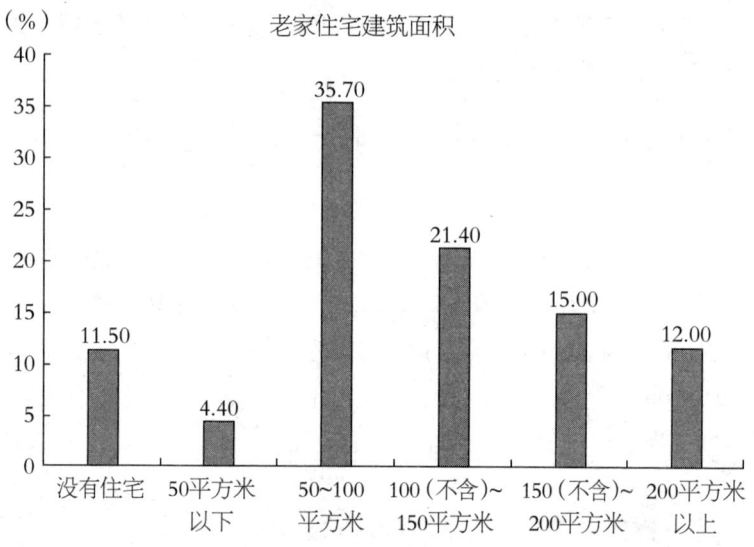

图 3-30 农民工老家住宅建筑面积

新生代农民工没有宅基地的比例较高。16~25 岁有 36.4% 没有宅基地，26~30 岁有 33% 没有宅基地（见表 3-13）。

表 3-13 不同年龄农民工家庭宅基地及住宅情况

年龄	没有宅基地的比例（%）	宅基地面积（中值，亩）	住宅面积分组（中值，平方米）	住宅价值（中值，万元）
16~25 岁	36.4	0.31	111.9	6.01
26~30 岁	33.0	0.34	109.2	5.12
31~40 岁	33.2	0.31	100.3	4.86
41~50 岁	33.8	0.30	98.9	3.72
50 岁以上	50.0	0.10	80.0	2.36

（三）约73%的农民工希望进城定居后能保留承包地，各年龄组农民工保留承包地意愿都很强烈

参与本次调查的农民工，有46%的人希望能"保留承包地，自家耕种"，27.2%的人希望能"保留承包地，有偿流转"，10.4%的人希望能以"入股分红"的方式处置，2.6%的人表示可以"给城镇户口，无偿放弃"，6.6%的人表示可以"给城镇户口，有偿放弃"，另外7.3%的人希望有其他方式处置（见图1-11）。

无论哪个年龄组的农民工，如进城定居，多数还是希望保留承包地，极少愿意放弃承包地。16~25岁希望保留承包地的比重达到80.2%，26~30岁希望保留承包地的比重达到76.1%，见表3-14。

表3-14 不同年龄农民工对承包地的处置意愿　　　　（%）

年龄	保留承包地，自家耕种	保留承包地，有偿流转	入股分红	给城镇户口，无偿放弃	给城镇户口，有偿放弃
16~25岁	50.9	29.3	9.4	2.2	8.2
26~30岁	45.1	31.0	14.2	2.7	7.1
31~40岁	52.8	27.2	11.3	3.1	5.5
41~50岁	49.7	29.1	10.3	4.1	6.8
50岁以上	48.2	33.9	5.4	7.1	5.4

（四）66.7%的农民工希望能保留宅基地，新生代农民工选择有偿转让或置换城里住房的比例相对较高

参与本次调查的农民工，有66.7%的人希望能"保留农村的宅基地和房产，备将来用"，12.3%的人希望能"有偿转让"，4.7%的人表示可以"给城镇户口，有偿放弃"，11.4%的人希望能"置换城里的住房"，另外4.8%的人希望有其他方式处置（见图1-12）。

各年龄组农民工，如进城定居，希望"保留农村的宅基地和房产，备将来用"所占比例较大，区间为68%~76%。16~25岁为69.4%，26~30岁为68.8%。同时，新生代农民工选择有偿转让或置换城里住房的比例相对较高（见表3-15）。

表3-15　不同年龄农民工对宅基地和房产的处置意愿　　（%）

年龄	保留农村的宅基地和房产，备将来用	有偿转让	给城镇户口，有偿放弃	置换城里的住房
16~25岁	69.4	13.4	5.0	12.2
26~30岁	68.8	15.1	5.4	10.7
31~40岁	71.0	10.6	5.0	13.4
41~50岁	75.5	9.1	3.0	12.5
50岁以上	75.5	13.2	3.8	7.5

（五）西部地区农民工保留承包地的意愿较低，高收入农民工希望土地有偿流转比例较高

相对来说，西部地区的农民工保留承包地的意愿低于东部、中部地区的农民工；希望农村宅基地和房产"置换城里的住房"的比例则明显高于东部和中部地区（见表3-16、表3-17）。

表3-16　不同地区农民工对承包地的处置意愿　　（%）

地区	保留承包地，自家耕种	保留承包地，有偿流转	入股分红	给城镇户口，无偿放弃	给城镇户口，有偿放弃
东部地区	52.9	30.9	8.1	2.6	5.6
中部地区	51.1	27.1	12.4	3.0	6.4
西部地区	37.9	30.4	15.7	2.7	13.4

表 3-17 不同地区农民工对宅基地和房产的处置意愿　　（%）

地区	保留农村的宅基地和房产,备将来用	有偿转让	给城镇户口,有偿放弃	置换城里的住房
东部地区	74.8	10.0	4.8	10.4
中部地区	68.4	16.6	4.5	10.5
西部地区	62.2	11.8	6.6	19.5

工资收入水平越高的农民工希望承包地、宅基地和房产并有偿流转或转让的比例越高,见表 3-18、表 3-19。

表 3-18 不同收入水平农民工对承包地的处置意愿　　（%）

月工资收入水平	保留承包地,自家耕种	保留承包地,有偿流转	入股分红	给城镇户口,无偿放弃	给城镇户口,有偿放弃
500 元以下	65.0	15.0	15.0	0.0	5.0
500~1000 元	57.3	23.5	8.3	3.4	7.4
1000（不含）~2000 元	49.7	30.2	10.3	3.1	6.7
2000（不含）~5000 元	44.2	30.6	14.8	2.2	8.2

注：由于月工资收入 5000 元以上的有效样本太小,故不予考虑。

表 3-19 不同收入水平农民工对宅基地和房产的处置意愿　　（%）

月工资收入水平	保留农村的宅基地和房产,备将来用	有偿转让	给城镇户口,有偿放弃	置换城里的住房
500 元以下	93.8	0.0	6.3	0.0
500~1000 元	72.4	10.9	5.3	11.5
1000（不含）~2000 元	70.8	12.7	5.5	11.1
2000（不含）~5000 元	65.8	15.4	3.9	15.0
5000 元以上	50.0	25.0	6.3	18.8

七、市民化意愿

（一）农民工对务工地总体满意，最不满意的方面是收入水平低

参与本次调查的农民工，对打工所在地总体满意。表示很不满意的占 6.5%，表示不太满意的占 19.5%，表示无所谓的占 13.3%，表示基本满意的占 52.6%，表示很满意的占 8.1%，见表 3-20。

16~25 岁农民工对打工地很不满意或不太满意的比重达到 28.5%，高于其他年龄组；而对打工地基本满意或很满意的比重只有 58%，低于其他年龄组。

表 3-20　不同年龄农民工对务工地满意情况　（%）

年龄	很不满意	不太满意	无所谓	基本满意	很满意
16~25 岁	7.4	21.1	13.5	50.6	7.4
26~30 岁	4.5	19.7	13.2	53.9	8.7
31~40 岁	6.6	17.5	12.5	55.4	8.0
41~50 岁	7.6	17.5	13.9	52.5	8.6
50 岁以上	5.2	14.4	15.5	54.6	10.3

农民工最不满意的方面是收入水平，选择比例达 59.7%。其余依次是：居住状况（30.3%），社会保险（28.4%），医疗条件（22.3%），工作环境（19.3%），子女教育（15.1%），权益保障（14.6%），职业技能培训（12%），城市歧视（11.8%），见图 3-31。

41~50岁的农民工对社会保险不满意的比例高于对居住状况的不满意程度;新生代农民工最不满意的方面,也主要集中在收入水平、居住状况、社会保险等方面。同时,16~25岁的农民工在工作环境、职业技能培训、城市歧视方面的不满意程度要高于其他年龄组。

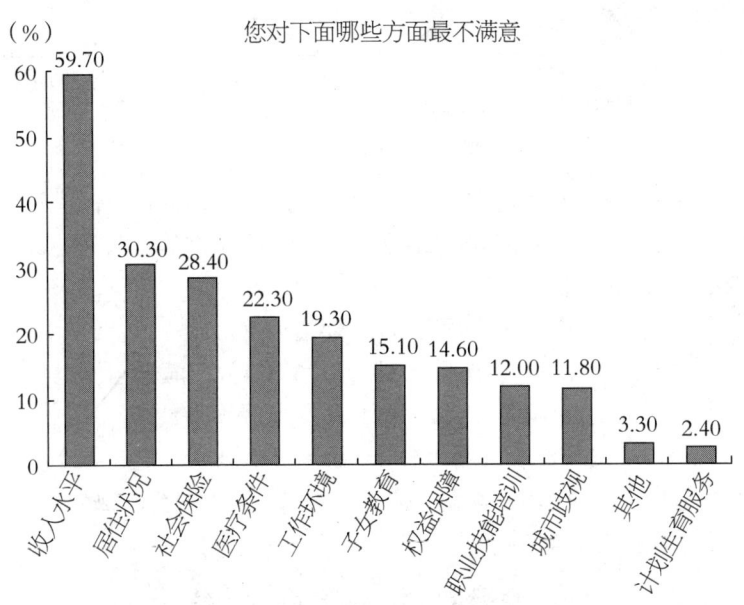

图3-31 农民工对务工地最不满意的方面

(二)大部分人想在城市定居,不同年龄农民工的城市户口吸引因素不同

对于"假如不提供城镇户口,你愿意留在城里吗?"这一问题28.2%的人表示"愿意,无论如何都要留在城里",20.5%的人表示"不愿意,干些年再回去",27.7%的人表示"无所谓,可以两边跑",23.6%的人表示"我相信这种情况会改变的",见图3-32。

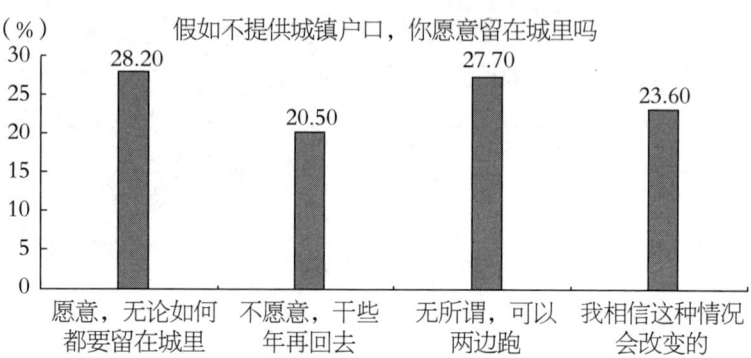

图 3-32 农民工留在城里的意愿

其中,举家外出的农民工对于"假如不提供城镇户口,是否愿意留在城里?",选择"不愿意,干些年再回去"的比例明显高于未举家外出的农民工。

城镇户口最吸引农民工的主要内容依次是:子女教育条件好(37.4%),社会保险水平高(36.6%),城市生活条件好(30.7%),就业稳定(29.2%),有低保/下岗扶持等措施(24.6%),城市比农村福利水平高很多(18.5%),能购买政府保障性住房或政府提供的廉租房(16.9%),身份平等(7.2%),子女高考容易(6.1%),见图3-33。

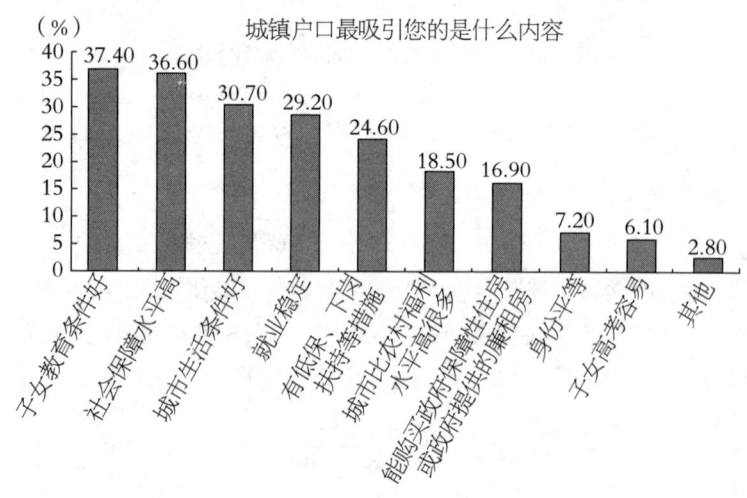

图 3-33 城镇户口对农民工的吸引力

16~25 岁和 40 岁上以的农民工，把社会保险水平高作为城镇户口最吸引他们的因素，而 26~40 岁的农民工则把子女教育条件好作为最重要的吸引因素，见表 3-21。

表 3-21　不同年龄农民工的城市户口吸引因素　　（%）

年龄	社会保险水平高	有低保、下岗扶持等措施	就业稳定	城市生活条件好	能购买政府保障性住房或政府提供的廉租房	子女教育条件好	子女高考容易	身份平等	城市比农村福利水平高很多
16~25 岁	36.9	23.9	33.5	35.0	17.4	29.7	3.9	7.7	19.8
26~30 岁	35.4	24.6	27.6	28.8	15.6	44.6	7.6	5.8	18.1
31~40 岁	35.9	27.2	25.4	27.4	15.5	45.3	7.6	7.2	19.2
41~50 岁	42.5	25.0	30.5	29.3	24.3	39.5	9.3	8.9	15.0
50 岁以上	54.4	21.5	25.3	27.8	20.3	22.8	5.1	15.2	16.5

（三）近 3 成农民工希望在务工地定居，新生代农民工更不愿意回农村

关于定居的城市，27.8% 的农民工选择"在哪里打工就待在哪里"，16.4% 的人希望定居在"县城或小城镇"，14.7% 的人希望定居在"直辖市"，9% 的人希望定居在"省会或副省级城市"，8.8% 的人希望定居在"农村"，8.4% 的人希望定居在"县级市"，7.9% 的人表示"只要是城市，哪里都行"，6.9% 的人希望定居在"地级市"，见图 3-34。

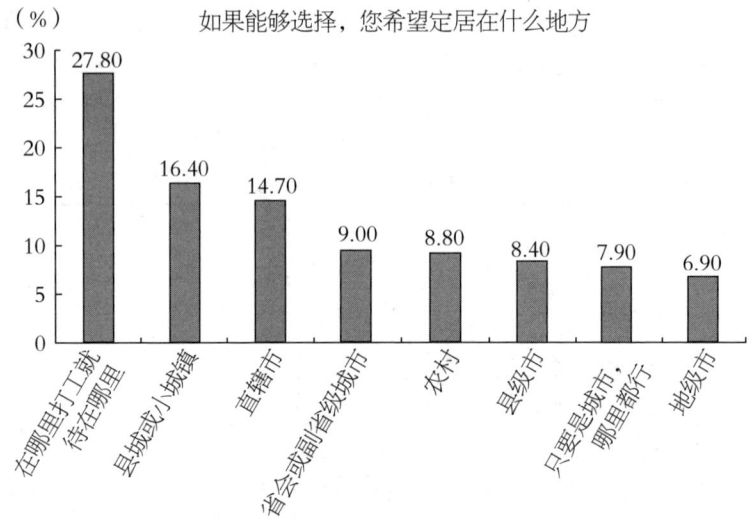

图 3-34 农民工定居地意愿

16~25 岁农民工选择地级以上城市的比重为 36.5%，高于其他年龄组，而选择回农村的只占 6.4%，低于其他年龄组，见表 3-22。

表 3-22 不同年龄农民工定居地意愿 （%）

年龄	直辖市	省会或副省级城市	地级市	县级市	县城或小城镇	农村	只要是城市，哪里都行	在哪里打工就待在那里
16~25 岁	16.8	11.1	8.6	8.2	17.0	6.4	7.0	24.8
26~30 岁	14.5	7.4	7.0	9.0	15.4	9.6	7.5	29.5
31~40 岁	11.7	6.8	5.3	8.8	17.6	10.2	9.0	30.7
41~50 岁	12.5	9.8	3.5	7.2	14.6	11.4	10.6	30.3
50 岁以上	17.6	8.8	1.5	2.9	8.8	23.5	10.3	26.5

（四）农民工最希望提高工资水平，不同农民工的具体意愿有所差异

农民工最希望政府做的事情，首先是提高最低工资水平（65.9%）。其次还有：改善社会保险（37.7%），提供保障住房或廉租房（29.7%），改善医疗条件（25.4%），改善工作和生活环境（24.2%），加强权益保障（22.8%），改善子女教育条件（18.5%），提高职业技能（12%），其他（1.9%），见图3-35。

相比较而言，26~30岁的农民工对改善子女教育条件的期望更强烈；30岁以上的农民工对"改善医疗条件"的关注比"提供保障住房或廉租房"更高一些；而16~25岁的农民工对改善工作和生活环境、提高职业技能、加强权益保障的期望更强烈，但由于闲暇时间较少、下班时间较晚、学习培训机构距离较远等因素，导致他们能够便捷、安全、有效接受专业学习培训的渠道严重匮乏（见表3-23）。

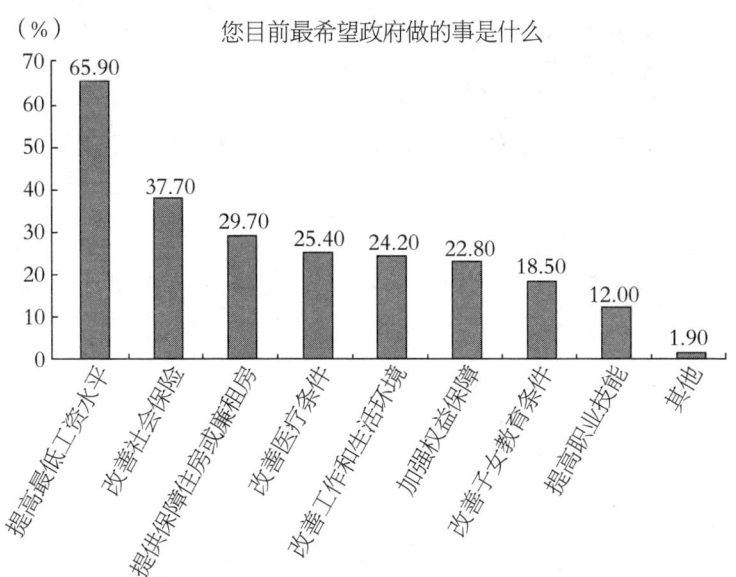

图3-35 农民工最希望政府做的事情

表 3-23　不同年龄农民工最希望政府做的事　　　　　　（%）

年龄	改善社会保险	提供保障住房或廉租房	提高最低工资水平	改善医疗条件	改善工作和生活环境	改善子女教育条件	提高职业技能	加强权益保障
16~25 岁	34.9	30.4	68.0	21.6	27.7	11.0	15.3	24.9
26~30 岁	37.2	31.7	65.5	26.8	22.3	26.0	9.5	20.7
31~40 岁	40.8	26.4	65.3	27.6	21.5	25.5	9.7	23.8
41~50 岁	43.3	29.8	63.6	30.4	24.5	15.4	11.5	21.7
50 岁以上	58.1	36.0	68.6	48.8	14.0	5.8	9.3	8.1

出省务工的农民工期望政府"改善子女教育条件"和"加强权益保障"的比例高于未出省务工的农民工，见表 3-24。

举家外出的农民工希望政府"提供保障住房或廉租房"的比例明显高于未举家外出的农民工，见表 3-25。

表 3-24　未出省和出省农民工最希望政府做的事情　　　　（%）

是否出省	改善社会保险	提供保障住房或廉租房	提高最低工资水平	改善医疗条件	改善工作和生活环境	改善子女教育条件	提高职业技能	加强权益保障
未出省	39.3	28.5	67.2	25.6	25.4	17.7	12.2	22.4
出省	33.9	32.6	63.7	25.5	21.8	21.1	12.2	25.0

表 3-25 举家外出和未举家外出农民工最希望政府做的事情 （%）

是否举家外出	改善社会保险	提供保障住房或廉租房	提高最低工资水平	改善医疗条件	改善工作和生活环境	子女教育条件	提高职业技能	加强权益保障
举家外出	40.2	37.3	64.2	23.9	20.2	20.5	8.7	22.6
未举家外出	37.3	27.4	67.3	25.9	25.7	18.0	12.8	23.3

八、社会参与

（一）67.2%的农民工没有回老家参加村委会选举，67.5%的人认为应该参与所在社区的选举

参与本次调查的农民工，政治面貌情况是：共产党员占 5.3%，共青团员占 29.6%，群众占 60.3%。党团员中，44.3%的人从不参加打工企业或者所在居住社区的党团组织活动，经常参加的占 18.5%，偶尔参加的占 37.2%，见图 3-36。

67.2%的农民工没有回老家参加村委会选举，32.8%的人回老家参加村委会选举。67.5%的人认为应该参与所在居住社区的选举活动，5.8%的人认为不应该参与，26.7%的人表示无所谓。54.7%想参加所在单位或所居住社区的管理活动，10.2%的人表示不想参加，35.1%的人表示无所谓。参加的主要目的依次是：维护自身利益（36.1%），维护农民工群体利益（32.2%），出于社会责任感（14.6%），见图 3-37。

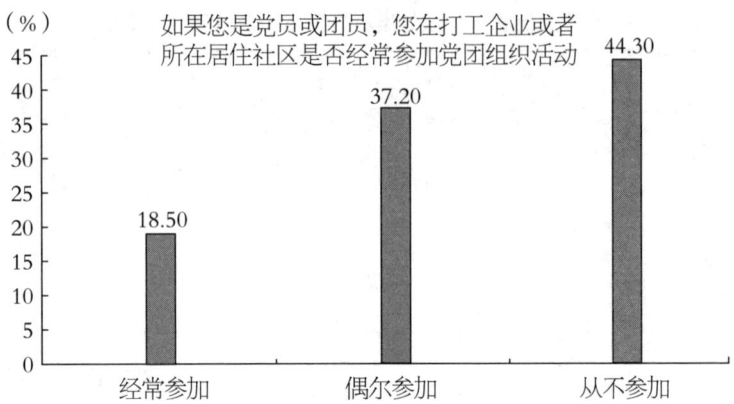

图 3-36 农民工党团员参加所在企业或社区组织生活情况

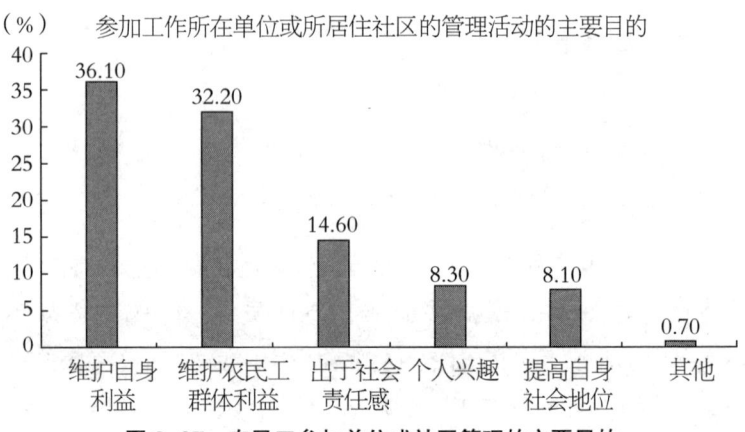

图 3-37 农民工参加单位或社区管理的主要目的

（二）73.5% 的农民工没有加入工会，73% 的人想加入属于农民工自己的合法组织

参与本次调查的农民工，有 73.5% 的农民工没有加入工会。原因主要有两个方面：44.1% 的农民工所在的企业或单位没有工会组织；12.4% 的农民工认为工会"不能代表农民工的利益"，29.9% 的农民工认为工会"没什么实际用处"，见图 3-38。

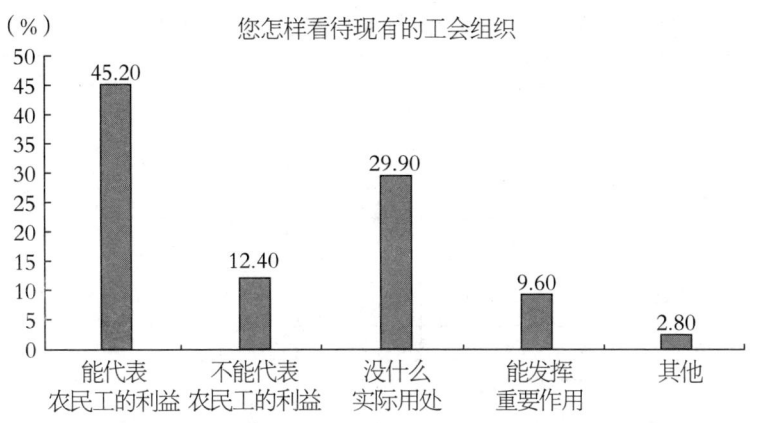

图 3-38 农民工对工会的看法

73%的农民工表示想加入属于农民工自己的合法组织,8%的人表示不想加入,另外19%的人持无所谓的态度,见图3-39。

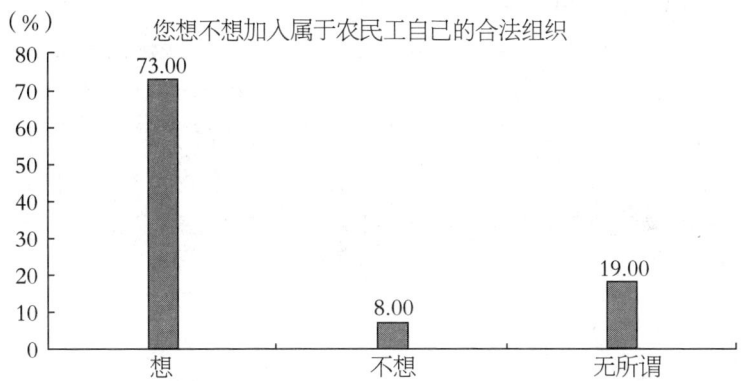

图 3-39 农民工想加入自身合法组织情况

年龄越大的农民工加入工会的比例越大,想加入属于农民工自己合法组织的比例也越大。新生代农民工中,16~25岁的有80.10%没有加入工会,有68.90%想加入属于农民工自己的合法组织;26~30岁的有71.90%没有加入工会,有73.80%想加人属于农民工自己的合法组织,见表3-26。

表 3-26　不同年龄农民工对加入工会及自身合法组织的意愿　（%）

年龄	没有加入工会	想加入属于农民工自己的合法组织
16~25 岁	80.1	68.9
26~30 岁	71.9	73.8
31~40 岁	66.9	76.7
41~50 岁	64.8	78.5
50 岁以上	65.9	78.7

（三）农民工群体参与意识较强，维权手段比较理性

本次调查还发现，农民工很少向政府部门求助。当权益受侵犯时，82.4% 的农民工没有向相关部门反映；工作中遇到困难时，83.7% 的农民工没有向信访部门反映。

农民工群体参与意识较强。对于"其他农民工因权益被侵犯邀请您去有关部门上访"的态度，46.4% 的人表示会"积极参加"，29.8% 的人会"表示同情，但不会参加"，6.3% 的人表示会"劝阻他们别去"，17.4% 的人表示"无所谓"（见图 3-40）。越年轻的农民工表示"积极参加"的比例越大。

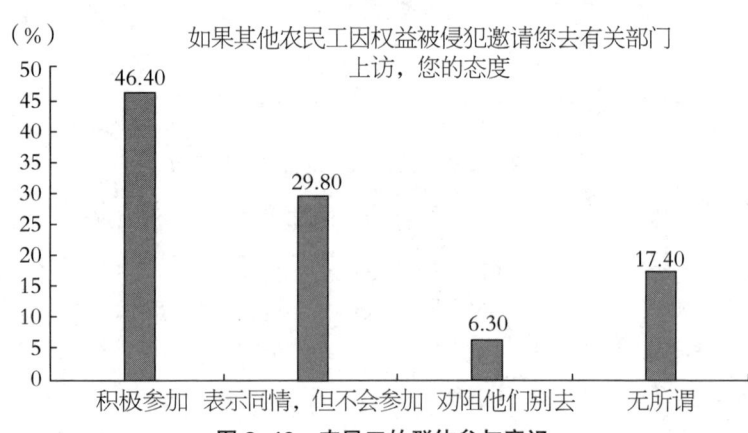

图 3-40　农民工的群体参与意识

大部分农民工反对用极端方式维权。对于"当农民工权益受到严重侵害时,您是否赞同用自杀(如跳楼)等极端方式,捍卫自己的权益?"这个问题,3.2%的人表示非常赞同,2.9%的人表示赞同,36.7%的人表示不赞同,57.2%的人表示很不赞同(见图3-41)。年龄越小的农民工表示"很不赞同"的比例越大,说明年轻的农民工更加反对使用极端方式捍卫自己的权益。

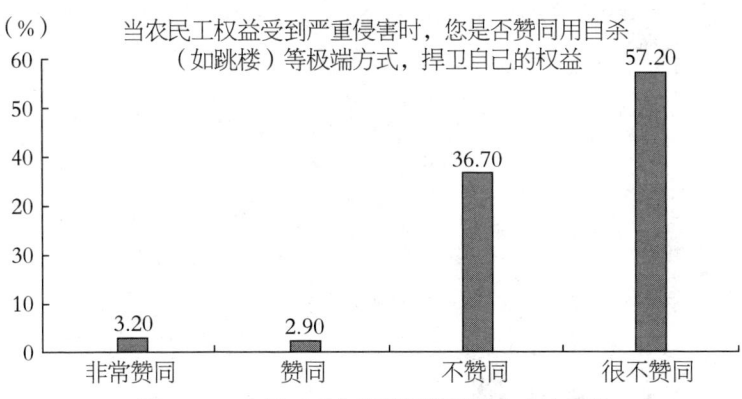

图3-41 农民工对自杀等极端维权方式的态度

农民工对罢工的态度比较分化。对于"当农民工权益受到严重侵害时,您是否赞同用罢工等方式,捍卫自己的权益?"这个问题,16.1%的人表示非常赞同,30.5%的人表示赞同,36.8%的人表示不赞同,16.7%的人表示很不赞同(见图3-42)。

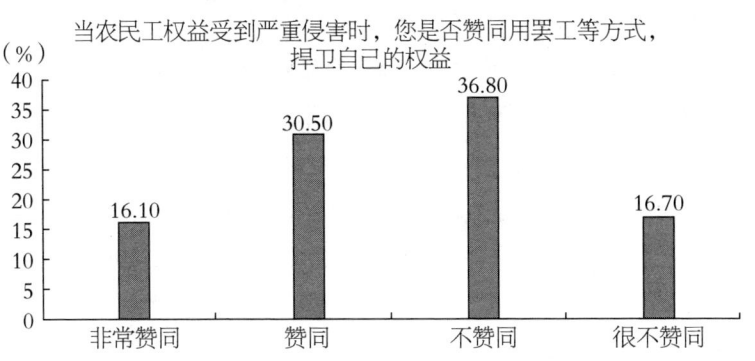

图3-42 农民工对罢工的态度

大部分农民工希望理性维权。对于其权益受到所在企业侵犯时,想采取的解决办法依次是:打官司(26.9%)、联合其他农民工一起反映(24.6%)、上访(14.5%)、找报纸电视媒体曝光(12.6%)、找亲友同乡帮助(8.5%)、默默忍受(6%)、其他方式(3.7%)、罢工(3.2%)。越年轻的农民工采取"打官司"的比例越高,说明越年轻的农民工法律保护意识越强;50岁以上的农民工采取"默默忍受"的比例明显高于其他年龄组的农民工(见图3-43)。

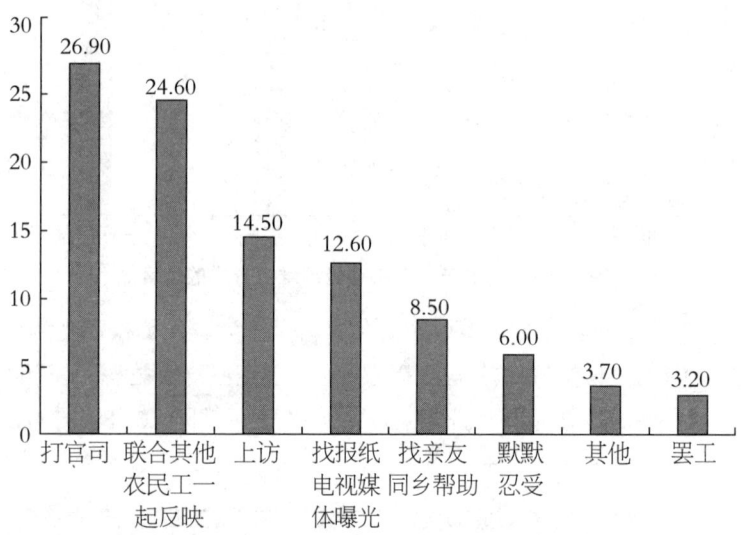

图3-43 农民工权益受到企业侵犯时会采取的措施

农民工拟维护自己合法权益的途径依次为:一切用法律来解决问题(47.6%)、政府用制度来维护自己的利益(35.6%)、通过工会组织代为解决(9.9%)、由人大代表或政协委员代为解决(3%)、参加城市的社会管理(2.3%)、其他(1.7%),见图3-44。

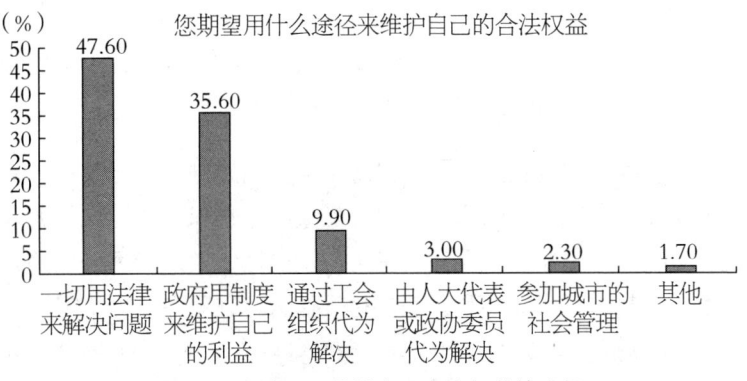

图 3-44 农民工维护自己合法权益的途径

九、政策建议

（一）以建立工资合理增长机制和劳动权益保护机制为重点，保障农民工工资和劳动生产率同步增长

一是树立和宣传农民工工资增长有利于扩大内需和转变经济发展方式的科学理念。调查表明，面对农民工工资的合理增长，企业会在劳动和资本之间做出理性选择，农民工工资合理增长对企业效益和产品价格的影响不大，却有利于提高居民收入水平，改善收入分配结构，扩大内需；也有利于农民工增加人力资本投入，提高自身素质，提升我国制造业的竞争优势。二是建立最低工资标准合理增长机制。农民工工资主要由基本工资和加班费构成，而基本工资和当地政府的最低工资标准接近。应尽快出台工资管理相关政策，明确最低工资实际增速不低于劳动生产率实际增速，稳定农民工收入增长预期。加强对地方制定、调整和执行最低工资标准的指导监督，制定相关岗位劳动定额的行业参考标准。三是把加班费及时足额发放作为劳动监察的重点，强化劳动保障监察执法，保障农民工的超时工作收益。切实发挥各级工会在劳动合同、劳动工资方面的监督检查作用。

（二）以扩大覆盖面和增强流转性为重点，按照《社会保险法》的要求健全农民工社会保障体系

一是尽快实现农民工工伤保险全覆盖，强制高危行业用人单位为农民工办理工伤保险，按时足额缴纳工伤保险费。二是健全农民工医疗保险制度，允许农民工自主选择城镇职工医疗保险、城镇居民基本医疗保险和新型农村合作医疗，允许农民工家属和子女参加城镇居民基本医疗保险，做好各项基本医疗保险制度之间衔接工作，推广"跨区直补"等方式，尽快建立异地就医费用结算制度。三是完善农民工养老保险管理办法，将稳定就业的农民工直接纳入城镇职工或居民基本养老保险，尽快实现基本养老保险的全国统筹。四是简化农民工续保手续，农民工返乡后凭参保缴费证明即可续保，其他手续均由社保经办机构或公共就业服务机构办理。

（三）以保障身心健康为重点，改善农民工工作生活及卫生医疗条件

一是以居住地为主，做好农民工疾病防控、适龄儿童免疫和计划生育等各项卫生服务工作，切实保障农民工依法享有与本地人口同等的公共卫生服务。依托社区卫生服务机构，加强农民工健康教育和农民工聚居地的疾病监控，提高农民工疾病预防水平和自我保健意识。二是强化高危行业企业职业病防治责任，健全设施和管理，建立高危行业农民工职业健康体检制度和农民工职业病追溯制度，将高危行业的农民工体检纳入公共卫生体系。三是依托社区公共服务和文化设施，丰富农民工的文化生活，保障农民工平等使用图书馆、文化馆、文化站等公益性文化设施，加强农民工用工单位自身文化设施建设。

（四）以融合教育为重点，切实解决好农民工子女教育问题

一是在继续贯彻落实"两为主"方针的基础上，大力推进实施"两个全部纳入"政策：将包含农民工子女在内的常住人口全部纳入区域教育发展规划；将农民工子女义务教育发展经费全部纳入财政保障范畴。在大力推动公办学校教育资源均等化的同时，通过加强管理、增加投入等措施适度发展民办教育，作为必要的补充。鼓励和支持流入地政府根据本地实际情况，在农民工子女非义务教育上进行探索。二是推广武汉等地的做法，通过统一管理、统一编班、统一教学、统一安排活动等措施，切实保证农民工子女接受平等教育，让农民工子女融入学校。三是适应农民工的需求，按照城乡统筹和公共教育均等化的要求，切实提高农村中小学的教育质量，提高留守儿童的教育水平。四是建立全国联网的中小学学籍管理信息网络，在省际间、市际间根据农民工子女流入流出情况合理调配招生指标，创造条件允许农民工子女在务工地参加高考和中考。

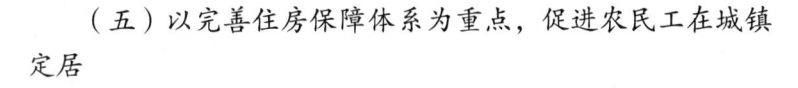

（五）以完善住房保障体系为重点，促进农民工在城镇定居

一是将在城市稳定就业一定年限、有一定经济能力的农民工，纳入住房保障体系，比照城市居民收入标准，提供廉租房、公租房、限价商品房。二是鼓励建设适合农民工租赁的社会化公寓，在农民工集中的开发区和工业园区、城中村、城乡接合部等地方建设相对集中的农民工公寓，允许各地探索由集体经济组织利用农村建设用地建立农民工公寓，多管齐下建立适合农民工特点的住房供应体系。三是逐步完善"住房公积金制度、住房补贴制度、财税支持制度、金融服务制度、土地供应制度、规划保障制度"相互补充的

农民工住房政策体系。四是确保农民工在户籍地能享受各项住房保障政策，鼓励有意愿的农民工回家乡城镇定居。

（六）以改进培训方式和发展职业教育为重点，不断提高农民工素质

一是鼓励用人单位、劳务中介和培训机构建立战略联盟，组织开展订单培训、定向培训、岗前培训等农民工喜欢的培训方式，形成培训输出、管理一条龙的就业服务模式。二是鼓励有条件的地区探索推行"培训券"，完善培训补贴管理方式，让农民工自主选择需要培训的实用技能和职业学校，提高培训效果。三是加快发展农村职业教育，通过"9+1"等形式使义务教育和职业教育有效衔接，提高新生代农民工的就业能力。四是在农民工中推行国家职业资格证书制度，鼓励农民工经过考核鉴定，获得职业能力证书或职业资格证书。

执笔人：韩　俊　金三林　何宇鹏　王　宾

第四章　农民工市民化与统筹城乡发展的关系

一、农民工市民化的背景和阶段特征

（一）农民工的概念与基本情况

农民工是中国工业化、城镇化和农村经济结构调整进程中一个跨越城乡的特殊社会群体。所谓的农民工是指在非农产业就业的同时还保留着农民身份的职工。农民工既包括一部分进城务工的农民，也包括在乡镇企业就业的农村劳动力。

2009年，全国农民工总量为22978万人，其中外出农民工14533万人，在本乡镇就业的农民工8445万人。❶ 外出农民工占城镇人口的23.4%，为我国46.6%的城镇化率贡献了10.9个百分点，详见表4-1。中国的农民工群体是在改革开放后，在工业化、城镇化的不断推进过程中逐步产生并快速发展起来的，促进农民工市民化已成为当前推进城市化发展的重要内容，也是城乡统筹发展的突破口。

---

❶ 国家统计局，《2009年农民工监测调查报告》（http://www.stats.gov.cn），2010年3月19日。

表 4-1 农民工数量 （万人，%）

	2009 年	2008 年	增减	增长率
农民工总量	22978	22542	436	1.9
1. 外出农民工	14533	14041	492	3.5
（1）住户中外出农民工	11567	11182	385	3.4
（2）举家外出农民工	2966	2859	107	3.7
2. 本地农民工	8445	8501	-56	-0.7

（二）不同阶段农民工的特征

20世纪50年代后期至改革开放初期，我国实行严格的城乡二元经济和社会管理制度，城乡分割的户籍制度、就业制度、人民公社体制下的统购统销政策等，严重阻碍了农村劳动力向城市和非农产业的转移。改革开放后，随着经济发展和农民工就业政策的变化，对农民工进城就业经历了被动地接受、逐步放宽和有序推动的历程，其发展和变化主要有以下三个阶段。

一是20世纪80年代初期，改革开放以后，随着农村家庭联产承包责任制的推行，农村经济得到了快速发展，农产品与农村劳动力出现了剩余。在这样的背景下，中国乡镇企业异军突起，大量的农村剩余劳动力开始脱离农地进入乡镇企业就业，开创了"离土不离乡、进厂不进城"的农村剩余劳动力的转移模式。在这一阶段，国家也相应地微调了原先的限制政策，逐步放松了户籍制度、就业制度等对城乡人口流动的限制，农村剩余劳动力逐步开始了非农转移。农民工规模从20世纪80年代初期的200万人左右迅速增加到1989年的3000万人左右。

二是20世纪90年代后，中国经济进入了新一轮快速增长期，政府对劳动力的政策也进一步松动，农村剩余劳动力开始加速向非农转移，而且规模逐年递增，从而形成了浩浩荡荡的"民工潮"。

但在20世纪90年代中期后,由于乡镇企业发展速度减慢,对农村剩余劳动力的吸纳逐年减少,农村劳动力的转移就主要是以"离土又离乡"的模式异地转移。农民工以跨地区流动为主,城市成为农民工就业的主要地域。农民工总规模增加到21世纪初期的1亿人左右,而且农民工流动范围扩大,跨省流动比重大幅度上升。

三是进入21世纪后,为了统筹城乡发展以及增加农民收入,国家开始积极引导农村剩余劳动力有序向城市转移。2002年提出了对农民进城就业实行"公平对待,合理引导,完善管理,搞好服务"的方针,清理和取消了针对农民进城就业的歧视性规定和不合理收费。随着农民工规模的不断扩大,农民工问题成为社会关注的一个焦点。党的十六大以来,对农民工的政策又有重大突破,2006年国务院颁布了《关于解决农民工问题的若干意见》,解决农民工问题成为各级政府的一项重要工作,也成为推进城乡统筹发展的重要内容。2010年中央一号文件《关于加大统筹城乡发展力度,进一步夯实农业农村发展基础的若干意见》明确要求,采取有针对性的措施,着力解决新生代农民工问题。在这样的背景下,农民工外出务工又进入了一个新的发展阶段。2002—2006年,农民工年均增加678万人,年均增长6%。2009年,全国农民工总量为22978万人,其中外出农民工14533万人。目前,尽管农村劳动力仍处于总体过剩阶段,但供求关系正从长期"供过于求"转向"总量过剩,结构短缺"并存阶段。有一技之长的农民工供给不足,沿海一些地区、特定时期甚至出现了"民工荒"。随着中国工业化、城市化的加速发展,工业化、城市化将对农民工产生巨大的需求,拉动农村剩余劳动力向工业和城市转移,意味着进城农民工的规模将继续扩大。

经过几十年的发展历程,农民工已经跨越了两代人,改革开放下成长起来的"'80后'新生代农民工"群体正逐步成为农村外出务工农民工主体,这一群体已经占外出农民工的六成以上,平均年龄23岁左右，近80%的人未婚。❶他们大多数都受到比传统农民工更好一些的教育和职业培训，就业和生活环境也有了很大改善。他们中的大多数基本没有从事过农业生产，自我意识较强，就业的动机已从改善生活向追求梦想转变。新生代农民工更注重体面劳动和发展机会，期盼在城里长期稳定生活。他们的维权意识日益增强，要求在精神生活、情感生活等方面能够得到更多、更好的满足。随着"'80后'新生代农民工"的出现和正成为农民工的主体，农民工的诉求由单纯的经济诉求向经济、社会、文化和政治等多样化诉求转变，农民工问题也从短期向长期化、从一代向跨代和多代转变。农民工市民化意愿强烈，农民工市民化问题进一步加剧和突出。

二、统筹城乡发展背景下农民工市民化的主要内容

农民工市民化是指在中国现代化建设过程中，随着工业化、城镇化以及农村内部结构调整的不断推进，使现有的农民工在身份、地位、价值观、社会权利以及生产、生活方式等各个方面向城市市民转化，从而实现享受城市基本公共服务和社会基本权利均等化、实现社会经济适应与城市生活融入的过程。❷农民工市民化是现阶段我国推进城市化的首要任务和突破口，核心问题是让进城农民工获得城市居民同等身份和享有平等权利，实现向新市民的转变。

（一）农民工在城镇落户、定居，是推进城市化发展的首要任务和统筹城乡的突破口

改革开放以来，农民工政策逐步从20世纪80年代消除对农民离土的限制、90年代消除对农民离乡的限制，逐步转向放宽对农

---

❶ 全国总工会：《关于新生代农民工问题的研究报告》，《工人时报》，2010年6月21日。

❷ 张国胜：《中国农民工市民化：社会成本视角的研究》，人民出版社，2008年。

民进城定居的限制转变。但目前很多地方的户籍改革主要是针对本辖区（往往是本县，或者是地级市）的非农户口，对跨行政区的流动人口户籍基本没有放开。除了跨区流动人口户籍改革进展缓慢之外，大城市乃至一些中等城市的户籍改革也进展缓慢。近年来一些地方的改革和探索政策的调整，为农民工在城镇落户、定居创造了条件。例如，苏州等城市逐步放宽了农民工落户条件，取消了户籍制度下的农民身份与城市市民身份的区别，而改为居民登记制度。重庆市大力推动农民工户籍改革，把农民工转户作为促进城乡统筹发展的突破口，在2011年实现300万名农民工转户为市民。解决好农民工户籍问题，直接改善了农民工在城市工作期间的生存环境、生活条件、工作待遇，表现为农民工和城市职工享受同等的权利。农民工转户定居之后，他们的生活习惯也会真正发生变化，在城里的消费也会增加。如果我国目前近1.5亿的外出农民工转化为城市居民，是启动内需、增加城市消费、增加市场拉动力量的一个重要因素，是实现经济发展方式转变的一个重要的变量。农民工在城市落户、定居后，农村人口最终会逐步减少，我国农村有18亿亩耕地，如果是9亿农民的话，平均一个农民2亩耕地，如果有一半的农民真正转变为城市居民，一个农民就有了4亩耕地，农村劳动生产率就会提高，通过发展现代农业，农民的收入也会大幅度增加，城乡收入差别就会逐渐缩小。此外，我国目前新生代农民工占到六成，大量的年轻人进入城市，会把城市的老龄化向后推移，使城市充满活力。而且大量的农民工转为市民，能够实现城乡资源要素流转，形成城乡一体化的市场。

（二）农民工享受与城市居民同等的福利待遇和公共服务是城乡统筹发展的主要目标

党的十六大提出，我国要实现城乡统筹发展目标，十七届三中全会进一步明确了城乡统筹发展的重要内容，提出了加快形成统筹城乡发展的体制机制，特别是在统筹城乡规划、产业布局、基础设施建设、公共服务一体化等方面取得突破,促进公共资源在城乡之间均衡配置、生产要素在城乡之间自由流动,推动城乡经济社会发展融合。农民工市民化就是要在社会权利上实现城乡平等对待,给予他们与城市市民同等的公民待遇并使其正常地享受城市提供的公共产品与服务。目前,我国的劳动力市场、社会救助、劳动保险、社会保险、医疗保障、社会福利、教育、住房等在内的现行社会福利体系,是在城乡分割体制下建立起来的,进城务工的农民工还难以获得和市民同等的待遇,即使在能够进入的行业与岗位上也要受到工资、社会保障待遇等的区别对待。农民工与城市市民"同工不同酬""同工不同权"等现象仍相当普遍。这就严重削弱了农民工市民化的能力,使得农民工无法顺利地在城市沉淀、融入城市。因此,推进农民工市民化、实现与城市市民同等的公民待遇,并平等享受城市提供的公共产品与服务也是统筹城乡发展的重要目标。

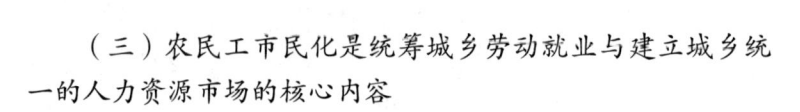

(三)农民工市民化是统筹城乡劳动就业与建立城乡统一的人力资源市场的核心内容

我国的二元户籍制度把劳动力市场分割成两个相对独立的部分:正规劳动力市场和非正规劳动力市场。正规劳动力市场是指那些有较高的地位、较好的待遇、较强的技术要求与较完善的社会保障的就业岗位;非正规劳动力市场是指那些技术条件要求不高、收入一般或较低、缺少基本的福利保障并且缺乏晋升机会的岗位。一般来说,大部分的城市居民都在正规劳动力市场就业,农民工在非正规劳动力市场就业。农民工更多的是补充城市劳动力的不足,从事城市人不愿意从事的具有高强度、高空、高温、有毒、有害、更苦、更累、更差的工作。这种分割的状况显然不利于中国劳动力市场的发育与市场经济的发展。因此,通过农民工市民化的实现,农民工的职业由非正规劳动力市场上的农民工转变成正规劳动力市场上的非农产业工人,消除城乡劳动力市场分割的二元体制,推动农民工与城市居民平等就业,从而实现农民工与城镇市民在众多领域内进行优势互补、公平竞争，将会有利于劳动力资源的合理配置和有效利用，对全国劳动力市场的发育与城乡统一劳动力市场的形成起到重要作用。

（四）农民工市民化是加强农民工权益保护的重要前提

由于我国二元的户籍和就业制度还没有彻底打破，农民工与城市居民不能处于同一劳动力市场，农民工在城市寻找就业岗位的时候，不但会遇到行业进入与岗位获得的歧视，而且在他们能够进入的行业与岗位上，还要继续在工资、保障、福利、工作条件与环境等方面受到歧视性待遇。调查显示，农民工平均每个月工作时间约为26天，每周工作时间58.4小时，每周工作时间多于法定44小时的农民工占农民工总数的89.8%。农民工签订劳动合同的比例较低，近六成的农民工没有签订劳动合同。长期以来，作为外来人口的农民工不能参与当地政权的管理，缺少必要的发言权和影响力，游离于城市政治生活之外，利益诉求难以在城市公共政策的制定中得到反映。这实际上表明了农民工作为一个群体，缺乏一种有效的利益表达途径，其社会地位没有得到应有的重视。农民工市民化就是要改变这一状况，通过农民工广泛的社会参与，从而获得必要的发言权与影响力，推动现有城市社会制度体系向农民工倾斜与调整，保证农民工地位的提升与市民化的真正实现。

（五）农民工市民化是统筹城乡社会管理的题中之意

目前中国的农民工约2.3亿人，他们离开农村来到城镇，除了一部分受雇于个体工商户和从事家政服务外，绝大多数在工厂、建筑工程队等工商企业工作。但由于城乡分割政策的存在，城市居民等在认知方面的根深蒂固的偏见与行为上的歧视，使农民工群体长期以来得不到身份的认同与应有权利的保护，游离于城市的边缘，从而在经济与社会等方面造成了较严重的问题。虽然农民工群体与城市市民同时生活在城市的蓝天下，但二者不论在生活、工作的区

位空间上，还是在社会心理上都出现了彼此的隔离、疏远甚至排斥。农民工群体边缘化带来的问题，很容易引发部分农民工行为的失范，严重的时候还会产生极端的反社会行为，从而危害整个社会的稳定。此外，目前我国财政转移支付制度基本是以各地户籍人口为依据，一些人口流入集中的地区，难以为流动人口提供与当地人一样的平等待遇。例如，一批人口规模大、经济实力强的小城镇，它们在规模上平均已经达到设中小城市的标准，但在管理体制上依旧沿袭了农村的乡镇管理体制，不利于改善对流动人口的社会管理，不利于向外来务工农民提供公共服务，不利于城镇体系的优化。因此，只有加快已转移到非农产业的农民工的市民化进程，推动农民工融入城市社会，才能逐步解决这些问题，这对确保城乡社会的稳定、和谐社会的建设乃至国家的长治久安都具有十分重要的意义。

三、农民工市民化的基础和条件

（一）新生代农民工融入城市的强烈意愿是农民工市民化的客观要求

农民工处于第一代民工向第二代民工转换的后期。20世纪80年代和90年代进城务工的农民工子女开始成为农民工的主体。2009年，16~30岁的20世纪80年代以后出生的农民工已占90%。这些改革开放后成长起来的新生代农民工与过去的农民工相比，具有明显的代际特征。

一是新生代农民工丧失了从事农业生产的技能，对土地的情结弱化。他们中的大多数离开学校以后就进城务工，没有参加过农业劳动，不具备农业生产的技能。

二是由于父辈和亲朋大多在城市务工，新生代农民工从小耳濡目染的都是城市的生活，务工以后其思想观念、生活习惯和行为方式更是已经城市化了。经历过20世纪60年代饥荒的50岁以上的农民，会发自内心地觉得现在的农村生活已经是日新月异，城市就业是额外的"补充收入"。新生代农民摆脱了土地情结以后，在城市中体会的是边缘化的现实：恶劣的工作生活环境、遥不可及的房价以及教育壁垒等代表的无望未来。

三是新生代农民工中的大多数自我意识较强，就业的动机从改善生活向追求梦想转变，更注重体面就业发展机会，期盼在城里长期稳定生活。他们的维权意识日益增强，要求在精神、情感生活需求上得到更好的满足，对历史形成的二元经济格局下农村户籍附带内容的接受度和耐受性低。

（二）经济进入新阶段为农民工市民化提供了新的基础

我国经济经过多年的快速发展，开始进入新的阶段，已经具备实力调整一些基本的格局。首先，工业和服务业反哺农业的时机已经成熟。新中国成立后，一直运用农产品和工业品的价格"剪刀差"扶持工业的发展。现在，第一产业的增加值只占GDP的一成多，工业和服务业已经完全可以反哺农业的发展，取消农业税标志着反哺过程的开端。不过，除了通过转移支付等形式，投入农村的道路、水利、电力等基础设施，农民工市民化应该是这一反哺过程的重要内容。其次，随着中国从外向型战略向内需型战略的转变，农民的角色应该从农民工转向有相对旺盛市场需求的市民。中国在实施沿海开发战略以后的30年，直接造就了农民工这一中国特有的人口迁移就业现象。全国第五次人口普查资料显示，农民工在第二产业从业人员中占58%，在第三产业从业人员中占52%，在加工制造业从业人员中占68%，在建筑业从业人员中占80%。另据国家统计局的资料，2008年，农民工占全部非农产业就业人员的比重已达到43.5%。

当今世界，制造业产能过剩已经成为不可逆转的现实，内部需求规模和质量成为衡量一个大国综合实力的首要标准。由于农民工这一群体的特殊性,可以说,如何将农民工这一群体变成有效的市场需求者,已经是中国由经济大国走向经济强国的试金石。因此,农民工市民化不应该是从扶持弱势群体角度的安抚性政策,而应该是作为中国图强战略的积极主动的内容。而且,农民工这一群体在内需型的国家战略中也不应是被动的,他们可以在服务业的进一步发展中找到更体面的工作,面临更多样化的就业机遇。

(三)快速城市化为农民工市民化提供了承载空间

城市化是中国最大的内需源泉,已经形成共识。由于当前城市化政策、财政体制和土地制度等方面的原因,土地的城市化超前于人口的城市化,导致改革开放以来城市建成区人口密度呈现下降趋势。这其中虽然有房地产运作过程中形成的低容积率等原因,但是中国快速的城市化为农民工市民化提供了承载的物理空间。

改革开放以后,农村人口增长快于城市人口,上海等一些城市提前进入老龄化,这客观上也要求合理推动人口的城市化进程。农民工市民化应该是中国人口城市化进程中的议题之一。这既有利于防止中国房地产价格的大起大落,也有利于使至少一部分农民成为中国城市化进程的受益者。当然,如何使农民工,尤其是跨区域流动的农民工,以合理的成本享有质量保障的城市空间,需要政策的仔细安排。

(四)城乡统筹发展的政策制度环境变化为农民工市民化创造了有利条件

在短时间内大规模推行公共服务的均等化,填平历史形成的二元经济鸿沟,并不现实。但是,城乡统筹发展的政策制度环境出现的一系列变化,为农民工市民化创造了有利条件。为解决农民工子女教育问题,2001年5月国务院发布《关于基础教育改革与发展的决定》,明确提出"以流入地政府管理为主,以公办中小学为主"

的"两个为主"政策。2002年提出了对农民进城就业实行"公平对待,合理引导,完善管理,搞好服务"的方针,清理和取消了针对农民进城就业的歧视性规定和不合理收费。2006年国务院颁布了《关于解决农民工问题的若干意见》,落实农民工社会保障制度、推动农民工合法权益保护等农民工问题成为各级政府的一项重要工作。农民在就业地落户的政策尽管没有松动,但是放宽落户条件已经成为考虑的政策选项。

(五)金融危机背景下的国家博弈,要求我们加快农民工的市民化

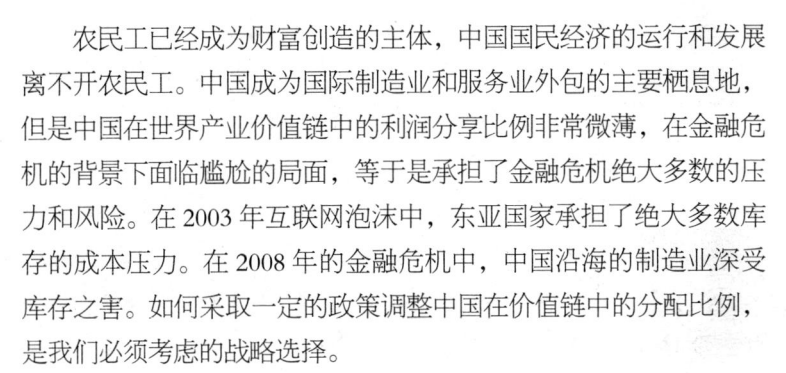

农民工已经成为财富创造的主体,中国国民经济的运行和发展离不开农民工。中国成为国际制造业和服务业外包的主要栖息地,但是中国在世界产业价值链中的利润分享比例非常微薄,在金融危机的背景下面临尴尬的局面,等于是承担了金融危机绝大多数的压力和风险。在2003年互联网泡沫中,东亚国家承担了绝大多数库存的成本压力。在2008年的金融危机中,中国沿海的制造业深受库存之害。如何采取一定的政策调整中国在价值链中的分配比例,是我们必须考虑的战略选择。

当前中国企业在产业链中的竞争力相对有限,企业难以在短时间内以利润诉求的方式与外方讨价还价。在这种情况下,在农民工市民化的背景下,围绕着提高农民工待遇和生活条件,成本诉求不失为降低中国金融危机风险的一种选择。经过多年的外向型经济发展,中国在低成本制造和服务业外包方面形成了完整的体系,一方面这种体系的优势不是其他国家短时间内可以替代的;另一方面,劳动力成本的提高只是部分地挤压了整个产业链的利润空间,仍然是可以接受的。富士康事件说明,工人工资的大幅度提高一定程度上还是可行的。从某种意义上说,通过一定的国际产业链分析,农民工市民化的成本是可以转嫁给一些发达国家的。

四、推进农民工市民化对统筹城乡发展具有重要作用和意义

（一）农民工市民化有利于推进城镇化发展

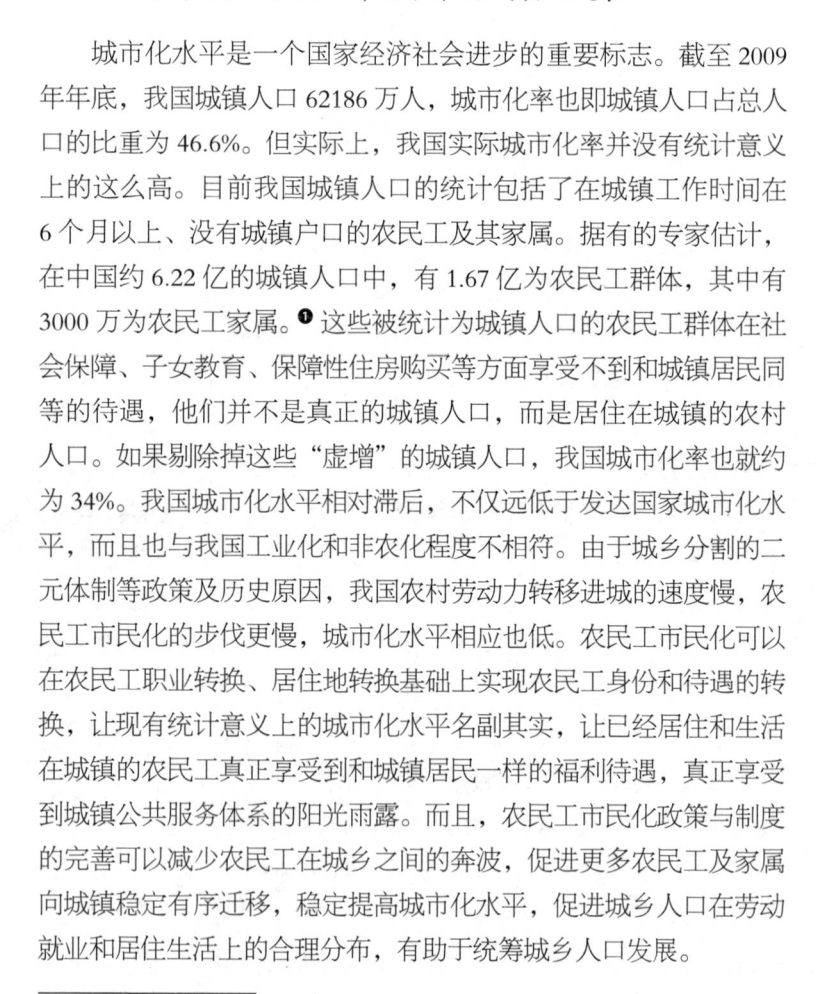

城市化水平是一个国家经济社会进步的重要标志。截至 2009 年年底，我国城镇人口 62186 万人，城市化率也即城镇人口占总人口的比重为 46.6%。但实际上，我国实际城市化率并没有统计意义上的这么高。目前我国城镇人口的统计包括了在城镇工作时间在 6 个月以上、没有城镇户口的农民工及其家属。据有的专家估计，在中国约 6.22 亿的城镇人口中，有 1.67 亿为农民工群体，其中有 3000 万为农民工家属。❶ 这些被统计为城镇人口的农民工群体在社会保障、子女教育、保障性住房购买等方面享受不到和城镇居民同等的待遇，他们并不是真正的城镇人口，而是居住在城镇的农村人口。如果剔除掉这些"虚增"的城镇人口，我国城市化率也就约为 34%。我国城市化水平相对滞后，不仅远低于发达国家城市化水平，而且也与我国工业化和非农化程度不相符。由于城乡分割的二元体制等政策及历史原因，我国农村劳动力转移进城的速度慢，农民工市民化的步伐更慢，城市化水平相应也低。农民工市民化可以在农民工职业转换、居住地转换基础上实现农民工身份和待遇的转换，让现有统计意义上的城市化水平名副其实，让已经居住和生活在城镇的农民工真正享受到和城镇居民一样的福利待遇，真正享受到城镇公共服务体系的阳光雨露。而且，农民工市民化政策与制度的完善可以减少农民工在城乡之间的奔波，促进更多农民工及家属向城镇稳定有序迁移，稳定提高城市化水平，促进城乡人口在劳动就业和居住生活上的合理分布，有助于统筹城乡人口发展。

---

❶ 中国新闻网，《中国 1.67 亿农民工已纳入城市化统计口径》（http://www.chinanews.com.cn），2010 年 3 月 29 日。

(二)农民工市民化有利于解决"三农"问题

统筹城乡劳动就业是改善人民生活、促进城乡经济社会发展一体化的重要条件。我国农村劳动力资源丰富,是促进经济长期持续较快发展的有利条件。同时,农村剩余劳动力多、农民工转移就业形势严峻,将是我国今后统筹城乡发展中面临的一个重大课题。农民工市民化既是统筹城乡发展的一个重要内容,也是统筹城乡劳动就业的主要手段。通过深化改革,促进农民工市民化,加快建立城乡统一的人力资源市场,消除在就业方面对农民工的不合理限制和歧视,实行城乡劳动者平等就业。将农民就业纳入整个社会就业体系,形成城乡劳动者平等就业制度,有利于促进农民工就业和构建和谐劳动关系。在农民工市民化过程中,要健全覆盖城乡的就业服务体系,完善人力资源市场信息发布制度,强化就业服务机构为劳动者提供免费就业服务的责任,同时要做好农村劳动力就业培训,增强其外出适应能力、就业能力和创业能力。在农民工市民化过程中,要加强农民工权益保护,进一步完善和规范劳动力市场的服务与管理,彻底清理对农民工进城务工的不合理限制政策和乱收费,逐步实现农民工劳动报酬、子女就学、公共卫生、住房租购等与城镇居民享有同等待遇。通过农民工市民化,切实改善农民工劳动条件,建立健全农民工社会保障制度,扩大农民工工伤、医疗、养老保险覆盖面,尽快制定和实施农民工养老保险关系转移接续办法,逐步实现城乡各项社会保障制度相互衔接。这对形成城乡统一的劳动力市场、保障劳动者权益有着重要作用。

(三)农民工市民化有利于建设和谐社会

统筹城乡公共服务,就是要为城乡居民提供均等化的教育、医疗卫生、文化等基本公共服务。农民工市民化有助于逐步完善符合国情、比较完整、覆盖城乡、可持续的基本公共服务体系,推进基本公共服务均等化。

统筹城乡社会管理是保持社会和谐稳定、促进城乡经济社会发展一体化的重要基础。随着改革开放不断深入和社会主义市场经济不断发展，我国的经济体制、社会结构、利益格局等发生了深刻变化，城乡融合趋势加快、人口流动加速。这种空前的社会变革，既给我国经济社会发展带来了巨大活力，也增加了社会服务和管理的难度和复杂性。尤其是长期游离于城市的边缘、徘徊于城乡之间的农民工群体更是给社会管理带来极大挑战。农民工群体被边缘化，城市社会管理与公共服务没有覆盖他们；农民工缺乏社会福利，正常的利益诉求难，他们不能真正融入城市社会，甚至受到城市社会的疏离与歧视，容易导致农民工群体滋生反社会的心理并出现反社会的行为，给目前城市社会管理带来很大难题。

农民工不能在城市扎根导致农村出现大量的留守儿童和留守老人，据全国妇联报告显示，全国农村留守儿童数量约为 5800 万人，❶其中 14 周岁以下的农村留守儿童数量为 4000 多万人。这些留守儿童缺乏家长的陪伴与教育，心理上容易产生缺陷，行为上容易出现问题，对未来农村和城市社会的和谐发展非常不利。留守老人缺乏儿女的关照爱护，同样也是一个严肃的社会问题。因此，必须要适应统筹城乡社会发展的需要，大力推进社会管理创新，改变城乡分割、条块分割的管理方式，推动农民工向市民转化，逐步形成城乡社会管理一体化的体制，形成城市社会管理工作与农村社会管理工作对接、良性互动的新格局。积极稳妥推进户籍制度改革，在统筹考虑农民工权益、城市化进程和城市承载能力等多方面因素的基础上，放宽中小城市落户条件，使在城镇稳定就业和居住的农民工有序转变为城镇居民，逐步融入城市社会。

同时，随着工业化、城市化进程深入发展，城乡之间、地区之间流动的农民工越来越多，要推动流动人口服务和管理体制机制创

---

❶ 新华网，《中国农村留守儿童数量约为 5800 万人》（http：//news.xinhuanet.com），2009 年 5 月 26 日。

新，将流动人口纳入整个社会服务和管理体系，推动流动人口服务、管理法制化、规范化、信息化建设。通过推动农民工市民化，统筹城乡社会管理工作，为农民工群体创造良好的工作与生活环境，为城乡社会和谐稳定发展创造良好的社会环境。

（四）农民工市民化有利于经济发展方式转变

经济发展方式落后、城乡经济发展失衡，以及第一、第二、第三产业比例不合理等问题，一直是困扰我国经济发展的突出问题，也是长期以来一直在努力改进的方面。在《中共中央关于制定国民经济和社会发展第十二个五年规划的建议》中，加快转变经济发展方式、发展现代产业体系、推进农业现代化、加快社会主义新农村建设、扩大内需等成为我国"十二五"时期发展的主要内容和主要目标。而农民工市民化有助于根据第一、第二、第三产业协调发展的原则，引导农村、城市之间资金、技术、人才、管理等生产要素的合理双向流动，形成城乡产业分工合理、区域特色鲜明、生产要素和资源优势得到充分发挥的产业发展格局，走城乡经济发展融合之路，促进这些目标的实现。劳动力要素的合理配置与素质提升是经济快速健康发展的前提，是经济发展方式优化升级的基础。农民工就业不稳定、素质相对较低是长期困扰我国经济快速稳定发展和产业结构升级的短板。通过农民工市民化可以变不稳定的农民工群体为稳定的劳动力大军，变素质较低的农民工群体为高素质的产业工人，这将对推动我国城乡经济发展和转变经济发展方式产生不可估量的重要作用。

纵观世界，在美国、德国、日本等发达国家进步的过程中，高素质的、高效配置的劳动力队伍对这些国家的崛起都起到了举足轻重的作用。我国经济持续健康发展与经济增长方式转变也必须依靠一支稳定而高素质的劳动力大军，农民工市民化是打造这支劳动力大军的必由之路。以农村劳动力资源合理转移、农民工市民化为导引，统筹城乡产业发展与经济发展方式转变，从规划、体制、政策上解决城乡产业分割问题，统筹规划和整体推进城乡产业发展，按照第一、第二、第三产业互动和城乡经济相融的原则，促进城乡各产业有机联系、协调发展。城市第二、第三产业发展缺乏高素质劳动力队伍的问题已经越来越凸显，这制约了我国制造业、服务业等的升级和可持续发展，农民工市民化有助于培养大批掌握现代科学技能的、稳定的高素质劳动力队伍，促进我国制造业和加工产业升级，促进现代服务业的发展，为城市经济发展提供了持续动力，推动我国经济长期可持续发展。

农村剩余劳动力过多一直是制约现代农业建设的主要因素，农民工市民化可以有效减少农村劳动力及农村人口，为农业规模化、集约化、机械化创造条件，促进农业发展方式转变。应以农村剩余劳动力稳定长久退出为契机加快建设现代农业，促进农业发展方式转变和农村产业结构升级，以现代工业物质技术装备改造传统农业，积极推进农业专业化生产、集约化经营和区域化布局，并引导农村工业向城镇集聚，鼓励乡镇企业转型升级，加快农村服务业发展步伐。

长期以来，我国经济增长主要靠投资和出口拉动，内需不足成为我国经济发展中的短板。农民工市民化是促进内需的有效途径，农民工市民化后就会为提高生活质量产生一系列生活消费需求，主要是住房、装修、家电、文化娱乐、日常消费等，这些需求将带动一大批相关产业的生产，可以为我国经济可持续发展提供长期稳定的内需市场。

五、结论和判断

（一）在城市化、工业化快速发展的背景下，我国农村劳动力供求进入了"总量过剩和结构短缺"并存的发展阶段，农民工实际上已开始紧缺

我国农村劳动力数量庞大，农村剩余劳动力多是我国农村劳动

力基本情况。但这一情况已经开始发生变化，按照国务院发展研究中心"中国农民工战略问题研究"课题组的综合分析，我国农村剩余劳动力规模已大为减少，不像其他学者或机构估计的1.5亿左右那样，而是总量已下降到1亿人以下，且剩余劳动力中50%以上已经是40岁以上的劳动力，这些劳动力实际上也难以转移出去。自2004年开始，我国珠江三角洲、长江三角洲和京津唐等发达地区先后普遍出现了"民工荒"问题，且逐渐蔓延到中西部地区。"民工荒"日渐显现出长期性，农村劳动力已经不再是无限供给，农民工开始出现结构性短缺，主要表现在年龄上与技能上。在农村，青壮年劳动力转移率已经很高，第二次全国农普数据表明，在全部外出就业农民工中，40岁以下的占82.1%，国务院发展研究中心对全国2749个村庄的调查显示，74.3%的村庄中能够外出打工的青壮年都已经出去了。相应地，我国劳动力市场上就出现了体现在年龄上的农民工短缺现象。农民工短缺的另一个重要特征是"技工荒"，熟练技术工人供不应求。受我国职业技术培训及教育长期滞后等因素的影响，我国接受过职业培训或教育的、有技术专长的农民工特别紧缺，各地企业都为找到熟练技术工人而发愁。青壮年、技术性农民工实际上已经处于紧缺状态，这既是农民工市民化的一个基本背景，也给农民工市民化提出了更加迫切的要求。

（二）"80后"新生代农民工进入劳动力市场，新生代农民工市民化的意愿非常强烈

农民工由单纯的经济诉求向社会、经济、文化和政治等多方面诉求转变，农民工问题也由短期向长期、由一代向跨代和多代转变。新生代农民工一般指出生于20世纪80年代以后的农民工。在全国2.3亿农民工中，"80后"30岁以下的农民工已占到六成左右。新生代农民工受教育程度相对上一代农民工较高，他们要么是从学校毕业后就直接在城市里工作生活，要么是随务工父母在城市长大，很多新生代农民工对城市生活比对农村生活更加适应，对打

第四章　农民工市民化与统筹城乡发展的关系

工比对干农活更加熟悉。新生代农民工更加向往城市生活，不愿回到农村，他们市民化的愿望更加强烈，更希望像城里人那样工作和生活。不像上一代农民工的主要追求是打工挣钱一样，新生代农民工已开始注重社会地位和社会保障、文化精神生活以及政治权利。新生代农民工已经不可能像上一代农民工一样奉献完打工的青春就打道回乡，不管愿不愿意、能不能行，新生代农民工留在城市已经是个必然的趋势。农民工市民化更多是新生代农民工市民化，越来越多新生代农民工加入农民工大军必将会推动农民工整体向市民的转化。

（三）推进农民工市民化进程，疏通农民变市民的通道，最终实现"农民工"这一特殊概念群体的终结，既是城乡统筹发展的重要内容，也是发展的重要目标

农民工长期处在城市的边缘，不被城市认同接纳乃至受到忽视、歧视或伤害，融不进城市社会，享受不到应有的权利，定会累积很多矛盾。农民工不能在城市安居乐业，家分两地，长期奔波于城乡之间，付出往返流动的成本，造成在家乡建房投资而常年闲置的社会浪费。这种不彻底的转移方式，起不到减少农民、使土地向务农劳动力稳定流转集中的作用。农民工能否实现由农民群体角色向市民角色的整体转变，平等地融入城市社会，是关系到中国社会结构转型有序推进和构建和谐社会的重要问题。随着社会管理制度的创新完善和农民工市民化机制的健全，农民工现象终将会终结。

（四）农民工市民化是缩小收入差距、促进城乡协调发展的必然途径

当前国民收入差距问题主要缘于劳动报酬在初次分配中的比重和居民收入在国民收入分配中的比重偏低。人力资本是居民工资性收入和经营性收入的重要来源，而人力资本积累及其发挥的作用就是导致收入差距的重要因素。研究表明，人力资本与居民收入差距

的关系随着经济发展阶段的演化过程，会形成一个库兹涅兹式的倒U形曲线。目前我国正处于工业化中期阶段，部分经济较发达地区已经进入工业化后期阶段。经济增长将从或者已经从过多依赖物质资本向物质资本和人力资本的均衡转变。而农民工市民化将必然加快实现这个过程，促进城乡协调发展。首先，城市二元分割的就业市场让农民工难以发挥其积累的人力资本，使其人力资本价值一直处于低估状态。而农民工市民化将建立打破城乡二元分割的劳动力市场，促进城乡劳动力报酬均等，提高农民工收入在国民收入分配中的比重。其次，农民工市民化将提高农民工人力资本收益率，促使农民工人力资本得到相应回报，提高农民工劳动报酬在初次分配中的比重，缩小居民收入差距。再次，农民工市民化将引导农民工加大人力资本投入，从而也促进各级政府建设稳定有效的人力资本投资制度，深入实施人才强国战略。最后，农民工市民化将为经济发展提供高素质劳动力，从而促使产业结构调整，提高制造业发展水平，加快转变经济增长方式，推动经济社会又好又快发展。

执笔人：郭建军　张云华　李志能

第五章　农民工市民化与城镇人口空间合理布局

一、进城农民工规模与空间流向分析

（一）改革开放以来，规模不断扩大的农民工推进了中国城镇化，但农民工市民化进程缓慢

进城农民工规模不断扩大。改革开放以来，农村人口大量流向城市。根据国家人口和计划生育委员会相关研究，1982年全国流动人口规模为657万，到2009年已经超过2.11亿；1982—2009年，流动人口占全国总人口的比重由0.65%增加到15.81%。农民工成为流动人口的主体，占流动人口的比重也由1982年的约38%上升到2009年的约76%，见表5-1。

进城农民工加快了城镇化进程。1982—2009年的27年间，我国城镇化率提高25.5个百分点，而进城农民工增加的数量就贡献了近12个百分点。

虽然农民工规模不断扩大，但农民工市民化进程较慢。1980—2008年，全国从农业人口变为非农人口的人数实际约为2.7亿。但实际转为城镇户籍的农民工人口总规模为2000万~3000万，只占农民工总规模的1/10左右。

表 5-1　流动人口及进城农民工变化分析

年份	全国人口①	城市人口②	流动人口③	进城农民工④	③/①	④/①	④/③	④/②
	（万人）				（%）			
1982	101654	21480	657	250	0.65	0.25	38.05	1.16
1990	114333	30195	2135	2000	1.87	1.75	93.68	6.62
1995	121121	35174	5349	—	4.42	—	—	—
2000	126743	45906	12000	8000	9.47	6.31	66.67	17.43
2005	130756	56212	14000	10000	10.71	7.65	71.43	17.79
2009	133474	62186	21100	16000	15.81	11.99	75.83	25.73

资料来源：2009 年的数据根据国家统计局《2009 年农民工监测调查报告》中数据推算；2005 年的数据根据劳动和社会保障部 2005 年 5 月快速调查统计估算；2000 年数据根据张义祯所著《中国农民工黑皮书》中数据估算；1990 年和 1982 数据年根据杨聪敏、杨黎源所著《当代中国农民工流动规模考察》（中国社会学网）一文中外出农民工和流动人口数据估算。

（二）农民工空间流动总体上指向发达地区

1. 从地区分布看，东部发达地区承接了大部分的跨省流动人口

根据国家人口和计划生育季员会统计数据，2009 年，东部十省区流入人口总量约占全国流动人口的 77.8%，其中跨省流入人口占全国跨省流动人口总量的近 90%，见表 5-2。

表 5-2　2009 年四大经济区流动人口情况　　　　（%）

项目		东部	中部	西部	东北
流入人口占全国情况	总流入	77.76	6.61	13.83	1.80
	跨省流入	89.13	2.48	7.49	0.91
	省内流入	50.42	16.56	29.06	3.96
流入与区域人口比	流入/区域总人口	15.15	1.74	3.54	1.55
	流入/区域城镇人口	27.10	4.26	9.23	2.73

根据人口普查和抽样调查数据，从省份之间净流动人口（以户籍人口作为基准，总人口与户籍人口之间的差值作为净流入人口）情况看，2000年，东部净流入人口占全国跨省流动人口的84.8%；2008年该数据为87%。

2. 从城市规模结构看，大城市集聚人口比重不断增大，小城镇的人口总量仍不小

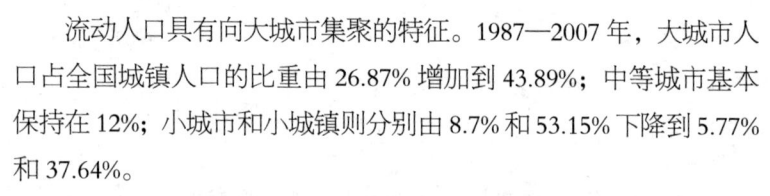

流动人口具有向大城市集聚的特征。1987—2007年，大城市人口占全国城镇人口的比重由26.87%增加到43.89%；中等城市基本保持在12%；小城市和小城镇则分别由8.7%和53.15%下降到5.77%和37.64%。

我国城市群区域集聚的经济和人口规模还相对偏小。日本三大都市圈占全国面积的6.6%，却集聚了全国人口的36.5%和工业产值的47.9%。而我国20个城市群（刘锋，2009）的国土面积约占全国的20%，人口规模占全国的50%以上，GDP占全国的75%，集聚人口的能力还有提升的空间。

另外，小城镇人口占全国城镇人口的比重有所下降，但其绝对数量仍然很大。到2007年，小城镇的城镇人口数量占全国城镇人口总量的比重仍然接近40%。2008年，在近2万个小城镇中，千强镇镇区人口总数超过8200万，占小城镇人口的近40%，外来人口比重达到20%，成为吸引流动人口的重要载体。

3. 人口在地区和城市间分布的叠加效应使东部城市群成为流动人口的集中区

东部地区城市规模较大，是流动人口集中区。从2009年情况看，东部城市群流入人口占全国20个城市群流入人口的85%以上。东部部分城市群区域流入人口占区域总人口的比重超过70%。

二、农民工市民化规模与城镇合理空间格局构想

（一）农民工市民化进程加快，成为促进城镇化的重要力量

1. 农民工市民化时间表

假定将占全国人口 10%~15% 的农民工全部市民化，用 10~15 年的时间来解决。到 2020 年，与实现全面小康社会目标同步，农民工市民化进程基本得以顺利完成。

2. 农民工工作及居住意愿

具备在城镇定居能力的农民工占总量的 50%~70%。在鼓励持中间态度的农民工落户的情况下，预计具有在城镇定居意愿的农民工比例可达到 80%，其中，打算在务工地定居的预计可达到总量的 55% 左右，回家乡城镇定居的约 25%，回乡农民工约占 20%，见表 5-3。

表 5-3 农民工工作以及居住总体情况

调查项目		平均	具体情况
总体情况	年龄结构	29.14 岁	16~25 岁的占 41.1%，26~30 岁的占 25.7%，31~40 岁的占 22.4%，41~50 岁的占 9.1%，50 岁以上的占 1.7%
	家庭迁移	—	已婚 60.9%，举家外出 25%：与配偶在同一城市约 51%，与配偶在同一单位约 18%，配偶在老家 17.7%；子女随迁 46.2%，在配偶务工城市 4.9%，在老家 48.9%
	户籍情况	—	在户籍所在地即本省务工的占 74.9%，出省务工的占 25.1%

---

❶ 根据国务院发展研究中心课题组调查，近 20% 的农民工打算回到家乡城镇定居，超过 40% 的愿意在务工地定居（占具有明确定居意愿农民工总量的 2/3）。如果采取政策鼓励，假定 25% 的持 "中间态度" 的农民工有 20% 能够定居，其中 15% 在原居住地定居。

续表

调查项目		平均	具体情况
就业与居住情况	从事农业生产年限	打工前从事农业生产时间1.82年	59.4%的农民工在进城前没有从事过农业生产，另有12.9%未填写，其中大部分可能属于未从事过农业生产的；1年的5.2%，2年的5.8%，3~5年的5.3%，6~10年的8.5%，10年以上的2.9%
	务工时间	城市就业的时间平均5.30年	59.2%在5年以下，21.7%为5~9年，11%为10~14年，4.8%为15~19年，3.2%为20年及以上
	就业行业	—	工业51.8%，建筑业9.3%，商业6.3%，餐饮和家庭服务业9.0%，交通运输业0.6%，农业1.2%，其他21.9%
	企业工作时间	在目前企业就业的时间平均3.99年	71.1%在5年以下，16.6%为5~9年，8%为10~14年，2.8%为15~19年，1.6%为20年及以上。近三年更换工作：57.9%未更换，22.8%更换过1个
	居住情况	—	8.4%自购商品房，4.8%自购经济适用房或两限房，0.4%居住政府提供的廉租房，34%居住自己租的房屋，其他为单位宿舍等
未来意愿	定居意愿	—	约40%打算在务工地定居，10.4%打算回家乡城市，8.2%打算回离家近的小城镇，15.6%打算回农村定居并改善农村居住条件，约25.5%没想好

3. 未来城镇化水平与农民工进城规模

——未来城镇化水平预测。到2015年，全国人口达到13.96亿，城镇化率达到51.6%；到2020年，全国人口达到14.3亿，城镇化率达到56%。

——未来农民工市民化总规模。2010—2020年，需要市民化的净"存量"和净"流量"农民工总规模约为2.9亿人，实际具有落户意愿的预计为2.3亿人。

（二）城镇化空间格局引领人口合理布局

1. 总体设想

以科学的城镇化空间格局引领人口合理分布，最终实现区域协调发展，人口分布与经济布局相协调。鼓励发达地区集聚更多的人口，大力提高欠发达地区经济发展水平，形成以城市群地区为主体、区域性中心城市为重要节点、各类中小城市和小城镇为基础的人口分布格局，大城市地区集聚人口的规模和比重将扩大。

2. 不同等级城市经济—人口状况

（1）未来人口集聚和农民工市民化的重点区域

确定 20 个城市群地区、56 个区域性中心和 26 个节点城市作为未来人口集聚和农民工市民化的重点区域。

（2）人口集聚重点区域经济—人口分布现状

——城市群地区。城市群总体非农化率水平高于全国近 10 个百分点，非农人口占全国非农人口的近 60%，是经济和人口集聚的重点区域。

——区域性中心城市和节点城市。56 个区域中心城市总户籍人口 3.2 亿，非农人口 1.02 亿，总体非农化率 31.9%，与全国平均水平大体相当。26 个节点城市总人口和非农人口分别占全国的 5% 和 4%，非农化率 25.9%，低于全国平均水平约 6 个百分点，发展水平相对较低。

城市群、区域中心城市和节点城市非农人口占全国的比重达到 86.2%。

3. 人口集聚重点区域经济—人口分布预测

综合考虑城市群和区域中心城市以及节点城市人口现状规模、增长趋势、经济规模，预测其未来人口规模。

（1）城市群地区人口规模

到 2020 年，20 个城市群地区人口净增加量为 1.01 亿，人口占全国人口的 55.67%；城市群城镇人口净增量 1.24 亿，城市群地区城镇化率达到 64.8%，各城市群情况见表 5-4。

表 5-4 2020 年各城市群人口增量预测

城市群	GPR[1]08	净增量	城镇人口增量	内部流动	人口总量	人口比重	经济份额	GPR20	GPR20−GPR08
		万人				%			
长三角城市群	3.00	2162.32	2654.85	418.13	12007.06	8.37	21.72	2.59	−0.41
天山北麓城市群	2.48	34.79	42.72	135.76	445.22	0.31	0.52	1.68	−0.79
呼包鄂榆城市群	2.45	196.10	240.76	149.05	1287.02	0.90	1.77	1.97	−0.47
珠三角城市群	2.42	705.40	866.07	237.69	5937.74	4.14	9.27	2.24	−0.18
山东半岛城市群	2.02	762.17	935.78	181.75	5014.22	3.50	6.33	1.81	−0.21
辽中南城市群	1.83	422.28	518.46	141.99	3314.54	2.31	3.87	1.68	−0.16
京津冀城市群	1.62	1128.69	1385.78	185.95	8069.00	5.63	8.42	1.50	−0.12
长株潭城市群	1.40	246.29	302.38	90.16	1658.62	1.16	1.42	1.22	−0.17
海峡西岸城市群	1.28	447.03	548.85	99.45	3303.85	2.30	2.71	1.18	−0.10
吉中城市群	1.16	255.85	314.13	81.25	2273.61	1.59	1.73	1.09	−0.07

❶ 注：GPR 值可作为反映某地区经济集聚和人口分布状况的简单度量指标。GPR$_i$>1 表明 i 区经济集聚度高于人口集聚度，GPR$_i$<1 表明 i 区经济集聚度低于人口集聚度。GPR$_i$ 越偏离 1，表明从一国范围内看，该地区经济集聚和人口集聚的协调度越差。

续表

城市群	GPR08	净增量	城镇人口增量	内部流动	人口总量	人口比重	经济份额	GPR20	GPR20-GPR08
		万人				%			
哈大齐城市群	1.06	299.59	367.83	78.82	2791.90	1.95	1.96	1.01	-0.05
中原城市群	0.99	633.33	777.59	-189.92	4662.58	3.25	3.20	0.98	-0.01
太原城市群	0.90	151.56	186.09	-133.54	1505.38	1.05	1.02	0.97	0.08
滇中城市群	0.87	197.79	242.84	-133.20	1414.18	0.99	0.90	0.91	0.05
武汉城市群	0.81	330.93	406.31	-183.41	3304.90	2.30	1.98	0.86	0.05
关中城市群	0.80	244.82	300.58	-165.20	2377.26	1.66	1.41	0.85	0.05
环鄱阳湖城市群	0.73	225.04	276.30	-166.70	2028.43	1.41	1.11	0.79	0.06
成渝城市群	0.63	929.95	1141.77	-354.92	9567.80	6.67	4.35	0.65	0.02
皖江城市群	0.59	385.64	473.48	-241.72	4041.25	2.82	1.77	0.63	0.04
北部湾城市群	0.53	348.13	427.42	-231.40	2811.73	1.96	1.09	0.56	0.03
总计	1.47	10107.70	12409.99	0	77816.29	54.27	76.55	1.41	-0.06

第五章 农民工市民化与城镇人口空间合理布局

（2）区域中心城市、节点城市以及其余地区人口预测

2009—2020年，全国总人口增加约1亿，其中，城市群地区增加4000万，其他地区增加6000万。根据迁移情况，得出全国城市群地区与其他地区的人口"平衡表"，见表5-5。

表5-5　全国人口在城市群地区与非城市群地区间的平衡

项目	人口规模 2009	人口规模 2020	净增加	自然增加	净迁入
全国（亿）	13.34	14.3	0.96	1	—
全国城市（亿）	6.22	8.01	1.79	0.4	0.6
城市群地区（亿）	6.77	7.78	1.01	—	—
其他地区（亿）	6.57	6.52	−0.05	0.6	−0.6
城市群地区城镇人口（亿）	3.8	5.04	1.24	—	—
城市群地区城镇化率（%）	56.1	64.8	8.7		
其他地区城镇人口（亿）	2.42	2.97	0.55		
其他地区城镇化率（%）	36.8	45.6	8.8		

注：根据前述估算分析，除城市群外的其他地区，城镇人口净增加5000万。根据相关数据，净增量约5500万。在以下针对区域中心城市和节点城市的分析中，采用5000万的数字，其余500万人口由其他中小城市以及小城镇吸收。

区域中心城市：这类区域到2020年，人口占全国的比重保持不变，仍为24.2%，经济比重上升0.5个百分点。

节点城市：未来人口规模保持不变，占全国人口的比例将由

5.25%下降到4.9%，未来该区域GDP比重略下降到2.88%。

除城市群、区域中心城市和节点城市外的其余地区，是人口迁出的主要区域，也是未来以农业生产为主的地区。到2020年，人口下降到2.37亿，占全国人口的比重由20%下降到16.5%，GDP份额由6.22%下降到4.87%。

4. 农民工市民化的规模与分布

城市群地区需要市民化的农民工总规模预计达到1.77亿人，其中2009—2020年新增的达到8000万人。

就流动人口在城市群内部分布情况看，城市群内部第二产业较为集中的区域是流动人口较为集中的区域；从城市等级体系上看，第二产业比重较大的次级城市（非城市群首位城市），以及首位城市周边小城镇是流动人口聚集的重要区域。就流动人口在较大城市内部的分布看，"城中村"以及城乡接合部也是流动人口分布的重要区域。

区域性中心城市、节点城市和其他地区吸纳的农村向城市的流动人口约3300万，现状流动人口约4000万，实际需要市民化的农民工总规模约5800万人。

此外，"其他地区"（除去城市群、区域中心城市和节点城市的地区）人口总规模仍然很大，占全国人口比重的16.5%。需要结合实际，加强中小城市建设，特别是要加强服务农业的小城镇建设，促进剩余劳动力就近转移。

三、基于人口合理分布的政策建议

推进农民工市民化进程，需要统筹协调人口流出地与流入地、"新市民"与"原有居民"之间的关系。总体上要依据区域发展总体战略和主体功能区战略，抓好重点地区农民工市民化工作；通过户籍、财税、土地等配套政策综合联动，稳妥推进农民工市民化进程。

（一）优化国土开发格局，抓好重点地区农民工市民化工作

1. 按照区域发展总体战略和主体功能区要求，统筹资源环境约束和产业转移趋势，形成国土开发新格局，引导人口合理分布

加快区域发展总体战略和主体功能区战略实施，形成国土开发新格局，为人口有序流动、合理分布奠定空间基础。立足区域、城乡一体化、公共服务均等化，增强优化开发区内中小城市和小城镇的人口吸纳能力；鼓励重点开发区域更多地吸纳外来人口；促进限制开发区域、禁止开发区域人口逐步自愿平稳有序转移。

2. 培育和壮大增长极，着力发展20个城市群地区和56个区域性中心城市

遵循增长集聚的客观规律，促进经济在城市群地区的空间集聚。着力发展京津冀、长三角、珠三角等20个大城市群和大同、西宁等56个区域性中心城市，重点总结好这些重点区域农民工市民化试点经验，分类指导，加强引导。明确城市群以及城市群内部各城镇的功能定位和分工，促进区域公共产品、基础设施的统一建设和网络化发展，优化产业布局，引导人口流动，分散人口流向，使之成为农民工市民化的主要载体。

3. 推动农民工在城市群地区的中小城市、小城镇特别是县城和中心镇落户

科学规划城市群和中心城市城镇体系，强化中小城市产业功能，增强小城镇公共服务和居住功能，提高城镇综合承载力；以城市群带动和辐射周边区域，实现区域内大中小城市和小城镇协调发展，综合提升区域吸纳农村劳动力转移和承载人口的能力。

（二）改革财税体制以及土地使用制度，完善流入地吸纳人口的激励机制

用好政府可控的公共财政和土地资源，完善激励机制，增强区

域吸纳流动人口的积极性。

1. 财政转移支付制度与常住人口数挂钩

探索把常住人口作为分配依据来调整各级政府之间的财政分配关系，解决城市政府人口增加所需的公共支出增大问题；探索建立农民工专项资金转移支付制度，形成中央和地方财政共担机制；对吸纳流动人口较多的城市补助建设资金，支持城市建设更多面向流动人口的社区医疗卫生、义务教育和职业教育设施；对吸纳流动人口较多的中小城市和小城镇，通过转移支付专项资金做好基础设施扩容和公共服务提升，协调"外来"与"原住"的关系。

2. 改革财税体制，逐步实现从生产型增值税到消费型增值税的转变

加快财税体制改革，促进生产型税收向消费型税收的转变，逐步使消费税成为主体税种，增强发达地区吸引人口定居的动力；建立健全财权与事权相匹配的财政管理体制，实现地方政府"事权"和"财权"的对应，确保地方政府具备提供公共服务和以一定财政资金调配人口空间分布的能力。

3. 改革土地使用制度，实施地区人地"挂钩"政策

加快土地使用制度改革，在可控的基础上，促进用地指标的空间转移；增加人口大规模流入地区城市居住空间，实行城乡之间人地"挂钩"政策，城市建设用地的增加规模要与吸纳农村人口进入城市定居的规模"挂钩"；实行地区之间人地"挂钩"政策，城镇化地区建设用地的增加规模要与吸纳外来人口定居的规模"挂钩"。

（三）加快户籍制度改革，逐步剥离户籍制度上附着的权益和福利

弱化户籍与公民基本权益的联系，以住房、社保参保年限和（或）居住年限作为人口及其权益管理的替代性手段；已经在区域内稳定居住和稳定就业的外来人口家庭，享受与当地居民同样的权

益和公共服务。

（四）完善政绩考核体系，逐步将人口规模与经济规模的匹配作为重要考核指标纳入政绩考核

发达地区经济集聚规模远高于人口集聚规模，把鼓励发达地区吸纳人口以提高区域经济—人口分布协调度，设为考核经济发达地区政绩的一个重要指标；针对土地、产业、财税以及环保等各方面有优惠政策的优化开发区或重点开发区，对其吸纳人口规模提出必要的要求。

执笔人：刘　锋

第六章 农民工市民化与建立平等的就业制度

面对国家明确政策使稳定就业农民工融入城镇，转变为权利平等的城镇居民，改变城镇化滞后局面的新形势，进城农民工自身的期望是什么？调查显示，他们期待解决的问题，首先是劳动收入问题，其次是居住、社会保险、子女教育、医疗等问题。这个需求排序，表明农民工立足城市，首先是劳动收入能支付在城镇的衣食住行、子女上学等生存发展费用，实现经济自立，也表明多数农民工认为尚未获得与劳动付出相应的报酬，平等就业权益缺失。就业为民生之本，本义是由就业取得民生所需的收入。影响农民工收入的，一是就业机会、劳动力市场供求；二是以平等获得劳动报酬权利为核心的平等就业制度是否形成；三是自身劳动能力。为此，需要厘清农民工就业和形成平等就业制度及增进劳动能力的问题和对策。

一、进城农民工首先关心的是就业收入问题

据2010年国务院发展研究中心"促进城乡统筹发展，加快农民工市民化进程研究"课题组对8省市6232名农民工的调查，农民工不满意的方面，首先是收入水平，做出回答的农民工占59.7%；其次是居住状况、社会保险，分别占30.3%和28.4%；最后是医疗条件、子女教育、培训等。农民工最希望政府做什么？首先是提高最低工资水平，在做出回答的农民工中占65.9%；其次是改

善社会保险、提供保障住房或廉租房，分别占37.7%和29.7%；最后是改善医疗条件、工作和生活环境、子女教育条件等。农民工不满意和期望解决的问题，居于首位的都是劳动收入问题，前3项中2项是劳动权益问题。改善收入分配、社会保险和劳动条件已成为农民工关注的一个焦点。

同期共青团中央组织各省进行的调查，也印证了新生代农民工对劳动收入问题的突出关注，并进一步表明农民工劳动收入问题涉及多层内容。如农民工工资相对于城镇职工偏低，且工资以外的收入很少；相对于劳动强度、超长劳动时间来说，收入偏低（江西团省委调查新生代农民工工资主要分布在500~1500元，被拖欠克扣工资的占24.7%，但农民工说得最多的不是工资低，而是劳动时间长、太累）；相对于企业盈利与发展，农民工收入偏低（安徽团省委调查，工资低下、欠薪依然存在、强资弱劳发展模式是农民工融入的市场障碍）；相对于城市物价和生活成本上升，收入偏低（上海团市委调查，来沪新生代农民工生活上最大的困难，提及物价太高的占73.3%，提及收入太少、生活艰苦的占43.7%）；相对于在城镇的生存发展需要，收入缺乏保障（江苏团省委调查，农民工的心理压力，提及收入低的占43.6%，就业难或无保障占12.1%，看不到个人发展前途占17.9%）；中西部地区农民工的收入更多与就业、劳动权益保护相关（贵州团省委调查，农民工选择工作的要求，第一是安全，占92.5%，第二是工资，占83.6%；农民工不想失去目前工作的占45%，重新找工作困难的占32%。湖南调查，农民工就业层次低，工作不稳定，失业风险大，54%加班没有加班费。陕西调查，农民工有"三险"的几乎没有。宁夏调查，农民工工资经常被拖欠的占18%）。❶

---

❶ 资料来自2010年团中央组织各省份对新生代农民工融入城市社会的调查报告。其中江西、安徽、上海、江苏、贵州、湖南、陕西、宁夏分别调查了3700、1142、950、4850、353、1100、5133、800名农民工。

综上所述,农民工劳动收入问题涉及作为收入之源的就业、劳动用工方式、劳资关系、二元体制等多种因素,而收入分配不合理、劳动权益缺失、尚未形成平等就业制度是其实质内容。在融入城市的进程中,一份有保障的职业和获得合理劳动报酬、有稳定的收入,是农民工最基本的需要。

二、影响农民工转移就业、平等就业及收入增长的问题与原因

(一)城镇就业市场开放,农村劳动力大规模转移,虽已出现"民工荒",但仍存在农村富余劳动力就业和进城农民工持续就业的问题

自2004年我国沿海地区开始出现"民工荒"后,连年重现并向内地蔓延,但这并不能否定与发展不平衡和制度缺陷相联系的农村富余劳动力和进城农民工就业问题的存在。"民工荒"的出现,一方面表明我国农村劳动力转移取得了巨大成效。改革开放之后,伴随工业化发展已有2.42亿农村劳动力实现向非农产业和城镇的转移,全社会第一产业就业劳动力的比重由1978年的70.5%下降到2009年的38.1%,下降了约32个百分点。农村劳动力无限供给的局面发生改变,与工业化快速发展对劳动力的需求相比,可进入劳动力市场的农村劳动力供给出现偏紧。另一方面,也表明只把农民工作为廉价劳动力,忽视其劳动权益及在城镇生活问题解决的用工方式,难以继续。农民工既不接受廉价,也在寻求摆脱家庭分割的就业模式。但这并不意味着就业已不存在压力。

一是现实的就业压力。我国农村仍有近1亿富余劳动力以及新增劳动力需要就业。2009年虽然第一产业就业人口占总就业人口的比重比过去大大降低,但就业人数却比1978年多出1300万,这表明相对于机械化有了明显推进的农业对劳动力的需求,仍有1亿

左右潜在的富余劳动力。由于其中约70%是40岁以上、需要照顾土地和家庭的农业季节性富余劳动力，❶他们难以外出就业，又未能在农村充分就业。二是已进城农民工的就业问题。首先是新生代农民工对体面劳动、有相对自由的生活时间和更多社会承认的期望，与一些企业工资低、工时长、居住条件差、主宰式的强势管理之间存在反差，造成流动性大、就业不稳定。更重要的是，进城农民工难以转变身份，难以在居住、医疗、教育、社保等方面获得与城镇居民同等待遇，不得不在30~40岁时为了结婚、照顾子女、父母、家庭而返回乡村，使其在城镇就业难以持续，就业问题还没有彻底解决。三是工业化、城市化发展与农民转移就业的结合问题。现在仍存在城市某些工作岗位只招用本地户口人员的限制。一些地方推进产业结构升级很少考虑农民工就业，或为发展国际化都市，要把已就业的所谓"低素质"的农民工挤出去。农民工主要就业于中小企业、民营企业、劳动密集型产业，国家专门制定了这方面的支持政策，但政策措施的制度化进展不足。有了支持中小企业的金融政策，而相关金融组织结构、信贷制度上的问题还有待解决。如何支持劳动密集产业向县域转移，支持小城镇产业发展，支持农民及回乡农民工创业，更有一些问题要解决。总体而言，就业的总量压力仍然很大，而影响农民工劳动权益、生活权益及持续就业、根本转移的制度性矛盾更加凸显。出现"民工荒"不是就业问题不复存在，而是为推进就业、解决劳动权益缺失的问题带来新的要求和机遇。

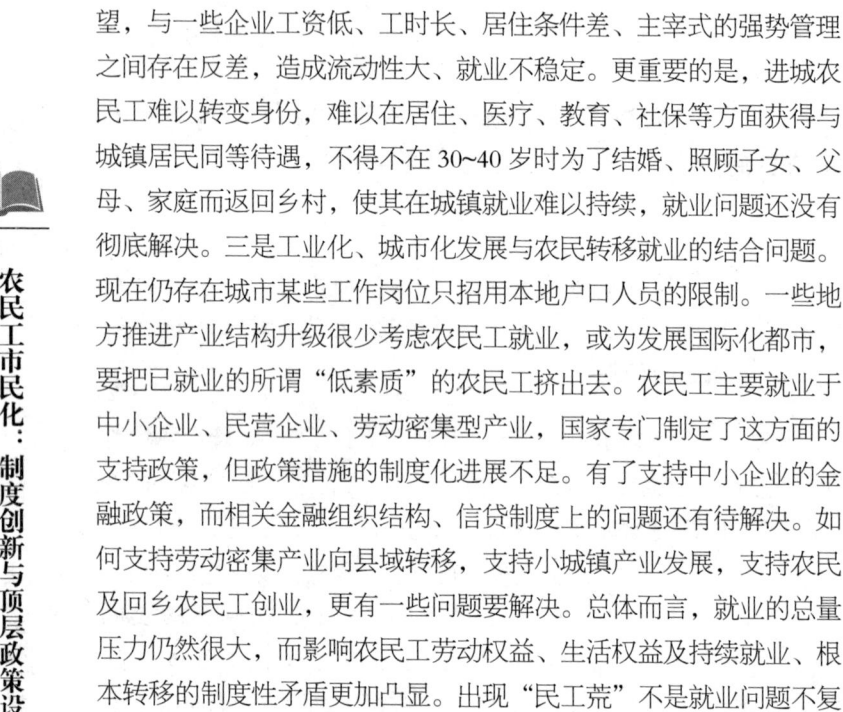

（二）农民工劳动权益缺失，距离平等获得劳动报酬尚远

这是当前农民工未能实现平等就业的核心问题。平等就业制度

---

❶ 都阳、王美艳：《农村剩余劳动力的新估计及其含义》，《广州大学学报》（社会科学版），2010年4月。

包含的内容：一是就业市场准入上实现劳动者平等获得就业机会的权利，现已基本实现。二是平等获得劳动报酬的权利，涉及工资、福利和劳动管理制度，包括工资报酬、劳动保护条件、社会保险、休息休假、节假日补贴等权利。农民工的这些权利严重缺失，已成为他们关注的一个焦点，也是劳资纠纷、社会冲突集中发生的领域。三是平等就业的延伸层面——实现劳动者平等获得公共资源和公共服务的权利。

目前农民工收入偏低，距离平等获得劳动报酬尚远。①近年因劳动力供求偏紧、政府促进平等就业等因素，农民工工资有了较快增长，但总体上仍然偏低。据国家统计局调查，2009年农民工平均月工资1417元，仅相当于城镇在岗职工平均月工资2435元的约58%。农民工普遍劳动时间长，平均每月工作26天，每周工作58.4小时，每月比国家规定工作时间多84小时，折合10.5个工作日。按此推算，农民工小时工资只相当于城镇职工的43%，同工不同酬的问题明显存在。多数企业没有形成通过劳资协商确定工资及工资合理增长的机制。②劳动保护条件差。据人口和计划生育委员会2009年流动人口监测报告，60%农业流动人口就业于工作条件差、职业病发生率高和工伤事故频发的低薪、高危行业。超过1/3没有任何安全措施，并缺乏安全教育和职业健康监护，工伤、职业病受害者多是农民工。③缺乏社会保险。尽管农民工参与城镇社会保险在政策上不存在障碍，但参保率依然不高。据国家统计局调查，2009年雇主或单位为外出农民工缴纳城镇保险的比例分别为养老7.6%、医疗12.2%、工伤21.8%、失业2.3%。在建筑行业，该比例仅为养老1.8%、医疗4.4%、工伤15.6%和失业1%。

---

❶ 有的研究分析，农民工和城镇职工的收入差距，有60%是人力资本差异造成的，有40%是体制差异造成的。但我们进一步分析，人力资本差异，既有城乡人口接受教育的条件差异、培训差异，也有农民工不能定居城镇、加剧流动、不能积累技术和经验的问题。综合起来，体制差异的因素要超过半数。

农民工难以平等获得劳动报酬,既有市场经济下劳资关系不对等、相关均衡措施缺失的原因,又有城乡二元体制造成农民工与城镇户籍人口不平等的原因。在市场经济下,虽然企业可以自由决定用工和工资数额,工人也可以自由决定接受多少工资和在哪个企业劳动,劳资双方是自由平等的关系,但作为有组织和有资本实力的企业,特别是较大企业,根本不可能和每一名工人平等地协商工资、工时和劳动条件。在这个意义上,工人处于弱势地位,所决定的工资、劳动条件对企业有利,即决定的工资偏低,降低劳动积极性,对企业和经济发展都会产生消极影响。这种情况被称为市场的失灵。为此,国际上一般采取的均衡措施是通过法律保障劳动者的团结、集体交涉和其他集体行动的权利,从制度上加强工人同企业进行交涉时的地位,并对工资、劳动时间和其他劳动条件的标准由法律做出规定,以保护劳动者的权利,并维护劳资平等的地位。❶

我国目前的问题,一是劳资对等关系尚未形成,影响收益分配。工资的决定机制受两大因素影响,首先是劳动力的市场供求关系,其次取决于劳动者是否提高组织程度,在维护基本劳动权益上增强同企业集体交涉的平等地位。近年市场劳动力供求偏紧,增强了农民工就业的选择性,推动了工资水平上升,但农民工的组织程度、工会维权作用的发挥,还存在较大问题。据国务院发展研究中心对6232个农民工的调查,参加工会的仅占1/4左右,认为工会能够代表工人利益的占45.2%,但认为工会能够发挥重要作用的仅占9.6%,认为工会不能代表农民工利益和没有实际用处的占42.3%。由于工会维权作用发挥不够,农民工又受城乡二元体制影响,缺乏城市居民身份和社会保障,不能参与社会管理,处于城市社会的边缘化地位,在劳资关系上,雇主方往往更加处于强势地

---

❶ 参见中国社会科学院工业经济研究所、日本总合研究所编辑的《现代日本经济事典》,中国社会科学出版社、日本总研出版股份公司,1982年版,第十三章。

位，影响了农民工工资水平及劳动条件的改善。

二是政府履行依法保护劳动者权利的职责不到位甚至错位。我国已有维护劳动者权益的法律，但执行情况较差。主要原因是有些城市政府把本地经济 GDP 增长置于维护劳动者权益之上，依法保护劳动者权利的职责不到位，受二元体制影响，忽视户口不在城市的农民工权益。实行分级负担的财政体制，劳动者基于单位的劳动报酬又往往受到地方政府利益的影响，比如一些地方政府出于短期利益的考虑，默许或纵容雇主不提供法定的劳动保护条件，不给予社会保险等，加大了农民工平等获得劳动报酬权利的困难。

三是有的法规不成熟，影响了农民工劳动权益保障。如现行城镇社会保险的费率标准，对中小企业和农民工来说，缴纳负担较重。据本课题组在武汉市的调查，一个农民工交足各项保险，企业要支付 516 元／月，个人要支付 165.7 元／月。农民工实际缴费占到月均工资 12% 左右，企业成本将增加 1.8%~6%，而许多中小企业的利润也就在 5% 左右，过高的费率影响了企业和农民工参保。

四是中小企业税费负担重，融资成本高，间接影响了农民工的劳动权益保障。

（三）技能培训和职业教育对农民工覆盖面小、效果差，影响转移就业、稳定就业和收入提升

职业培训和教育对农民工就业、成长，以及整个经济发展都是具有根本性影响的因素。近年农民工技能培训有进展，但总体规模较小，质量较差。六成以上农民工外出前没有参加过技能培训，有些培训对就业帮助不大。进城农民工，特别是新生代农民工，绝大多数期望通过培训学到技能，但得到的培训机会少，或因超时劳动、经济困难，不可能参加培训。农民工技能水平整体偏低，严重影响了他们就业的稳定性和收入增长。

问题主要出在培训教育体制上：一是与农民转移就业和进城农民工的培训需求相比，政府投入偏少。二是技能培训和职业教育体

制转变滞后，难以适应市场，没有体现农民工的主体性。沿袭传统的政府主导培训模式，缺乏与市场需求的沟通，农民缺乏选择权。培训管理条块分割，资源分散，导致培训基础设施建设和师资队伍建设比较滞后，培训内容更新缓慢，管理纵向分割影响了产学的横向结合。管办不分，监管存在漏洞，违法乱纪现象屡禁不止，影响了政府投入的效果。公办、民办培训机构规范有序公平竞争的秩序还有待形成。三是受二元体制影响，城市尚未很好将农民工纳入培训服务体系。四是企业作为培训主体，多是对农民工重使用轻培训，或只使用不培训，这与政府的激励机制欠缺有关。

三、完善促进就业政策、构建平等就业制度的建议

根据经济结构和劳动力市场出现的新变化，"十二五"时期要继续促进农村富余劳动力多渠道转移和进城农民工稳定就业，把改善劳资关系和平等获得劳动报酬作为重点，把提升农民工技能作为关键，夯实农民工市民化的基础。

（一）继续把扩大农民非农就业放在突出位置，促进进城农民工稳定就业

首先，产业、企业发展政策要密切联系积极的就业政策。推进产业结构调整要顾及和满足农村劳动力转移就业和进城农民工稳定就业的现实要求。大力推动高新技术产业、资金密集产业和劳动密集型产业均衡发展，促进传统产业改造创新，稳定和提高就业吸纳能力；积极发展服务业，既加快现代服务业发展，也推动家政等传统服务业的细分和升级，适应不同层次的市场需求，培植就业新的增长点；从中小企业创业发展、经营和技术创新、流通、金融服务、财税制度、协作组织等方面进一步完善法律、政策，为中小企业创造有利的发展环境，促进中小企业与大型骨干企业共同发展，增加就业机会。

其次，城镇发展政策要增强对农民工的吸纳能力及保障农民工稳定就业的能力。发展城市群，巩固和扩大农民工就业。加强区域规划的协调作用，通过产业政策引导，促进以大城市为中心、中小城市和小城镇为支撑的城市群发展。加快城市群内基础设施建设，实现资源共享，提高中小城市和小城镇的产业和人口聚集能力、服务水平和居住质量，减轻大城市资源环境过载压力，形成大城市和中小城市、小城镇产业分工协作、人口均衡分布、经济错位发展和社会共同进步的协调发展局面。大中城市特别是中等或中大城市要继续改善农民工的就业环境和条件，提高就业质量，保护农民工自谋职业的积极性，使之成为吸纳农民工的重要场所。大力促进县域经济和小城镇发展，抓住产业转移有利时机，促进特色产业、优势项目向县城和重点镇集聚，加强区域市场建设，发展产业集群，延长农产品加工产业链条，发展旅游服务业，吸纳农村人口就近转移和集中。

最后，区域发展政策要促进农村劳动力的多渠道转移。东部沿海地区和大中城市在产业升级过程中要通过大力发展产业集群、延长产业链条和积极发展服务业，稳定和扩大农民工外出务工就业；中西部地区要积极承接沿海产业转移，以政策和服务引导城市资金、技术、人才向县域流动，推进乡镇企业结构调整和产业升级，拓展农村非农就业空间，扶持发展农产品加工、运销、服务，为农民就近转移创造有利条件。在信贷、税收、用地等方面实施优惠措施，扶持农民、返乡农民工创业，以创业促就业带转移。

（二）构建和谐劳资关系和平等就业制度，建立农民工工资合理增长机制

首先，加强政府对农民工劳动权益的依法保护。这对保护包括农民工在内的职工权益，对劳资双方、企业发展和全社会都是有益的。各级政府要进一步转变观念，履行依法保护农民工劳动权益的职能。继续完善最低工资标准制度，根据经济发展情况及时提高最

低工资标准,使农民工生活水平随经济发展同步改善。加大执法力度,加强对用人单位订立和履行劳动合同的指导和监督,加强安全管理、职业卫生管理和劳动保护,提高处理劳动争议和保护劳动权益效能。

其次,健全工会组织,促进劳资集体协商。按照《工会法》完善工会组织,支持农民工加入工会,切实发挥工会维权作用。加快建设企业劳资集体协商,或政府派员参与的三方协商机制,形成规范合理的工资共决、支付保障和正常增长机制,保障包括农民工在内的职工收入与企业效益联动。要禁止企业因工人参加正常工会活动而损害其就业和提薪的利益,或没有正当理由而拒绝其同工会的谈判。在集体协商发生劳动争议时,政府主管部门要给予调解和仲裁。为提高集体协商效果并利于企业经营,可提倡集体协商集中在每年的某一个季度进行。

再次,引导企业建立互利共赢、和谐稳定的新型劳资关系。劳资双方的利益统一于企业发展,又在分配环节存在利益的对立。健全工会和增强工人与资方谈判的平等地位,不是强化劳资对立,而是以对等促互利,在平等互利基础上构建劳资合作发展的机制。要引导企业特别是雇主,作为处理劳资矛盾的主要方面,树立以人为本的发展理念,尊重员工劳动权益,缔造员工与企业共同成长的发展机制。在劳动力供求发生变化、劳动者作为发展的首要能动因素的地位更清晰的情况下,企业应革新劳资关系,把员工作为企业的主体,平等对待农民工,让劳动者实现安全、体面的劳动,在集体协商中获得合理的劳动报酬,增加工龄工资,提供培训成长机会,齐心合力求得企业创新发展。

(三)发展面向全体农民工的职业培训和教育

加强农民转移就业培训,对农民工全面开展职业培训和教育,是促进就业和提高农民工收入的需要,是企业技术创新和产业升级的需要,也是国家转变发展方式、提高国际竞争力的需要。这种培训教育具有公益性，要加大公共投入；虽然企业和农民工个人的需求千差万别，但还是要按市场机制进行。一是要把转移就业农民和进城农民工纳入国民培训教育体系，进行带前瞻性的公共投入，形成政府／企业／劳动者／培训机构共同推进、以市场为导向、以农民工提高就业能力为目标、充分尊重农民工的自主选择权、多方受益、充满活力的教育培训机制。二是以促进转移就业为目标，加大对农村富余劳动力、"两后生"技能培训的投入力度，推行"培训券"制度，实施订单式培训，培训机构公平竞争，政府购买培训服务，推进培训就业一体化。逐步将培训为主转变到免费职业教育为主。三是城市加大农民工培训教育的公共投入，强化企业培训责任，发挥行业组织的作用，调动农民工参加培训的积极性，让企业培训开发、公共职业培训、跟师学艺培训都得到发展，鼓励农民工经过鉴定获得培训合格证书、职业资格证书，以技能促就业、发展和农民工收入的增长。

执笔人：崔传义　肖俊彦　秦中春

第七章 建立覆盖农民工的普惠公共服务制度

长期以来,由于城乡二元体制,城市与农村的发展不平衡,大量的农业人口流向城镇,形成了一个特殊的群体——农民工。随着经济的不断发展,农民工已经是城市外来人口的重要组成部分,与其他城市外来人口相比,大部分农民工的受教育程度以及收入报酬比较低,所从事的职业有其特殊性,农民工是目前城市社会各阶层中享受公共服务比较少的社会群体。尽管他们中的许多人都已经在城市生活多年,甚至已经有了"第二代农民工",但仍然没有能够充分享受到城市的基本公共服务。显然,这有悖于建设社会主义和谐社会的基本理念。政府应在积极推行城乡区域之间基本公共服务均等化、向全社会提供较为均等的公共服务的总体框架下,结合城市移民(包括永久性迁移和临时性流动的人口)的管理,统筹解决农民工的基本公共服务问题。

一、基本公共服务的内涵及其范围界定

基本公共服务是建立在一定社会共识基础上,根据一国经济社会发展阶段和总体水平,为维持本国经济社会的稳定、基本的社会正义和凝聚力,保护个人最基本的生存权和发展权,实现人的全面发展所需要的基本社会条件。基本公共服务的内涵具有时空特征,不同国家在不同时期对基本公共服务范围都会有不同的界定。

公共服务是政府的重要职能,2003年的党的十六届三中全会

通过的《中共中央关于完善社会主义市场经济体制若干问题的决定》明确提出了政府的四项职能：经济调节、市场监管、社会管理和公共服务。继而，国务院在2004年颁布的《全面推进依法行政实施纲要》中又再次要求完善政府的社会管理和公共服务职能，强化公共服务职能和公共服务意识，简化公共服务程序，降低公共服务成本，逐步建立统一、公开、公平、公正的现代公共服务体制。对于基本公共服务主要范围的界定体现在十六届六中全会《中共中央关于构建社会主义和谐社会若干重大问题的决定》以及党的十七大报告中。十六届六中全会提出要将更多财政资金投向公共服务领域，加大财政在教育、卫生、文化、就业再就业服务、社会保障、生态环境、公共基础设施、社会治安等方面的投入。党的十七大报告中又再一次强调改善民生，扩大公共服务，"努力使全体人民学有所教、劳有所得、病有所医、老有所养、住有所居，推动建设和谐社会"。

由于基本公共服务的内涵和范围具有历史性，不能脱离具体的国情。基本公共服务应该具备基础性、紧迫性和现实可行性三个特点。所谓基础性，是指那些对广大人民群众的生存发展有着最重要影响的公共服务，如果这些基本服务缺失，将严重影响社会的良性健康发展。所谓紧迫性，是指事关广大人民群众当前最直接、最现实、最迫切利益的公共服务，如果不及时提供，社会主义现代化建设的步伐将会减缓，甚至影响到社会的稳定。所谓现实可行性，是指公共服务的提供要与现阶段我国经济发展水平和公共财政能力相适应，超出财政能力的承受幅度显然是不现实的。

根据上述要求，结合当前我国所处的发展阶段以及人民群众对公共服务的基本需求，我国现阶段的基本公共服务范围应包括社会保障、义务教育、医疗卫生、就业服务、住房保障和社会治安等方面。这些基本的服务理应为在城市生活的全体居民所享有，获取城市的基本公共服务是市民权的重要部分，政府应无差别地提供给包括农民工在内的所有在城市生活、居住和工作的居民，也就是说，由政府提供或购买的公共服务应该普遍提供给全体居民。当前，能否提供这些基本服务，对城市中的农民工而言，显得尤为迫切。

二、现行基本公共服务制度存在的问题阻碍了农民工的市民化

（一）我国基本公共服务的显著特征是"碎片化"和"二元化"现象并存

我国各地区发展极不平衡，人口众多，基本公共服务的财政支出占总支出的比例偏小，并且城乡之间分配极不均衡。直到2007年我国基本公共服务支出水平（29.12%）才刚刚超过1995年全球低收入国家的平均支出水平（27.5%），无论是教育、医疗，还是社会福利支出，地区与城乡之间的不平衡仍是一个现实问题。这样的基本国情，使得我国基本公共服务呈现保障制度的"碎片化"和城乡分割的"二元化"，即城乡、区域、阶层和职业之间分隔、分别设置且统筹层次低，不能在全国范围内和不同种类之间转移及携带，增加了人口的流动成本。

（二）我国农民工目前所享有的基本公共服务状况与其独特的"二元"身份密切相关

我国农民工目前所享有的基本公共服务与其自身的居住和工作特点相关，一方面农民工并没有改变自己原有的农民身份，另一方面又在城市工作和生活，于是造就了其独特的"二元"身份。

第一，作为农民身份，其本身所享受一定的基本公共服务。现阶段我国农村主要有农村社会养老保险、被征地农民社会保障、农村最低生活保障、农村五保、救灾救济、社会优抚、新型农村合作

医疗、农村医疗救助等项目。长期以来，我国实行的都是与户籍挂钩的公共服务、社会保障与福利制度。农民工所具有的农民身份，可以享受当地提供的公共服务项目，这些服务往往因为其具备当地的农村户口而享有，尽管农村地区目前公共服务的投入与城镇相比仍有很大的差距。

第二，在某种程度上，可以作为城市居民所享有的基本公共服务。近年来，党中央、国务院高度重视农民工问题，制定出台了一系列政策措施，农民工关注的热点和难点问题开始被城市管理者所重视，原来只向拥有城市户籍居民提供的公共服务逐步向农民工延伸，例如农民工子女的义务教育服务、计划生育服务等。虽然从全国来看，因为相关的立法缺失，向农民工提供的基本公共服务的种类尚未统一，但很多地方和城市对此进行了摸索和尝试，如浙江嘉兴市把推进城乡统筹就业和农民工稳定就业作为促进经济社会发展的重要措施，坚持"同等政策保障、平等公共服务"的原则，把农民工即外来人员的主体纳入基本公共服务保障体系中，农民工被称为"新居民"，"善待新居民"的理念已经根植于嘉兴。通过全面推进城乡统筹的就业创业和社会保障服务体系的建设，实施了覆盖农民工的统一的社会保险制度、统一的城乡就业扶持政策、统一的城乡医疗保健制度和统一的城乡入学教育制度。例如出台了做好外来务工就业人员子女接受基础教育工作的办法，使符合条件的外来务工子女与当地学生享受同等待遇，全部免收借读费，贫困农民工家庭子女与当地学生一样享受"两免一补"政策。在某种意义上说，这种"平等对待"才是我们所说的农民工的市民化，也理应成为我们的追求目标。

第三，作为农民工这个特殊群体所享有的基本公共服务。国家和很多地方政府专门针对农民工这一弱势群体的基本特征进行了特殊的制度设计，为农民工提供多种保障，尤其是自2006年国务院颁布《关于解决农民工问题的若干意见》以来，农民工所享有的基本公共服务范围不断扩大，相应的基本公共服务制度逐步

第七章　建立覆盖农民工的普惠公共服务制度

205

建立。

例如，国务院2006年发布的《国务院关于解决农民工问题的若干意见》中的农民工工资支付保障制度，就是对农民工的"特殊"保障；2010年发布的《国务院办公厅关于进一步做好农民工培训工作的指导意见》，要求各省建立农民工培训补贴制度等，也具有特殊保障的含义。另外，还有建筑工程农民工工资监控机制、农民工工资清欠和失信惩戒机制、农民工劳动保障监察机制，等等。虽然针对现阶段农民工权益不断受侵害和基本公共服务不足的现实，这些措施具有必要性，但从长远来看，这些专门针对农民工的"政策"应该会退出历史舞台，毕竟农民工市民化要求的是平等对待，而不是差别对待，无论这种对待是合法利益的剥夺还是额外利益的授予。

（三）"碎片化"和"二元化"的基本公共服务制度和户籍制度相互作用、相互强化，导致人口在区域、城乡、城城之间难以永久迁徙

我国现在制定公共服务政策的法律依据主要是在20世纪90年代早期和中期出台的，当时正处于流动人口大量增加、社会压力巨大的阶段，因此显得立法带有浓厚的管理部门痕迹。这些立法的核心主要有利于政府部门的管理，这些法规多是一些部门规章和地方性法规，其内容多以限制性规定为主，而引导人口合理流动、为流动人口服务、确立流动人口权利与义务，特别是流动人口权益保障方面的内容不多甚至没有，流动人口参与管理的积极性也不高，与社会法治建设的要求不相适应。随着我国经济的逐步发展，人口自由流动已是大势所趋，从国外发达国家的历史发展来看，限制人口流动也不利于经济快速稳定地发展。但当前由于社保体系以及提供公共服务的城乡"二元化"和"碎片化"特征，在不同的区域之间、城乡之间以及职业之间，所享受的公共服务和社会保障差异很大，制度也不衔接，不利于人口在区域之间以及城市之间流动，进

而也就制约了人口流动引导的资金和产业在地区之间的优化配置。

如广东等省将流动人口纳入城镇基本保险制度,东部地区其他一些省份将其纳入农民基本保险制度,上海、成都等则探索建立独立的农民工社会保障制度。流动人口不仅被分割成"城保""农保"和"综保"3个大碎片,而且存在于诸多小碎片中。以"城保"模式为例,很多地方对城镇基本社保制度做了较大变通和变形,以适应本地的外来人口参保,比如在江苏省吴江市,外来流动人口从业人员被分割在3个不同制度中:雇用外地城镇户籍劳动者的单位按19%缴费,雇用农民工的城镇企业按13%缴费,雇用外地农民工的开发区企业按10%缴费。如果不能采取有效措施平等对待类似农民工群体的社会保障问题,使他们业有所就、老有所养、病有所医、贫有所济,必然会影响到社会稳定和经济的长期可持续发展。而所谓的"综保"模式,在目前农民工收入比较低、对保障程度的要求也比较低的状况下,为了减轻农民工及其雇主的缴费负担,提高农民工的参保比例,有其积极的作用,是一种过渡期内的创新模式。但是从长远看,仍然使农民工的社会保障体系独立于基本的"城保"和"农保"之外,会对各种保障制度的转移和接续造成一些障碍,仍然需要随着农民工收入和参保积极性的提高而加以变革。

对我国来说,上述这种"碎片化"和"二元化"的公共服务基本现状,限制了人口的自由流动与迁徙,而基本公共服务的享受与户籍挂钩的制度已经显示出其极大的落后性,已经显得不符合现阶段基本国情,如果继续下去,户籍制度"含金量"的巨大差异将加剧所面临的困境。如果彻底放开户籍制度,则无法按现有户籍人口享受的水平向新迁入人口提供基本公共服务和社保,导致无法放开户籍制度;而户籍制度不放开,各地经济发展的果实主要受惠对象,就只能是本地户籍人口,这将导致地区和城乡之间基本公共服务和社保水平差距进一步拉大,差距越大,越不利于人口的自由流动。户籍制度和碎片化的社保两者相互加强,越往后拖,改革难度越大,城镇化的健康发展以及农民工的市民化将面临越不利的局面。

(四)"碎片化"和"二元化"制约了外来人口融入城市,也阻碍了农民工的市民化进程

农民工的市民化包括农民工及其家庭在经济、社会和心理等多方面融入城市的过程。虽然农民工现在可以在城市就业,可以在城市找到一份工作,但离真正地融入城市还有很大的距离,例如社会和心理的融入。大部分农民工由于工作性质、报酬状况和社会福利水平与普通市民间的差异,目前还没有能力过上一种与市民接近的生活方式,从而难以接受并形成与市民相同的价值观,真正成为城市的一部分。农民工在社会以及心理等方面融入城市的基础便是可以获得城市的基本公共服务,只有如此,才有可能平等地参与城市的建设。然而,如今在城市工作与生活的大量农民工并没有被城市的基本公共服务所覆盖,例如许多城市尚不能为农民工子女充分提供免费的义务教育等服务,大量学龄儿童仍然留在农村,而农民工一旦需要医疗救助等基本公共服务,只有回到原籍才能享受医疗补贴及相关保障,导致农民工难以真正融入城市,对城市缺少一种归属感,这也会限制农民工的工作效率。

(五)一系列深层次因素导致农民工难以获得较为均等的公共服务

首先,地方政府把基本公共服务和社会保障看作经济发展的负担。长期以来,由于经济发展水平低,人们对通过完善基本公共服务和社会保障体系、促进和谐社会建设、推动现代化和城市化的重大意义,认识得不准确、不全面。事实上,基本公共服务和社会保障体系正是"发展为了人民,发展成果由人民共享"的直接表现。我国经历了几十年的高速发展,现阶段向包括农民工在内的全体居民提供基本公共服务不仅不是经济发展的负担,相反,只有提供完

善的基本公共服务和社会保障体系，社会的活力才可能得以体现。让农民工来到城市没有"后顾之忧"，他们才能义无反顾地奉献自己的才智和辛劳，才能保证经济长久高速发展，经济发展与公共服务二者是对立统一的。

其次，地方政府仍然存在"城乡分割，农民以土地为保障"的理念。现有的行政区经济体制是农民工进城难的另一个主要制度原因。行政区经济是指地方政府以本行政区为范围，以行政区经济利益最大化为出发点，组织和调控经济活动的一种特殊现象，这是在我国特殊的体制构架下，特殊体制转轨时期的产物。在市场经济中，地方政府的一般职能是制定地方法规、维护公平、反对垄断、为本地居住或工作的居民提供公共品。在行政区经济体制下，地方政府职能有两个特点：其一是发展地方经济的职能，这是我国地方政府最重要的职能之一；其二是服务对象是有当地户籍的居民，主要是有当地城镇户籍的居民，不包括虽在本地工作和居住但没有当地户籍的居民。行政区管辖的人口根据户籍划定，上级政府考核下级政府政绩的 GDP、税收、就业等经济发展指标也是以辖区户籍人口为基数计算的。行政区利益导向使当地政府主要考虑为有本行政区户籍的人口服务。在这种体制下，对外来人口少提供或不主动提供公共品服务，在短时期内易于达成各方利益均衡。

三、按照城乡和区域统筹的原则建立覆盖包括农民工在内的城市外来人口的普惠公共服务制度

当前公共服务在区域之间不衔接，针对农民和包括农民工在内的外来人口的体系不完善，解决这个问题的制度框架必须从两个层次予以考虑。第一，公共服务在城乡和区域之间的统筹。我国城乡和区域之间发展不平衡，这无疑在客观上为公共服务在城乡和区域之间的整体统筹安排增加了困难，但不能否认的是，公共服务的

目标就是要在排除物价等因素的影响后,实现城乡和区域间公共服务水平基本相同。公共服务的第一要义是公平,即要保证每个公民,无论是城市居民或者农村居民都享有获得基本公共服务的平等权利,这就要求政府建立的公共服务体系具备制度上的统一性。第二,在城乡和区域之间有差距时,也就是难以在短时期内实现第一个层次上的均衡的情况下,解决流动人口和新移民的公共服务问题。城乡和区域之间的差距是客观事实,农民工的流动必然要求地区之间的公共服务和社会保障实现衔接或接续。只有在这两个前提下,针对农民工的政策才能真正可行。

(一)普惠的覆盖农民工的基本公共服务制度的目标和特征

建立城乡统筹的、普惠的覆盖农民工的基本公共服务制度,其基本特征主要有:①体系完善。基本公共服务和社会保障要全面涵盖教育、医疗卫生、住房、社会安全、社会救济和保障等各个方面,不能有遗漏。②制度对接。地区之间、城乡之间的公共服务制度相互衔接、方便转移和接续,只有建立一种整体能够对接的公共服务制度,才能有效地推进地区和城乡之间的劳动力流动。③水平适度。公共服务制度的制定不能脱离国家的发展水平,各地区提供的公共服务也必须与经济发展水平和阶段相适应。④覆盖广泛。普惠公共服务要求对所有公民平等提供,要求覆盖范围广泛。⑤重点突出。公共服务涉及生活的各个方面,但是在具体的提供上,一定要把老百姓最关心、要求最迫切的公共服务放在突出位置。

(二)目前有条件和能力建立覆盖农民工的普惠公共服务制度

普惠、高效的基本公共服务既是政府必须履行的职责,也能够提高人力资本质量和可流动性,促进经济发展,推动农民工市民化和城市化进程。在市场经济体制基本建立后，政府的主要职能要从改善基础设施等直接参与经济的活动，转向主要负责维护有效竞争的秩序、提供公共服务、建立完善的社会保障体系和提供社会保障方面。从国际经验来看，在和我国接近的发展阶段上，建设均等的公共服务和社会保障体系的可能性和先例是有的，许多国家，如日本、韩国甚至在更早的阶段就在教育等领域实现了普惠和公平。英国在20世纪40年代末、日本在20世纪50年代和60年代、韩国在20世纪80年代，都着手建立了全国统一的公共服务和社会保障体系，有力地支持了这些国家和经济体的经济增长，推进了城市化和现代化进程。从发达国家的历史看，一般在城市化水平达到50%左右之后，公共服务和社会保障趋于完善（详见表7-1）。从我国的发展阶段来看，当前我国的城市化水平已经接近47%，人均GDP也达到了6000元（1990年的国际元），已经接近或超过部分发达国家建立较为完善的社会保障体系时的发展水平，有能力和条件建立较为完善的基本公共服务和社会保障制度。

表7-1　建立以社会保障为主要内容的基本公共服务体系的年代

国家	建立年代	人均GDP	人均GDP年份	人均GDP	人均GDP年份	城市化水平（%）	城市化水平的年份
英国	1900/1930	4921	1913	—	—	66	1911
瑞典	1913/1934	3096	1913	3600	1920	—	—
德国	1911	3648	1913	—	—	49	1910
美国	1935	5467	1935	—	—	56	1935
日本	1938/1956	2450	1938	2949	1956	33/56	1935/1956
韩国	1986	6263	1986	—	—	67	1986

注：GDP的单位是1990年的国际元。

四、保障农民工享受普惠的基本公共服务若干重要领域的思路

覆盖农民工的城市外来人口的公共服务领域很广,根据整个课题的设计,有很多重要的内容如社会保障、医疗和住房等已经在课题中的其他部分讨论,本部分只讨论子女教育、公共卫生和司法救济这3个领域的基本思路。

(一)切实保障农民工子女接受教育的权利

1. 存在的基本问题

近年来,随着中央《关于进一步做好进城务工就业农民子女义务教育工作的意见》的出台,各地政府特别是农民工流入地政府普遍加大了解决农民工子女就学问题的工作力度,取得了很大的进展,但农民工子女平等享受义务教育等问题,还没有得到根本解决。各地在配置教育资源、制订教学计划上,主要还是依据户籍儿童的情况;农民工子女进入公办学校仍不同程度地受到入学门槛限制,民办的农民工子弟学校实际上还是由农民工负担办学经费;很多流入地政府承担了大量农民工子女义务教育责任,在财政上成为额外增加的负担。存在这些问题的主要原因是教育资源在城乡和区域间的不平衡,城市拥有较多的优质教育资源,同时,这种地方性的优质教育资源首先是区域内成员享有的利益,农民工子女作为"外来人"无法实现共享,即使得到了共享的机会,由于成本过高,也很难真正有机会去实现。

2. 主要思路

①教育经费的划拨要尽快按照实际入学人数而不是户籍儿童数来确定。按照规定,农民工子女的教育问题主要由流入地政府来解

决,尽管农民工流入地政府通常财力要比流出地政府雄厚,但是解决农民工子女就学问题必然会增加流入地政府的财政负担,如果相应的教育经费不能及时按照实际入学人数划拨,难免影响流入地政府的积极性,最终影响到农民工子女的教育。

②外出务工就业农民工随迁子女和留守儿童要统筹考虑。一方面,农民工流入地政府要承担起农民工同住子女义务教育的责任,城市公办学校对农民工子女接受义务教育要与当地学生在收费、管理等方面同等对待。另一方面,流出地政府要解决好农民工托留在农村子女的义务教育问题。尤其是对留守儿童,应根据情况建立寄宿制学校,保证满足留守儿童的需要,配置专职的安全人员,加强对留守儿童的情感教育。

③鼓励采用多种方式解决农民工子女的教育问题。解决农民工子女的教育问题,既要继续推进"两为主"政策,提高公办教育经费对农民工子女教育的投入,加大对农民工弟学校办学场地、教学设备和办公经费的投资力度,为接受农民工子女入学创造条件,也要在公办教育资源不足的情况下,鼓励社会资本进入教育领域,创办农民工子女义务教育学校,采取政府向民办学校购买服务等多种方式,解决义务教育的供给问题。

④尽快实现农民工的就业、子女年龄等方面的信息共享。公安部门、劳动保障和教育等部门要尽快实现包括农民工在内的流动人口登记统计信息的共享,这既有助于及时把握农民工子女入学的动态,也有利于流入地政府根据农民工的就业和职业状况以及子女的情况统筹规划教育资源,公正有效地分配教育资源。

此外,应在解决好农民工子女义务教育问题的前提下,逐步加强高中阶段和职业教育服务的提供。目前,有很多的农民工子女在完成义务教育阶段的教育之后,由于受教育成本的提高、收入低等原因,不再接受进一步的教育,不利于广大农民工子女积累人力资本，可以采取降低高中教育和职业教育收费的办法，鼓励农民工子女继续接受高中和职业教育。

（二）完善农民工公共卫生服务制度

1. 存在的基本问题

根据课题组在 2010 年所进行的调查，包括公共卫生服务在内的医疗卫生是农民工较不满意的一个方面，而改善卫生条件也是广大农民工最希望政府所做的事情之一。现阶段，农民工的公共卫生服务享有率较低，公共卫生服务覆盖率不高。农民工的工作环境、居住条件、饮食卫生比较差，极易引发食物中毒或皮肤病等传染病；营养不良、疲劳和免疫力下降等原因还可能使部分疾病如结核病等很容易在农民工群体中发生；由于工作时间长、强度大，工作条件和生活环境较差，城市农民工群体的职业病、流行性疾病发病率高于其他人群，工伤比例也很高。这导致了农民工对公共卫生和医疗保健的需求比较大，但由于就医费用高和缺乏医疗保障，城市农民工看病难、就医率低的现象普遍存在，很多农民工不得不求助于一些价格低廉的非法医疗机构，容易发生误医、误诊乃至医疗事故等问题。因此，农民工的公共卫生条件差、经济承受能力低、看病难，反过来又会危及公共卫生安全，这两者相互交织、相互影响，增加了解决问题的难度，也要求对这两者的解决做统一的安排，在改善农民工公共卫生条件的同时，提高农民工的医疗保障水平。

2. 主要思路

首先，要提高城市公共卫生设施的配置标准，城市的公共卫生设施应该按实际服务的人口来配置，不要局限于户籍人口，甚至要突破城市常住人口的规模。

其次，要根据农民工就业和居住比较集中的特点，例如在建筑工地、城郊接合部等地方，要做好重点区域的传染病防治工作，包括改善这些地方的公共饮水、污水和垃圾处理等基础设施。

最后，从医疗保障政策方面，在目前的制度安排下，在近期内可以采取一些措施提高农民工所享有的医疗和公共卫生服务。例如，对愿意参加户籍所在地的新型农村合作医疗的农民工，应由国家和中央政府采取跨省区结算的措施，使其在流入地医院看病的费用可以在流出地报销；对愿意参加流入地城镇基本医疗保险的农民工，流入地政府要降低最低缴费基数，使多数农民工能够负担得起城镇基本医疗保险的个人缴费；与此同时，应当优先考虑为女性农民工办理城镇基本医疗保险，尤其是生育保险，让女性农民工与城镇女工享受同等的生育保障和医疗卫生服务，这对妇女儿童的健康至关重要。

（三）完善农民工司法救济制度

1. 存在的基本问题

农民工在就业、劳动合同、职业病保护、获得报酬权、人身健康权等多方面都曾受到不同程度的侵害，而这些方面纠纷的解决常常程序复杂、耗时长，农民工由于缺少时间、相关知识和资金等原因，没有能力解决，需要司法救济。但目前我国的法律援助或司法救济制度，包括援助人员、援助经费、援助案件的比例都比较少，法律援助工作宣传力度不够，农民工难以得到较好的法律援助。

2. 主要思路

首先，要从初始制度和政策设计入手，例如在农民工就业和劳动合同方面，要逐步扭转劳动合同短期化倾向，加强对劳务派遣的规范管理与监督；加强对用人单位为农民工办理社会保险情况以及生产安全的检查监督，维护广大农民工的合法权益，减少相关的诉讼事项。其次，要把农民工列为法律援助的重点对象，对农民工申请法律援助，要简化程序，快速办理；对申请支付劳动报酬和工伤

赔偿法律援助的，不再审查其经济是否困难；有关行政机关和行业协会应引导法律服务机构和从业人员积极参与涉及农民工的诉讼活动、非诉讼协调及调解活动；鼓励和支持律师和相关法律从业人员接受农民工委托，并对经济确有困难而又达不到法律援助条件的农民工适当减少或免除律师费。此外，政府要根据实际情况安排法律援助资金，为农民工获得法律援助提供必要的经费支持。

执笔人：张军扩　侯永志　刘云中

第八章 完善农民工的社会保障制度

本章重点讨论农民工同等参加城镇职工社会保险的现状、问题和对策建议。针对农民工缴费能力不足和参保意愿不强的问题,建议在完善主要社会保险制度设计的基础上,国家同等补贴所有城镇从业人员参保,并以参保年限作为条件,赋予参保农民工及其家庭逐步享有输入地居民在社会福利等方面的同等权利。针对输入地政府服务能力和意愿的问题,建议加大中央财政及土地激励和强化考核约束。

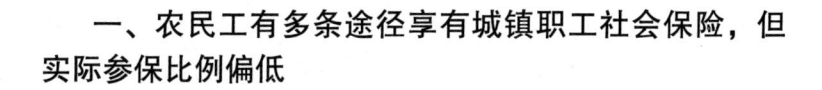

一、农民工有多条途径享有城镇职工社会保险,但实际参保比例偏低

(一)在制度安排上,农民工有多条途径享有社会保险

按照 2006 年《国务院关于解决农民工问题的若干意见》(以下简称《意见》),各地要坚持分类指导、稳步推进的原则,优先解决工伤保险和大病医疗保障问题,逐步解决养老保障问题。

在地方实践中,农民工用人单位或农民工本人参加社会保险的办法有四种,或者说有四种模式。

一是"城保"模式,即将农民工社保纳入城镇职工社会保险中,执行统一政策。目前,多数省份采取这一模式。

二是"双低"模式,即低费率进入、低标准享受,它在城镇职工基本保险基础上,主要通过降低缴费基数和缴费比例等方式,降低农民工的参保成本。2007 年重庆市推出的政策,就采用了这种模式。

三是"综保"模式,这被称为专为农民工"量身定做"的社会保障模式。该模式首先由上海设计实施，成都也采取了类似模式，即把农民工的工伤、医疗和养老三项保险捆绑在一起，按比较低的费率缴费，如上海市规定综合保险的缴费率为 12.5%，成都规定为 20%。

四是"农保"模式，即将农民工纳入流出地的社会保险体系。此外，农民工用人单位还可以选择参加商业保险公司提供的意外伤害保险。

（二）在五项社会保险中，参加工伤保险的农民工人数最多，但参保者也只占到农民工总数的 1/3 左右

据人力资源和社会保障部的统计，2009 年年底全国参加城镇职工工伤保险、基本医疗保险和基本养老保险的农民工人数分别为 5587 万人、4335 万人和 2647 万人，分别相当于农民工总数的 24.3%、18.8% 和 11.5%，相当于外出农民工总数的 38.5%、29.9% 和 18.3%。

在课题组调研的湖北省，2010 年 6 月底参加工伤、医疗和养老保险的农民工分别占省内农民工数量的 26.1%、19.7% 和 20.5%。在安徽省，2009 年年底全省外出农民工 1200 万人，工伤保险、医疗保险、养老保险和失业保险的参保率分别为 8.1%、4.2%、1.7% 和 1.3%。在浙江省嘉兴市，2009 年年底参加工伤保险、医疗保险和养老保险的农民工比重分别为 20.4%、21.6% 和 15.4%。另外，参加失业保险和生育保险的比重更低，分别为 8.1% 和 5.9%。

二、为农民工获得与输入地居民同等的社会福利和救助开辟通道

（一）多数试点省市为同市、同省农民工开辟的均等化通道较窄，少数宽松者还是面向本地全体农民

在广东、上海等省份的试点中，只有本地高素质农民工的随迁子女，才有可能接受与常住户口学生同等的学前教育和义务教育，

本人和家庭还可能获得输入地的常住户口。比如，广东省规定，本省农民工在同一居住地连续居住并依法缴纳社会保险费5年、有稳定职业、符合计划生育政策的，其子女接受学前教育、义务教育应当与常住户口学生同等对待。在同一住地连续居住并依法缴纳社会保险费7年、有固定住所和稳定职业、符合计划生育政策、依法纳税并无犯罪记录的，可以申请常住户口。常住户口实行年度总量控制，按照条件受理，人才优先，依次轮候办理。

重庆市的城乡统筹试点，推出了以农村的"3件衣服"换取城市的"5件衣服"的做法。农民工转户进城后在农村的土地承包经营权、林地承包经营权、宅基地使用权3项权利可在过渡期内暂不取消，继续保留，不让农民"裸身"出村。可按照依法、自愿、有偿原则逐步退出。同时，确保转户进城农民的就业、住房、养老、医疗、教育"5大保障"一步到位，同城镇居民一样穿上"5件衣服"，享有同等待遇。

与重庆试点不同的是，成都和嘉兴等地赋予本地进城农民与城市居民同等的权益，不要求前者以土地换保障。以成都市为例，《关于全域成都城乡统一户籍实现居民自由迁徙的意见》规定，2012年成都市城乡居民享有平等的基本公共服务和社会福利。

（二）城市公共服务体系没有按规定覆盖外地农民工，平等义务教育和保障性住房等项目的落实更差

国务院《意见》规定，切实为农民工及其家庭提供平等义务教育、疾病预防控制和计划免疫、计划生育和居住场所等相关公共服务。相比较而言，由于地方支出额度不大且有中央转移支付，外来人口的公共卫生和计划生育服务落实得较好，而需要地方大量投入的服务和保障项目，如平等义务教育、保障性住房以及最低生活保障等，落实得很差。

以教育为例，在现有公办义务学校的容量内，城市可以尽量利用空缺资源招收农民工子女，所增费用不过是生均公用经费。在

课题组调查的武汉市江岸区，小学生年人均公用经费为525元，初中生为725元，这个成本地方政府尚可以承受。但如果农民工子女超过了当地的学位资源，需要新建学校，那么新建一个24个班的标准小学，一次建设费用约2500万元，还要新配教师和设施，年生均经费高达8000元。这个成本对那些需要新增学校才能满足农民工子女在公办学校就读的城市来说，财政支出的压力就大了。在课题组调查的长沙市雨花区，当地政府也有类似的反映。如果充分满足外来人员随迁子女的平等义务教育需求，每年需要新建5所小学，每所需要投入8000万元。这也是输入地要求加大转移支付，且与外来人口数量挂钩的理由。

同理，生活贫困的农民工也难以在工作地享受低保。输入地政府担心，如果居住在城镇的困难居民都可申请城市低保待遇，那么将有相当一部分无地农民和农民工需要纳入城市低保，城市低保资金的需求量将大大增加。湖北省对居住在城市符合低保条件的无地农民，按2010年全省每月每人平均补助144元做过一个测算，当年至少需增加低保资金3.8亿元。如果加上农民工，需要增加的资金更多。这也是湖北各城市在放宽农民工落户条件时会附加一条收入须高于当地最低工资标准的原因，意在减少低保人口，防止城市贫困。

三、农民工参保率低的主要原因

各方面较重的费用负担以及不合理的制度安排，是农民工难以参保并同等享有基本公共服务的主要原因。

（一）农民工、用人单位和输入地政府的费用负担都很重

课题组在武汉市的调查表明，尽管农民工参加各项城镇职工社会保险在制度上并不存在障碍，并且政府为企业足额缴纳"五险一

金"制定了严格规定,但农民工的参保率依然不高,各类保险的参保率均在10%左右。主要问题在于,承担农民工各项社会保险,企业缴费约占工资总额的31%(养老20%、医疗8%、失业0.5%、生育0.7%、工伤0.5%~2%),个人达到10%(养老8%、医疗2%)。这样,2010年,一个农民工在武汉市要交足各项保险,企业每月要支付516元,个人每月要缴纳165.71元。由于社保缴费基数是按上年度在岗职工平均工资60%确定的,而农民工的平均工资低于城镇在岗职工平均工资,故此农民工实际缴费占到了当年月均工资的12%左右,缴费负担对农民工来说是比较重的。在重庆市,一位受访的体力劳动者算了一笔账:"现在夫妻两人每个月总收入在1800元左右,房租和生活开销用去一半,还得为子女存点钱,哪有闲钱参加保险。"

课题组调查的部分企业表明,制造业的工资成本占10%~15%,服务业的工资成本占30%~35%。如果缴齐农民工社保,企业成本将增加1.8%~6%,而许多中小企业的利润也就在5%左右,缴费负担对企业来说也是比较重的。在农民工和企业都有避缴意愿的情况下,双方很容易达成行动上的一致。

至于地方政府的负担,除前面提到的巨额建校费用和低保费用支出外,输入地政府还要补贴外地农民工随迁家就地参加居民基本医疗保险和居民基本养老保险的费用。并且,郑州市户籍开放给义务教育带来的压力表明,输入地政府不仅承受经济负担,而且还得千方百计寻找新建、扩建学校的土地。

(二)城镇职工社会保险制度安排上的缺陷,影响了农民工及其用人单位参保的积极性

据课题组访谈的三一重工等企业反映,各项社会保险在设计上都存在缺陷。一是工伤保险理赔期限过长,参保单位不得不垫付医疗费用;另外,工伤死亡赔偿标准偏低,伤残者得不到康复训练。二是医疗保险只保大病,农民工大多很年轻,难以享受医疗待遇。

三是养老保险待遇需要"累积"15年缴费。大多数农民工不断地变换工作地点、工作单位，不断地参保、中断缴费、再参保、再缴费，很难保证参保的连续性和最低累积年限。特别是跨省市流动的农民工，由于各省市政策不一，在调换工作后很难接续保险关系。

在社会保险政策执行方面，也存在一些问题。一是参加工伤保险出险时可能导致安监部门的处罚，因此一些企业抱有隐瞒实情的动机，不参加工伤保险，而是期望通过私了来解决问题。二是如果企业参加了费用较低的工伤保险，社保机构可能要求参加其他几项保险。三是农民工流动性大，有些地方的保费征收机构要求单位参保人数能上不能下。

（三）城乡居民保障制度相对较低的成本，进一步降低了城镇职工社会保险制度的吸引力

对于农民工本人来说，城镇职工基本医疗和基本养老保险是可望不可及的，而居民基本保险制度是投入收益较为适中的选择。对用人单位来讲，大多倾向于投保费用较低的城乡居民医疗保险和城乡居民养老保险制度，这样对上对下都有个交代。

四、完善农民工缴费制度和政策

在社会保险体系内部，既要降低农民工及其单位的缴费成本，更要完善制度设计和政策实施。

（一）个人缴费，单位匹配，国家补贴，促进农民工在同等条件下有能力参加城镇职工社会保险，进而全面降低费率

农民工参保率偏低的一个重要原因是城镇职工社会保险缴费基数和保险费率都偏高。重庆"双低"模式和上海"综保"模式的可取之处在于，较低的缴费成本比较适应农民工收入偏低的特点。但是，两种模式共同的缺陷是，低缴费意味着较低的保障。有的农民

工曾问道:"为什么不是同工同酬?在同一个岗位上,我的工资比城里人就低了,为什么我的保险还要按低费率缴纳?"确实,低工资再乘低费率,参保农民工实际得到的保障水平必然很低。

要实现农民工个人及其用人单位低缴费而保险待遇不降或者降幅不大的目标,出路在于政府补贴缴费。目前政府对城镇就业困难群体参加社会保险有缴费补贴,对城乡居民参加医疗保险有缴费补贴,对农民参加农村养老保险也有缴费补贴。建议将针对城镇就业困难群体的社会保险补贴制度扩展到全体从业人员,纠正社会保险过度依赖劳资双方缴费的做法,以鼓励劳动密集型企业的发展。至于增加财政社保投入的渠道,除了调整财政支出结构,近期可将国有资产(国有企业的红利和股票、国有土地收益等)更多地转化为社会保险缴费补贴,远期可通过征收房地产税以及增设遗产赠与税和资本利得税等来解决。

与现行各类人员分保的制度安排不同,国家应补助包括农民工在内的非正规就业者与正规就业者一起参加统一的城镇职工社会保险制度,以大幅度降低保险费率。所有参保者的保险费统筹管理使用,费率相同,计发办法相同,而缴费基数和待遇有别。正规就业者按工资收入由劳资双方缴费参加基本养老保险和基本医疗保险,其中,中小企业员工参加社会保险,由国家定额补贴缴费。非正规就业者按照当地最低工资,即城镇职工平均工资的30%~40%为缴费基数参加基本养老保险和基本医疗保险,由国家定额补贴缴费。为了管理简便,也可以实行国家定额补贴包括正规就业者在内的所有参保者。

假设国家不分就业类型同等补助,按照每个城镇从业人员每月补贴100元计算,国家全年补贴缴费支出在3600亿元左右。再假设所有未参保农民工都参保,且农民工本人及其用人单位每月合计缴纳200元,那么农民工全年参保新增的保费收入在3000亿元左右。粗略计算,国家补贴、农民工参保新增收费收入和城镇从业人员新增保费收入之和应在8000亿元左右,大约相当于2010年城镇

第八章 完善农民工的社会保障制度

223

职工社会保险支出总额的 1/3 以上。这就是说，由于国家补贴和农民工等城镇非正规从业人员的全面参保，现有城镇职工社会保险总和费率可以降低 1/3。

（二）完善各项社会保险制度安排，建立区域之间、城乡之间、人群之间统一的社保体系

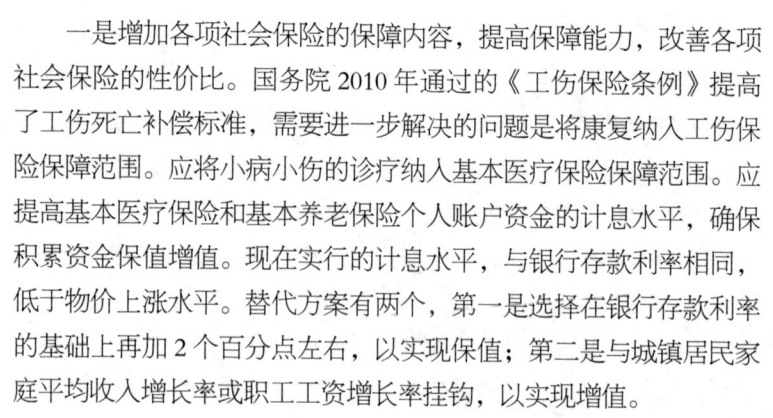

一是增加各项社会保险的保障内容，提高保障能力，改善各项社会保险的性价比。国务院 2010 年通过的《工伤保险条例》提高了工伤死亡补偿标准，需要进一步解决的问题是将康复纳入工伤保险保障范围。应将小病小伤的诊疗纳入基本医疗保险保障范围。应提高基本医疗保险和基本养老保险个人账户资金的计息水平，确保积累资金保值增值。现在实行的计息水平，与银行存款利率相同，低于物价上涨水平。替代方案有两个，第一是选择在银行存款利率的基础上再加 2 个百分点左右，以实现保值；第二是与城镇居民家庭平均收入增长率或职工工资增长率挂钩，以实现增值。

二是淡化累积缴费年限的概念，不到 15 年者也可领取基本养老金，不过待遇水平相应核减。更加积极的措施是改革城镇职工基本养老保险计发办法。具体做法是：将原计发办法中基础养老金按退休时社会平均工资的 20%~40% 计发的做法（具体计发比例取决于缴费年限），转化为每年按当年社会平均工资（或城乡平均收入）的一定比例计入个人账户；将这一个人账户基金积累额，与原计发办法中按本人工资计算的个人账户积累额相加得到个人退休时的积累总额，再除以原个人账户养老金计发办法中的计发系数，即得到每个人基本养老金的水平。这一新的计发办法也可适用于试点中的农村社会养老保险制度。

三是提高社会保障的统筹层次，完善医疗保险、养老保险在不同区域之间、不同制度之间的转移接续办法，减少农民工异地流动的障碍。有关部门和地方正在探索完善城乡之间、地区之间和不同职业人群之间的养老保险和医疗保险转移接续办法。更为积极的办

法是改革养老保险待遇和医疗保险待遇管理规定。以上建议的城乡统一的基本养老保险计发办法是普适性的，有利于农民工等流动人口跨地区、跨城乡以及跨职业类型和就业方式的转移。对于各种医疗保险，也可实行较为积极的一体化改革办法。以下是具体实施办法。首先，在地市级行政区范围内将各种医疗保险制度统一和基金统筹使用。其次，规定地市级行政区范围内所有参保人员享有相同的基本药品目录、基本诊疗手段和相同的报销比例。这一规定将同等享有医疗待遇的人群范围从现行的同一职业人群略微扩大到所有人口。最后，在所有患者享有相同医疗待遇的基础上，规定每位参保者按照自己的缴费平均分，享有不同的住院生活服务设施（主要是床位张数有较大差别）。例如，高缴费者相对于全体缴费者可得到较高的平均分，可以住2人间病房；平均缴费者可以住4人间病房；低收入者可以住6人间病房，而没参保者只能住10人以上的大病房。这一规定将同等享有生活服务设施的人群范围从现行的同一职业人群改变为同一缴费水平。在我们的收入核查能力和管理能力不足的情况下，这一变化既可以保障不同人群享有同等的医疗待遇，也可鼓励参保者多缴费。

四是加强社会保险管理机构内部以及与其他管理部门的协调，严格执行《社会保险法》。特别是要推进信息共享，加强对从业人员收入和资产状况的调查，加大处罚力度，同时减少乃至排除各项制度实施的不利因素。

五、以参加城镇职工社会保险年限为条件赋予农民工平等居民权利

（一）全面推行居住证制度，有合法体面住所的居民都可进行常住登记，所有登记者就近享有国民基本权利

合理体面的住所，是一个基本的限制条件。一方面，在城市拥

有合理体面的住所，就表明其在城市具有基本的生存和发展能力，也有在城市长期生活的意愿，应当被纳入城市生活。如成都市2006年规定"只要在市区拥有合法固定住所或租用统一规划修建的公租房且居住1年以上即可入户"；2008年成都市再次下调了准入条件，提出本市农民在市区租住成套私人住宅可入户，使中低收入的农民工也能以较低成本入户。另一方面，合理体面住所，也限制了在城市缺乏基本生存发展能力，或者没有在城市长期生活意愿的人口。如在城市群租生活，或借助他人住房生活的人，多数是城市里的临时外来人口，对他们也应当提供基本的城市管理和公共服务，但是在户籍登记管理方面，应当保留适当的门槛。

无论城乡，无论户籍所在地，所有居民只要在当地有最低标准的合法体面住所（含租房），就准许进行常住登记，发放居住证。持居住证者可就近享有国民基本权利。国民基本权利包括选举权、就业权、社会保险参保权，以及免费的公共卫生服务和义务教育（详见表8-1）。

表8-1 国民基本权利

权利类别	权利内容	改革办法	替代性管理手段
政治权利	选举权	消除差别	居住证
	被选举权	有条件享受	参保年限
就业权利	就业资格	消除差别	居住证
	就业扶持政策	有条件享受	参保年限
教育权利	普通教育	义务教育	居住证
	幼儿教育、高中教育（含职业教育）补贴	有条件享受	参保年限
	高考资格	有条件获得资格	学籍年限和参保年限

续表

权利类别	权利内容	改革办法	替代性管理手段
社会保障	公共卫生服务	消除差别	居住证
	基本医疗保险	有条件消除差别	居住证，中央补贴
	基本养老保险	有条件消除差别	居住证，中央补贴
	最低生活保障	有条件享受	参保年限
	保障性住房	有条件享受	参保年限
计划生育	生育指标	差别可暂时保留	
	计划生育奖励	有条件消除差别	居住证，中央补贴
	超生社会抚养费	消除差别	居住证
其他	义务兵退役安置政策和标准	有条件消除差别	居住证，中央补贴
	交通事故人身损害赔偿	差别已基本消除	

关于赋予外来人口选举权方面，各地已经进行了一些积极的探索。我们建议进一步降低外来人口投票的门槛，只要持有居住证就可以在居住地参加投票。但对被选举权可以实施3年左右的居住年限限制。

同等的就业权总体上已经解决，但一些特大城市仍然在出租车等行业限制外来人口。实际上，通过地名、道路知识测试等替代性管理手段来选择合格的司机更为公平合理。另外，针对部分农民工就业能力不足、就业技能差的特点，政府应提供免费的技能培训。或者如杭州市政府的做法，发放教育培训券，鼓励和补贴外来务工人员参加技能培训。

各项社会保险是以缴费为基础的，只要持有居住证的居民就可以参加这些保险项目。对于有财政补贴缴费的项目，中央政府应该研究制定全国统一的最低标准，且补贴农民工及其随迁家属参加这些项目。

在公共服务中，公共卫生和义务教育应优先赋权。当前各地大多已明文规定，公共卫生和义务教育服务面向全部常住人口免费提供，今后的主要任务是进一步落实。

（二）全面推行社会保险制度，所有参保者及其家庭按缴费年限逐步享有地方附加权利

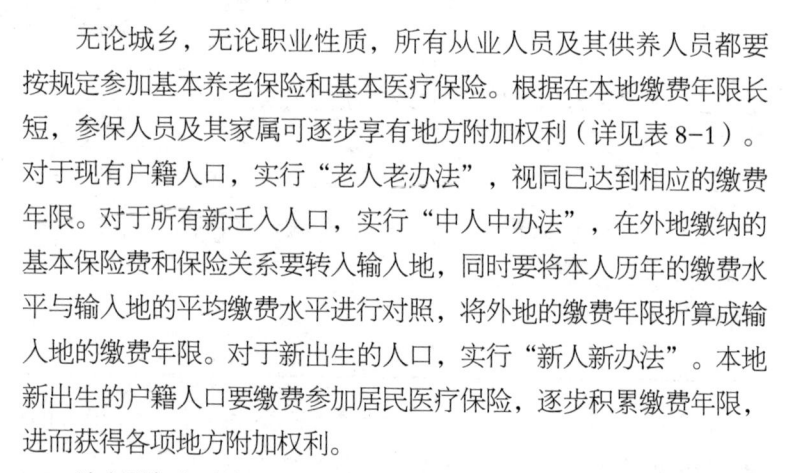

无论城乡，无论职业性质，所有从业人员及其供养人员都要按规定参加基本养老保险和基本医疗保险。根据在本地缴费年限长短，参保人员及其家属可逐步享有地方附加权利（详见表8-1）。对于现有户籍人口，实行"老人老办法"，视同已达到相应的缴费年限。对于所有新迁入人口，实行"中人中办法"，在外地缴纳的基本保险费和保险关系要转入输入地，同时要将本人历年的缴费水平与输入地的平均缴费水平进行对照，将外地的缴费年限折算成输入地的缴费年限。对于新出生的人口，实行"新人新办法"。本地新出生的户籍人口要缴费参加居民医疗保险，逐步积累缴费年限，进而获得各项地方附加权利。

地方附加权利包括被选举权、就业扶持、幼儿教育补贴、高中教育补贴、就地高考资格、低保、廉租房等。其中，幼儿教育和高中教育等非义务教育，可要求监护人（或本人）在当地参保年限达到3~5年。跨省外来人口在现住地参加高考的资格问题，也可以通过设置学生的学籍年限和监护人（或本人）的参保年限来控制和逐步放开。

住房保障方面，政府应该提供和改善进城农民工的居住条件（公寓、廉租房等）。满足缴费年限的农民工，可以申请经济适用房或廉租房，政府应当给予政策优惠或贷款支持。当然，为了防止"福利旅游"，对低保和保障性住房等社会救助设置较高门槛是有

必要的。具体可以根据权利特性和城市规模，规定申请者必须履行的最低社保缴费年限。对于低保等现金待遇，特大城市可设置较长的年限，但中央应规定上限。

（三）授权用人单位担保和支持稳定就业的农民工及其家庭同等享有各种基本权利

除了缴费补贴外，政府要帮助中小企业和农民工实现社会合作，缓解企业招工难问题和劳资矛盾。中小企业是企业中的弱者，农民工是城镇劳动力中的弱者，两者都需要政府扶助。可以通过用人单位将地方附加权利赋予满足参保缴费年限的农民工及其家庭，比如优先解决他们的住房问题。这样既可以鼓励用人单位匹配缴费，帮助员工获得各种社会权利，同时有助于企业稳定职工队伍。

六、完善中央投入和考评机制，增强地方公共服务覆盖农民工的能力和愿望

（一）加大中央投入，实行费（地）随人走，鼓励地方更加重视"以人为本"，强化社会融入的经济保障机制

加快完善现行转移支付制度。转移支付是基本公共服务均等化和社会融合的物质基础。将各级财政基本公共服务转移支付增加的依据调整为新增常住人口，以强化地方政治财政利益与人口增加的一致性。充分调动地方政府吸纳外来人口的积极性，补助和鼓励地方政府向外来人口同等提供基本公共服务。长远来看，需要改革现行财税体制，尽快实现在消费环节征收增值税，改变在生产环节征收的传统做法。另外，国家用地指标的分配，要适当向输入地倾斜。

（二）建立和完善促进农民工参保的考核指标体系，积极推进基层选举改革，强化政治保障机制

工伤保险关系到农民工的生存和发展，应该尽早实现应保尽保。为此，建议将农民工参加城镇职工工伤保险的比例列为国家和地方"十二五"国民经济和社会发展规划的一个约束性指标。

外来人口按参保年限参加居住地基层组织和人大代表选举的做法，值得推广和完善。在取消和缩小外地人与本地人的选举权差距方面，一些地方也进行了积极的探索。例如，前不久启动的北京市居委会选举允许在本市居住一年以上的外来人口参加选举；河南省要求外来人口在现居住地居住一年以上就可参加居住地的人大代表选举；长沙市政府规定在长沙市居住满一年以上的农民工，赋予其社区居委会的选举权和被选举权。不过，为了增强可操作性和调动外来人口的积极性，应该进一步降低外来人口参选的门槛。例如，一些地方要求外来人口提供户口所在地出具的选民资格证明，这类规定是为了避免外来人口在户口所在地和现居住地重复使用选举权。北京市、河南省、长沙市设置的居住满一年的条件，也是同样的目标。其实，在大多数外来人口不愿参加居住地组织的选举的情况下，组织者面临的主要矛盾应该是如何调动各方面的选举积极性，而不是担心个别人在两地重复选举问题。即使有个别人这样做了，也是合理的。因为这些人在两地都有财产和利益，都需要代理人保护其利益。

执笔人：贡　森

第九章 建立适合农民工特点的住房供应和政策体系

目前,中国正处于工业化和城镇化加快发展时期,大量农村劳动力持续向城市转移,农民工已逐步成为现代产业工人的主体。但是,目前农民工半城市化的问题比较突出,从而产生出一些新的问题。如何使农民工真正融入城市,成为名副其实的市民,是中国实现真正意义上的城镇化的核心。其中,住房是农民工在城镇生活的基本条件,安居才能生根、才能乐业。因此,解决好农民工在城镇的居住问题不仅是促进农民工市民化的重要内容,也必将大大推进我国的城镇化进程,提高城镇化质量。

一、现阶段我国城市农民工住房现状

随着我国城镇化的推进,进入城市务工的农民工数量不断增长。国家统计局《2009年农民工监测调查报告》推算结果显示,截至2009年年底,全国农民工总量已经达到22978万人,其中外出务工农民工14533万人,在本乡镇从业的农民工8445万人。这意味着已经有将近1.5亿的农民进入城市,需要有栖身之所。

(一)农民工在城市居住现状及其影响因素
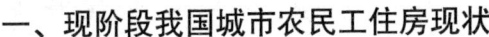

虽然有1.5亿左右的农民进入城市,在城市就业与生活,但居住存在很大问题,使这些人难以真正融入城市社会。

1. 农民工在城市居住的现状

国家统计局《2009年农民工监测调查报告》中对农民工在城市居住条件的调查显示，根据农民工所从事的职业特点和经济支付能力，农民工在城市居住主要有以下形式（见表9-1）。

表9-1 农民工住房类型

住房类型	雇主或单位提供住房			租赁住房		购买住房
	宿舍	工地或工棚	经营场所	合租	独自租赁	
占比（%）	33.9	10.3	7.6	17.5	17.1	0.8

资料来源：国家统计局《2009年农民工监测调查报告》。

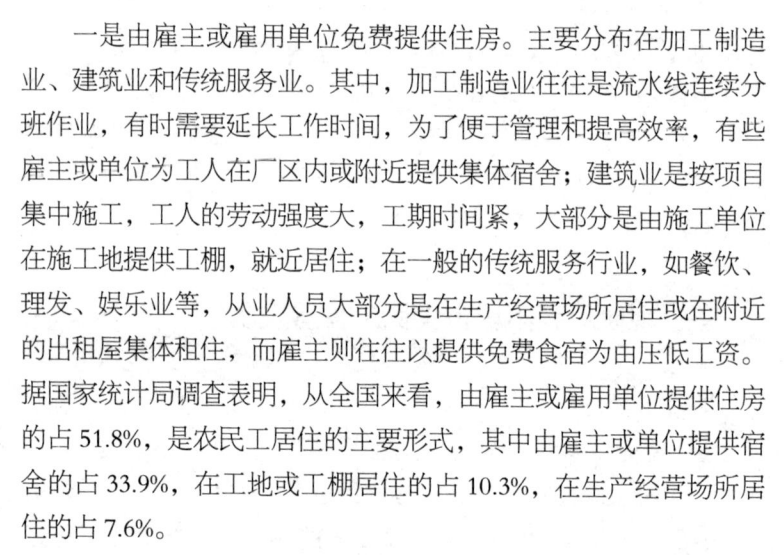

一是由雇主或雇用单位免费提供住房。主要分布在加工制造业、建筑业和传统服务业。其中，加工制造业往往是流水线连续分班作业，有时需要延长工作时间，为了便于管理和提高效率，有些雇主或单位为工人在厂区内或附近提供集体宿舍；建筑业是按项目集中施工，工人的劳动强度大，工期时间紧，大部分是由施工单位在施工地提供工棚，就近居住；在一般的传统服务行业，如餐饮、理发、娱乐业等，从业人员大部分是在生产经营场所居住或在附近的出租屋集体租住，而雇主则往往以提供免费食宿为由压低工资。据国家统计局调查表明，从全国来看，由雇主或雇用单位提供住房的占51.8%，是农民工居住的主要形式，其中由雇主或单位提供宿舍的占33.9%，在工地或工棚居住的占10.3%，在生产经营场所居住的占7.6%。

二是在城市购房。农民外出务工收入普遍较低，2009年外出农民工月收入水平及占比见表9-2，其月平均收入约为1417元。受城市房价较高的约束，农民工在城市购房能力普遍较弱，只有进城时间较长、有一定的经济基础，如有成就的个体工商户、企业的技术骨干或一定层次的管理者，才有能力购房，这部分人比例较低。真正在城市买得起商品房的农民很少，据国家统计局调查，仅有 0.8% 的外出农民工在务工地购买住房。

表 9-2 2009 年农民工月收入水平及占比

农民工月收入水平	不同收入水平占比
600 元以下	2.1%
600~800 元	5.2%
800（不含）~1200 元	31.5%
1200（不含）~1600 元	33.9%
1600（不含）~2400 元	19.7%
2400 元以上	7.6%

资料来源：国家统计局《2009 年农民工监测调查报告》。

三是租赁住房。大部分进城农民工在雇主或单位不提供住宿、不提供住房补贴、不能享受城镇保障性住房，又买不起商品房的情况下，只能自己租赁住房。但多数城市房租水平大大超过农民工的经济承受能力，因此，多数农民工只能寻求非正规租赁渠道，租住在城乡接合部的"城中村"或者城市地下室、临建房和简易房等条件较差的住房。据调查，农民工每人月均居住支出仅为 245 元，超过半数以上的农民工采取多人合租的方式居住。

2. 影响农民工居住状况的因素分析

农民工在城市的居住状况，主要由以下三个方面的因素决定。

一是受城市户籍管理制度的影响。当前大部分城市是以户籍为基础进行城市居民社会保障管理，农民工没有所在地城市的户口，除少数经济发达城市对农民工实施一些社会保障外，大部分城市农民工不在社会保障覆盖范围之内，因此，没有机会享受政府提供的保障性质的住房（或住房补贴）。

二是与从事的劳动行业有较大关系（见表 9-3）。农民工较多从事制造业、建筑业、传统服务业等，其雇主和雇用单位出于工作方便和管理的需要，一般为农民工免费提供简陋的住宿场所。

表 9-3　2009 年外出农民工务工行业分布比重　　　（%）

农民工从事的行业	占全部务工比重
加工制造业	39.1
建筑业	17.3
批发零售和住宿餐饮业	15.6
服务业	11.8
交通运输仓储邮政业	5.9
个体自营	6.4

资料来源：国家统计局《2009 年农民工监测调查报告》。

三是受农民工自身经济实力的影响。由于农民工经济实力有限，大部分没有住处的农民工买不起商品房，甚至租不起公寓房，只好租住廉价的平房、地下室等。

（二）农民工现有居住状况带来的社会与经济问题

目前，农民工的居住问题，在多数城市还处于放任自流的状态，由此带来许多社会与经济问题。

1. 居住状况普遍较差，难以满足基本生活需要

除了极少数进城时间长、有能力自己购买商品房的农民工外，大多数农民工居住状况普遍较差。据住房与城乡建设部 2006 年的调查，农民工人均住房面积很小，居住集体宿舍的平均只有 5 平方米，其中，集中居住在建筑业单位提供的工棚或宿舍的平均不足 3 平方米，三人以上合住一间住房的占半数以上，居住环境恶劣，多

数房屋缺少阳光、通风、集中取暖、独立卫生间等条件,阴暗、潮湿,卫生条件差。据国务院发展研究中心课题组2010年的抽样调查显示(见图9-1),近80%农民工居住在功能不全的临建房或简易房,大部分是位于城乡接合部的农民出租房、城中村、城市中的老平房、居民楼地下室等,且面积很小(见表9-4)。这些房子位置偏远、居住条件差、环境恶劣、功能不完善,没有厨房、卫生间,且建筑密度大、安全隐患高。这样的居住现状,非常不利于农民工在城市的生存、安定和发展。一是难以满足基本生活需求。农民工一般从事高强度的体力劳动,但长期住在阴暗、潮湿、卫生条件差的地方,不利于身心健康。二是农民工大部分正处在青壮年时期,多是集体居住,父母、夫妻、子女长期两地分居,带来许多赡养、教育、婚姻、社会认知、社会生活等方面的问题,长此以往,极易严重扭曲农民工的人际关系和行为规范。三是现有居住环境只能解决农民工的基本睡觉和休息的需要,而健康的文体、休闲、娱乐等精神需求以及一般的学习需求等无法得到基本满足,导致农民工难以提高技能和自身素质,进而影响他们的发展与进步,也间接影响生产效率。

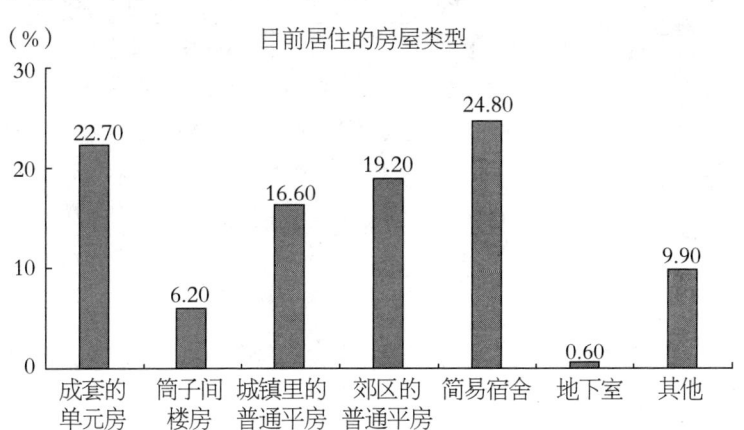

图9-1 农民工居住房屋类型

资料来源:课题组调查数据。

表 9-4 所租房屋建筑面积 （%）

建筑面积	占比	建筑面积	占比
20 平方米以下	21.7	60（不含）~80 平方米	13.8
20~40 平方米	28.9	80（不含）~100 平方米	9.8
40（不含）~60 平方米	14.7	100 平方米以上	11.1

资料来源：课题组调查数据。

2. 生活在城市边缘，难以真正融入城市

农民工的居住条件与环境，自然拉大了农民工与城市的距离。一是农民工居住条件差，在为城市发展付出汗水、做出贡献的同时，未能分享到城市发展带来的生活条件的改善，多数人心理上难以平衡。二是农民工多数集中居住在务工场所、城郊和城中村，形成相对独立的居住区，与城市居民住宅小区相互隔阂、联系极少，难以融入城市居民生活。三是农民工倾向于与同乡扎堆居住与交往，相互影响，客观上形成了自身的生活圈子，疏离于城市的生活氛围。农民工的居住方式已经形成了一种独特的城市社会现象，这一群体与城市社会有着很深的隔膜，处于游离状态，由于他们大多脱离了家庭的约束和正常的社会组织行为规范，一旦他们在生活上遇到困难，人身权益受到侵害，尊严受到歧视，长期的失望与无助使一部分人很容易铤而走险，个别的甚至会激情犯罪，增加了社会不安定因素。

3. 缺乏稳定的居住条件，导致城市化基础不稳

大多数农民工难以有固定的住所，往往在哪里工作就在哪里居住。由用工单位提供简易工棚居住的建筑业的农民工，流动性很大，居住地变化很快。居住在集体宿舍的制造业农民工，对用工单位存在住房依赖关系，一旦失业就会失去住所，未找到工作前和换工作的间隙往往居无定所。租房住的农民工也面临频繁更换住所的问题，一方面，由于农民工租住的多是面临拆迁或临时搭建的"违

章建筑",随时可能拆除,因此其住房更换相当频繁;另一方面,随着城市住房价格和房租的上涨,农民工为了降低住房成本,不断向城市更边缘、租金更低的地区搬迁。据调查,2006年上海农民工更换居住地 1~4 次的比重依次为 27.5%、11.8%、5.5%、2.9%,更换过 5 次以上的占 1.6%。农民工由于没有相对稳定的、适于家居生活的住所,随时有可能回流到农村。数以亿计的农民工不断地在城乡之间频繁流动,过着候鸟式的生活,很难真正在城市定居并长期留下来,变为真正的市民,融入城市生活。这种流动而非迁移的农村剩余劳动力转移模式使我国城市化的推进明显乏力,真正的城镇化难以实现。

(三)解决农民工住房的重大意义和紧迫性

城镇化的一个根本标志就是农村人口向城镇转移并逐渐融入城市社会。按照目前我国农民工在城镇的居住状况,这一目标短期内难以实现。及早解决农民工住房问题对我国实现真正意义上的城镇化具有重要意义。

1. 解决农民工住房有利于农民尽快融入城市,提高城镇化水平和质量

2009 年,我国城镇化率已经达到 46.6%,但城镇化的质量并不高,半城市化特征突出。其中,主要原因就是占城市 1/4 人口的农民工难以真正留在工作地实现安居乐业,还不是真正意义上的城镇居民。住房是农民工生存的基础条件,解决农民工住房问题,使农民工有相对稳定的、适于生活的住所,农民工才能稳定下来安心工作。住所还是连接城市社会的载体,农民工只有居住在城市社区中,享受城市居民的生活,与城市居民紧密接触,才能从心理上真正融入城市社会,逐步向市民转化。因此,解决农民工住房是推进城镇化健康发展的必由之路。

2. 解决农民工住房有利于农民自身发展、提高素质

农民工已经成为我国工业化进程中一支不可或缺的新型劳动大

军。解决农民工的住房问题,改善其生存和发展的环境,使其能够安定、健康、快乐地生活,有开阔眼界、继续学习和提高技能的条件,才能提高他们的整体素质,才能为城市做出持续贡献。这样才有利于城镇社会的安定与和谐,使城市竞争力不断上升。

3. 新时期解决农民工住房、推进城镇化实质性进展面临重要机遇

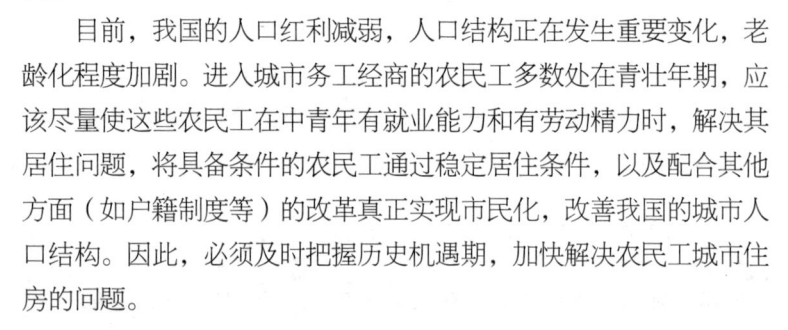

目前,我国的人口红利减弱,人口结构正在发生重要变化,老龄化程度加剧。进入城市务工经商的农民工多数处在青壮年期,应该尽量使这些农民工在中青年有就业能力和有劳动精力时,解决其居住问题,将具备条件的农民工通过稳定居住条件,以及配合其他方面(如户籍制度等)的改革真正实现市民化,改善我国的城市人口结构。因此,必须及时把握历史机遇期,加快解决农民工城市住房的问题。

二、各地解决农民工住房的探索与实践

随着我国加快推进工业化、城市化和现代化进程,农民工的总体规模和收入水平不断提高,对进一步提高生活质量、融入城市生活的诉求也不断增强,这促使以往从城市本位出发的城市管理理念正在发生转变,部分城市开始在住房保障体系中逐步削弱农民工的户籍壁垒,使农民工市民化的步伐走得更快,从而为城市化提供了一种和谐、稳定、强劲的发展动力。更多的城市则在解决农民工住房的方式和手段上进行不懈的探索,积累了不少经验。通过对全国不同城市的调查和梳理,各地大致有以下探索。

(一)专供模式——农民工公寓

在现行城乡二元结构的体制下,农民工住房保障问题被排除在城镇居民住房保障体系之外,为此,部分城市专门针对农民工流动性大、住房功能需求相对单一、住房经济负担能力较低等特点,

尝试采取农民工公寓的供给模式加以解决。这种模式具有政府主导、市场运作、户型紧凑、功能实用、价格优惠、统一管理等主要特点。

1. 浙江杭州市：外来务工人员公寓

杭州的外来务工人员公寓，是指解决外来务工人员来杭务工短期住宿困难的政策性租赁用房，目前已经被纳入杭州公共租赁房的统一管理体系。杭州外来务工人员公寓有以下几个特点。

从房源筹集渠道来看，分为新建和改扩建两种类型。即一方面，坚持政府适量专项供应土地的方式，新建外来务工人员公寓；另一方面，在基础设施配套较好和不违反城市建设规划的前提下，鼓励市区工业企业、乡镇第二产业企业和第三产业企业利用现有合法的闲置房屋，改建、扩建为外来务工人员公寓。

从相应的土地供应政策来看，采用新增建设用地或利用原有村镇集体非农建设用地、国有存量土地的建设项目，按土地划拨的方式供地；属农村集体经济组织使用的开发性安置用地、撤村建居发展留用地及拆复建用地建设的项目，按国发〔2001〕15号文件中关于国有土地资产管理规定办理出让使用手续。以土地划拨方式供地和享受税费规费优惠的外来务工人员公寓，其整体项目转让必须依法办理相关审批手续，并不得擅自改变外来务工人员公寓的用途。对于改扩建项目，原有用地性质不变，若因城市建设需要对其实施拆迁时，仍按原有的用地性质进行补偿。

从户型功能来看，一般为多层建筑，户型设计以集体宿舍形式为主，每人10平方米。每户均设置卫生间和盥洗室，设置公共厨房和公共活动室等设施，同时解决长期在杭州市从事最基层工作（环卫工人、稳定的产业工人等）、携带家属的外来务工人员的居住问题，按照不超过地上总建筑面积的30%的比例，配置少量建筑面积在50平方米以下套户型，设置符合卫生标准的卫生间和独立厨房。

从建设运营管理来看，杭州市各区政府具体负责辖区内外来务工人员公寓的建设管理、日常租赁和综合治安管理等工作。市级相关部门负责建设、规划以及用地协调工作，并对项目进行指导、监督与检查工作。项目运行采取"只租不售"模式，由市物价局负责对市区外来务工人员公寓的租金价格实施监管。外来务工人员公寓所有权人需缴纳的有关税费，除上缴国家和省的以外，市级部分收取后全额返还给外来务工人员公寓的所有权人。外来务工人员公寓免建社区管理用房，由当地社区统筹进行管理。单一产权项目还可免缴物业维修基金。

2. 重庆市：蓝领公寓

重庆市"蓝领公寓"是指在产业园区内为外来务工者提供的租赁型住房。据调查，园区在招商引资的过程中发现企业在劳动力供给方面具有很大困难，其中一个主要原因是重庆市园区企业工人80%以上来自农民工，由于农民工在城市没有相对稳定的居住场所，始终有一种漂泊感和不稳定感，导致经过培训的熟练工人流动太频繁，大大影响了企业和社会经济发展。

为此，建桥园区决定在不搞一宗房地产开发的情况下，从2007年开始兴建蓝领公寓，为农民工营造在城市的家。目前，位于A区的蓝之托和C区的蓝沁苑已竣工，总投资4亿元，面积18万平方米，已有312套交付使用，2000余名农民工正式入住，覆盖了园区内90%的企业。按照规划，整个园区还将投入16亿元，共建成50万平方米的蓝领公寓，容纳5.2万人居住。

重庆市蓝领公寓的主要经验：一是"政府主导、企业参与、园区统一管理"，较好地调动了政府、企业、园区三方的积极性，为蓝领公寓建设提供了组织、资金、用地等保障。具体运作方法包括两类，第一类由园区政府投入财力物力，高标准规划建设，建成后以成本价转让给入驻企业，企业以月租金5~7元/平方米甚至免费出租给员工；第二类是将用地划拨给园区企业，在园区统一设计、统一规划的前提下自建自用，最后再由企业以低廉的价格或者免费出租给员工。二是由园区集中选址、统一规划、统一设计、统一报件、统一办理相关建设手续，实现了土地的节约、集约利用，简化了办件的烦琐程序，提高了工作效率，加快了建设步伐。三是人性化设计，蓝领公寓主要以一室一厅、两室一厅的小户型为主，每户有独立的厨卫、阳台，水电气、电视、电话设施一应俱全，还配套建有社区服务中心、社区医院、餐饮娱乐一条街，使农民工享受到了与城市人一样的居住环境和小区服务，为帮助农民工尽快融入城市提供了绿色通道。

3. 江西赣州市：新市民公寓

江西赣州市的新市民公寓是指由当地政府提供政策优惠，确定建设标准，限定销售价格，面向在市中心城区务工、有一技之长的专业技术和管理人才以及农民工出售的保障性经济适用住房。截至2009年8月，赣州市共出售518套新市民公寓，同时还有近500套公寓在建。赣州新市民公寓有以下几个特点。

从准入标准来看，赣州市新市民公寓主要针对本行政辖区内农民工进城住房问题。具体标准是，第一，市辖区范围内年龄为23周岁至35周岁的已婚青年农民；第二，在市中心城区务工时间达3年以上，或与中心城区所在企业签订3年以上劳动合同并在劳动保障部门备案；第三，在市中心城区无自有住房。此外，对于夫妻双方同时在市内企业服务、领取独生子女证、属于特殊工种或有特殊技能的专业技术人员，以及申购对象所在的务工企业对当地财政贡献较大的情况，予以优先供应。

从土地供应政策来看，新市民公寓建设项目选址按照集约用地、便民、利民和市政基础配套设施完善的原则进行，主要在进城务工人员较集中的赣州经济技术开发区和沙河工业园区或其他劳动力密集型企业所在地集中建设。新市民公寓的建设用地，纳入中心城区土地利用总体规划和年度供应计划，并作为工业企业配套用地，按照工业用地价格划拨供应。

从房屋功能来看，新市民公寓要求标准适度、功能齐全、质量优良、经济适用、环境优美、配套完善，力求达到"造价不高水平

高，面积不大功能全，节约用地质量好，安全方便环境美"的总体建设目标。在严格执行国家有关技术规范和标准规划建筑设计，并结合控制性详细规划的基础上，适当提高容积率，其最大套型建筑面积不超过60平方米。严格执行交房标准，住户基本无须二次装修，达到搬入能住的要求。

从监督管理来看，赣州市建立了进城务工人员申请新市民公寓的动态信息档案，防止不符合条件的进城务工人员购买新市民公寓。符合条件的进城务工人员家庭，一户只能购买一套新市民公寓。购买人未如实申报家庭收入、家庭人口及住房状况或者伪造有关证件、证明而购得新市民公寓的，在收回其购买的住房后5年内不得再申购新市民公寓。购买新市民公寓后，不得出租，不得改变使用性质，不得用于商业性经营、仓储等非居住性用途。5年内不得上市交易，如购房人因特殊原因确需出售，必须按申购时市政府核定的销售价格由市政府收购。5年后可上市交易，但应向市政府缴纳土地出让金、税费减免等方面的优惠额度，具体额度按政府规定执行。

4. 安徽合肥市：农民工公寓

为解决进城农民工居住难问题，合肥市政府将农民工的居住方式和居住环境问题列入重点民生工程，在建设适应农民工需求特点的小户型蓝领公寓方面进行了积极探索，社会反应较好。从2008年开始，合肥市政府在新站综合开发实验区划拨保障性住房建设用地，加大公租房建设力度，建设农民工公寓。该项目一期工程450户，二期工程590户，房型包括37平方米、45平方米和50平方米三种，适合农民工3~4人合租，或者夫妻俩租住，房租平均在400元／月左右，低于周边市场价格20%。目前，一期工程已交付使用。2010年7月29日，新站区举行"交钥匙"仪式，面向外来务工人员的6栋730套公共租赁房交付使用，4000名在合肥新站产业园区上班的外来务工人员安居梦想得以实现。此次交付的公租房投资约1.1亿元，总建筑面积约38000平方米。这些公寓还配备了物

业,并有超过2万平方米的综合生活服务配套设施,如食堂、超市、网吧、邮局、银行等。目前,二期公租房正在建设之中,建成后可提供公共租赁房590套,满足3000多名外来务工人员的住宿需求。

(二)并轨与规范保障模式——纳入当地住房保障体系

随着贯彻实施城乡统筹发展理念,逐步实现城镇居民与进城务工农民之间住房保障的均等化,部分城市积极探索将农民工纳入当地廉租房、公共租赁房和经济适用房体系,并取得了一定的进展和成效。

1. 廉租住房渠道

廉租房是政府以租金补贴或实物配租的方式,向符合城镇居民较低生活保障标准且住房困难的家庭提供的一种社会保障性质住房。由于这种保障形式的准入标准、租金水平以及调控管理模式与农民工实际需求的匹配度相对较高,因此,一些城市尝试将部分农民工住房保障与城市低收入住房困难家庭接轨。

例如,广东省2008年发布《转发省劳动保障厅关于切实做好当前农民工稳定就业工作意见的通知》,要求从八个方面着手稳定农民工的就业。其中一个重要内容就是"有条件的地方,可将拥有技师以上职业资格的农民工技术骨干纳入当地政府廉租住房保障体系"。

2. 公共租赁住房渠道

公共租赁房是解决夹心层群体住房困难的一个住房公共产品,其产权不是归个人所有,而是由政府或公共机构所有,用低于市场价或者承租者能承受的价格,解决新就业职工、大学毕业生,以及从外地迁移到城市工作的群体的居住问题。由于公共租赁房在户型设计、居住功能以及租赁成本上高于廉租房,因此,更倾向于面向具有稳定收入、对居住质量要求相对较高的农民工群体。例如,近年重庆市改革城市住房供给的单轨制,通过政府支持建设公共租赁房,统筹解决城镇低收入群众和农民工住房问题,初步取得一系列经验。

一是公租房供给范围逐步扩大至城市中等偏下收入群体，其中包括农民工。即在重庆有稳定工作和收入来源、具有租金支付能力、符合政府规定收入限制的城市原居民住房困难家庭，进城农民工和大中专毕业生无住房人员等中等偏下收入群体，不设户籍限制。二是政府主导公租房的建设和管理。建设用地纳入国有年度建设用地供应计划，政府给予财政投入和优惠政策，并由政府指定的机构负责建设，房屋产权由政府指定的机构拥有。公租房布局在轻轨沿线、交通条件较好的地区，实行商品房、公租房"混建"模式，以共享小区环境和专业物业公司的管理与服务。三是最大限度降低公租房租金。公租房建设无土地出让金、无城市建设配套费、无相关税费、无开发商利润，租金只考虑成本中的贷款利息、房屋维修管理费用等因素，不超过同类地段、同等品质商品房市场租金的60%。四是公租房可租可买，为农民工平价获得城市住房，解决永久居住的基本需求开辟了途径。公租房每次合同期限最长为5年。合同期满，符合条件的可以续租。不符合条件的，应退出公租房；也可以按"成本价+银行利息"购买自住（分期付款的，未付款面积按照规定缴纳租金）。

3. 经济适用住房渠道

经济适用住房是由城市政府组织房地产开发企业建造、以微利价向中低收入家庭出售的、具有社会保障性质的商品住宅，一些地方政府探索通过经济适用房满足农民工对产权型住房的需求。

例如，甘肃省2008年出台的"关于改善农民工居住条件的实施意见"提出，将在城市连续工作3年以上、具有稳定收入来源的农民工纳入经济适用房供应范围，可以申请购买当地经济适用房。南昌市政府在加大发展城市经济适用房的基础上，允许符合一定条件的外来务工人员申请购买经济适用房。即与用工单位签订了3年以上工作合同、长期稳定在城市工作的农民工，以及在城市经商纳税时间达到3年以上或金额达到一定数额的农民工具备经济适用房购买资格。

（三）临时供给模式——符合条件的建筑工棚

建筑业是农民工重要的就业领域，由于施工地点流动性大、施工工序要求严格、施工时间计划性较强，因此，工棚成为解决建筑行业农民工居住问题的主要方式之一。在2007年住建部等五部委联合印发的《关于改善农民工居住条件的指导意见》中指出，工程施工类企业向施工现场农民工提供的宿舍，应符合建筑施工现场环境与卫生标准有关规定。全国许多省份对建筑工棚居住安全管理都有相关规定。

1. 浙江杭州市：建筑职工宿舍

2005年杭州市对施工现场职工宿舍的安全使用与管理提出基本要求。具体包括室内高度不得低于2.4米，人均使用面积不低于2.5平方米，每间宿舍居住人数不得多于12人。2007年又明确要求建筑工地要为集体工棚安装空调。2007年天津市规定，农民工宿舍人均使用面积不得低于2平方米，每间宿舍不多于15人，工地应配有食堂、厕所、电视、影碟机等生活设施。2003年北京市规定，建筑工地要将生活区与施工区严格划分，宿舍内必须保证必要的生活空间，室内高度不得低于2.5米，通道宽度不小于0.9米，每间宿舍居住人员不得超过15人。

2. 安徽合肥市：建筑工地宿舍

近几年，安徽省高度重视农民工居住问题，着力改善建筑业农民工居住条件，对农民工居住条件相对较差的建筑行业开展了建筑工地农民工标准化宿舍建设行动。各地以大型施工项目为重点，加强建筑工地农民工宿舍专项治理。合肥市大力加强对建筑市场的管理、监督和服务，经过几年的努力，农民工居住条件有明显改善。全市建筑业农民工47万人，目前65%的农民工住在施工现场，20%租房，9%回家住，建筑施工现场实行施工区、办公区和生活区分离，生活区基本上为活动板房，极少部分为砖砌板房，以前农

民工居住的泥巴房已基本被淘汰。75%的工人人均居住面积为3~5平方米，其余25%的工人人均居住面积可以达到5（不含）~8平方米，生活区内宿舍、食堂、淋浴、厕所等设施一应俱全。

（四）间接支持模式——公积金、补贴、土地支持

1. 公积金支持

住房公积金是单位及其在职职工缴存的长期住房储金，是住房分配货币化、社会化和法制化的主要形式。因此，将农民工纳入公积金体系，充分发挥住房公积金的强制性、互助性、保障性特点，是弥补城乡保障差距的重要手段之一。

例如，重庆市是少数在文件中将农民工列为住房公积金政策覆盖对象的地区。2007年重庆市原则性地提出要建立农民工的住房公积金制度，2009年颁布的《关于住房公积金管理有关具体问题的规定》提出，进城务工农民工可缴存住房公积金，而且没有固定用工单位的农民工也可以缴存住房公积金，虽然这部分农民工仅有个人缴存的部分，但缴存的住房公积金可以享受免税等优惠政策，并使其能够利用住房公积金贷款购买住房。文件还规定若缴存人为农民工，可以每年提取一次本人账户余额。赣州市在《江西省人民政府关于解决农民工问题的实施意见》中提出，有条件的城镇单位招用农民工，用人单位和个人可缴存住房公积金，用于农民工购买和租赁住房。深圳市也正在研究将农民工纳入住房公积金体系的模式。另外，青岛市虽然没有出台相关的规章制度和政策性文件，但青岛市建设管理局最近的一项调查显示，约8%的农民工正在缴存住房公积金。

2. 补贴支持

农民工住房补贴也是一种较为灵活的住房保障政策，不仅可以提高农民工住房支付能力，而且可以改善收入再分配结构。海口市提出农民工租房由单位负责、政府进行补贴的模式，即采取对农民

工临时住房以用人单位负责为主、政府发放适当住房补贴为辅,由其到市场上租赁住房的办法;或统一建设适量农民工公寓,以农民工可承受的合理租金供其租住。预计到2012年,海口市需要解决住房问题的农民工将达到4万人,海口市将农民工列入本辖区低收入家庭住房困难保障对象管理范畴。2008年,湖南省出台的相关政策提出,将农民工纳入住房保障体系,并将之作为一项考察地方政府绩效的重要指标,对部分农民工贷款买房的行为进行一定力度的支持,但至今仍未出台相关的实施细则。

3. 土地支持

土地是房地产建设中主要的资源投入,也是地方政府进行住房调控的着力点,因此,部分城市尝试在土地方面支持农民工保障性住房建设。

例如,北京出台的《公租房指导细则征求意见稿》中,已确定将外来务工人员纳入北京公租房的供应范围,并鼓励国有企业、产业园区和社会单位利用自有土地建设公租房,解决本单位职工和引进人才住房需求,这其中就包括一些外来务工人员。同时,北京正在进行的城乡接合部改造中,也鼓励集体经济组织盘活集体建设用地,按照规划建设公租房,供应对象也主要是外来务工人员。南昌市政府也致力于建立与农民工相适应的城市住房建设机制,对开发区内农民工的住房问题,可允许使用农民工达到一定数量的单位,建设一定数量的公寓供农民工居住,只准出租,不能出售,政府对出租房屋的单位也给予税费减免。在这样的政策条件下,南昌两个国家级开发区于2005年就开始着手解决农民工的住房问题:昌北经济开发区入区单位257个,能为农民工提供集体宿舍的有17个单位,能解决4000余人住宿问题;南昌高新开发区入区单位700余个,能为农民工提供集体宿舍的有20余个单位,能解决8000余人住宿问题;这些住房的月租金在200~800元不等,一定程度上解决了南昌市开发区农民工的住房问题。

三、部分国家在城市化过程中住房保障政策经验借鉴

首先需要说明的是,"农民工"是作为中国城乡二元体制下的一个特有概念,在国际上并没有一个与之对应的专有词汇。但是从部分发达国家住房公共政策演变历程来看,各国都针对工业化、城市化时期大量人员涌入城市,造成住房需求阶段性激增的社会问题,进行了一系列住房保障制度改革。而中国的农民工问题实质上也是工业化、城市化带来的问题。因此,研究其他国家在工业化、城市化过程中,如何解决城市人口激增时期的住房保障问题,仍然对我国农民工住房问题具有一定的经验借鉴价值。

(一)美国住房保障政策经验

1. 财政直接投资建造公共住房

尽管美国对于房地产行业发展奉行市场化模式,但早期为了解决城市人口膨胀、住房保障需求增加问题,财政直接投资建造公共住房是美国解决低收入家庭住房问题的途径之一。特别是20世纪60—80年代,美国联邦政府住房与城市发展部每年编制150亿美元的住房发展计划(约占联邦预算的1.6%),用于资助公共住房建设和低收入家庭住房补贴。联邦政府提供专项拨款用于建造公共住房,地方设立财政归中央管辖的住房局。公共住房建设由联邦政府主持,而具体选址、监督和分配则由州政府管辖。公房的产权归州政府所有,管理机构是地方政府住房局。公共住房建设较为直接地增加了城市低收入住房供给,低收入者的住房困难得到了一定程度缓解,促进了当时美国社会低收入阶层稳定。

2. 通过贴息、免税和土地政策鼓励开发商建设公共住房

为了减轻政府直接投资建房的财政压力,美国政府运用税收和贷款优惠等政策手段,鼓励开发商进入保障住房供给体系。具体做

法是：对建造廉价住房的开发商，政府提供一定的免税优惠和贴息贷款，建成后房屋归开发商经营，但要求所提供的廉价住房不得少于总开发面积的20%，同时租期不得少于15年。在土地政策方面，针对开发商建设公共住房不愿参与保障住房建设问题，政府在土地使用规划中规定必须有一定比例（通常是13%）的新建房纳入保障住房供给体系。为了弥补开发商经济损失，地方政府可以在一定程度上放松土地使用管制。

3. 对提供公共住房的业主给予一定补贴

鼓励私有房主为中低收入者提供低租金住房，政府首先对市场上可供出租的私有住宅进行筛选，将合格的住房纳入廉租房体系。对选中的廉租房房主进行一系列的补贴，包括为其抵押贷款做担保、提供部分修缮和运营费用等。

4. 发放房租券以提高补贴效率

通过房租券直接补贴租户是美国政府目前采用的最主要的对中低收入者进行补贴的手段。享受补贴资格的中低收入者中有60%的人选择了这种补贴方式。享受房租代金券的住户可以在市场上自由寻找住房，当住房租金低于政府规定的市场租金还有余额时，允许住户保留优惠券继续使用；而当住房租金高于市场租金时，住户须自己承担租金差价。在补贴金额确定上，联邦政府按照住房市场一般租金水平确定补贴金额。当租金超过家庭收入的30%时，地方政府住房局在确认租约后，直接按照房租券向房主支付租金。这种对租户直接进行补贴的手段，可以大大提高补贴使用效率，减少补贴转移时出现的无谓损失。

5. 通过立法，保障住房措施的落实

美国重视住房立法，对住房保障政策的制定和实施提供了制度保证。如《合众国住房法》规定，要为低收入家庭修建公共住房制订长远计划。《国民住宅法》要求建立住房管理署，设立联邦存款和贷款保险公司，由政府提供低利息贷款，鼓励私人投资于低收入家庭公寓住宅。《开放住房法案》以帮助穷人成为房主为目标，规定在10年内为低收入家庭提供600万套政府补助住房，并禁止在购买和租用房屋时的种族歧视，被认为是"20世纪第一个公平住房法令"。同时，美国注重法制建设的修改与完善，注意根据不同时期的住房保障要求，对原有法律条文进行修订或推出新的相关法律，目前在住房保障立法方面形成了比较完善的体系，涵盖了公共住房补贴、房租补贴、消除贫民窟等诸多方面。注重法制建设，使住房保障政策措施有法可依，进而保证政策的权威性和有效性，这是美国住房保障制度的突出特点。

（二）德国住房保障政策经验

1. 采取法律规定和政策鼓励两种方式确保社会福利房建设

德国在工业化进程中为了解决产业工人增加、低收入家庭住房困难问题，提供一种称作"社会福利房"的住房保障产品，它是一种供低收入者购买或租赁，法定的低于一般商品房市场价的廉价房或廉租房。而对于社会福利房的建设，德国采取了法律规定和政策鼓励的方法。

从法律方面来看，例如1951—1956年，《住宅建设法》规定要建造住宅180万套，1953年修订为200万套。法律还规定对于因经济收入低，或某一民族与信仰某一宗教，或孩子太多等原因导致找不到房子的家庭，政府有提供公共住宅供其租住的职责。

从政策鼓励来看，房屋投资商在自有资金达到项目投资的15%以上时，可向政府申请免息或低息（利率仅0.5%）贷款，建造社会福利房。另外，地方政府可以通过税收减免和生产者补贴等形式鼓励住房开发商投资建造出租用房。仅1978年，联邦德国住房补贴中，税收减免就占了50%，生产者补贴占了21%。德国政府对住房合作社出租房屋实行免税政策。地方政府设有住房建设基金，支持银行以低息贷款或无息贷款等政策性优惠贷款方式，鼓励扶植开发商和个人投资建造出租住房。

2. 较为严格的控租政策维持低水平租金

德国实施较为严格的租金管制或指导租金制度。法律规定租房租金涨幅三年内不得超过20%。德国法律还规定了老房子经过更新后租房租金的涨幅。在德国超过房租法定涨幅50%的，多付的房租要退回。同时，房东构成刑事犯罪，租房签约的中介人也要负连带责任。当然近年随着住房的逐步饱和，德国各地也在逐步放宽对房租的管制。

3. 房租补贴保证公共住宅正常运行

房租补贴制度是目前德国对低收入居民住房保障的主要方式。为保证公共住宅建设能够收回成本而提高租金，给一部分享受社会保险和低收入者造成了很大的负担。因此，《住宅补贴法》规定，居民实际缴纳租金与可以承受租金的差额，由政府负担，其中，居民可以承受的租金一般按照家庭收入的25%确定。房租补贴的资金由联邦政府和州政府各承担50%。例如，1998年有300万个家庭申请了住房补贴，仅联邦政府提供的房租补贴资金就达到70亿马克。

4. 以法律保证向低收入倾斜的政策取向

《德国民法典》是德国制定住房政策的法律基础，它规定了居住权是公民权利的重要组成部分，保障公民的基本居住条件是国家、政府职能的基本体现，明确了德联邦与各州政府在住房建设与住房保障方面的职责。以《德国民法典》为基础，德国进一步出台了《住宅建设法》《建筑法》《住宅促进法》《节能法》以及各州政府制定的住房建设法规，从而构成了以"民法"为纲领、以部门法和地方法律为网络的多层次的住房法律体系。

"向低收入阶层倾斜"是德国住房法律和政策的另一项重要内容。尽管在"居者有其屋"式的住房法律体系主导下，德国住房供应充足、价格低廉，能够满足公民的基本居住需求，但是，仍然会有弱势群体无力购买或租赁住房。为了满足这部分人群的需要，德国住房政策体系针对"低收入阶层"制定了一系列倾斜政策。例

第九章 建立适合农民工特点的住房供应和政策体系

如，在社会住宅资助框架内，私人投资者和地方房地产公司如果向困难家庭提供质优价廉的住房，将得到政府资助。政府将帮助对现有住房进行翻新改造，适合这类家庭入住。在许多州和地区，那些提供适合老年人和残疾人居住房的开发商也将得到资助。

四、当前我国农民工定居城镇的条件已初步形成

近些年，随着农民工向城市转移步伐加快，农民工流动出现了一些新趋势，稳定性得到显著提升，农民工定居城镇的条件已初步形成。

（一）农民工定居城镇的意愿增强

随着城镇化进程时间的推移，目前不但进城农民工的数量快速增长，而且农民工进城务工的实际状况也发生了很大的变化。

一是农民工在城市务工呈现长期化趋势。据国务院发展研究中心课题组2010年的抽样调查显示（见图3-4），农民工累积外出打工的年数平均7.01年，43.3%的人为5年以下，28.1%的人为5~9年，10年以上的达28.6%。农民工外出年限越长，返回老家的意愿越低，愿意成为城市居民的概率会增加。

二是家庭化趋势显现。根据杭州行政学院经济学教研部朱明芬2008年对杭州农民工抽样调查显示，有家庭人口随迁的农民工比重从1995年的29.5%增长到2000年的37.5%，再增长到2008年的51.4%；据国务院发展研究中心课题组2010年抽样调查显示，外出农民工中已婚的占60.9%，其中举家外出务工的占25%，与配偶在同一城市打工的占50.6%，子女在自己务工城市的占46.2%。均反映出农民工家庭化的比重逐年上升，在50%左右，农民工生活的重心逐渐向城镇转移，对农村的牵挂逐年下降。

三是年轻化趋势明显。随着我国开放程度的不断加大和农业

剩余劳动力面临的持续压力，农民工外出打工的年龄越来越小，目前，新生代农民工已逐渐成为我国农民工群体的主体。据国务院发展研究中心课题组 2010 年的抽样调查显示（见图 9-2），农民工首次外出打工的平均年龄为 21.08 岁，其中不足 20 岁的占 44.9%，超过 30 岁的仅占 8%，大部分是"80 后"或"90 后"。这些年轻的新一代农民工，特别是那些出生在城市里的农民工，文化综合素质普遍提高，乡土依恋情结逐渐淡化，城市归属感不断增强，物质要求和价值追求提升，融入城市社会的进程加快。

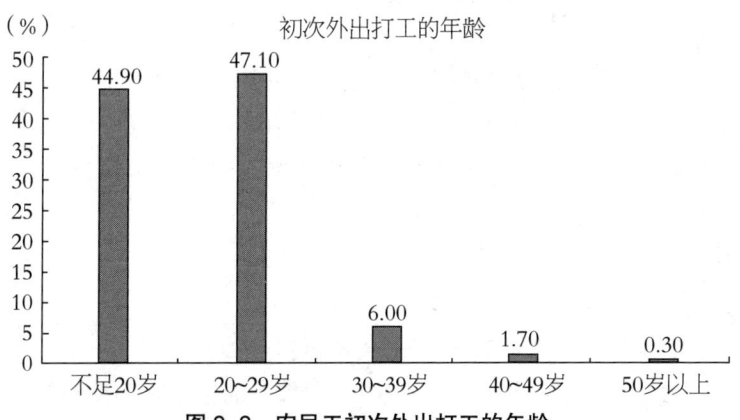

图 9-2　农民工初次外出打工的年龄

资料来源：课题组调查数据。

在上述总量与结构变化的基础上，农民工定居城镇的意愿也发生了显著变化。

1. 定居城镇的意愿明显提高

更多的农民工已经不愿意再返回农村，其定居城镇的意愿明显提高。据国务院发展研究中心课题组 2010 年抽样调查显示（见表 9-5），打算在务工城镇和城市定居的农民工占 40.2%，在家乡城镇定居的占 18.6%，更多的人愿意留在城市，愿意返乡、打算回农村定居并改善农村居住条件的仅有 15.6%。

表 9-5 农民工未来定居的意愿

意愿	占比（%）
打算在务工地所在的城镇定居	16.5
打算在务工地所在的城市定居	23.7
打算回家乡的城市定居	10.4
打算回离家近的小城镇定居	8.2
打算回农村定居并改善农村居住条件	15.6

资料来源：课题组调查数据。

农民工在城镇定居的意愿增强，改善城镇居住条件的愿望也更加强烈。据国务院发展研究中心课题组 2010 年抽样调查显示，对于那些想在务工地定居并成为市民的农民工，对改善住房的期望：38.6% 的人期望能购买商品房，44.2% 的人期望能购买经济适用房或两限房，12.3% 的人期望能申请廉租房或公共租赁房，4.8% 的人表示要自己租房（见图 3-22）。

2. 期望得到政府住房政策扶持的意愿增强

由于农民工收入水平低，住房支付能力弱，城镇商品房的购买价格和租金比较高，超出了大部分农民工的可支付水平，更多的农民工希望得到政府政策扶持，解决在城镇的住房问题。

据国务院发展研究中心课题组 2010 年抽样调查显示（见表 9-6），22.9% 的人期望政府建设专门的农民工公寓，降低租金水平；20.1% 的人期望政府放开购买政策性住房的限制，农民工可以申请购买当地的经济适用房、限价房，或申请租住廉租房；17.1% 的人期望单位提供更舒适卫生的集体宿舍，改善居住条件；16.3% 的人期望单位提供住房补贴、12.6% 的人期望单位缴纳住房公积金，资助改善居住条件；11.1% 的人期望政府改善外来人口集聚区的生活环境，使农民工享受城镇同等生活条件。

表 9-6　农民工希望得到政府政策扶持

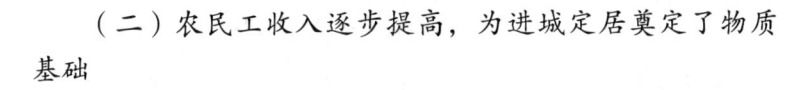

意愿	占比（%）
政府建设专门的农民工公寓	22.9
政府放开购买政策性住房的限制	20.1
单位提供更舒适卫生的集体宿舍	17.1
单位提供住房补贴	16.3
单位缴纳住房公积金	12.6
政府改善外来人口集聚区的生活环境	11.1

资料来源：课题组调查数据。

（二）农民工收入逐步提高，为进城定居奠定了物质基础

随着经济增长和进一步落实劳动政策，农民工务工收入稳定提高，根据国家统计局《2009 年农民工监测调查报告》显示，2009年农民工月平均收入 1417 元，比 2006 年监测调查的 966 元增长46.6%，农民工的工资水平有了一定幅度的提升，用于支付居住费用的能力在增强。但总体来看，与城市不断上涨的房价水平和租金水平还有差距，大部分人的住房还需要政策支持。

据国务院发展研究中心课题组 2010 年抽样调查显示，想在务工地购房的农民工，能够承受的商品房单价为：6.8% 在 500 元 / 平方米以下，5.3% 为 500~1000 元 / 平方米，30.8% 为 1000（不含）~2000 元 / 平方米，52.9% 为 2000（不含）~5000 元 / 平方米，3.6%为 5000（不含）~10000 元 / 平方米，0.5% 在 10000 元 / 平方米以上（见图 9-3）。能够承受的商品房总价：4.5% 在 5 万元以下，7.8% 为 5 万 ~10 万元，34.2% 为 10 万（不含）~20 万元，48.3% 为20 万（不含）~50 万元，4.9% 为 50 万（不含）~100 万元，0.3% 在100 万元以上（见图 9-4）。总体来看，超过 40% 的农民工可支付单价在 2000 元 / 平方米以下、总价在 20 万元以下的住房；50% 左右的农民工可支付单价为 2000~5000 元 / 平方米、总价在 50 万元以下的住房。

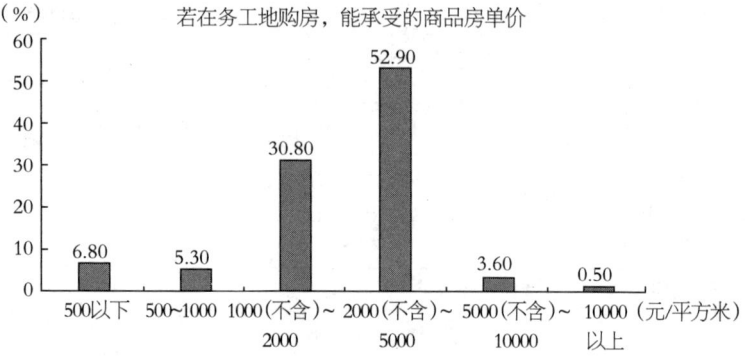

图 9-3　农民工购房能承受的商品房单价

资料来源：课题组调查数据。

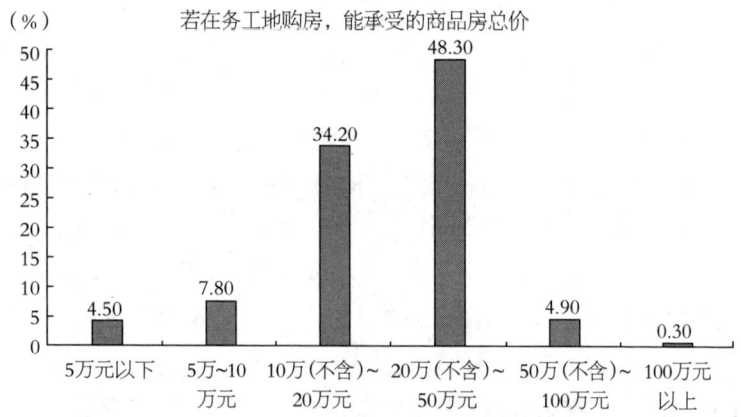

图 9-4　农民工购房能承受的商品房总价

资料来源：课题组调查数据。

图 9-5 显示，想在务工地租房的农民工，能够承受的每个月的租金水平：5.3% 的人在 50 元以下，5.2% 的人为 50~100 元，25.1% 的人为 101~200 元，46.8% 的人为 201~500 元，15% 的人为 501~1000 元，2.6% 的人能承受 1000 元以上的租金。

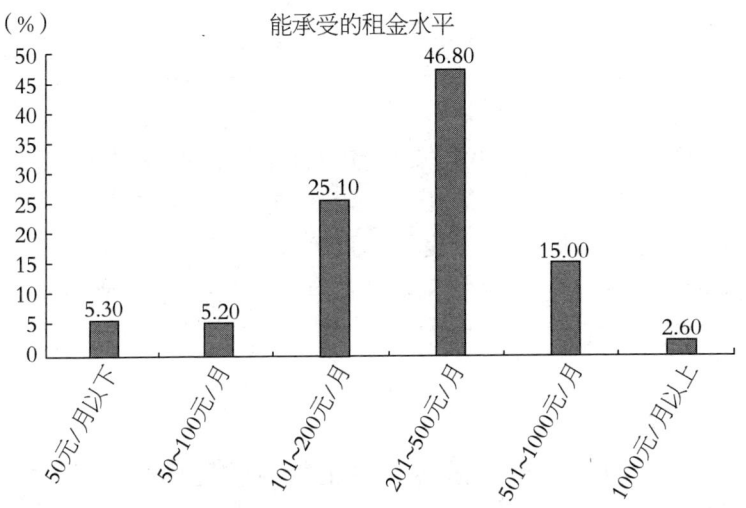

图 9-5 农民工租房能承受的租金水平

资料来源：课题组调查数据。

（三）农民工住房问题受到各级政府的重视，为农民工进城定居创造了条件

随着城镇化进程加快，进入城镇务工的农民工数量不断增加，农民工住房问题正得到各级政府的重视。2006年出台的《国务院关于解决农民工问题的若干意见》提出要多渠道解决农民工居住问题，保证农民工居住场所符合基本的卫生和安全条件，各地要把长期在城市就业与生活的农民工居住问题，纳入城市住宅建设发展规划；2007年出台的《国务院关于解决城市低收入家庭住房困难的若干意见》提出将农民工作为城市中其他住房困难群体，逐步改善其居住条件；2007年，建设部、发展改革委等部门联合发布《关于改善农民工居住条件的指导意见》，明确把改善农民工居住条件作为解决城市低收入家庭住房困难工作的一项重要内容，提出用工单位是改善农民工居住条件的责任主体。这些文件初步明确了农民工住房政策的基本方向，各地政府也相继出台政策，探索解决农民工住房问题的有效途径。一系列政策和措施的出台，为农民工进城定居创造了条件。

（四）户籍等制度改革的深化为解决农民工住房问题创造了体制条件

随着城镇化、工业化和城乡一体化的进程加快，对进城务工的农民工更加重视，一些城市已经开始研究或实行户籍制度改革。如重庆市人民政府 2010 年 7 月出台了《关于统筹城乡户籍制度改革的意见》，明确建立通畅的户籍转移通道，重点引导有条件的农民工自愿进城定居，一旦城市户籍解决，农民工将享受城镇居民的同等待遇，为解决农民工住房问题创造了体制条件。

五、新时期建立适合农民工特点的住房供应体系的思路

（一）基本原则

在"十二五"乃至更长的时期，要顺应城市化加快发展趋势，采用积极的办法解决农民工进城的居住问题，促进农民工市民化。在此过程中需要把握的原则有以下四个方面。

1. 以人为本，保证基本住房需求

政府要组织制定农民工居住环境标准，保证农民工居住场所符合基本的卫生和安全条件，具备基本生活必需功能，为农民工在城市的务工生活创造必要的住宿环境，体现以人为本的思想。

2. 遵循意愿，符合农民工务工特点

要符合农民工流动趋势和务工特点，充分考虑农民工在城市务工的具体状况、未来打算、工作的作息规律、地域分布以及经济承受能力，提供多种居住形式。

3. 政府主导，多种供应方式并存

政府要发挥主导作用，企业要落实改善农民工居住条件的社会责任。同时，也应以市场化运作为方向，充分发挥市场功能，吸引

社会资金投向农民工住房领域。

4. 立足长远，建立农民工住房制度

要为农民工向市民化转变创造条件，给予农民工与城镇居民同等的住房保障待遇，要研究解决农民工住房问题的长期政策，建立长效机制，包括公积金政策、廉租房政策、经济适用房政策等，通过这些政策的调整，逐步将农民工纳入城市住房保障制度范围之内。

（二）指导思想

按照落实科学发展观和构建社会主义和谐社会的要求，坚持以人为本，认真解决涉及农民工切身利益的住房问题。充分发挥政府的主导作用，调动各级政府的积极性，强调用工企业的社会责任，充分发挥市场的作用，多渠道改善农民工居住条件。加快建立多种形式、多层次的农民工住房供应体系，建立、健全农民工住房保障体系，逐步完善农民工住房政策支持体系，尽快解决进城农民工居住问题。

（三）构建适合农民工特点的住房供应体系框架

根据农民工的工作特点和收入状况，以及我国的国情、国力，应该建立多种供应渠道、多种供应形式的住房供应体系（见表9-7），满足多层次的农民工不同的住房需求。主要包括以下措施。

表9-7　新时期农民工住房供应体系基本框架

供应体系	市场特性	住房类型	需要住房的农民工（家庭）类型	说明
市场提供	一级市场二级市场	新建和二手转让普通商品房	少数进城时间较长、有一定支付能力的农民工家庭	完全竞争市场
	租赁市场	低端、普通出租房	一般在城市务工、没有住房的农民工	

续表

供应体系	市场特性	住房类型	需要住房的农民工（家庭）类型	说明
用工企业提供	工作宿舍	具有基本生活条件的集体宿舍	在工厂或服务业工作的农民工	政府政策支持用工企业建设标准化的农民工宿舍
政府政策性支持	保障性住房	具有基本生活功能的公共租赁房	收入较低、没有住房的农民工家庭	有政策支持，申请有一定准入条件
	保障性住房	封闭运行的廉租房	贫困农民工家庭	住房保障，只租不售
	保障性住房	封闭运行的经济适用房	希望购买住房的中低收入农民工家庭	政府补贴，封闭运行
	保障性住房	限价房	具有一定支付能力、希望购买住房的中低收入农民工家庭	有政策支持，出售有一定限制

一是适用于农民工的保障性住房体系。目前城市住房保障体系不包括农民工，因此城市政府要建立适用于农民工的保障性住房体系，主要由公租房、廉租房、经济适用房和限价房组成，其中公租房应占较大比率，解决不同层次农民工的住房需求。

二是标准化的农民工工作宿舍。使用农民工的企业，要为农民工提供满足基本居住需求、符合安全卫生标准的工作宿舍，保证农民工的身心健康。

三是规范有序的房屋租赁市场。可以随时为农民工提供交通方便、生活功能齐全、价格便宜的普通住房的房屋租赁市场。

四是公开透明的商品房市场。可以为有购房意愿的农民工提供购买新建商品房或二手商品房的商品房市场。

建立上述农民工住房供应体系，对于多数农民工来说，可以根据进城务工和收入的具体情况，选择不同的住房。

一是对单身且在工厂、建筑工地、服务业务工，市民化意愿和市民化能力都很弱的农民工，可住在用工单位提供的集体宿舍中。

二是对刚刚进城务工的农民工和生活困难的农民工，由于收入水平低、支付能力弱，对当地社会生活不熟悉，可申请租住政府提供的廉租房。

三是对进城务工有一定时间、家人已经跟入城内，但收入水平较低的农民工，可申请租住公共租赁房。

四是对已在城市工作和生活一定时间、熟悉城市生活的农民工，可以在租赁市场选择租用住房。

五是对工作逐渐稳定、掌握一技之长、逐渐适应城市生活并具有在城市生活的基本能力，且市民化意愿较强的农民工，可以选择向政府申请购买经济适用房或限价房。

六是对在城市务工或经商已经有一定成就，具有一定经济实力，愿意在城市定居的农民工，可以在住房市场购买商品房。

（四）建立农民工住房供应体系需要破解的难题

在现行体制下，解决农民工城市住房涉及诸多问题，建立农民工住房供应体系需要破解许多难题，需要进一步研究。

一是城市户籍问题。目前，在城市购买商品房、申请保障性住房，都需要城市户口。

二是城市政府的认识问题。目前，多数城市政府将农民工视为补偿劳动力不足的外来人口，没有作为本市居民对待。

三是城市政府的财政能力问题。即使地方政府愿意将农民工纳入城市保障体系之内，但进入城市的农民工有1.5亿之多，一下子增加大量的需要保障的人口，地方政府的财政保障能力也存在问题。

四是城市政府的土地供应量问题。将农民工的住房纳入城市住房保障体系，需要增加大量的土地供应。同时，大部分农民工在农

村享有宅基地和承包土地，要考虑如何处理，并研究城市住房用地和农村享有土地的衔接问题。

六、建立和完善多层次农民工住房供应体系的政策支持体系

构建多层次农民工住房供应体系，并使之顺利实施，需要完善的、相互配套的政策体系支持。

（一）在条件成熟的城市给予农民工享受城市居民同等住房政策待遇的权利

彻底解决农民工的住房问题，首先要使在城市稳定就业一定年限、有一定经济能力的农民工，在其常住地享有与本地区居民平等的资格权益，享受政府提供的基本公共服务，享受城市居民同等住房政策待遇。一是这些农民工应同城市居民一样，可以购买常住地的商品房，可以享受当地住房有关首次置业的一切政策优惠。二是可以享受住房公积金待遇，用工单位根据国家规定为农民工缴纳住房公积金，农民工购房有权利使用公积金贷款。三是农民工享受住房补贴待遇，用工单位如果不能为农民工提供住房，必须按国家规定向农民工发放住房补贴。四是农民工有权享受常住地住房保障政策，同当地居民一样，可以根据收入状况申请公共租赁房、廉租房，购买经济适用房、限价房。

（二）将农民工纳入城镇住房保障体系

要扩大城镇住房保障体系的范围，将农民工纳入住房保障体系，这将大幅度增加住房保障的规模，增加各级政府的压力，需要各级政府提高认识，并采取实际行动。一是各级政府在制定住房保障规划时，将需要保障的农民工规划在内，扩大住房保障的规模。二是各级政府要根据住房保障规划，增加各级政府的财政投入，中

央政府要加大对中西部地区建设保障性住房的支持力度,地方政府要在财政预算中增加保障性住房的支出。三是要根据农民工保障性住房的需要,合理安排土地规划,保证农民工保障性住房的建设用地。四是地方政府根据农民工的特点,建设适合农民工居住的公共租赁房、廉租房、经济适用房和限价房,在农民工集中的地区,可比照廉租房建设适合农民工特点的经济租用房,以更低的价格向农民工出租。五是以提供资金支持和税收优惠政策等鼓励和支持社会资金向农民工保障房投资,在农民工集中的开发区和工业园区、城中村、城乡接合部建设相对集中的农民工公寓,鼓励将废旧厂房改造为农民工公寓。

(三)鼓励和支持用工单位提供标准化的工人宿舍

国家相关部门要制定农民工集体宿舍规范标准,保证农民工住宿的安全、卫生和必要的生活条件,并加强监督与管理。城市政府可通过土地、税收等政策鼓励用工量大的企业和其他企业,在符合规划的前提下,为农民工建集体宿舍,完善各项设施,提高居住质量。

(四)引导住房市场提供小户型、低总价的普通商品房

通过信贷资金支持和一定的税收优惠政策,引导和鼓励房地产开发企业,建造适合农民工居住的小户型、低总价的普通商品房。

(五)进一步培育和规范住房租赁市场

进一步发挥市场的作用,规范和发展适合农民工特点的租赁市场,培育小户型房屋租赁市场,向农民工提供小户型、低租金、具有基本功能的住房。从农民工的工作特点、生活习惯和支付能力来看,在城乡接合部建设农民工公寓是一种经济可行的方式,可允许各地探索由集体经济组织利用农村建设用地建立农民工公寓,只允许对农民工出租,不得出售。

（六）鼓励农民工在中小城镇定居

中小城市和城镇是大部分农民工经商务工的第一站，也是许多农民工回乡创业的重点地区，许多事业有成的务工经商农民会首先在家乡的中小城镇购房，安置老人和孩子，作为进一步发展的基础，应鼓励农民工在中小城镇定居。可设立专项启动资金，由农民工输出地的中小城市和城镇的政府组织实施农民工宅基地和商品房的互换，政府可以将农民退出的宅基地复垦或纳入建设用地，所得资金用于补偿退出宅基地的农民在城镇购房。把农民工在中小城市和城镇购房与农村住房退出和盘活相衔接，可以促进农村住房和宅基地资源的合理流动和充分利用，减少宅基地的闲置和浪费，实现农民工宅基地的财产功能，放大农民工在城市购房的支付能力，促进农民工在城镇永久定居。

执笔人：任兴洲　廖英敏　刘卫民

第十章 农民工市民化的成本测算

当前,稳步推进农民工市民化是我国城镇化的一项重要任务。推进农民工市民化过程中,究竟需要投入多少公共成本,这个成本是否可以承受,是必须回答的重要问题。

一、农民工市民化成本的相关概念

(一)主要相关概念

农民工市民化是指务工经商的农民工在打工地定居并最终融入城市公共服务体系,转变为当地市民,这是一个长期的过程。

农民工市民化的成本是指实现农民工在城镇定居所需要的各项经济投入,也就是要让农民工享有与本地市民相同的各项权利和公共服务所需的公共投入。市民化过程中,政府、企业和农民工个人都需要一定的投入,其中政府部门的投入主要是提供各项公共服务的支出,例如,提供城市公共基础设施和各种社会保障的费用。企业的投入相对较少,主要是为市民化的农民工提供更加稳定的工作条件和更普遍的福利。农民工个人要在城市定居,也要负担更高的生存和发展费用支出。本章主要讨论农民工市民化过程中需要政府投入的成本。

(二)相关研究结果

目前,对于农民工市民化究竟需要支付多少成本有多种估计,各种结果也相差很大,这为政府决策带来了困扰。例如,建设部调研组（2006）认为，每新增一个城市人口需要增加的市政公用设施配套费，小城市为2万元，中等城市为3万元，大城市为6万元，特大城市为10万元（不含运行和管理成本）；中国科学院（2005）估计，每进入城市一个人，需要的"公共支付成本"约为1.5万元；张国胜（2009）认为，东部沿海地区第一代农民工与第二代农民工市民化的社会成本分别约为10万元/人与9万元/人，内陆地区的第一代农民工与第二代农民工市民化的社会成本分别约为6万元/人与5万元/人。而中国发展研究基金会（2010）认为，中国当前农民工市民化的平均成本在10万元/人左右。

总体而言，目前对农民工市民化成本的估计多依靠一些公开资料，缺乏对政府实际支出的实地调研分析。本章的研究基于对4个城市的实际调研，对市民化成本进行了较具体细致的测算。

（三）主要界定

农民工之间存在许多方面的差别，因此市民化的成本也相差很大。从来源地看，有的农民工来自本市，有的来自市外省内，有的来自省外。从年龄看，大多数新生代农民工较为年轻，但也有许多第一代农民工仍然在城市打工。其他的还存在诸如性别、受教育程度、子女情况等多种差别。为简单起见，本章主要讨论的是代表性农民工的市民化成本，对代表性农民工的主要假定如下：

①代表性农民工的年龄设为29岁。

②退休年龄设为目前男女职工的平均退休年龄，即55岁；农民工寿命设为当前我国平均人口寿命，即73岁。

③代表性农民工所扶养的人口比例同全国平均水平，即每个劳动力扶养0.714个非劳动力。假设在市民化过程中，农民工所扶养的人口也随之市民化。

④不考虑农民工市民化过程中，其所承包的土地等置换或相关费用，仅考虑打工地政府赋予农民工与本地市民同等公共服务所需的支出。

⑤许多城市已经给予农民工一定程度的公共服务，例如许多城

市已经给予农民工子女教育权利，城市基础设施建设已经考虑农民工的需求等。为简单起见，本章仅考虑新增一个代表性农民工，并给予其市民化待遇所需的成本。

二、农民工市民化成本的主要内容和测算方法

2010年国务院发展研究中心课题组对重庆、武汉、郑州和嘉兴的市民化成本进行了重点调研，调研主要采用座谈会和访谈的形式，各个城市的教育、医疗卫生、民政、财政、公安等相关部门参加座谈并提供了详细的资料。这4个城市分别位于我国的东部、中部和西部地区，其中重庆为西部地区的直辖市，武汉和郑州为中部地区的省会城市，嘉兴为东部地区的地级市，因此对分析我国大中城市的农民工市民化成本具有一定的代表性。

根据目前各地区政府提供公共服务的情况，政府负担的农民工市民化成本大致包括教育、医疗、养老、各种民政补助救助和社会管理（包括基础设施）等几个方面。

（一）农民工随迁子女教育成本

我国在中小学阶段实行九年义务教育政策，教育经费主要由各级财政负担，其中对农村义务教育的经费各地区有明确的分担标准，但对城市的义务教育经费没有系统的中央负担比例，有些地方中央负担的比例高一些，有些地方中央负担的比例低一些。为简单起见，我们先假设农民工市民化所产生的义务教育费用全部由城市财政负担，由于中央和省财政的分担投入，实际的市民化成本低于计算结果。

国家对义务教育经费的投入包括教师工资、学杂费、教科书费用、公用经费、教学设施、校舍改造等各项费用支出，具体可用生均事业费来表示，其中小学和中学阶段的生均事业费有所差别。例如，嘉兴的小学阶段生均事业费为5000元/人年，中学阶段生均事业费为8000元/人年。

假设每个代表性农民工所携带子女中 11 岁以下的需接受小学教育、12~14 岁的接受中学教育，如此可计算出农民工随迁子女接受小学教育和中学教育的学年数，用此学年数分别乘小学阶段和中学阶段的生均事业费，即可得到市民化的教育事业费支出。

在大中城市，特别是农民工较多的城市，由于教育资源有限，随着儿童数量的增加，需要相应地新建学校，这是一项重要支出。例如武汉市 2008 年新建了一所容纳 840 名小学生的学校，共投入 2500 万元，中学的投入更多。这里简单假定增加受教育儿童需要增加相应比例的校舍。但新建校舍以后，每年都可接纳相同数量的儿童入学，因此每个儿童分担的费用会显著降低。

（二）医疗保障成本

参加城镇企业职工医疗保险的农民工或本地职工，一般由单位和个人按照工资的 8% 提取保险基金，政府没有补助，因此不需要增加成本。但各地在基本养老保险之外，有些地方为提高保障水平推出了一些新的保障项目，例如嘉兴市对于加入补充医疗保险的，政府资助 24 元 / 年，对于没有参加城镇职工医疗保险的，可以加入城乡居民合作医疗保险，政府补助 180 元 / 人，对于补充医疗保险和城乡居民合作医疗保险政府都需要进行补助。

（三）养老保险

目前我国各地实行的居民养老保险大体可以分为几类：一是职工基本养老保险（不考虑公务员和事业单位养老制度），二是城乡居民社会养老保险，例如嘉兴人均月领养老保险待遇为 232.5 元（包括被征地居民养老生活统筹）。

如果农民工参加职工基本养老保险，则当前政府并不需要增加成本，相反还可以增加社会统筹部分的基金，但在目前的养老金制度下，从长期来看，政府很可能需要进行补贴（在职工退休开始领取养老金以后）。补贴主要有三个方面的原因，一是员工寿命大于预期寿命，例如目前的制度是按 55 岁退休、预期寿命为 70 岁计算的，但居民预期寿命可能会有所提高。二是养老金水平提高，需要政府补贴。随着经济发展，养老金水平往往需要在原有基础上提高，这样原来的基金可能不够。三是统筹账户基金可能不足以支付基础养老金，目前设计的统筹部分是按照企业缴费 20% 计算的，当企业缴费小于 20% 时，养老金将产生缺口。

对于农民工市民化，还可能产生另外一个重要的缺口，即农民工平均收入低于社会平均工资水平，而在计算养老金时，对于较低收入的人群有一定的照顾，这将使农民工的养老金水平大于其本人缴纳的统筹部分，从而产生养老金亏空。

（四）民政部门的其他社会保障支出

①低保费用。为了妥善解决城市贫困人口的生活困难问题，我国建立了城市居民最低生活保障制度，对家庭人均收入低于当地最低生活保障标准的城市居民给予补助。具体发放时，对不同人群有不同发放标准，但基本上是按其家庭人均收入与最低生活保障标准的差额发放。因此，农民工市民化的低保支出 = 市民化人口 × 低保比例 × 人均补差。由于农民工普遍受教育程度较低、收入较低，因此低保比例可能要高于目前实际水平，人均补差也有可能较大。为简便起见，本章的人均补差采用实际水平，低保比重取略高于实际水平的数值。例如，重庆 2009 年人均补差为 167 元，低保比重为 2.4%（占全市常住人口比重），按 2.5% 计算。

②其他保障支出。除了低保以外，各地还广泛实施一系列专项优抚与服务政策，主要包括计生服务、公共卫生、赡养孤寡老人、供水补贴、燃气补贴、法律援助、殡葬基本服务费减免、重病补助等，具体补助水平各地差别很大，这里按各地 2009 年实际人均支出计算。❶

---

❶ 其中卫生经费是重要部分，卫生经费指卫生部及地方卫生部门的事业费，包括医院经费、卫生院补助费、防治防疫事业费、妇幼保健经费、合作医疗补助费、中医事业费等。

(五)城市管理费用

随着城市居民增加，政府需要相应增加管理成本，包括配套的城市基础设施费用等。实际上当农民工增加时，各地已经增加了相应的管理成本，例如增加专门的管理服务人员等，地方基础设施也开始考虑农民工的需求。但农民工市民化以后还是会进一步增加成本，例如目前许多地方为农民工服务的机构及其人员多是临时性的或者低成本的编制外人员，相应费用较低。

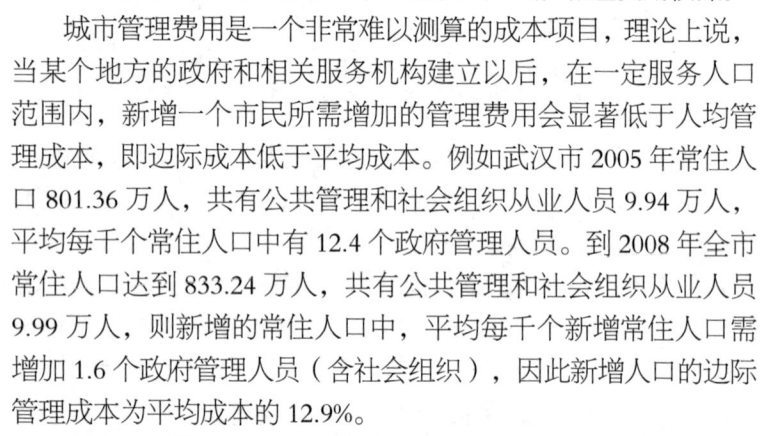

城市管理费用是一个非常难以测算的成本项目，理论上说，当某个地方的政府和相关服务机构建立以后，在一定服务人口范围内，新增一个市民所需增加的管理费用会显著低于人均管理成本，即边际成本低于平均成本。例如武汉市2005年常住人口801.36万人，共有公共管理和社会组织从业人员9.94万人，平均每千个常住人口中有12.4个政府管理人员。到2008年全市常住人口达到833.24万人，共有公共管理和社会组织从业人员9.99万人，则新增的常住人口中，平均每千个新增常住人口需增加1.6个政府管理人员（含社会组织），因此新增人口的边际管理成本为平均成本的12.9%。

本章测算农民工市民化所需的管理费用时，首先根据统计年鉴计算人均财政支出（剔除一些与人口关系较小的项目，如国防支出及前面已经考虑的教育支出等项目），再乘边际成本与平均成本的比值。

(六)保障性住房支出

满足农民工的居住需求是实现市民化的重要条件，由于农民工收入水平较低，有必要为其中的低收入者提供一定的保障性住房。本文假设对10%的农民工提供廉租房，按人均面积30平方米、保障性住房的建设成本3000元/平方米（各地有所不同）来计算保障性住房的支出。

三、调研城市农民工市民化成本的测算结果

按照前一部分所介绍的农民工市民化成本计算内容及计算方法,根据对 4 个城市的实际调研数据,可以对 4 个城市的农民工市民化成本进行粗略测算,主要结果如表 10-1 所示。

表 10-1 农民工市民化的成本测算

项目		重庆市	嘉兴市	武汉市	郑州市
1. 义务教育	小学生(元)	3021.0	5807.6	7898.3	3252.2
	中学生(元)	3077.6	7321.9	10067.7	4931.3
	校舍(元)	2773.3	2659.3	2919.3	3016.8
2. 居民合作医疗保险(元/年)		62.4	118.0	52.0	31.2
3. 基本养老保险(元)		35816.3	36089.0	29753.9	42049.3
4. 民政部门的其他社会保障	意外伤害保险(元/年)	—	—	5.0	—
	低保(元/年)	85.9	76.5	80.7	59.0
	医疗等救助(元/年)	9.0	8.2	49.4	15.9
	妇幼保健等(元/年)	13.5	46.1	6.3	—
	孤寡老人(元/年)	—	14.2	—	8.0
5. 城市管理费用(元/年)		490.7	338.0	401.0	259.8
6. 住房(元)		8570.1	10284	9975.6	8696.9
7. 其他(元)		26488.2	20927.2	23877.4	15040.9
合计	总成本(元)	80408	83690	85086.6	77361.3

注:①在民政部门的其他社会保障部分,有些城市的调查数据不全,因此缺失,不过这部分总体费用较小。

②在计算总成本时,居民合作医疗保险按 20 年平均计算,低保、医疗救助和社会管理费用按 44(73-29)年平均计算,妇幼保健经费按 10 年平均计算,孤寡老人等按 8(73-65)年平均计算。

从测算结果来看，4 个城市的农民工市民化成本差别不太大，为 7.7 万~8.5 万元。具体来看，农民工市民化成本主要有以下三个方面的特点。

（一）市民化的成本支出在短期和长期都将存在

短期来看，子女教育和保障性住房是主要支出（1/3 左右）；远期来看，养老保险补贴是主要支出（40%~50%）。

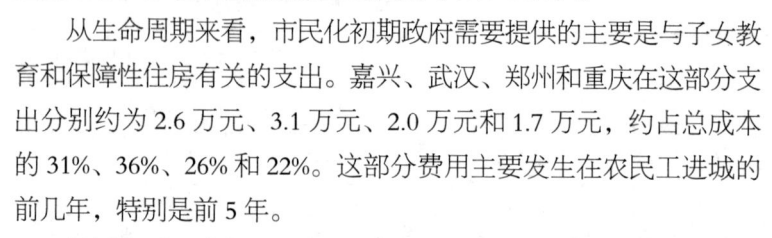

从生命周期来看，市民化初期政府需要提供的主要是与子女教育和保障性住房有关的支出。嘉兴、武汉、郑州和重庆在这部分支出分别约为 2.6 万元、3.1 万元、2.0 万元和 1.7 万元，约占总成本的 31%、36%、26% 和 22%。这部分费用主要发生在农民工进城的前几年，特别是前 5 年。

从远期看，农民工退休以后按照目前的养老金发放办法，约 10 年后即平均在 65 岁以后需要政府对个人的养老金发放进行补贴，也就是说，从养老金补贴的支出平均来看，主要是在 35 年以后支出。嘉兴、武汉、郑州和重庆的这部分支出分别约为 3.6 万元、3.0 万元、4.2 万元和 3.6 万元，约占总成本的 43%、35%、54% 和 45%。

其他各项社会福利保障，例如低保、医疗救助、妇幼保健、各种优抚和救助、社会管理费用等支出从农民工成为市民开始，将持续很长时间甚至农民工一生的时间。由于各地管理服务费用有所不同，年度支出不尽相同。大体上，上述 4 个城市这部分支出为 300~700 元。

（二）由于目前的农民工已经享受部分公共服务，因此农民工市民化所需要增加的成本较小

从所调研的 4 个城市看，农民工随迁子女已经基本享受了义务教育，其中大多数也已经在公立学校上学，在一些城市，例如武汉，由于本地学龄儿童数量的减少，新增农民工子女并不需要新建大量学校，也不需要同等比例增加教师和教学设施，因此边际成本

增加得并不多。另外，义务教育阶段的经费是由中央和地方分担的，并不需要城市负担所有的成本。上述4个城市的农民工都可以参加企业职工基本养老保险，并有可能在退休后需要政府补贴。但这部分农民工即使不市民化，政府仍然需要支出这部分补贴，不同的是如果没有市民化的政策，一方面农民工参保率较低，另一方面由于许多农民工可能会返回原籍地，因此这部分支出会转移到其他地方，或者变为新农保等其他形式的养老支出，从全国来看，政府的支出没有大的区别。

在城市管理费用部分，许多城市农民工已经稳定存在很长时间，各项城市基础设施和管理服务已经考虑了农民工存在的事实，因此农民工市民化以后需要新增的成本也较为有限。

（三）本市、本省和外省的农民工市民化成本有所差异

目前许多城市已经启动了城乡一体化的进程，本市农村居民已享受一定程度的公共服务，例如在教育、医疗、养老保险等多方面都和城镇居民差不多，因此对本市农民工市民化所需新增的成本较少。比较来看，外省农民工市民化的新增成本大于本省农民工，而本省（市外省内）农民工的成本大于本市农民工。

四、主要结论

根据对嘉兴、武汉、郑州和重庆4个城市的调研，估计一个农民工如果成为市民，政府需要增加的支出约为8万元（2009年不变价）。成本的支出是一个长期的过程，近期来看义务教育和保障性住房是主要支出，远期来看养老保险补贴是主要支出。其中义务教育和保障性住房的支出占总成本的1/3左右，养老保险补贴占总成本的40%~50%，但养老保险补贴受养老金支出政策的影响很大。

如果不考虑养老保险的远期支出，则农民工市民化过程中短期支付一次性成本平均为2.4万元（主要是教育和住房保障，包括

新建学校），以及主要用于低保等民政补助和公共管理（含市政建设）的年度支付 560 元左右。

由于目前的农民工已经享受部分公共服务，因此农民工市民化所需要增加的支出比上述测算结果更少，这样农民工市民化的成本并非不可承受，只要积极筹划，特别是做好未来的风险防范（主要是养老金体系），政府完全有能力进一步加快推动农民工市民化进程，让农民工也更好地享受经济发展的成果。

执笔人：许召元　陈昌盛　金三林

参考文献

[1] 建设部调研组. 中国农民工调研报告 [M]. 北京：中国言实出版社，2006.

[2] 中国科学院可持续发展战略研究组. 2005 中国可持续发展战略报告 [M]. 北京：科学出版社，2005.

[3] 张国胜. 基于社会成本考虑的农民工市民化：一个转轨中发展大国的视角与政策选择 [J]. 中国软科学，2009（4）：56-69.

[4] 中国发展研究基金会. 中国发展报告 2010：促进人的发展的中国新型城市化战略 [M]. 北京：人民出版社，2010.

第十一章 推进农民工市民化的财政政策

一、基本政策原则

农民工市民化,就是指农民工转化为城镇市民的过程,该过程至少包括三方面内容:①让农民工在城镇安顿下来,稳定生活;②享有与城镇户籍居民同等的公共服务,消除户籍歧视;③完成养老、医疗等社会保障制度的转型,以适应生产、生活方式的改变。

根据课题组在嘉兴、武汉、郑州、重庆4市的调查,接纳一个农民工转化为城市市民,政府大体需要支出8万元。从上述支出需求的时间分布看,近期主要是农民工子女教育和保障性住房支出需求,远期则主要是养老保险补贴支出需求。而把农民工纳入城市公共服务对象,更会给城市社会管理带来长期的、持续的支出压力。

上述政府支出,有的会表现为对办公设施、行政经费和公职人员工资的支付,有的则会表现为对农民工个人的直接支付。根据上述投入的不同特性,可以将其划分为经常性支出需求、阶段性支出需求和一次性支出需求。①经常性支出需求是与政府有效履行社会管理、提供公共服务、保障公民基本权利紧密联系在一起的需求。具体如:行政事业单位的工资性支出、办公费用、设备折旧以及保障城市低收入群体基本生活的各种补贴和补助等。②阶段性支出需求是与特定发展阶段紧密相连的。具体如:农民工在城市定居问题、子女入学问题就是与农村人口大量涌入城市紧密联系在一起的。③一次性支出需求通常与推动制度并轨、解决历史遗留问题联系在一起。具体如:解决青壮年农民工社保基金欠费问题、弥补现

行养老保障基金欠账问题等。

与庞大的资金需求相对应，政府可用的资金来源主要有：①增收节支，调整预算支出结构。具体如：堵塞收入流失，增加对农民工市民化的拨款支持力度，推行财政支出绩效管理、节约资金使用，等等。②调整基金性收入流向，将城市土地经营收益主要用于支持农民工市民化。具体如：无偿划拨土地建设社区服务中心等公用服务设施；按成本价或更低价格划拨土地，建设经济适用房和廉租房；投入部分土地出让金收入，支持建设廉租房；等等。③筹集部分国有资本变现收入及国有资本运营收入，支持农民工市民化。具体如：国有企业保本经营，为农民工享有公共服务提供价格补贴；调整国有资本布局，改善农民工居住地的公共设施，提升公共服务水平；变现部分国有资本，征集部分国有企业经营利润，填充农民工社保基金缺口；等等。不同的资金来源也具有各自不同的特点。预算性收入稳定、规范，可预测性强；土地经营收益与城市化进程紧密相连，具有阶段性；国有资本变现收入则具有一次性。

从资金来源和支出需求相匹配、保持财政稳健运行的角度出发，支持农民工市民化的财政政策应坚持如下原则：提升农民工享有的公共服务水平，应以增加一般性预算支出为主、基金性收入投入为辅。改善农民工居住条件，应以土地经营收入为依托，增加预算支出为辅。推动农民工社保制度转型，应以适当的财政补贴为引导，着力提高城市职工社保覆盖率；同时要依托国有资本变现收入（含国有资本赢利）来弥补社保制度转轨所面临的资金缺口。以地方政府充分挖掘现有收入潜力和调整支出结构为主，以中央政府的财政支持为辅。

二、主要的财政政策

前面提到，农民工市民化至少包括农民工（及家属）在城市安居、享受均等化公共服务以及社会保障重建三方面内容。不同方面存在的问题不同、原因各异,财政政策的目标和主要政策工具也应有所差别。

(一)在保障农民工享有均等化公共服务方面

在享有城市公共服务方面,农民工面临的突出问题是待遇明显偏低。主要表现在:随迁子女公平享有城市义务教育问题突出,公共交通、治安、垃圾处理等公共服务严重不足,就业、技能培训、公共卫生等公共服务未能有效覆盖农民工。产生问题的主要原因是:城市管理体制调整落后于城市发展,城市管理和公共服务能力严重不足;围绕"招商引资"的激烈竞争,导致大量财政收入流失;以管理为中心的思维模式,制约了政府职能的转变和公共资金分配比例的优化。

在保障农民工享有均等化公共服务方面,财政政策的目标应当是:确保城镇常住人口享有均等化的公共服务。具体的财政政策可包括:增加对市辖区(特别是与郊区接壤的城区)发展教育、科普、公共卫生、文化体育、环境整治等事业的财政投入力度,显著提高经济强镇分享税收收入和土地出让金收入的比例,逐步形成按常住人口和实际业务量分配管理和运营资金的机制;严厉制止"招商引资"活动中的地价竞争,严格区分新设企业和既有企业的生产搬迁,堵塞政府收入流失;全面推行绩效预算管理,提高资金使用效率,提升政府公共服务水平;采取贷款贴息、收益补贴等措施吸引银行资金、民间资金参与市政基础设施建设,加快改善城市基础条件;市政服务应坚持市场化运营的原则,对于政策性低收费和低票价,政府应提供适当的财政补贴。

(二)在推动社会保障转型方面

农民工社会保障制度转型面临的主要问题是:社会保障覆盖率低,社会保障水平低。社会保险制度是重要的社会再分配机制。养老、医疗等社会保险的资金筹措方式,都是企业缴纳与个人缴纳相结合、企业缴纳占大头。保险金的发放，则是社会统筹账户和个人积累账户相结合。作为低收入群体，农民工长期游离在社会保障制度之外，就等于主动放弃了参与社会再分配的权利，放弃了保障自己不因疾病、生育、工伤、失业乃至年老而陷入生活贫困的权利。产生问题的主要原因是：社会保障"碎片化"与农民工高流动性尖锐冲突，农民工在跨区转移、接续社会保障关系时面临重重困难；缴费水平高，企业缺乏积极性；以及缺乏有效的社会中介机构和相关机制，农民工合法权益得不到有效维护等。

在推动农民工社会保障转型方面，财政政策的主要目标应当是：提高城镇社保覆盖率，提高保障水平，防止因社保制度缺失产生新的城市（老年）贫困。具体的财政政策可包括：增加财政补贴，引导农民工积极参保"五险"；增加对工会维权的财政支持力度；按照"决策、执行、监督相分离"的原则，优化社保基金筹集、运营和管理机制；将社保基金征缴纳入地方税务系统，合理分流相关人员，全面强化社保督导、执法功能，提高政策执行力；加强农民工参加新型社保的基础数据的整理与收集工作，积极筹划划拨国有资本变现收入（或经营收益），一次性补齐社保基金的资金缺口。

（三）在推动农民工在城市安居方面

推进农民工市民化，需要改善农民工居住条件，使其在城市具有相对稳定、舒适的住所。但是，目前农民工在城市的居住条件普遍较差。据本课题组调查，近80%的农民工居住的是功能不全的临建房或简易房。这些房子位置偏远、功能不完善、居住条件差、安全隐患高，非常不利于农民工在城市的生存、安定和发展。产生问题的主要原因是：农民工收入相对低、支付能力差；城市住房价格快速上涨，超越农民工购买能力；以及保障性住房体系不健全，农民工被排斥在外，等等。

在推动农民工在城市安居方面，财政政策的目标应当是：改善农民工的住房、生活条件，使其能够安居乐业。具体的财政政策可包括：在廉租房建设方面，设立公用房屋运营公司，投入部分财政资金、土地出让金作为最初资本金，吸纳部分社保资金充当优先股，多渠道充实企业资本金；对支持廉租房建设的银行贷款给予财政贴息支持；允许农民工购买经济适用房，对购买经济适用房的贷款给予财政贴息；按照成本价划拨建设用地，大力支持经济适用房建设；借鉴一些地区推进"宅基地换住房"的经验，将因此增加的建设用地指标主要用于增加城市政策性住房土地供应；对农民工参加"宅基地换住房"活动的贷款申请，应给予财政贴息支持；对企业建设职工宿舍给予适当的税收减免。

三、优化收入分配结构，提高城镇接纳农民工的能力

（一）显著提高经济强镇收入分享比例

改革开放激发了经济活力，城市发展取得长足进步。特别是一些城镇借助特殊的地理位置、资源和人文优势，迅速发展起来，但其行政管理架构和财政资金的分配仍然维系着十几年前的基本架构，如一些镇的经济总量、常住人口早已赶上中西部许多地级市的规模，但其管理架构仍然维持着乡（镇）政府的标准，管理机构授权有限，人员编制严重短缺。在收入分配方面，经过中央、省、市、县层层划分，这些经济强镇（乃至县级市）的税收收入大部分被上级政府分走。在东莞等地，外来人口远远超过当地户籍人口，要接纳诸多农民工为城市居民，使其和当地户籍人口享有同等的教育、医疗、养老等公共服务，地方政府的财力难以承受。需要顺应农民工市民化的要求，建立按常住人口而不是户籍人口确定城市管理机构和人员配备标准的制度。在资金分配上，应显著提高经济强镇（县级市）的税收留成比例，提高城市公共管理和公共服务的能

力，使公共管理、公共服务全面覆盖所有农民工。

（二）建立资金动态调整机制，优化资金分配结构

我国的农民工市民化进程是规模空前的人口迁移。伴随着人口的迁移，政府管理、社会服务、社会保障的相关资金投入也需要做相应调整。只有建立了财政资金的动态调整机制，才能不断优化资金分配结构，加快农民工市民化的进程。

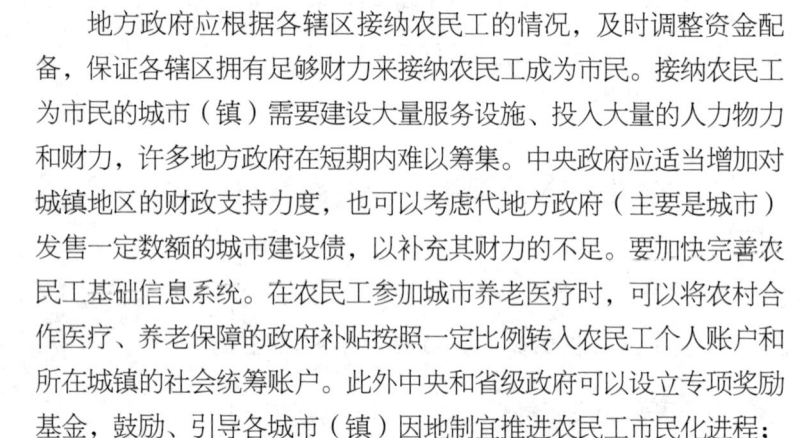

地方政府应根据各辖区接纳农民工的情况，及时调整资金配备，保证各辖区拥有足够财力来接纳农民工成为市民。接纳农民工为市民的城市（镇）需要建设大量服务设施、投入大量的人力物力和财力，许多地方政府在短期内难以筹集。中央政府应适当增加对城镇地区的财政支持力度，也可以考虑代地方政府（主要是城市）发售一定数额的城市建设债，以补充其财力的不足。要加快完善农民工基础信息系统。在农民工参加城市养老医疗时，可以将农村合作医疗、养老保障的政府补贴按照一定比例转入农民工个人账户和所在城镇的社会统筹账户。此外中央和省级政府可以设立专项奖励基金，鼓励、引导各城市（镇）因地制宜推进农民工市民化进程；还可以设立专项资金，支持乡（镇）基础设施建设，改善其投资环境，以充分发挥小城市（镇）吸纳农民工的重要作用。

四、细化政策设计，有效降低财政负担

（一）应当看到，农民工群体的政策需求是分层的

青年农民工精力旺盛，对外部世界充满好奇。为了实现个人理想，他们频繁跳槽。由于工作变动频繁，专业技能积累少，他们的收入相对较低。由于尚未成家，他们对子女教育、医疗、养老等关注较少，相反他们更关心生活质量和未来的发展前景，关心职业技

能培训、公交、治安、文化娱乐、环境卫生等。在住房方面，他们对拥有自己的住房的需求不是很强烈；在社会保障方面，如果加强执法、着力提高社保覆盖面，可以以很低的成本将他们（作为一个整体）的社会保障与城市（户籍）居民的社会保障对接起来。

青壮年农民工处在体力和创造力的高峰时期，大多已成为单位的业务骨干。随着工作和生活趋于稳定，他们希望在城市里拥有自己的或能够长期租住的住房，他们高度关注子女教育问题，对养老、医疗问题也日益关注。但由于种种原因，他们参加城镇社会保障的比率较低，参保时间不长，如果不能显著提高参加社会保障的比率，不能缴纳足够的医疗和养老费用，到他们退休时，很可能会因为养老、医疗待遇偏低而出现生活贫困。

壮年农民工的体能、创造精神开始出现衰退。随着工作寿命的不断缩短，他们对未来的预期开始趋于悲观。他们更加关注养老、医疗和社区公共服务。对他们而言，如果在城市落户需要为购买住房花去大量的储蓄，如果在城市生活的成本远高于农村，如果农村的公共服务质量得到显著提升，他们会选择回到家乡去安度晚年。而作为城市过客，他们购买住房的愿望也没有那么强烈。

（二）提高政策针对性，有效降低财政负担

面对不同年龄段农民工的不同政策需求，相关政策设计也必须有所差别。只有这样，才能提高政策针对性，有效减轻财政负担，降低财政中长期运行风险。

对于青年农民工，应把政策重点放在改善城乡接合部（城市郊区）基础设施和改善相关地区公共服务上；放在维护员工合法权益和大幅提高社保覆盖率上；放在为农民工建立住房公积金和增加住房储蓄上。

对于青壮年农民工，应把政策的着力点放在改善其居住条件上，支持其以宅基地换住房、换社保，支持其购买经济适用房、租住廉租房；放在解决随迁子女入学难、教育质量差上；放在引导其

第十一章　推进农民工市民化的财政政策

积极参加社会保险上；放在积极筹划和稳妥化解其社保基金缴纳"欠账"上。

对于壮年农民工，则应基于其意愿采取差别化的政策。可以考虑设立适当的门槛。跨过该门槛的农民工，可以享受政府鼓励青壮年农民工城市落户的优惠政策，具体如：将其纳入政策性住房保障体系和城市社保体系等。对于愿意回老家安度晚年的农民工，则应着力做好其参加社会保险工作，避免其社保基金缴费落空；在其离开城市时，则应做好社保缴费账户的转移、衔接工作，以避免其个人利益受到损失。

执笔人：张俊伟　孟　春

第十二章 改革户籍和福利合一的社会管理制度

改革开放以来,按照户籍进行人口经济社会管理的制度,在市场配置要素资源的基础作用下,逐步形成了人户分离的劳动就业模式。但户籍与福利挂钩的社会管理体制,却没有同步转变,使得农民工在为城市发展做出巨大贡献的同时,却未能平等地享受城市的各种公共服务和福利。要改变这一状况,必须改革户籍和福利合一的人口社会管理制度,将户籍制度改革的重心放到加强公共服务上来。

一、突破以户籍与服务挂钩的人口社会管理制度

迄今为止各地开展的户籍制度改革试点,基本是按照降低户籍门槛、将福利与户籍挂钩的原则设计的。各地采取的办法大体可以分为两类,一类是以准入条件取代指标控制,降低进城落户门槛。即取消以前"农转非"的年度指标限制,代之以条件准入,小城镇实行具有"合法固定住所、稳定职业或生活来源"基本条件准入,大中城市在基本条件准入基础上实行"根据当地经济社会发展的需要及综合承受能力"附加条件准入,通常附加上符合一定投资、引才、购房、投靠、奖优标准中的一条,作为落户的补充条件。以具有代表性的湖北和广东为例,湖北省规定进入设区的大中城市落户有两个基本条件:一是退出农村土地;二是除稳定就业和居住的基本条件外,还需满足六项附加条件中的一项:①在城镇连续就业 3

年以上，并与用人单位或雇主签订了 2 年以上劳动合同，年收入高于当地最低工资标准的；②在城镇就业 1 年以上，具有大专以上学历、中级以上职称或高级职业资格，年收入高于当地企业平均工资标准的；③在城镇连续从事个体经营满 3 年，年纳税 1 万元以上，或累积纳税已超过 3 万元的；④在城镇投资入股兴办企业，个人投资总额达 10 万元以上，经营满 1 年，年盈利超过 3 万元的；⑤在城镇就业期间有一定贡献且获得县以上劳动模范、先进工作者等荣誉称号的；⑥在城镇有遗产继承或有赡养义务的。广东则进一步把各类条件转换成积分，积分指标由省统一指标和各市自定指标两部分构成，省统一指标包括个人素质、参保情况、社会贡献及减分指标，各市的自定指标包括就业、居住、投资、纳税等情况，原则上农民工积满 60 分可申请入户。对达到落户条件不愿退出土地的，只能享受规定的农民工服务项目，而不能享受城镇居民同等福利。由于落户门槛条件对于农民工来说仍然较高，且要放弃农村土地，政策实施以来，湖北省只有 10 万农民工转为新市民，仅占省内农民工的 2.7%，广东省只有 14 万农民工通过积分制落户城镇，仅占省内农民工 0.5%。可见，在自主选择条件下，农民工大都不愿意放弃土地换取城镇户口。

另一类是以农村土地换取城镇户口，"以退（地）为进（城）"，在农民财产权和市民福利权之间实行权利置换。

上述两种办法，为农民工进城享有同等服务提供了路线图和预期值，但仍然没有突破户籍与福利合一的人口社会管理制度。在思路上过于强调户籍改革一次到位，带动福利改革一次完成。这样，在手段上，尤其是后者，必然过于依赖土地融资来一次支付农民工市民化的高服务成本。课题组调查表明，绝大多数农民工并不愿意以土地的财产权换取城镇户籍。尽管农民工定居城镇的意愿强烈，但 80% 以上的农民工希望保留承包地，2/3 以上的农民工希望保留宅基地和房产。农民工不愿意以置换的方式来获取城镇居民身份，并非因为不愿意退出土地，而是要求对土地具有更大、更多的自主处置权。进一步,长久不变的土地承包经营权和依法保障的宅基地用益物权,是农民工神圣不可侵犯的财产权利,理应受到保护。公共服务均等化同样是农民工的基本权利,法理上并不需要通过土地"双放弃"置换获得。从法律层面上讲,《农村土地承包法》规定"承包方全家迁入设区的市,转为非农业户口的,应当将承包的耕地和草地交回发包方"一条,与高一层次的法律相违背,应予取消,而不能继续作为农民进城退地的依据。因此,切断福利与户籍的联系,才是改革的方向所在。

二、以完善公共服务将农民工福利与城镇户籍脱钩

虽然户籍制度改革相对滞后,但农民工的公共服务却在不断加强和完善。特别是 2006 年《国务院关于解决农民工问题的若干意见》颁布以来,形成了较为完整的农民工工作政策体系。在农民工工作"公平对待、一视同仁;强化服务,完善管理;统筹规划、合理引导;因地制宜、分类指导;立足当前、着眼长远"的五项原则指导下,农民工的公共服务有了很大改善。

在转移培训上,农民工就业资金已纳入财政日常开支项目。在就业制度上,基本形成了消除农民工就业歧视和促进机会平等的法律框架。在收入分配上,最低工资制度逐步建立健全。在计划生育上,农民工计划生育服务和管理经费纳入流入地财政预算,分级负担,享受的免费服务项目包括"三查四术"(查孕、查病、查环、人流、引产、上环、结扎)和免费提供避孕药具。在卫生医疗上,农民工到社区卫生服务机构看病,免收挂号费、门诊诊查费、门诊注射费、住院诊查费和护理费五项费用,0~6 岁儿童免费实施一类疫苗预防接种。在义务教育上,农民工子女按政策在指定学校就读,与城市学生同等待遇,享受免杂费、对家庭贫困学生免费提供教科书,并享受财政对学校按生均公用经费补助。在文化生活上,各地每年为农民工安排一定场次的免费演出和电影,社区文化设施

向农民工免费开放。在社会保障上,城镇和农村的各项社保制度已基本建立,并在不断完善。在公共住房上,改善农民工居住条件开始纳入城市保障性住房体系建设,多渠道解决农民工居住问题的局面正在形成。当然,各项服务的政策力度、改善程度、推进进度、覆盖幅度并不一致,存在的问题也还很多,需要进一步改革。但是,农民工公共服务中户籍"淡出"、福利"渐进"的改革思路清晰可见。

调查表明,农民工对打工地的总体环境满意程度随公共服务政策改善不断提高。60%以上的农民工对所在城镇生活质量表示基本满意或很满意,比"十一五"期初的2006年提高了约10个百分点。农民工的工资拖欠问题已经基本解决,最不满意的医疗条件已明显好转,很不满意的子女上学问题已退居次要位置。从农民工公共服务改善的难点上看,收入水平、居住条件和社会保险等问题已成为进一步改革的重点。

调查表明,与就业稳定性增强相比,工资待遇成为农民工最不满意的事情。与2006年相比,农民工对收入分配不满意程度由33%上升到60%。2009年,农民工月均工资约为1720元,62.5%的人月工资为1000(不含)~2000元。家庭人均纯收入比城镇居民家庭人均可支配收入低61.5%。位于按十等份排列的城镇居民家庭收入次低的10%组。2010年频发的劳资矛盾,显示出改善工资待遇将成为未来几年农民工工作的重点。当前,城镇低保制度和医疗救助体系还没有适时将农民工纳入,落户的附加条件中通常要求农民工的收入高于当地最低工资标准,这样城镇治理贫困的成本降低了,但实际的贫困发生率却提高了。如果这一情况继续下去,城镇企业劳资矛盾将向干群矛盾蔓延。

住房条件成为仅次于收入分配的不满意服务项目。八成以上的农民工居住在设施不完善的各类简易住房中,公共卫生和安全问题成为最大隐患。仅有8.4%的农民工自购房屋;51.8%的农民工住在雇主提供的集体宿舍,平均6人/间,心理健康成为问题;47.4%

的农民工居住在城乡接合部的出租屋，人均支出约为421元/月，相当于工资的25%，居住成本偏高。农民工能承受的商品房单价约为2214元/平方米，能承受的租金水平均为293元/月，大大低于务工地的房价和房租水平。但是，城镇经济适用房、廉租房基本不对农民工开放，成为农民工融入城市的最大障碍。

社会保险参保率低，是长期存在的问题，也是农民工很不满意的服务项目之一。2009年，农民工参加养老、医疗、工伤和失业保险的比例分别为18.2%、29.8%、38.4%和11.3%，其中雇主为农民工缴纳的比例分别为7.6%、12.2%、21.8%和3.9%。农民工参保率低的原因，一是费率高，二是接续麻烦，三是异地结算难。完善适合农民工的社会保险政策设计，是农民工融入城市的关键。

上述分析表明，在户籍制度没有发生根本改变的情况下，根据农民工的利益诉求，有针对性、分阶段地各个击破重点领域的公共服务问题，是实现福利与户籍脱钩的关键，也是推进农民工融入城市的有效手段。

三、以居住证制度分期分批解决农民工的公共服务问题

放开户籍的一次性改革，公共服务的短期支出成本太高；逐步改善公共服务的渐进式改革，没有明确的时间表，预期不够稳定。在这种情况下，一些地方开始实行居住证制度，将农民工获得公共服务的内容与所尽义务的条件或进城时间挂钩，渐次解决农民工服务均等化问题。

从2004年起，上海等沿海省市开始建立流动人口登记制度，外来务工人员根据进城年限和符合一定条件可以享受程度不等的公共服务。外来人口领取登记证，各地的条件不一，如江浙沪对居住证的领取，规定了一定的从业、居住时间或应尽义务条件（如参

加社会保险),广东则无条件限制。浙江省还根据居住时间长短和人员素质水平,将居住证依次递进分为临时居住证(居住3年以下)、普通人员居住证(居住满3年以上)和专业人员居住证(满足一定技能积分标准)。居住证的福利内容,各地也有区别。一般来说,大体包含了义务教育、技能培训、计划生育、公共卫生、社会保险、评先评优和当地政府规定的其他方面服务。但在服务的可及性上,各地均根据基础设施和经济社会承载能力,采用了审慎的措辞。如教育服务上,通常是"可以向公办学校申请接受九年制义务教育";在就业服务上,则是"按规定参加政府部门提供的各类免费培训";在卫生计生服务上,则进一步提升为可以"享受国家规定基本项目的计划生育和公共卫生免费服务"。但多数居住证的服务内容都未涉及低保和住房,只有无锡的居住证包含了"居住满5年的困难家庭户,按照本市有关规定享受本市居民最低生活保障、城乡困难群众家庭临时生活救助、城镇居民医疗保障"内容,深圳的居住证包含了"按照市政府有关规定符合相应条件的可以享受公共租赁住房的有关权益"内容。浙江省则根据居住证的类别,实行递进的差别服务。以嘉兴市为例,门槛最低的临时居住证持有者,7岁以下子女在居住地卫生院可享受计划免疫基础疫苗免费接种,符合计划生育政策的子女可免除义务教育阶段学杂费等;普通人员居住证持有者待遇有所提高,符合计划生育政策的子女,义务教育阶段在公办学校就读的,减半收取借读费,可报考嘉兴市所属的各高中、中等职业学校等;专业人员居住证持有者待遇最高,子女在公办学校就读的免收借读费,符合相关规定条件的可申请廉租住房和经济适用房,可申购当地建设的专门面向新居民的小户型经济适用房,持证10年以上的可申请最低生活保障等。据嘉兴市新居民事务局统计,该市180万新居民中,45.1%可以领取临时居住证,44.5%可以领取普通人员居住证,10.4%可以领取专业人员居住证。从2009年起,上海、浙江和广东等地开始建立居住证和落

户的衔接政策，满足条件的居住证持有者可以申请落户，享受同等权利。上海、广东居住证满7年，浙江专业人员居住证满15年，可以按规定申请落户。居住证以与福利挂钩的方式，较好地解决了流动人口的登记问题，也按照择优、级差、渐进的方法，改进了农民工的公共服务。部分地方的居住证除加分因素外，还设置了减分因素，如有计划生育超生和违法行为，将延迟落户。

居住证制度给了外来务工人员享有同等服务的稳定预期，但目前部分地方设置条件对农民工相对而言还是较高，主要表现在领取居住证的学历和投资要求通常远高于农民工的平均水平。居住证向落户的转换条件要求更严，如浙江领取专业人员居住证15年才可落户，门槛过高，时限过长。当然，对于外来人口较多的地方而言，在开始阶段收紧条件，避免服务成本过快增长形成难以承受的公共支出压力，是可以理解的。关键是在实践中根据承载能力的提高，不断放松条件，惠及最大多数的农民工。比较而言，广东的办法较利于农民工，即规定"公安派出所或者乡镇、街道流动人口服务管理机构，对于已经申报居住登记的流动人口，应当发给居住证"，没有设定明确的居住证条件限制，并规定"居住证持证人在同一居住地连续居住并依法缴纳社会保险费满7年、有固定住所、稳定职业、符合计划生育政策、依法纳税并无犯罪记录，可申请常住户口，常住户口入户实行年度总量控制、按照条件受理、人才优先、依次轮候办理，具体办法由居住地地级以上市人民政府制定"，更加符合农民工的实际，提供了一条农民工只按进城就业时间且尽一定义务（社保）即可享有均等服务的改革思路。

四、农民工获得平等服务不应设交换条件

从城镇化的人口迁移趋势和户籍制度改革的经验来看，户籍制度的经济功能已经基本被剥离，就业不再受到户口限制，但社会功

能被强化,公共服务仍然附着在户口上,由此产生"同一屋檐下"的服务水平差别问题。户籍制度"管不着"使超过1/4的城市人口得不到相应的服务,"管不了"又使近1/5的农村人口失去了相应的服务。换句话说,市场化改革使农民工在城里基本实现了"乐业",但公共服务体制改革滞后使他们在城里难以"安居"。由于城乡福利的差别和城镇公共服务设施长期以来的户籍人口对应属性,一次性放开户口成本高,在实施上不具操作性。正如各地探索过程所示,郑州仅放开了市内人口的迁移限制,市区教育设施的不足和成本的增长即令改革限于困境;实际上,沿海地区许多城市公办教育都在设施能力上遇到了农民工子女增长过快的压力,不得不以限定条件申请来缓解人口增长及设施不足的矛盾,更遑论低保、住房等其他服务;多数省份统一居民户口的改革还是需要加注标识,才能区别服务,城乡差别依旧存在,这也是其被舆论斥为"做表面文章"的重要原因。但是,各地的探索并非没有意义,它从实践上廓清了户改条件准入、分步实施、由易及难、递进享受的基本路径。其基本经验为深化户籍制度改革积累了丰富的政策储备。

完善公共服务是推进城镇化健康发展的关键。从政策演变来看,农民工公平待遇的实现,实际上并非通过户籍制度改革一次完成的,而是通过改善服务逐步发展的,这个完善进程自国务院发布《关于进一步解决农民工若干问题的意见》以来处于加速发展阶段。完善服务是脱钩的主要手段,也是深化户籍改革的关键措施。目前,在培训就业、计划生育和公共卫生的相关服务上已取得较大进展,主要问题是全国范围的统筹;"两为主"接受入学的教育问题主要是区域性的,东部地区为甚;社保问题主要是制度设计性的,费率和衔接问题为甚;住房和低保等问题是制度创建性的,机制亟待建立。因此,针对不同的服务项目,完善措施是关键。概括起来,就是要使农民工"有活干、有学上、有保障、有房住"。这就要求加快政府职能转变,把工作重心转移到加强公共服务上来。

由于农民工公共服务的改善，户籍的含金量已经降低，这也就为户籍制度的最终消亡创造了条件。

分步推进户籍制度改革。在完善农民工服务的同时，并行推进户籍制度改革，使符合条件的农民工能够尽快融入城市，享受同等服务。从各地实践看，有如下经验。一是条件准入，大中城市和县以下城镇实施差别进入标准，合理引导人口均衡空间分布。二是人口登记，以居住证和服务挂钩，形成人口社会管理的有效登记制度，为服务改善建立符合实际情况的人口统计依据。三是服务递进，根据居住证的不同积分/年限，实施累进服务，稳定移民预期，缓解政府压力，形成服务与人口和财政同步增长机制。四是制度衔接，在居住证和户口之间建立转换关系，确保农民工同等享受发展成果。推进户籍改革，需要遵循以下原则。一是农民自愿，不能以城镇化水平为衡量，变准入条件为实施标准，强制农民工转变户口。二是降低门槛，要根据发展的情况，适时调整降低准入的基本条件和附加条件，准入要有利于大多数农民工进城，而不是偏向"招商引智"。三是增加服务，要根据发展的情况，不断增加农民工服务的种类和提高服务水平，加快服务与身份脱钩的步伐。四是公平对待，户口准入和居住证分类是缓解城市服务压力的调节器，而不是隔离墙，不得以此设限，把过渡措施固化为新的人口分类制度，要不断完善服务，缩小鸿沟，直至取消差别。

切实保护农民的土地权益。户籍改革特别是设区市户籍准入的前置法律或操作条件是转户农民退出土地，这既成为农民工落户选择的判断依据，也成为一些地方城镇化矛盾的导火线。要突破户籍改革中的土地置换服务论，扭转土地城镇化快于人口市民化的现象，必须尽快研究农民工的土地权益保护问题，形成既有利于促进农民工进城落户，又能有效保证农民工土地权益的政策和法律规定，从根本上解决土地与社保和住房等公共服务的脱钩。城市无论大小，对于已经具备条件的公共服务项目，如义务教育、就业培训、职业教育、计划生育等，应率先实现同等对待。与城市户籍紧密挂钩的低保、经济适用房、廉租房等，也要逐步覆盖符合条件的农民工。探索以参保代替户口作为农民工享受均等公共服务权利的改革，彻底使福利与户口脱钩，也使通过户口要求农民土地权利与城镇福利权利置换脱钩。

执笔人：何宇鹏

第十三章　推进农民工的社会融入

农民工的社会融入，是我国在快速工业化、城市化过程中伴生的一个重大社会问题。当前，大量农民工在城镇就业并被统计为城镇人口，但由于受到城乡二元体制等因素制约，长期处于城市边缘，不被城市主流群体认同、接纳乃至受到歧视、伤害，无法融入城市社会，不能平等享受基本的公共服务，这将在城市形成新的二元结构，累积更多的社会矛盾，应予高度关注。本章基于实地调研、问卷调查和重点城市访谈，分析了当前我国农民工社会融入的现状、主要障碍及其制度根源。

一、当前农民工社会融入的意愿分析

（一）多数农民工希望在城市（镇）定居，新生代农民工的意愿更为明显

2010年国务院发展研究中心课题组"农民工问卷调查"（以下简称"调查"）显示，58.8%的农民工愿意选择在务工所在地或家乡的城市（镇）定居（见表13-1）。这表明，由于我国长期存在的二元经济结构，城乡物质文化生活水平差异较大，城市较高的收入水平、相对完善的社会保障制度、较好的教育条件等对农民工具有很大的吸引力，农民工融入城市社会的意愿较为强烈。

表 13-1 农民工愿意在城市定居调查

选择	人数	百分比（%）
在务工地所在的城镇定居	949	16.5
在务工地所在的城市定居	1362	23.7
回家乡的城市定居	601	10.4
回离家近的小城镇定居	473	8.2
回农村定居并改善农村居住条件	899	15.6
还没想好	1468	25.5
合计	5752	100.0

分析表明，新生代农民工融入城市的意愿更为明显，越年轻的农民工选择在地级以上城市定居的意愿越为明显。调查显示，新生代农民工选择在城市（镇）定居的有 58.9%，选择回老家定居的只有 12.9%（见表 13-2），16~25 岁新生代农民工选择地级以上城市的比重为 36.5%，选择回农村的只占 6.4%，而 26~30 岁年龄组则分别为 28.9%、9.6%。这说明，相对于老一代农民工，新生代农民工希望融入城市的愿望更加强烈，更年轻的农民工对大城市的向往更加明显。

表 13-2 新生代农民工融入城市的意愿情况

选择	人数	百分比（%）
在务工地所在的城镇定居	630	16.4
在务工地所在的城市定居	906	23.5
回家乡的城市定居	418	10.9
回离家近的小城镇定居	313	8.1
回农村定居并改善农村居住条件	496	12.9
还没想好	1089	28.3
合计	3852	100.0

（二）经济条件好、专业技能和受教育水平高的农民工融入城市的意愿更为强烈

农民工的个人素质条件对融入城市的意愿有明显影响。交叉分析表明，在婚姻状况、受教育程度、专业技能、在城市居住形式等因素中，居住形式、专业技能和受教育程度对农民工融入城市的意愿影响较为明显。有效样本中，拥有自购房或获得廉租房的农民工选择在城市（镇）定居的为74.9%，拥有高级技工以上资格的农民工选择在城市（镇）定居的为73.4%，受到高中以上教育的农民工选择在城市（镇）定居的为64.0%，大专以上的农民工选择在城市（镇）定居的为69.6%，均明显高于总体水平（见表13-3）。可见，农民工融入城市的意愿，与其经济能力、专业技术能力和受教育水平密切相关。

表 13-3 不同条件的农民工融入城市的意愿分析 （%）

项目		在务工的城镇定居	在务工的城市定居	回家乡的城市定居	回离家近的小城镇定居	回农村定居并改善农村居住条件	还没想好
婚姻状况	未婚	15.4	23.9	11.5	8.3	10.5	30.4
	已婚	17.0	23.5	10.0	8.1	18.8	22.7
受教育程度	高中以上	18.2	28.2	10.1	7.5	12.9	23.1
	大专以上	20.0	34.4	8.1	7.1	7.3	23.1
专业技能	无技术等级	16.9	23.2	8.3	7.7	16.8	27.0
	高级技工以上	18.0	38.3	9.9	7.2	7.7	18.9

续表

项目		在务工的城镇定居	在务工的城市定居	回家乡的城市定居	回离家近的小城镇定居	回农村定居并改善农村居住条件	还没想好
居住形式	自租房或单位宿舍	14.4	24.3	12.0	8.9	16.2	24.2
	自购房或廉租房	29.8	30.3	10.3	4.5	6.7	18.3

（三）不同年龄组的农民工对融入城市的关注因素或政策诉求存在差异

对于农民工融入城市，不同年龄层次的农民工关注的重点有明显区别。调查显示，50岁以上的农民工最为关注的因素是社会保障水平（54.4%），16~25岁新生代农民工对城市生活条件（35%）和就业稳定（33.5%）的关注明显上升，26~50岁农民工最为关注的是子女教育条件（44.6%）（见表13-4）。

表13-4　不同年龄的农民工对融入城市的关注因素　（%）

项目	16~25岁	26~30岁	31~40岁	41~50岁	50岁以上
社会保障水平高	36.9	35.4	35.9	42.5	54.4
有低保、下岗扶持等措施	23.9	24.6	27.2	25.0	21.5
城市就业稳定	33.5	27.6	25.4	30.5	25.3
城市生活条件好	35.0	28.8	27.4	29.3	27.8
能购买保障性住房或廉租房	17.4	15.6	15.5	24.3	20.3

续表

项目	16~25 岁	26~30 岁	31~40 岁	41~50 岁	50 岁以上
子女教育条件好	29.7	44.6	45.3	39.3	22.8
子女高考容易	3.9	7.6	7.6	9.3	5.1
身份平等	7.7	5.8	7.2	8.9	15.2
城市福利水平高	19.8	18.1	19.2	15.0	16.5

二、制约农民工社会融入的主要障碍

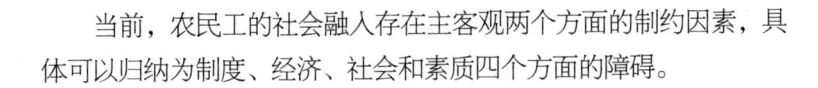

当前，农民工的社会融入存在主客观两个方面的制约因素，具体可以归纳为制度、经济、社会和素质四个方面的障碍。

（一）制度障碍

制度的不完善、不公平是当前制约农民工社会融入的首要因素，主要包括以下三个方面。

一是以户籍制度为核心的城乡二元社会福利体制依然存在。以户籍制度为核心的城乡二元体制长期以来是我国社会结构的主要特征。改革开放以后，城乡二元体制受到了冲击和弱化，但户籍制度及与之相关的社会保障、劳动就业、教育和社会福利制度依然存在，直接限制了农村人口成为永久性城镇居民。近年来，很多地方推进了户籍改革，但仍具有很大局限性，二元社会福利体制改革严重滞后，进城农民工难以和市民一样享受城市社会福利，严重阻碍了农民工融入城市。

二是公共财政体制难以适应人口大规模流动对基本公共服务均等化的要求。现阶段，地方政府把有限的公共资源向本地户籍人口优先配置，对本地户籍人口负责的观念意识较强，对流动人口尤其是农民工的服务意识不足。同时，财政转移支付制度以各地户籍人口为依据，一些人口流入集中的地区，由于财力和观念等因素，难以为流动人口提供平等待遇。

三是社会管理体制难以适应人口大规模流动的需要。政府职能转型不到位,社会管理体制落后,难以有效应对新生社会问题,城市户籍人口和流动人口之间二元分割,一些人口规模大、经济实力强的小城镇在管理体制上仍沿袭了乡镇农村管理体制,不利于改善对流动人口的社会管理,不利于向外来务工农民提供公共服务,不利于城镇体系的优化。

(二)经济障碍

调查显示,当前农民工初中文化程度的占 45.5%,大多数农民工没有专业技术资格(58.2%),只有极少数农民工具有高级技工及以上资格(4.9%)。据国家统计局统计,51.1% 的外出农民工没有接受过任何形式的技能培训,而当前城市劳动力市场对高中及以上文化程度的劳动力需求占 60.2%,需求量最大的是受过专门职业教育、具有一定专业技能的劳动力。这说明,农民工自身技能不足,难以适应劳动力市场需求,已成为制约其融入城市的重要因素。

从就业和收入情况看,农民工融入城市的经济能力严重不足。农民工就业中 70.7% 的为基层工人或服务人员,任班组长或中层及以上领导的较少。调查显示,2009 年农民工平均月工资约 1720 元,其中基本月工资平均约 1209 元,近年来虽有所提高,但仍只有全国城镇单位就业人员平均劳动报酬的一半左右,与城镇职工的收入差距有进一步拉大的趋势。同时,农民工支出压力较大,2009 年农民工家庭在务工地每月生活费支出平均约为 1243 元,占收入的 54%,其中食品支出就占 43%。

(三)社会障碍

当前,存在对农民工多个方面的社会排斥,导致农民工对城市的认同感和归属感不强,制约了其社会融入。

政治参与层面,相当多的农民工实际已脱离户籍所在地,但未获得城市户籍和市民身份，在流入地缺乏表达自身利益诉求的渠道和机会。调查显示，81.5%的农民工很少或从不参加所在企业或社区的党团组织活动，67.2%没有回乡参加过村委会选举；农民工很少参加工会组织，73.5%没有加入工会。

文化生活层面，一方面一些城市存在对农民工的各种排斥性政策，城市舆论对农民工过度负面宣传炒作；另一方面农民工也明显表现出对城市生活的不适应，存在心灵孤独、迷茫甚至自我封闭，心理健康状况不佳。调查显示，53.7%的农民工平时没有业余文化活动，60.9%的农民工所在务工企业没有文化娱乐设施。

社会关系层面，社会交往中，农民工多以血缘、地缘关系为纽带，社会交往对象多限于本群体内部，社会交往封闭。调查显示，51.5%的农民工主要交往对象是老乡，基于友缘和业缘的社会交往较少。

居住空间层面，受收入等因素制约，自租房和单位提供宿舍是外出务工农民工的主要居住形式，大量的农民工往往居住在城市中最简陋、环境最恶劣、位置最边缘的区域，房屋简陋、人员拥挤、卫生条件差、安全性低，与城市居民在居住空间上相对隔离，形成了鲜明反差。同时，农民工无法享受城市住房保障，绝大多数无力购买商品房，通过自身努力实现向上流动的可能性很小。

（四）素质障碍

农民工尤其是老一代农民工，存在因循守旧、求稳怕变、自我封闭、知足常乐的思维定式，视野不够开阔，参与意识和维权意识不足，法制观念相对淡薄。农民工的这些素质缺陷，在不合理的制度环境和社会氛围下，导致的后果就是农民工犯罪问题比较突出，这已日益成为一个严重的社会问题。近年来，北京、上海、广州等大城市流动人口尤其是农民工犯罪率呈上升趋势。农民工犯罪率的上升，有复杂的经济社会根源，不是一个简单的特定群体行为失范的问题，既是农民工难以实现有效社会融入的不良后果，也形成了

影响农民工社会融入的坚实壁垒。整体而言，农民工源于农业和农村的素质条件、思维方式、生活习惯和政治法制观念，与城市居民相比还存在一定差距，需要通过进一步的社会化或城市化促进社会融入。同时，也需要城市居民和管理者能够正视、宽容并以积极的态度去帮助农民工加快社会融入进程。

三、当前制约农民工社会融入的制度根源分析

农民工的社会融入是一个复杂的社会历史进程，除了以上直接的原因和障碍，还有一些更深层次的制度根源。

（一）现有经济发展方式的局限性不利于农民工提高社会融入的经济能力

当前我国经济发展方式存在很大的局限性。历史地看待这种经济发展方式的形成，客观上与我国总体尚处于工业化中期的发展阶段、人均资源缺乏而劳动力资源丰富的资源禀赋特征，以及处于国际分工和全球产业链低端的不利地位紧密联系，而不合理的政绩观和考核体系也进一步放大了不利影响，导致地方政府过度追求经济增速和GDP，经济增长的资源环境成本巨大，收入分配差距加大，产业结构不合理，城乡区域发展不平衡，社会矛盾明显增多。农民工正是在我国快速工业化、城镇化进程中开始由农村转移到城市，受劳动力整体供过于求、自身素质和专业技能较差、社会地位较低等因素影响，成为不合理发展方式的直接受害者，主要体现在：

从就业结构来看，现阶段产业结构特征和资源禀赋状况决定了教育水平和劳动技能整体偏低的农民工，多数只能进入劳动强度大、工作环境艰苦、收入水平低的行业就业，这些不利条件也导致农民工就业流动性较大，不利于农民工劳动技能和人力资本素质的提高以及产业技术进步和升级。

从收入水平来看，当前国民收入分配结构不合理，对农民工

收入影响巨大。据统计，以农民工就业为主的制造业、建筑业、住宿餐饮业的平均工资水平，分别只有全国平均水平的81.3%、75.2%和65%，而农民工工资水平则分别只有以上行业平均水平的60.0%、79.2%和71.6%且差距有不断拉大的趋势。调查显示，1992—2004年，珠三角地区外来农民工月平均工资仅增长了68元，而当地GDP年均增长20%以上，农民工没有充分分享企业效益增长和国民经济发展的成果。

从企业管理状况看，在很多出口导向型的劳动密集型产业中，企业为追求微薄利润，不得不尽可能压缩劳动成本，采取了"福特主义"的管理模式，缺乏人文关怀和民主参与，职业培训不足，农民工遭受经济、精神、权益等方面的严重压迫，生活窘困、身心压力巨大、劳资矛盾尖锐，富士康事件是一个典型案例。调查显示，以受雇形式从业的外出农民工平均每个月工作26天，每周工作58.4小时，89.8%的调查对象每周工作时间多于《劳动法》规定的44小时，制造业、建筑业、服务业等行业周平均工作时间均在60小时左右，处于严重的超强度劳动状态。

从劳动权益保护来看，受劳动市场供求关系的影响，企业为追求利润最大化，明显侵犯农民工的劳动权益，一些地方政府为保证经济增长，漠视企业侵犯农民工权益的行为，相关劳动法规的执行严重不到位。据统计，2009年以受雇形式从业的外出农民工中，没有与雇主或单位签订劳动合同的高达57.2%，其中，建筑业达74%；雇主或单位为农民工缴纳养老、工伤、医疗、失业和生育保险的比重分别只有7.6%、21.8%、12.2%、3.9%和2.3%；劳动风险较高的建筑业，工伤保险缴纳比例仅为15.6%。

总之，作为各社会阶层中最弱势的群体，原有经济发展方式不平衡、不协调、不可持续、缺乏包容性的问题对农民工产生了最为不利的影响，并被各种体制机制等因素放大，使其经济利益和劳动权益受到极大损害，制约了他们通过自身努力获得经济境况的改善和向上流动的机会，难以获得融入城市的必要经济能力和社会地位。

（二）公共政策公平性的缺陷剥夺了农民工的平等参与机会

当前，农民工社会融入中的制度障碍，凸显了我国公共政策领域存在的缺陷，主要是公共政策在某种程度上的公平性缺失。从公共政策目标群体来看，由于弱势群体可利用的资源有限且缺少参与的机会与渠道，在相关政策制定中缺乏足够的发言权；从公共政策作用来看，过于偏重经济政策而忽视社会政策，对社会事务的关注不足，导致社会发展难以适应经济快速发展；从公共政策功能来看，呈现自利化及功利化倾向，一些公共政策的制定过多考虑本部门、行业和人员的利益，考虑社会和民众的利益不足。由于公共政策的公平性不足，以及行政管理体制自身的缺陷，导致公共政策的执行力也存在问题，执行部门权责不清、推诿塞责，部分执行主体能力不足，缺乏有效的监督问责机制。

（三）公共服务供给能力和均等化不足使农民工难以享受基本的社会福利

公共政策公平性的不足，与经济发展中政府公共服务供给能力的有限直接相关。我国于 20 世纪 50 年代确立了以户籍制度为核心的城乡二元社会福利体制，作为特定时期非均衡发展战略的产物，二元社会福利体制是我国在资金匮乏、物质短缺、公共财力极为有限的情况下形成的制度安排，对当时加快工业化进程起到过积极作用，但弊端随着经济社会发展不断显现。

改革开放尤其是 21 世纪以来，随着我国综合国力的迅速提升，统筹城乡发展、实现城乡一体化、推进基本公共服务均等化成为重要政策目标，相关体制改革逐步深化，但现阶段制约我国建立完善的、覆盖城乡的基本公共服务体系的因素还很多，主要包括：一是农村人口众多，城乡差距、区域差距、贫富差距明显，全面推进基本公共服务均等化对各级政府财力要求巨大，只能循序渐进。二是财政体制不合理，各级政府之间权责不清、财权事权不匹配，事权下移、财权上收的问题突出，基层政府财政困难、基本公共服务投入不足。三是转移支付体系不健全，一般转移支付规模不足，基本以各地户籍人口或财政供养人口为依据，不适应大规模人口流动的现状，转移支付资金的分配、监督机制不完善，缺乏促进各地财力平衡的机制等。四是政府职能转型不到位，经济职能过于强化，公共服务职能薄弱，民生投入缺乏制度性保障，公共服务的管理体制和运行机制不完善，公共服务效率不高，监督机制不足。五是公共服务提供主体单一，政府过多包揽公共服务供给，过分依赖财政投入，社会组织和社会资金进入公共服务领域的体制机制不健全，尚未形成多元化的公共服务供给格局。总之，由于体制机制和发展阶段等原因导致的公共服务供给能力不足、均等化程度不高，使农民工难以和城市居民一样享受平等的社会福利。

（四）社会管理体制创新滞后不利于形成促进农民工融入城市的社会环境

社会管理是新时期政府职能的重要内容。当前我国的社会管理体制，很大程度上是从计划经济时期沿袭过来，建立在政府对经济社会资源全面垄断的基础上，是一种高度单一的、行政化色彩浓重的社会管理模式。然而，现阶段这种社会管理体制赖以存在的前提发生了很大变化，一方面随着经济社会发展，政府职能定位发生了很大变化，必须有所为有所不为；另一方面我国社会结构发生了深刻变革，日益从一个"整体性社会"转变为"多样化社会"，由此产生了大量新的社会问题和社会事务，传统社会管理体制已严重滞后于新时期社会建设的需要。

在农民工社会融入过程中，社会管理主要存在以下问题：一是社会组织不发达，缺乏能够代表农民工利益的社会团体；二是社区组织发挥作用有限，行政管理色彩浓重，组织结构、人员构成、工作理念、经费支持、管理手段落后；三是社会治安、城市管理、流动人口管理等体制不适应大规模人口流动的需要；四是社区矛盾调解机制、社会风险预警机制、社会危机应急机制不健全，难以有效化解、发现和有效应对可能出现的社会问题。社会管理体制的这些缺陷，进一步使各种类型的社会排斥因素相互交织、不断放大，形成了一种歧视农民工、排斥农民工的不良社会氛围，而这种隐性的壁垒一旦形成，比制度、经济层面显性的壁垒更加难以克服，将严重阻碍农民工融入城市。

四、农民工社会融入的政策内涵

我国农民工社会融入问题，是随着20世纪80年代末以来农民进城务工经商不断增加而产生的，有关学者在借鉴西方移民理论和社会政策研究的基础上，结合中国经济社会发展和农民工自身的特点进行了系统研究。根据这些研究成果可以看出，社会融入是一个多维度的复杂概念，是指不同个体或群体与某个群体的内聚性，即个体在某个群体中的参与、认同程度及群体成员之间的相互依赖度，或者说是不同个体之间、不同群体之间或不同文化之间互相配合、互相适应的过程，包括经济、政治、社会、制度、文化及心理等层面的融合，体现了对弱势群体的社会关怀。其核心内涵可概括为：

平等的参与机会。平等的参与机会是社会融入的前提和基础，欧盟委员会2003年的有关报告指出，社会融入应强调弱势群体能够获得必要的机会和资源，能够全面参与经济、社会、文化生活和享受正常的生活，要确保他们有更多的参与生活和获得基本权利的决策机会。

享受基本的社会福利。平等参与并不是社会融入的目标，只有能够和其他社会成员一样享有正常的社会福利，才实现了基本的社会融入。阿马蒂亚·森指出，融合社会的基本特征是广泛共享社会

经验和积极参与，人人享有广泛的平等，全部公民都享有基本的社会福利。社会融合反映了一个积极的人类社会福利发展的方式，不仅需要消除壁垒或风险，还需要产生融合环境的投资和行动。

积极的社会关系。积极的社会关系衡量了弱势群体与其周边的关系状态，至少可以包括两重含义：一是在社区中能在社会、政治、经济、文化生活层面平等地受到重视和关怀；二是在家庭、朋友和社区拥有相互信任、欣赏和尊敬的人际关系。

改善发展能力。阿马蒂亚·森认为，社会融合需要社会政策来改善能力，保护合法人权，确保所有人均有机会和能力被融合。杰克逊和斯科特认为，社会融合视角要求社会有义务确保让每一个公民意识到他们自己潜能的条件，真正的融合社会应该在物质环境和发展结果上有更高的平等地位。

当前我国农民工的社会融入问题在基本共性之外，还有其特殊性，主要体现在：一是融入主体的复杂性。我国有2亿多农民工，数量众多，地域分布、年龄结构、能力素质、利益诉求等差异性大，社会融入要考虑的经济、社会、心理、文化等层面的因素更多。二是参与机会的严重不平等。当前农民工社会融入面临严重的制度性障碍，户籍、福利体制、劳动就业、参与机制和权益保障机制等都存在明显的不平等待遇。三是基本公共服务供给的差异化。我国现阶段特殊的财税体制安排，地方政府是基本公共服务的直接提供者，供给能力受自身财力和转移支付水平所限，且存在制度障碍，均等化程度不高，不同地区、不同城市的农民工在融入城市中，面临着差异较大的基本公共服务和社会福利状况。四是研究背景的特殊性。对我国农民工社会融入问题的研究，必须置于当前经济社会转型、转变经济发展方式的大背景下，充分考虑经济社会转型对产业结构、劳资关系、就业结构、社会各阶层间的利益关系调整等的影响。

综上所述，农民工的社会融入是一个消除制度性的不平等因素，促进社会资本的形成和发展，使农民工能够和城市居民一样享受正常的经济待遇和社会文化生活、平等的公共服务和社会福利、广泛的社会政治参与权利,从而有效改变农民工弱势地位的动态社会过程。农民工社会融入中,消除不平等的制度安排是前提,实现资源配置、公共服务和社会权利的平等是目标,而以技能培训、素质教育、社会沟通、人文关怀等手段提高农民工对城市的适应能力和认同则是关键,特别是要推动农民工及其家庭与周边社会组织的有机融合,实现"组织化",即通过组织内的相互沟通和学习,增强农民工及其家庭成员的社会适应能力,改善社会关系,促进社会资本的转移和发展,从而融入主流社会关系网络。

五、农民工社会融入的衡量标准

农民工的社会融入是一个循序渐进的过程,其衡量标准与制度环境和农民工的利益诉求、需求层次等直接相关。2010年国务院发展研究中心社会部关于农民工融入城市的一项调查显示,在来自全国各地区的43名农民工及其利益相关者代表中,认为融入城市最主要的5项标志依次是:医疗、教育等社会福利与城市相同,稳定的工作,户口已经迁至城市,有宿舍或其他固定住处,政治经济地位、权利平等。可见,社会福利制度的平等,拥有所在城市户籍、稳定适合的工作和体面固定的住所,政治经济权利的平等,是当前普遍意义上农民工社会融入的标志和重要衡量标准。

同时,受发展阶段、地域文化、认知程度等因素影响,不同地区的农民工对融入城市标准的判断也存在一定差别。国务院发展研究中心社会部2009年对东、中、西部的杭州、长沙、重庆三个城市的调查结果显示,在融入标志总体一致的情况下,相对发达地区的农民工在基本诉求之外,开始考虑城市归属感、心理适应度、文化习俗、语言习惯等精神方面的因素,而欠发达地区则更多考虑基本的物质生活条件,如表13-5所示。

表 13-5 杭州、长沙、重庆农民工对融入城市标准的调查结果

次序	杭州	长沙	重庆
1	有福利、劳保	享受同等社会福利	有住房或固定住所
2	稳定、适合的工作	城市归属感、心理适应感	有稳定的工作
3	子女在城市能够接受公共教育	稳定的工作和收入	收入达到一定水平
4	相互接受,对城市有感情,精神上有归属感	了解当地生活习俗及语言习惯	有就业技能
5	有房子,有固定的住处	有稳定的住所	了解并跟上当前社会、城市的发展趋势

这一现象可以从马斯洛的需求层次理论得到一定解释。在以上标准中,稳定的工作与收入、有稳定的住所、享受同等社会福利属于第二层次即安全需求,了解当地生活习俗和语言习惯、城市归属感、心理适应感属于第三层次即情感和归属的需求。农民工离开原住地、脱离原有的农业生产进入城市,其初衷是谋求更好的生活,所以,稳定的工作和收入是农民工在城市生活必不可少的物质基础,在城市生活就必须要有安身之处,稳定的住所也是融入城市的基本诉求之一,同时,享有就业、医疗、教育、社保等方面的基本权益,是农民工基本生活需求的保证。这三个方面的需求作为融入城市的标志,直接或间接地反映了农民工对城市物质生活条件的向往和追求。然而,要实现与城市的良好融合,仅仅满足基本的物质生活条件是不够的。每个城市都有其独特的文化传统、生活方式、饮食特点、语言习惯,要想在城市长期生存,就必须接纳并适应这些非物质性的生活习俗,并逐渐对所在城市产生归属感,形成主人翁意识。因此,"了解当地生活习俗和语言习惯""城市归属感、心理适应感"反映了农民工融入城市过程中对情感和归属的需求,

是一种更高层次的融入。总体而言，现阶段我国农民工对融入城市的要求并不高，还基本停留在第二、第三需求层次，随着经济社会发展和农民工社会融入程度的逐步提高，第四、第五层次的需求可能会成为新的融入标准。

六、当前推动农民工社会融入的政策方向

农民工的社会融入问题，是我国在快速工业化、城市化过程中的一场重大社会变迁，涉及经济社会生活的诸多方面，应统筹考虑、系统推进。必须在经济社会转型、转变经济发展方式的大背景下，加快理顺体制机制，创造有利的制度、经济、社会、文化环境，给予农民工平等的参与机会、基本的社会福利保障、积极的社会关系氛围和自身不断发展进步的能力，使其真正融入城市生产生活，有效缓解和消除社会矛盾和不和谐因素，实现经济社会可持续发展。

（一）创造公平的制度环境，给予农民工社会融入的平等参与机会

农民工市民化的核心问题是公民平等权利问题。传统的户籍制度及所依附二元福利制度将城乡居民人为分割，无法实现人员自由迁徙流动，对农民工融入城市形成了制度性的排斥。因此，必须加大户籍及相关社会福利制度的改革力度，创造公平的制度环境，逐步形成农民工与城市居民身份统一、权利一致、地位平等的制度体系。

一是积极稳妥地推进城镇化，加快户籍制度改革。把中小城市、小城镇作为农民工社会融入的重点，提高城镇规划水平和发展质量，完善城镇综合服务功能，增强产业聚集和人口吸纳能力，放宽中小城市、小城镇特别是县城和中心镇落户条件，允许符合条件的农业转移人口在城镇落户并享有与当地城镇居民同等的权益和生

活条件。深化大中城市户籍制度改革,打破城乡二元结构,加强和改进人口管理,建立城乡统一的户籍登记管理制度,根据城市人口承载力和公共服务能力,优先将部分符合条件的农民工转化为市民。

二是完善财税体制,提高基本公共服务的供给能力和均等化水平。当前我国财税体制的弊端,客观上导致了基本公共服务的供给能力不足,均等化程度不高,制约了农民工的社会融入。应加快完善财政税收体制,合理划分中央与地方财权事权关系,特别是将涉及公共服务的职责进一步细化,将各项服务的支出责任、管理责任和监督责任明确给各级政府和部门,以此为基础调整各级政府间财政分配关系。加快完善地方税务体系,提升财产税在税制结构中的地位和作用,适时制定出台房产税,为基层财政提供稳定良好的收入来源。加快完善转移支付制度,增加一般性转移支付的规模和比例,加强县级政府提供基本公共服务的财力保障;在加快户籍制度改革的前提下,逐步放松转移支付测算与"财政供养人口"的挂钩,改变为与"常住人口"挂钩,将"吃饭财政"真正转变为"公共财政";充分考虑各地提供相同公共服务的成本、建设基础设施的成本、获取自有财力的能力等因素,建立各地财力的平衡机制,促进人均可支配财力的均等化。

三是完善社会保障和福利制度,满足农民工的公共服务需求。按照十七届五中全会的要求,坚持广覆盖、保基本、多层次、可持续的方针,加快推进覆盖城乡居民的社会保障制度建设,研究农民工养老保险与城镇职工基本养老保险的衔接办法,简化养老保险个人账户跨省接续手续;健全覆盖城乡居民的基本医疗保障体系,做好新型农村合作医疗和城市职工医疗保险制度的衔接,建立针对农民工的大病医疗保险;严格执行《工伤保险条例》,做到工伤保险对农民工的全覆盖。完善城镇住房供应体系,将农民工纳入城镇住房保障体系,为农民工提供农民工公寓或者廉租房,有条件的地方逐步将有稳定职业并在城市居住一定年限的农民工纳入经济适用房

第十三章 推进农民工的社会融入

和住房公积金管理体系。高度重视农民工的子女教育问题，坚持"两为主"政策，把提高农民工子女义务教育公办学校接收率作为重要的考核指标，加强流入地公办学校对农民工子女的容纳能力，推进"融合教育"，减少对农民工子女的身份歧视和群体性隔离，研究制定衔接农民工子女高中教育和职业教育的相关政策。

（二）推动劳动就业政策转型，提高农民工社会融入的经济能力

传统经济发展方式下，以牺牲劳工尤其是农民工权益为代价换取经济增长的模式是不可持续的。必须推动劳动就业政策的转型，通过实施积极的就业政策，加强农民工权益保障，构建和谐劳动关系，建立城乡统一的劳动力市场，改善企业管理方式和劳动条件，加强和改善农民工就业培训方式，等等，不断提高农民工的经济能力和职业发展能力，为其融入城市创造良好的经济环境。

一是促进劳工政策转型。改变传统经济发展方式下过度追求经济增长、忽视劳工权益保护的取向，完善劳资争议处理机制，减少不必要的行政干预，强调劳资双方在法律法规框架内协商解决。统筹协调国家、企业和劳动者之间的利益关系，适度减轻企业尤其是中小企业税负，实现化税为薪，优化企业收入分配格局。积极推行企业工资集体协商制度，建立农民工工资稳定增长机制和支付保障机制，对劳资关系进行基本规制，引导企业根据生产经营情况合理提高农民工工资水平，完善工资指导线、劳动力市场工资指导价位和行业人工成本信息指导制度，实现农民工与企业其他职工同工同酬。严格执行《劳动合同法》及相关法律法规，指导农民工签署劳动合同，减少经济纠纷，保护自身权益，建立农民工劳动权益保护机制，加强执法检查和社会监督，加大对恶意欠薪等严重侵害农民工权益行为的惩罚力度。

二是建立城乡统一的劳动力市场。改革现有城乡分割的劳动管理体制，实现农民工不分城乡、户籍享有平等的就业机会、同工同

酬以及与劳动相关的各项社会保障和公共服务，清理和取消针对农民工就业的各项歧视性规定。建立农民工就业信息平台，收集农民工就业的供求信息，加强各地就业信息的沟通与共享，减少农民工无序流动，提供有效的就业中介服务。

三是改善企业管理方式和劳动条件。通过法律法规的完善和严格执行、社会舆论引导监督等手段，促进企业在经济社会转型的背景下改变不合时宜的管理方式，从过度追求管理效率最大化的"福特主义"，转向更具人性化和弹性的现代管理方式，善待员工，履行企业社会责任，关注员工职业发展和心理健康，帮助其提高技能水平和经济条件，加强企业文化建设，体现人文关怀和价值认同，使农民工实现体面劳动。推行企业民主，鼓励农民工参与工会、职代会和工资集体协商，充分反映其利益诉求，有条件的企业可逐步吸纳农民工代表进入管理层，参与企业决策管理。督促企业重视安全生产，强化农民工安全生产培训，严格执行高危行业农民工持证上岗制度，改善农民工劳动条件，加强职业病防治和职业健康保护，保障农民工生产安全和职业卫生。

四是加强和改善农民工就业培训。发展多层次、多形式的农民工技能培训，加强农民工输出地与输入地的信息交流和就业协调，根据输入地产业特征和需求情况，提供"菜单式"培训，采用就地培训与异地培训相结合、长期职业教育和短期技能培训相结合、学历教育与技能培养相结合，校企合作、产学合作等方式，增强职业技能培训的针对性和实效性。将农民工职业教育培训纳入职业教育体系，加快出台中等职业教育全免费制度，完善农民工培训补贴制度，形成培训合力、提高培训成效，大力发展继续教育、社区教育、远程教育等职教形式，持续提高农民工的职业技能水平。关注农民工的职业规划和职业心理教育问题，对农民工进行职业道德、心理健康、择业心理与技巧、职业生涯规划等培训，减少他们就业的盲目性，增加就业稳定性和人力资本积累。

第十三章 推进农民工的社会融入

（三）创新社会管理体制，营造有利于农民工融入城市的良性社会氛围

创新社会管理体制，对减少针对农民工的社会排斥、营造有利于农民工融入城市的社会氛围至关重要，应彻底改变过去以计划经济、城乡分割、行政管制为特点的社会管理模式，按照"党委领导、政府负责、社会协同、公众参与"的总体要求，健全基层管理和社会服务，发挥群众组织和社会组织的作用，提高城乡社区自治和服务功能，帮助农民工不断融入所在社区，增进社会资本积累，实现社会融入。

首先，加强和改善社区工作，推动农民工实现社区融入。社区是城乡居民生活居住的基本单位，是基层社会管理的重要载体。农民工对社区活动、社区决策与管理的平等参与，有利于其增强作为社区成员的意识，增强社区归属感与责任感，降低社区的不平等，促进农民工融入城市生活，与城市居民和谐共处。有效的社区融入是社会融入的坚实基础，我国也提出建设开放型、多功能的城市社区，构建以社区为依托的农民工服务和管理平台。鉴于此，应把加强和改善社区工作，作为促进农民工社会融入的重要政策方向。一是培育农民工对社区事务的参与意识，保障他们的自治权、参与权和监督权。二是针对农民工群体的特点，主动开展多种形式的社区文化娱乐、教育体育等活动，丰富农民工的精神生活，同时强化就业、技能培训等社区服务功能，解决农民工面临的实际生活困难。三是增加社区工作投入，完善社区公共服务和文化设施等基础设施，探索建立社区工作的经费保障机制，加强与非营利组织、社会志愿者等的合作，实现社会服务主体的多元化，形成社会管理和服务的合力，增强对农民工的服务能力。

其次，积极发展各种类型的农民工社会组织。农民工社会组织包括与农民工有关的各类社会团体、非营利组织和基金会等，对

农民工的权益维护、法律援助、咨询培训和社会交往起积极作用。农民工社会组织的发展有助于农民工表达和维护自身合法权益，积累社会资本，在积极引导、有效规范的前提下是促进农民工社会融入的有力举措。一是加快完善我国有关社会组织的立法，对农民工社会组织的性质、人员构成、经费来源、活动内容等给予规范，还可研究制定相关税收优惠等政策措施，引导其健康有序发展。二是充分发挥现有工会、共青团、妇联等社团组织的作用，吸纳更多的农民工加入，同时还可指导民间社会组织并开展合作，更加充分反映农民工的利益诉求。三是动员和整合各种社会资源，形成对农民工人文关怀的社会氛围，鼓励慈善捐助、志愿服务、社会援助等活动，倡导企业充分履行社会责任，使更多的社会资源投入到对弱势农民工群体的帮助和保护之中。

（四）改善农民工综合素质和心理健康状况，提高农民工的城市适应能力

农民工融入城市是一个"再社会化"的过程，除了客观上消除制约因素，从主观上提高自己的综合素质、形成良好的心理状态，增强对城市生产生活方式的适应能力，也是重要的方面。

首先，积极开展"新市民教育"，帮助农民工提高综合素质。针对农民工在思想观念、文化素质、生活习惯、法律意识等方面对城市生活的不适应，加强社会舆论的正面引导宣传，通过社区等基层组织开展形式多样、喜闻乐见的"新市民教育"活动，帮助农民工树立乐观开放、积极进取、互帮互让的现代意识，改变各种不文明行为，加强对科学文化知识、生活常识的学习了解，形成关心时事、积极沟通、不断学习的良好习惯，树立遵纪守法、依法办事的法制观念等，使农民工在自身素质方面实现"市民化"。

其次，高度关注农民工的心理健康状况，加强疏导干预。农民工的心理健康状况关系到他们会以何种精神态度面对市民化过程，是社会融入的思想基础，必须高度关注。一是重视农民工的舆论宣

传工作，宣传党和国家关于农民工工作的各项方针政策及农民工的重大社会贡献，引导形成积极的社会舆论环境，营造关心、尊重和爱护农民工的良好社会氛围。二是加强农民工心理健康问题的关注和引导，通过各种社会组织加强对农民工心理健康状况的了解，加强农民工及其子女的心理疏导和行为矫正，积极开展社会关怀活动，帮助他们自我调适，缓解心理压力，提高耐挫能力，培养健康向上的生活情趣。三是加强对农民工心理健康的干预援助，加强对农民工及其子女的心理咨询、法律援助机制建设，通过个案辅导、交流互助、社会援助等形式，帮助农民工解决实际问题，改变消极的思想和情感方式，减少过激行为，加快融入城市生活。

执笔人：王　辉

第十四章 农民工的政治参与倾向

近年来,农民工采用多种手段,争取维护自己的合法利益,农民工的政治参与和政治诉求已然无法回避。2010年,国务院发展研究中心课题组采用问卷调查的方式,对20多个城市的6232位外出农民工进行了政治参与倾向专题调研,着重分析当前制度环境下农民工政治参与的现状特征以及存在的突出问题,并据此提出推动农民工制度化政治参与的政策建议。

一、当前农民工政治参与的群体特征

政治参与是公民政治权利得以实现的重要方式,它反映了公民在社会政治生活中的地位及作用。本章使用的农民工概念主要是指户籍身份在农村,却主要从事非农产业、依靠工资收入生活的劳动力。国务院发展研究中心课题组在农民工政治参与专项调查中共回收问卷6232份,有少量样本对个别问题的回答缺失,但不影响整体判断。

本章使用的新生代农民工概念是指在1978年以后出生,在改革开放的新时代成长,并在20世纪90年代中期以后外出打工就业的农民工。他们来到城市,不仅仅是基于生存需要,更大程度上是寻求发展,在价值观念、权益保护等方面与上一代农民工截然不同。若以全国外出农民工总量为1.5亿人计算,外出的新生代农民工约为1.1亿人。

（一）农民工党员的比例远低于全国人口中的党员比例

目前，共产党员在农民工群体中的比例为 5.3%。根据中组部公布的数据，截至 2009 年年底，中国共产党党员总数达到 7799.5 万名，同期全国人口总数为 13.35 亿人，党员比例为 5.84%，若以 15 岁以上人口 10.88 亿人计算，则党员比例为 7.17%。据此，农民工中的党员比例比全国 15 岁以上人口中的党员比例低 26%。而且，新生代农民工中的党员比例更低，仅为 4.2%，比全国 15 岁以上人口中的党员比例低 41%。

（二）18 周岁以上的农民工中，约有 33% 曾回乡参加村委会选举，约有 55% 期待参加所在企业或社区的管理活动

政治参与最常见的形式就是选举。选举性的政治参与属于制度化参与，是农民工在现有的制度框架内进行的政治参与行为。由于农民工户籍在农村，工作生活在城市，人户分离的状态使他们参与输出地和输入地的社会公共政治生活的概率都非常低。数据表明，在 18 周岁以上的农民工中，约有 33% 曾回乡参加村委会选举。值得关注的是，约有 55% 的农民工期待参加所在企业或社区的民主决策、民主管理或者民主监督。同时，经常收看、收听时事新闻的农民工约占 47%；关注党的路线、方针和政策的农民工约占 77%；经常与家人或朋友谈论国家政治问题的农民工约占 26%。

（三）农民工并不赞同用极端方式捍卫权益

2010 年 3—5 月，富士康 13 名员工相继自杀，其中既有流水线上的普工，也有来自农村的新毕业大学生。本次调查发现，对使用自杀方式来维护权益持支持态度的农民工仅占 6.1%，绝大多数农民工并不愿以生命为筹码来赢得社会同情。

(四)农民工运用法律手段维权的意识正在增强

在被问到"当您的权益受到所在企业侵犯时,您会采取什么办法解决"时,26.9%的农民工选择了打官司,这是比例最高的一个选择,说明农民工用法律手段维权的意识正在增强。排在第二位的选项是"联合其他农民工一起反映",占24.6%,也就是说约有25%的农民工会以"捏沙成团"的方式来表达自己的利益诉求。同时,有14.5%的农民工愿意用上访的方式维权。在农民工群体利益严重受损的情况下,一旦有外部力量参与政治动员,农民工的维权就会表现出规模性,甚至衍生成为非理性并难以控制的群体性事件,见表14-1。

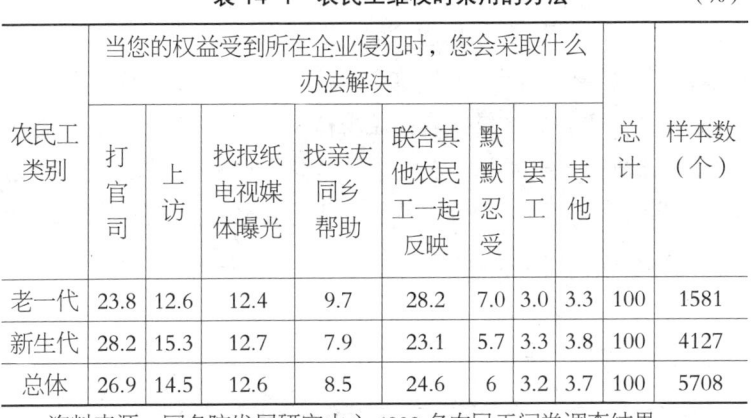

表14-1　农民工维权时采用的方法　　　　　　(%)

农民工类别	打官司	上访	找报纸电视媒体曝光	找亲友同乡帮助	联合其他农民工一起反映	默默忍受	罢工	其他	总计	样本数(个)
老一代	23.8	12.6	12.4	9.7	28.2	7.0	3.0	3.3	100	1581
新生代	28.2	15.3	12.7	7.9	23.1	5.7	3.3	3.8	100	4127
总体	26.9	14.5	12.6	8.5	24.6	6	3.2	3.7	100	5708

资料来源:国务院发展研究中心6232名农民工问卷调查结果。

(五)农民工政治参与以反映农民工的利益诉求为主要目的

农民工政治参与的目的是寄希望于这些活动能够直接或间接地对政府决策产生影响,从而保障自己的利益诉求,目前尚看不出有什么意识形态方面的影响因素。受访农民工表示,如果有机会参与城市的政治活动,以"反映农民工的利益要求"为目的的占 65.4%,以"为政府科学决策出谋划策"为行动目标的占 9%,以"实现个人利益和价值"为目的的农民工占 12.7%,见表 14-2。

表 14-2 农民工参与政治活动的目的   （%）

农民工类别	反映农民工的利益要求	为政府科学决策出谋划策	实现个人利益和价值	其他	总计	样本数（个）
老一代	68.5	10.5	9.6	11.4	100	1565
新生代	64.2	8.5	13.8	13.5	100	4075
总体	65.4	9.0	12.7	12.9	100	5640

表头:如果您有机会参与城市的政治活动,您的目的

资料来源:国务院发展研究中心 6232 名农民工问卷调查结果。

同样,在回答"如果您想参加工作所在单位或所居住社区的管理活动,主要目的是什么?"这个问题时,选择"维护自身利益"的占 36.1%,而选择"维护农民工群体利益"的占 32.2%,二者合计高达 68.3%。由此可见,农民工虽然主观上愿意积极参与某种公共政治生活,但限于自身条件和社会环境等因素,在农民工的政治参与实践中,其行为仍然较为被动,主要动机基本上是维护自身利益或者农民工的群体利益,试图通过这些政治活动改善农民工的生存环境,解决自身难题,见表 14-3。

表 14-3 农民工参加所在单位或居住社区的管理活动的目的 （%）

农民工类别	维护自身利益	提高自身社会地位	维护农民工群体利益	出于社会责任感	其他	总计	样本数（个）
老一代	37.6	8.5	34.4	13.9	5.6	100	1509
新生代	35.5	7.9	31.4	14.9	10.3	100	3903
总体	36.1	8.1	32.2	14.6	9	100	5412

表头:参加工作所在单位或所居住社区管理活动的主要目的

资料来源:国务院发展研究中心 6232 名农民工问卷调查结果。

农民工市民化:制度创新与顶层政策设计(校订本)

二、农民工政治参与的发展趋势与挑战

(一)庞大的农民工身份群体正在形成

全国 1.5 亿外出农民工由于具有相似的人生经历和生活方式,并且彼此之间能够得到等量的相互尊重,农民工的身份认同感正在增强,一个庞大的身份群体正在形成。在对农民工进行深度访谈时发现,农民工最为关注两个方面的社会融入问题,一是农民工子女是否能够与城里的孩子一样获得平等的教育机会,也就是子女能否融入学校;二是农民工本人能否参与城市社区的管理和政治生活,也就是农民工能否融入社区。访谈中还发现,有 35% 的农民工把自己定位为农村人,只有 5% 的人把自己定位为城里人,其他的 60% 很难说清楚自己到底是城里人还是农村人,但他们相互之间认为彼此共同属于农民工群体。问卷调查数据表明,73% 的农民工希望加入属于自己的合法组织,他们已经充分地意识到农民工只有通过群体力量,才能给社会上的其他阶层施加压力,企求从制度层面寻求突破、从政策上寻求待遇改善。

(二)农民工群体的相对剥夺感正在增强

以歇工为主要表现形式的农民工群体事件的诱发因素在于日积月累的不满情绪。社会学研究表明,这种不满情绪的根源在于相对于他人的负面心理体验,也就是相对剥夺感。由于在劳动报酬、休息休假、劳动安全、社会保障、福利待遇、子女教育等方面与城市居民有较大差距,农民工幸福指数较低。农民工是我国现代产业工人的主体,是我国现代化建设的重要力量,但是他们享受的社会保障和公共服务却远远不足,其内心具有相对于其他群体的剥夺感。

（三）行业性的农民工群体性事件开始增多

调查发现，在回答"当农民工权益受到严重侵害时，您是否赞同用罢工等方式，捍卫自己的权益？"这个问题时，46.6%的农民工持赞同或非常赞同的态度。当前，农民工的文化素质已经普遍提高，利用互联网和手机平台传递信息的能力显著增强，农民工把上网作为主要业余文化生活的排在所有选项的第二位，占28.5%。大众传媒和通信技术的进步为农民工传递信息提供了便捷的通道。在信息传递沟通网络化的大背景下，农民工政治参与活动的示范效应正在增强，行业化的群体事件发展趋势比较明显，见表14-4。

表14-4　农民工对罢工维权的看法　（%）

农民工类别	非常赞同	赞同	不赞同	很不赞同	总计	样本数（个）
老一代	13.0	31.5	40.1	15.4	100	1543
新生代	17.3	30.2	35.4	17.1	100	4050
总体	16.1	30.5	36.8	16.7	100	5593

资料来源：国务院发展研究中心6232名农民工问卷调查结果。

（四）农民工群体的党团工会建设滞后

从农民工的就业单位性质来看，有57.1%在民营企业中工作，22.4%在外资或合资企业中工作。农民工党建工作涉及农村党建、社区党建、企业党建，是党建工作的薄弱环节。尽管中央要求凡是符合条件的企业都要建立党组织，但是在实际操作中却十分困难。绝大多数非公有制企业中没有党组织，党组织的覆盖面过小，党员活动较难开展。一部分农民工党员外出打工后，工作时间上与党组织开展活动的时间无法合拍，长期不能参加党组织活动，成为挂名党员。本次调查中发现，经常参加党组织活动的农民工党员占52.1%。而在农民工团员中，经常参加团组织活动的仅占12%，从不参加团组织活动的占42.5%，主要是因为非公有制企业中建立团组织的不到40%，团组织无法有效覆盖全体农民工团员，见表14-5。从工会组织建设看，有55.9%的农民工表示自己所属的企业或单位建立了工会，但只有26.5%的农民工明确表示加入了工会。现有工会对农民工的吸引力明显不足，认为工会不能代表农民工的利益或没什么实际用处的占42.3%。

表14-5　农民工党员或团员参加组织活动的情况　　　　　（%）

政治面貌	如果您是党员或团员，您在打工企业或者所在居住社区是否经常参加党团组织活动			总计	样本数（个）
	经常参加	偶尔参加	从不参加		
共产党员	52.1	31.1	16.8	100	286
共青团员	12.0	45.6	42.5	100	1363

资料来源：国务院发展研究中心6232名农民工问卷（部分）调查结果。

三、妥善应对农民工政治参与的政策思路

当前和今后一个时期，应对农民工政治参与问题的总体思路是：重视农民工的政治参与诉求，完善农民工政治参与的体制机制，拓宽制度化政治参与渠道，加强农民工的党、团、工会、妇联等组织建设，提高农民工政治参与能力，减少非制度化的政治参与。

（一）拓宽农民工制度化参与渠道，减少非制度化政治参与

提高农民工在各级党代会、人大和工会代表大会及企业职代会中的比例，增加农民工参政议政、权益表达、参与决策管理的渠道和机会。修改《选举法》《城市居民委员会组织法》等法律法规，保障在城市居住一定年限的农民工拥有参与城市管理的资格和权利，使之拥有选举权和被选举权，参与民主选举、民主决策、民主管理、民主监督，使农民工的利益有制度化的表达渠道。帮助农民工加强自我修养，积极引导农民工利用各种机会和社会交往，重构自己的社会关系网络，加强与城市市民的沟通，让农民工参与社区的公共活动、建设和管理，发展与城市居民的互信和互助，使城市社区成为农民工和当地居民共建、共管、共享的社会生活共同体。强化农民工的政治权利意识，让农民工懂得通过制度化手段保护自己，维护其合法的政治权益。加强对农民工的法律教育、政治素质教育、民主意识教育，提高农民工的政治素质和政治参与能力。

（二）加强党、团、工会组织建设，为农民工建立可靠的组织依托

全面做好农民工的党、团、工会组织建设工作，使之成为农民工的利益代表和组织代言人，为农民工建立可以信赖的组织依托，巩固党的执政基础。一是在党员、团员发展方面。针对新生代农民工群体党员、团员比例过低，党、团活动参与率不高的问题，应当加大吸收优秀农民工加入党、团组织的工作力度，农民工党、团组织还要与输出地建立双向交流合作机制。二是在党、团组织建设方面。加大民营企业、外资企业、合资企业基层组织建设力度，在农民工相对集中的非公有制企业、集贸市场、建筑工地等地建立党、团支部或小组，构筑农民工党、团工作平台，拓展组织覆盖和工作

覆盖面，解决农民工党团员管理缺位、党团组织建设滞后问题，建设流动党员、团员之家，为党、团组织开展活动、党员和团员发挥作用提供阵地保障，让农民工党员和团员学习生活、组织活动经常化、制度化，增强他们对党、团组织的归属感和认同感。积极开展农民工党建工作，满足优秀农民工追求进步的政治需求，以服务、关心和关爱为工作重点，确保党对农民工群体的凝聚力和影响力。在坚持标准的前提下，积极培养优秀农民工党员，增强党组织的生机和活力，实现农民工党员管理的经常化、规范化和制度化。农民工党支部要加强对农民工的教育培训和服务，不断增强党组织对农民工及农民工党员的凝聚力和吸引力，要充分发挥基层党组织战斗堡垒作用，不断提高农民工的思想觉悟和参政能力，带领和引导农民工广泛参与城市社会事务管理活动。共青团组织要发挥好作为党和政府联系青年的桥梁和纽带作用，依法代表和维护青年农民工的利益，反映青年农民工的利益和呼声。三是在工会建设方面。以新生代农民工为重点对象，探索创新农民工的工会组织形式和入会方式，在农民工集中的企业推进工会组织建设和发展会员工作。增强工会组织的吸引力和凝聚力，提高农民工自愿入会的积极性。

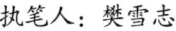执笔人：樊雪志

第三篇 3

附 件

第十五章 调查问卷统计分析

录入说明：

问卷回收之后采用"独立录入两遍，比对校对"的方式进行录入，录入有效问卷共 6232 份（部分项目为 6272 份）。参照 GB/T 2828.1—2012《计数抽样检验程序》对录入结果进行抽查，抽查结果显示录入错误率低于万分之一。

A 基本情况

A01 性别

参与本次调查的农民工中，男性占 49.6%，女性占 50.4%，基本上各占一半。

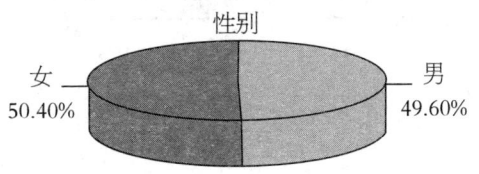

A01 性别

	项目	频数	百分比（%）	有效百分比（%）	累积百分比（%）
有效	1. 男	3085	49.5	49.6	49.6
	2. 女	3132	50.3	50.4	100.0
	有效合计	6217	99.8	100.0	—
缺失	系统	15	0.2	—	—
	合计	6232	100.0	—	—

A02 年龄

本次调查样本中,年龄极大值为70岁,极小值为12岁,平均年龄29.14岁。

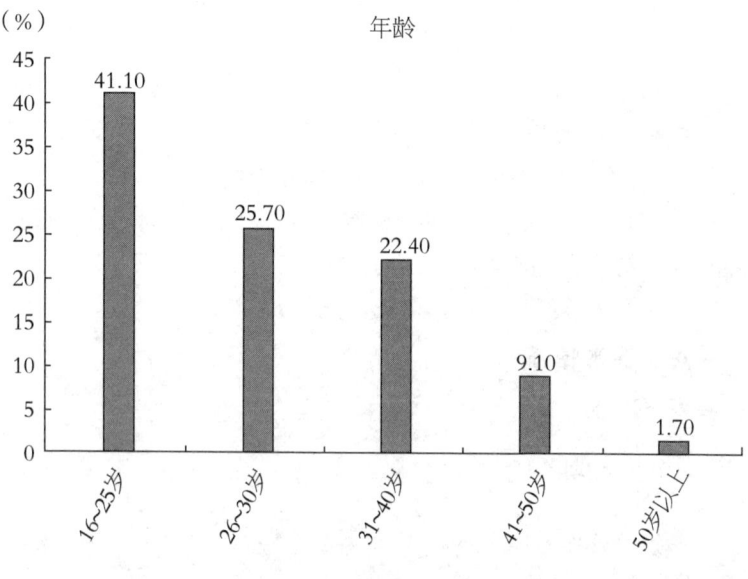

描述统计量

项目		样本数(个)	极小值	极大值	均值	标准差
A02	年龄	6192	12	70	29.14	8.353
	有效的 (列表状态)	6192	—	—	—	—

对调查样本的年龄进行分组,16~25岁的占41.1%,26~30岁的占25.7%,31~40岁的占22.4%,41~50岁的占9.1%,50岁以上的占1.7%。

A02 年龄

	项目	频数	百分比（%）	有效百分比（%）	累积百分比（%）
有效	16~25 岁	2544	40.8	41.1	41.1
	26~30 岁	1595	25.6	25.7	66.8
	31~40 岁	1386	22.2	22.4	89.2
	41~50 岁	564	9.1	9.1	98.3
	50 岁以上	103	1.7	1.7	100.0
	有效合计	6192	99.4	100.0	—
缺失	系统	40	0.6	—	—
合计		6232	100.0	—	—

A03 婚姻状况

参与本次调查的农民工中，其婚姻状况，未婚的占 37.8%，已婚的占 60.9%，离异的占 0.9%，丧偶的占 0.4%。

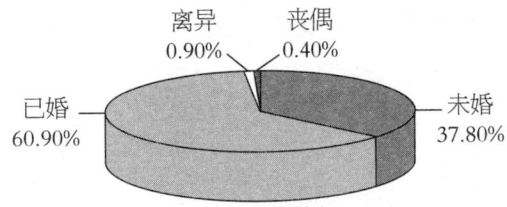

A03 婚姻状况

	项目	频数	百分比（%）	有效百分比（%）	累积百分比（%）
有效	1. 未婚	2339	37.5	37.8	37.8
	2. 已婚	3771	60.5	60.9	98.7
	3. 离异	58	0.9	0.9	99.6
	4. 丧偶	22	0.4	0.4	100.0
	有效合计	6190	99.3	100.0	—
缺失	系统	42	0.7	—	—
合计		6232	100.0	—	—

A04 子女人数

参与本次调查的农民工，子女人数平均 1.05 个。

描述统计量

	项目	样本数（个）	极小值	极大值	均值	标准差
A04	子女人数	4953	0	9	1.05	0.824
	有效的（列表状态）	4953	—	—	—	—

参与本次调查的全体农民工中，3.1% 的人已婚而无子女，34% 的人属于未婚无子女，42.7% 的人有 1 个子女，15.1% 的人有 2 个子女，2.3% 的人有 3 个子女，0.8% 的人有 4 个及以上的子女。另外，2% 的人是已婚但未填写，0.1% 的样本无法归类（溢出）。

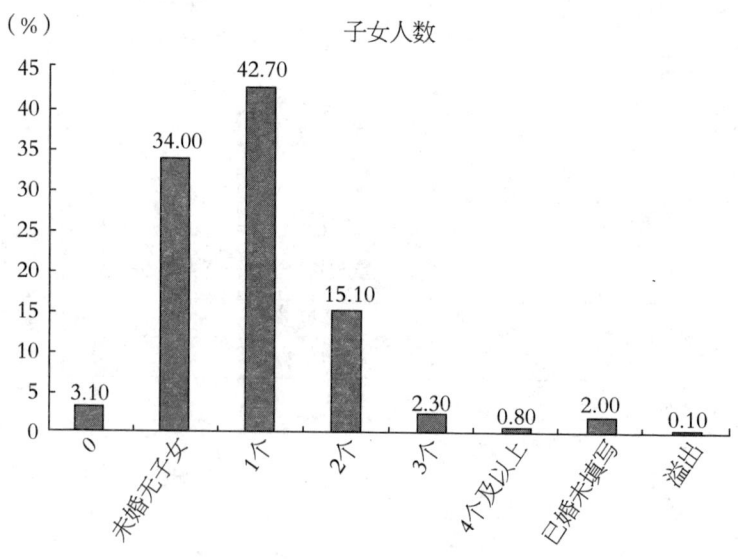

A04 子女人数

	项目	频数	百分比（%）	有效百分比（%）	累积百分比（%）
有效	0个	192	3.1	3.1	3.1
	1个	2661	42.7	42.7	45.8
	2个	940	15.1	15.1	60.9
	3个	143	2.3	2.3	63.2
	4个及以上	49	0.8	0.8	63.9
	未婚无子女	2116	34.0	34.0	98.0
	已婚未填写	123	2.0	2.0	99.9
	溢出	8	0.1	0.1	100.0
	合计	6232	100.0	100.0	—

A05 受教育程度

参与本次调查的农民工中，1.5%未上过学，6.3%的文化程度为小学，45.5%的文化程度为初中，21.7%的文化程度为高中，13.5%的文化程度为中专，11.5%的文化程度为大专及以上。

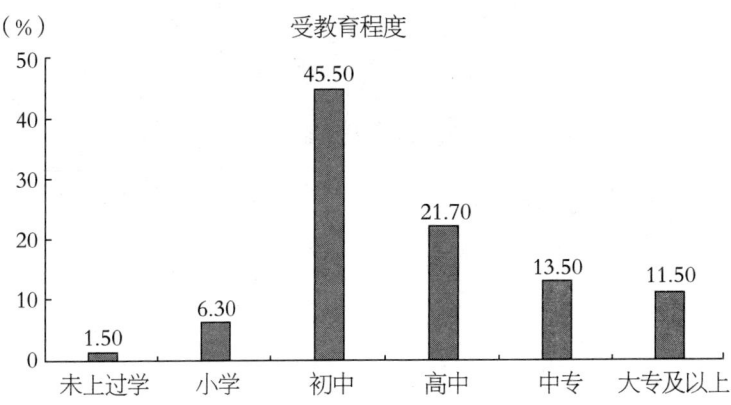

A05 受教育程度

	项目	频数	百分比(%)	有效百分比(%)	累积百分比(%)
有效	1. 未上过学	91	1.5	1.5	1.5
	2. 小学	385	6.2	6.3	7.8
	3. 初中	2795	44.8	45.5	53.3
	4. 高中	1334	21.4	21.7	75.0
	5. 中专	829	13.3	13.5	88.5
	6. 大专及以上	705	11.3	11.5	100.0
	有效合计	6139	98.5	100.0	—
缺失	系统	93	1.5	—	—
	合计	6232	100.0	—	—

A06 户籍所在地区域

参与本次调查的农民工，41.4%来自东部地区，41.3%来自中部地区，17.3%来自西部地区。

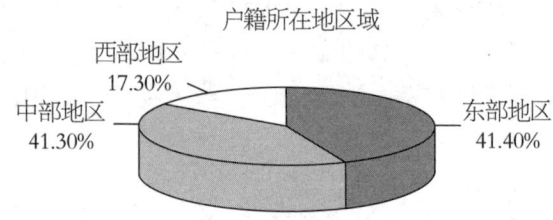

A06 户籍所在地区域

	项目	频数	百分比(%)	有效百分比(%)	累积百分比(%)
有效	东部地区	2555	41.0	41.4	41.4
	中部地区	2547	40.9	41.3	82.7
	西部地区	1068	17.1	17.3	100.0
	有效合计	6170	99.0	100.0	—
缺失	系统	62	1.0	—	—
	合计	6232	100.0	—	—

A07 家庭成员情况

参与本次调查的农民工,其家庭成员数量平均 4.19 人,家庭劳动力平均 2.61 人,2009 年外出(出乡/镇)就业的家庭成员平均 1.84 人。

描述统计量

	项目	样本数(个)	极小值	极大值	均值	标准差
A07	家庭成员有几人	6118	1	15	4.19	1.240
	其中劳动力几人	6024	0	9	2.61	1.044
	2009 年外出就业的有几人	5459	0	10	1.84	1.121
	有效的(列表状态)	5407	—	—	—	—

A07S1 家庭成员数量

参与本次调查的农民工中,0.5% 的家庭只有 1 人,2.9% 的家庭有 2 人,29.5% 的家庭有 3 人,29.7% 的家庭有 4 人,25.3% 的家庭有 5 人,12.1% 的家庭有 6 人及以上。

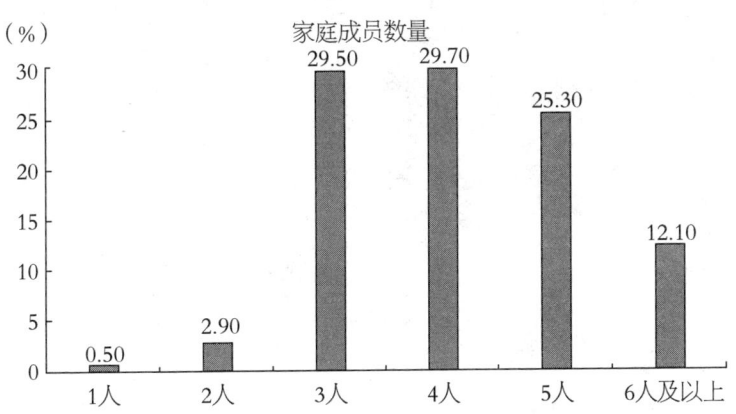

家庭成员数量

	项目	频数	百分比（%）	有效百分比（%）	累积百分比（%）
有效	1人	28	0.4	0.5	0.5
	2人	177	2.8	2.9	3.4
	3人	1807	29.0	29.5	32.9
	4人	1817	29.2	29.7	62.6
	5人	1549	24.9	25.3	87.9
	6人及以上	740	11.9	12.1	100.0
	有效合计	6118	98.2	100.0	—
缺失	系统	114	1.8	—	—
	合计	6232	100.0	—	—

A07S2 家中劳动力数量

参与本次调查的农民工中，0.4%的家庭没有劳动力，8.3%的家庭有1个劳动力，47.2%的家庭有2个劳动力，24%的家庭有3个劳动力，15.9%的家庭有4个劳动力，4.3%的家庭有5个及以上的劳动力。

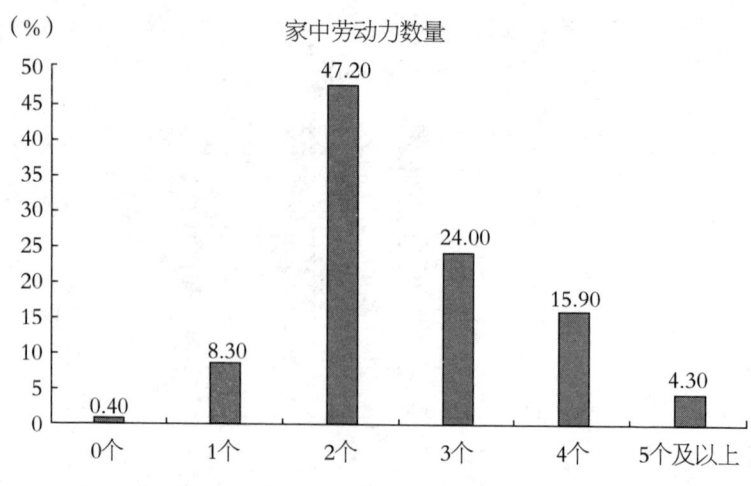

家中劳动力数量

	项目	频数	百分比（%）	有效百分比（%）	累积百分比（%）
有效	0 个	25	0.4	0.4	0.4
	1 个	500	8.0	8.3	8.7
	2 个	2841	45.6	47.2	55.9
	3 个	1445	23.2	24.0	79.9
	4 个	956	15.3	15.9	95.7
	5 个及以上	257	4.2	4.3	100.0
	有效合计	6024	96.7	100.0	—
缺失	系统	208	3.3	—	—
	合计	6232	100.0	—	—

A07S3　2009 年出乡（镇）就业的家庭成员数量

参与本次调查的农民工中，2009 年，11% 的家庭没有家庭成员外出就业，25.4% 的家庭有 1 人外出就业，42.5% 的家庭有 2 人外出就业，13.4% 的家庭有 3 人外出就业，5.9% 的家庭有 4 人外出就业，1.8% 的家庭有 5 人及以上外出就业。

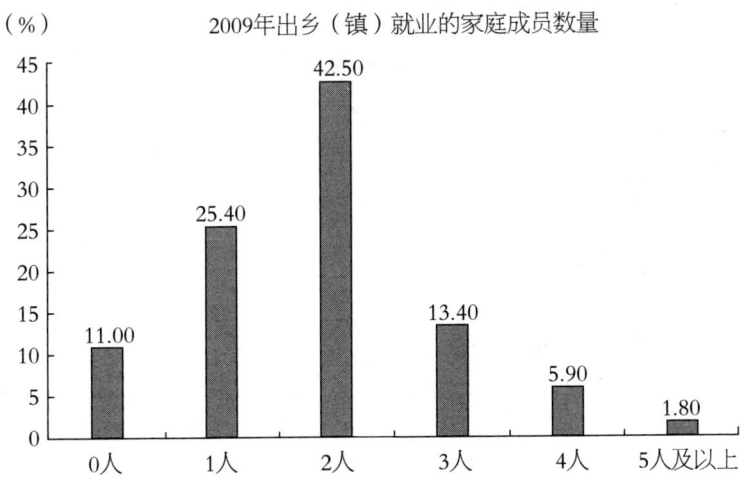

2009年出乡（镇）就业的家庭成员数量

	项目	频数	百分比（%）	有效百分比（%）	累积百分比（%）
有效	0 人	600	9.6	11.0	11.0
	1 人	1387	22.3	25.4	36.4
	2 人	2321	37.2	42.5	78.9
	3 人	730	11.7	13.4	92.3
	4 人	323	5.2	5.9	98.2
	5 人及以上	98	1.6	1.8	100.0
	有效合计	5459	87.6	100.0	—
缺失	系统	773	12.4	—	—
	合计	6232	100.0	—	—

A08　目前具有的技能情况

参与本次调查的农民工中，其具有的技能情况，没有技能等级的占58.2%，初级技工占21.9%，中级技工占15%，高级技工占3%，技师占1.4%，高级技师占0.5%。

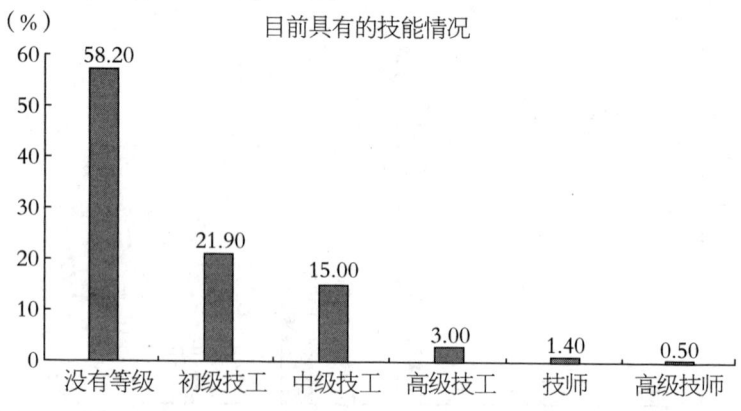

A08 目前具有的技能情况

	项目	频数	百分比(%)	有效百分比(%)	累积百分比(%)
有效	0. 没有等级	2757	44.2	58.2	58.2
	1. 初级技工	1038	16.7	21.9	80.2
	2. 中级技工	709	11.4	15.0	95.1
	3. 高级技工	141	2.3	3.0	98.1
	4. 技师	64	1.0	1.4	99.5
	5. 高级技师	25	0.4	0.5	100.0
	有效合计	4734	76.0	100.0	—
缺失	系统	1498	24.0	—	—
	合计	6232	100.0	—	—

B 就业情况

B01 首次外出打工年龄及打工年数

参与本次调查的农民工，首次外出打工的平均年龄为 21.08 岁，到目前为止累积外出打工的年数平均为 7.01 年。

描述统计量

	项目	样本数(个)	极小值	极大值	均值	标准差
B01	您本人首次外出就业的年龄	6059	0	67	21.08	5.499
	到目前为止累积外出打工年数	5953	0	37	7.01	6.142
	有效的(列表状态)	5915	—	—	—	—

B01S1 您本人首次外出就业的年龄

参与本次调查的农民工,其首次外出就业的年龄,44.9%的人不足20岁,47.1%的人为20~29岁,6%的人为30~39岁,1.7%的人为40~49岁,0.3%的人为50岁及以上。

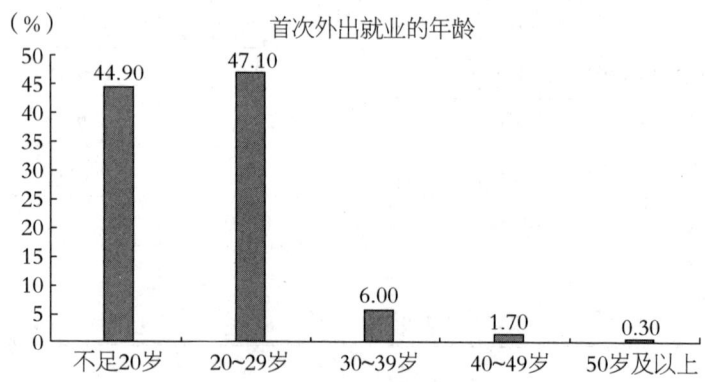

您本人首次外出就业的年龄

	项目	频数	百分比(%)	有效百分比(%)	累积百分比(%)
有效	不足20岁	2720	43.6	44.9	44.9
	20~29岁	2855	45.8	47.1	92.0
	30~39岁	361	5.8	6.0	98.0
	40~49岁	106	1.7	1.7	99.7
	50岁及以上	17	0.3	0.3	100.0
	有效合计	6059	97.2	100.0	—
缺失	系统	173	2.8	—	—
合计		6232	100.0		

B01S2 到目前为止累积外出打工年数

参与本次调查的农民工,其累积外出打工的年数,43.3%的人为5年以下,28.1%的人为5~9年,16%的人为10~14年,6.7%的人为15~19年,5.9%的人为20年及以上。

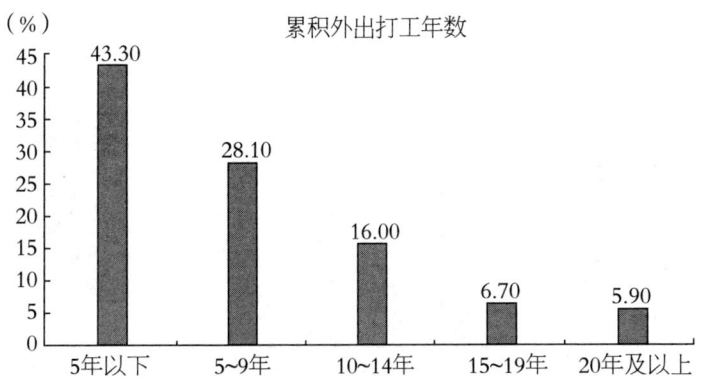

到目前为止累积外出打工年数

	项目	频数	百分比(%)	有效百分比(%)	累积百分比(%)
有效	5年以下	2575	41.3	43.3	43.3
	5~9年	1670	26.8	28.1	71.4
	10~14年	953	15.3	16.0	87.4
	15~19年	401	6.4	6.7	94.1
	20年及以上	354	5.7	5.9	100.0
	有效合计	5953	95.5	100.0	—
缺失	系统	279	4.5	—	—
	合计	6232	100.0	—	—

B02　您接受的技能培训情况

参与本次调查的农民工中,其接受的技能培训情况,26.9%没有参加过任何培训,35.5%当过学徒工,16.9%自费参加过技能培训,5.4%参加过政府组织的培训,31.8%参加过企业组织的培训。

339

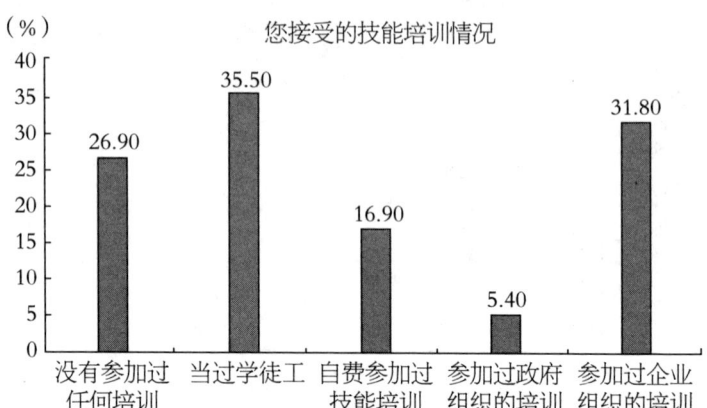

B02 您接受的技能培训情况

项目		响应		个案百分比（%）
		样本数（个）	百分比（%）	
B02	0. 没有参加过任何培训	1562	23.1	26.9
	1. 当过学徒工	2066	30.5	35.5
	2. 自费参加过技能培训	982	14.5	16.9
	3. 参加过政府组织的培训	315	4.7	5.4
	4. 参加过企业组织的培训	1848	27.3	31.8
	合计	6773	100.0	116.5

B03 目前就业地点及时限

B03S1 目前就业城市所在地区

参与本次调查的农民工，58.7%在东部地区就业，30.3%在中部地区就业，11%在西部地区就业。

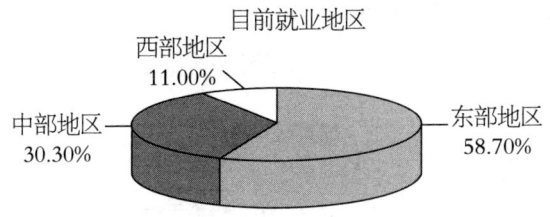

您目前就业城市所在地区

项目		频数	百分比(%)	有效百分比(%)	累积百分比(%)
有效	东部地区	3610	57.9	58.7	58.7
	中部地区	1861	29.9	30.3	89.0
	西部地区	679	10.9	11.0	100.0
	有效合计	6150	98.7	100.0	—
缺失	系统	82	1.3	—	—
合计		6232	100.0	—	—

B03S2　是否出省务工

参与本次调查的农民工，74.9%的人在户籍所在地本省务工，25.1%的人出省务工。

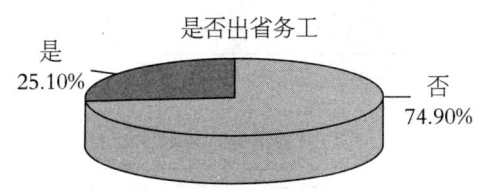

是否出省务工

项目		频数	百分比(%)	有效百分比(%)	累积百分比(%)
有效	否	4574	73.4	74.9	74.9
	是	1530	24.6	25.1	100.0
	有效合计	6104	97.9	100.0	—
缺失	系统	128	2.1	—	—
合计		6232	100.0	—	—

B03S3 在目前城市的就业时间

参与本次调查的农民工,在目前城市的就业时间平均有 5.30 年。

描述统计量

项目	样本数(个)	极小值	极大值	均值	标准差
在目前城市的就业时间	5820	0	88.0	5.30	5.3746
有效的(列表状态)	5820	—	—	—	—

参与本次调查的农民工,在目前城市的就业时间,59.2%的人在 5 年以下,21.7%的人为 5~9 年,11%的人为 10~14 年,4.8%的人为 15~19 年,3.2%的人为 20 年及以上。

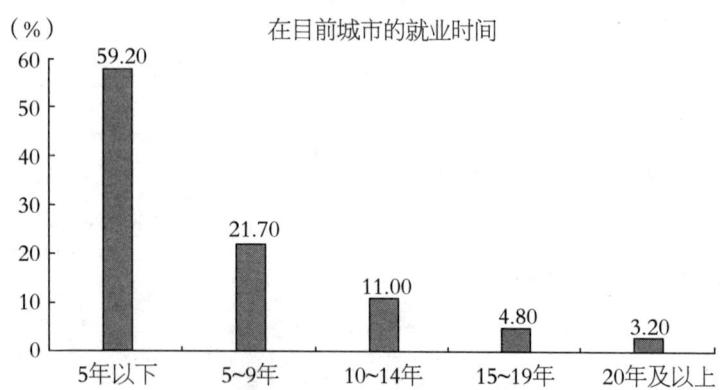

在目前城市的就业时间

	项目	频数	百分比(%)	有效百分比(%)	累积百分比(%)
有效	5 年以下	3448	55.3	59.2	59.2
	5~9 年	1265	20.3	21.7	81.0
	10~14 年	641	10.3	11.0	92.0
	15~19 年	277	4.4	4.8	96.8
	20 年及以上	189	3.0	3.2	100.0
	有效合计	5820	93.4	100.0	—
缺失	系统	412	6.6	—	—
	合计	6232	100.0	—	—

B04 您在目前企业的就业时间

参与本次调查的农民工，在目前企业就业的时间平均 3.99 年。

描述统计量

	项目	样本数（个）	极小值	极大值	均值	标准差
B04	您在目前企业的就业时间	5908	0	88.0	3.99	4.5695
	有效的（列表状态）	5908	—	—	—	—

参与本次调查的农民工，在目前企业的就业时间，71.1% 的人在 5 年以下，16.6% 的人为 5~9 年，8% 的人为 10~14 年，2.8% 的人为 15~19 年，1.6% 的人为 20 年及以上。

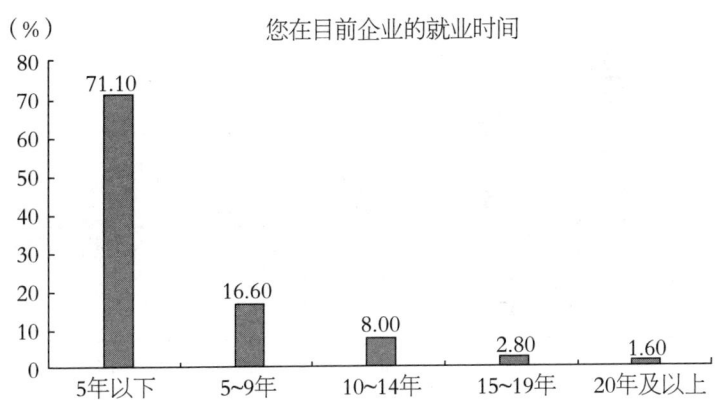

B04 您在目前企业的就业时间

	项目	频数	百分比（%）	有效百分比（%）	累积百分比（%）
有效	5 年以下	4200	67.4	71.1	71.1
	5~9 年	981	15.7	16.6	87.7
	10~14 年	471	7.6	8.0	95.7
	15~19 年	163	2.6	2.8	98.4
	20 年及以上	93	1.5	1.6	100.0
	有效合计	5908	94.8	100.0	—

续表

项目		频数	百分比(%)	有效百分比(%)	累积百分比(%)
缺失	系统	324	5.2	—	—
	合计	6232	100.0	—	—

B05　近三年您更换了几个工作单位

参与本次调查的农民工中，近三年更换工作单位的情况，57.9%没有更换过单位，22.8%更换过1个单位，12.6%更换过2个单位，4.4%更换过3个单位，2.3%更换过4个及以上的单位。

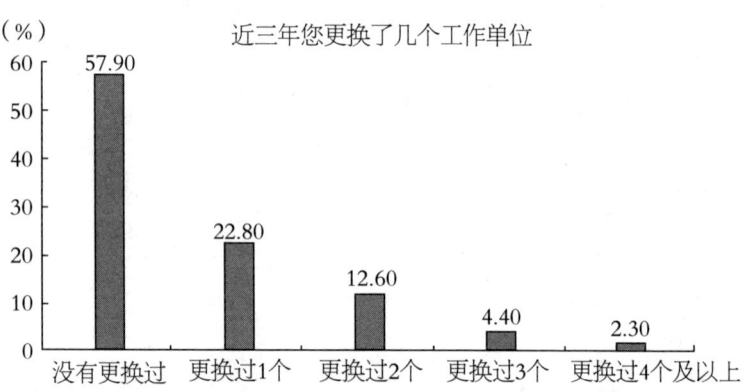

B05　近三年您更换了几个工作单位

项目		频数	百分比(%)	有效百分比(%)	累积百分比(%)
有效	1. 没有更换过	3526	56.6	57.9	57.9
	2. 更换过1个	1389	22.3	22.8	80.7
	3. 更换过2个	764	12.3	12.6	93.3
	4. 更换过3个	268	4.3	4.4	97.7
	5. 更换过4个及以上	139	2.2	2.3	100.0
	有效合计	6086	97.7	100.0	—
缺失	系统	146	2.3	—	—
	合计	6232	100.0	—	—

B06 您目前就业的单位行业

参与本次调查的农民工中，目前就业的单位属于工业的占51.8%，属于建筑业的占9.3%，属于商业的占6.3%，属于餐饮和家庭服务业的占9.0%，属于交通运输业的占0.6%，属于农业的占1.2%，另外21.9%的被调查者目前就业的单位为其他行业。

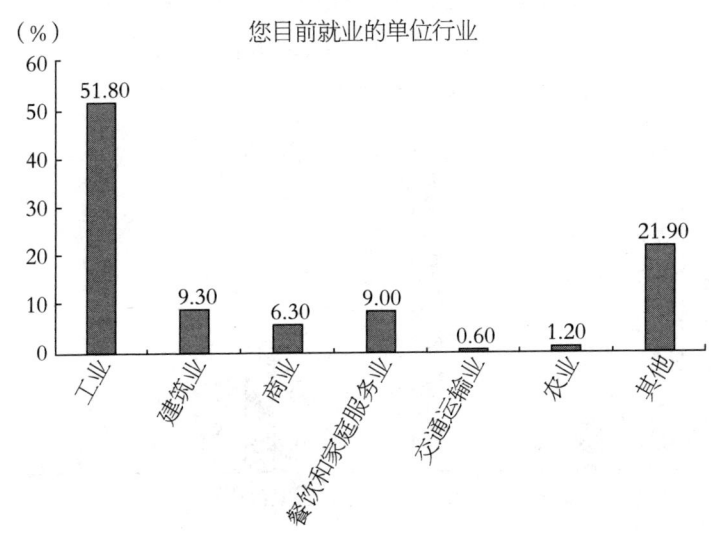

B06 您目前就业的单位行业

	项目	频数	百分比（%）	有效百分比（%）	累积百分比（%）
有效	1. 工业	3150	50.5	51.8	51.8
	2. 建筑业	567	9.1	9.3	61.1
	3. 商业	381	6.1	6.3	67.4
	4. 餐饮和家庭服务业	545	8.7	9.0	76.4
	5. 交通运输业	37	0.6	0.6	77.0
	6. 农业	70	1.1	1.2	78.1
	7. 其他	1330	21.3	21.9	100.0
	有效合计	6080	97.6	100.0	—

续表

项目		频数	百分比（%）	有效百分比（%）	累积百分比（%）
缺失	系统	152	2.4	—	—
	合计	6232	100.0	—	—

B07 您目前就业的单位性质

参与本次调查的农民工中，目前就业的单位性质属于国有企业的占 7.4%，属于民营企业的占 57.1%，属于外资或合资企业的占 22.4%，另外 13.1% 的被调查者目前就业的单位为其他性质。

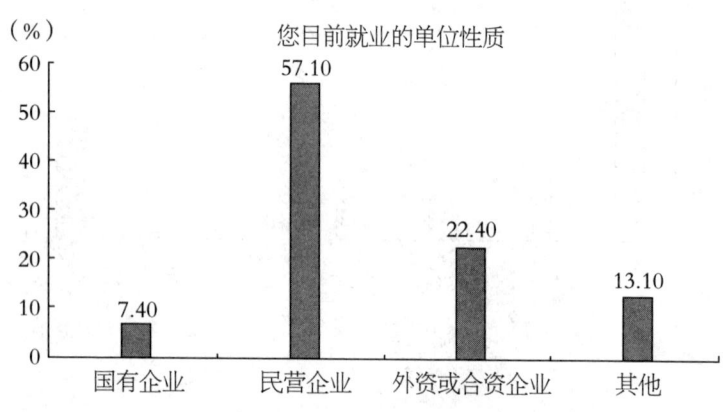

B07 您目前就业的单位性质

	项目	频数	百分比（%）	有效百分比（%）	累积百分比（%）
有效	1.国有企业	444	7.1	7.4	7.4
	2.民营企业	3445	55.3	57.1	64.5
	3.外资或合资企业	1354	21.7	22.4	86.9
	4.其他	789	12.7	13.1	100.0
	有效合计	6032	96.8	100.0	—
缺失	系统	200	3.2	—	—
	合计	6232	100.0	—	—

B08 您在目前单位中的职务

参与本次调查的农民工中，目前在单位中的职务情况，70.7%属于一般工人或服务人员，17%属于技术工人，7.4%担任班组长，4.8%在单位中担任中层及以上领导。

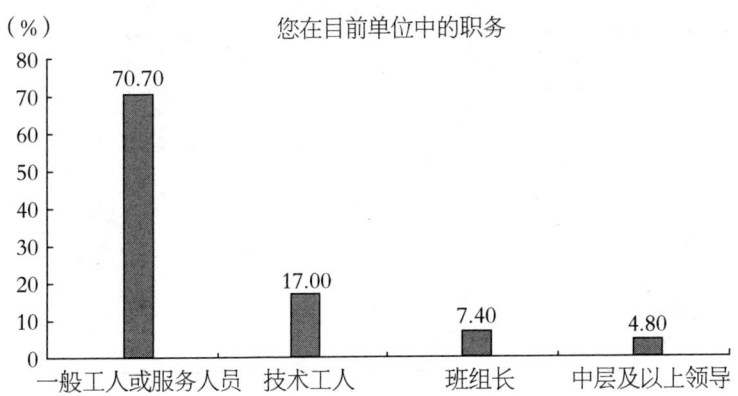

B08 您在目前单位中的职务

	项目	频数	百分比（%）	有效百分比（%）	累积百分比（%）
有效	1. 一般工人或服务人员	4259	68.3	70.7	70.7
	2. 技术工人	1027	16.5	17.0	87.7
	3. 班组长	447	7.2	7.4	95.2
	4. 中层及以上领导	292	4.7	4.9	100.0
	有效合计	6025	96.7	100.0	—
缺失	系统	207	3.3	—	—
	合计	6232	100.0	—	—

B09 您是否举家外出

参与本次调查的农民工中，目前举家外出务工的有25%，剩余的75%没有举家外出务工。

347

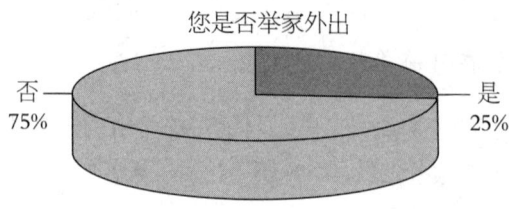

B09　您是否举家外出

	项目	频数	百分比(%)	有效百分比(%)	累积百分比(%)
有效	是	1494	24.0	25.0	25.0
	否	4483	71.9	75.0	100.0
	有效合计	5977	95.9	100.0	—
缺失	系统	255	4.1	—	—
合计		6232	100.0	—	—

B10　您配偶的就业情况

参与本次调查的农民工中，与配偶在同一城市打工的占50.6%，与配偶在同一单位工作的占18.1%，其配偶在其他地方打工的占13.6%，其配偶在老家的占17.7%。

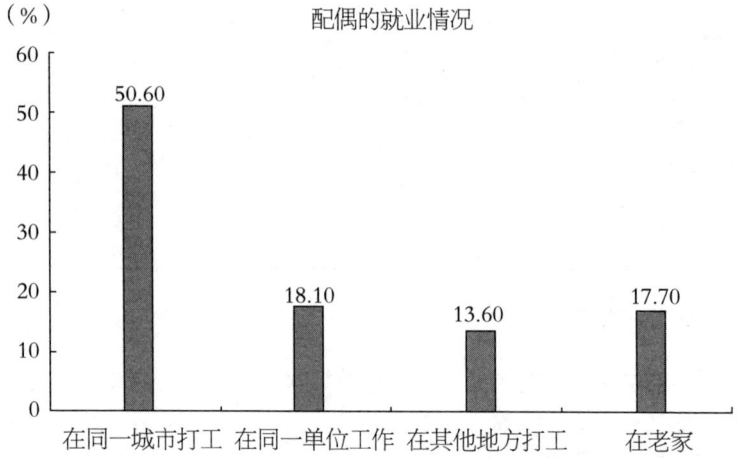

B10 您配偶的就业情况

	项目	频数	百分比（%）	有效百分比（%）	累积百分比（%）
有效	1. 在同一城市打工	2152	34.5	50.6	50.6
	2. 在同一单位工作	770	12.4	18.1	68.7
	3. 在其他地方打工	581	9.3	13.6	82.3
	4. 在老家	751	12.1	17.7	100.0
	有效合计	4254	68.3	100.0	—
缺失	系统	1978	31.7	—	—
	合计	6232	100.0	—	—

B11 您的子女随迁情况

参与本次调查的农民工中，其子女在自己务工城市的占46.2%，在配偶务工城市的占4.9%，在老家的占48.9%。外出务工的农民工的子女在老家及随父母外出的基本上各占一半。

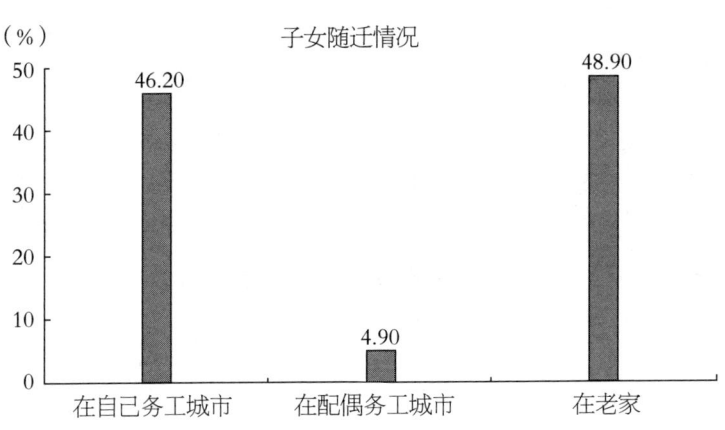

B11　您的子女随迁情况

	项目	频数	百分比(%)	有效百分比(%)	累积百分比(%)
有效	1. 在自己务工城市	1707	27.4	46.2	46.2
	2. 在配偶务工城市	182	2.9	4.9	51.1
	3. 在老家	1810	29.0	48.9	100.0
	有效合计	3699	59.4	100.0	—
缺失	系统	2533	40.6	—	—
	合计	6232	100.0	—	—

B12　您在进城打工之前在家从事过几年农业生产

参与本次调查的农民工，在进城打工之前平均在家从事过 1.82 年的农业生产。

描述统计量

	项目	样本数（个）	极小值	极大值	均值	标准差
B12	您在进城打工之前在家从事过几年农业生产	5435	0	50	1.82	4.8239
	有效的（列表状态）	5435	—	—	—	—

参与本次调查的全体农民工，59.4% 在进城打工之前在家没有从事过农业生产，另外还有 12.9% 的被调查者没有填写本题（以常识推断，这里面大部分属于没有从事过农业生产的）；5.2% 从事过 1 年的农业生产，5.8% 从事过 2 年的农业生产，5.3% 从事过 3~5 年的农业生产，8.5% 从事过 6~10 年的农业生产，2.9% 的人从事过 10 年以上的农业生产。

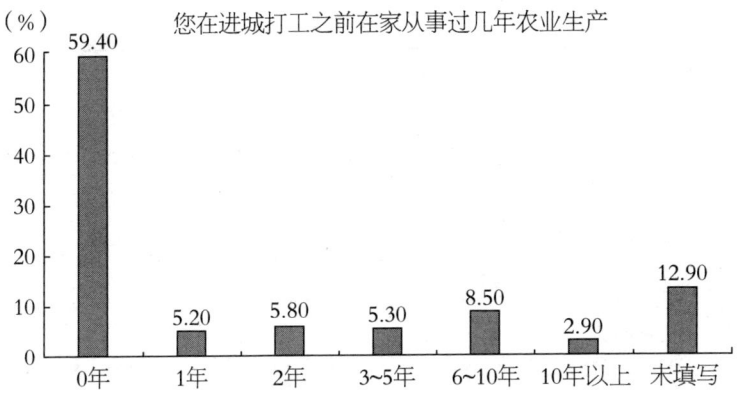

B12 您在进城打工之前在家从事过几年农业生产

	项目	频数	百分比(%)	有效百分比(%)	累积百分比(%)
有效	0 年	3701	59.4	59.4	59.4
	1 年	324	5.2	5.2	64.6
	2 年	363	5.8	5.8	70.4
	3~5 年	328	5.3	5.3	75.7
	6~10 年	531	8.5	8.5	84.2
	10 年以上	183	2.9	2.9	87.1
	未填写	802	12.9	12.9	100.0
	合计	6232	100.0	100.0	—

C 收入情况

C01 您现在一个月的工资收入情况

参与本次调查的农民工，月工资平均 1719.83 元，基本月工资平均 1208.73 元，奖励/津贴/补贴等平均 328.87 元。

第十五章 调查问卷统计分析

351

描述统计量

	项目	样本数(个)	极小值	极大值	均值	标准差
C01	您现在一个月的工资收入	5917	0.00	200000.00	1719.83	3772.03352
	工资收入中的基本工资	5316	0.00	94080.00	1208.73	1570.38795
	工资收入中的奖励/津贴/补贴等	4516	0.00	30000.00	328.87	615.16814
	有效的（列表状态）	4456	—	—	—	—

C01S1 工资收入

参与调查的农民工，0.8%的人的月工资在500元以下，11.3%的人的月工资为500~1000元，62.5%的人的月工资为1000（不含）~2000元，24.8%的人的月工资为2000（不含）~5000元，0.6%的人的月工资在5000元以上。

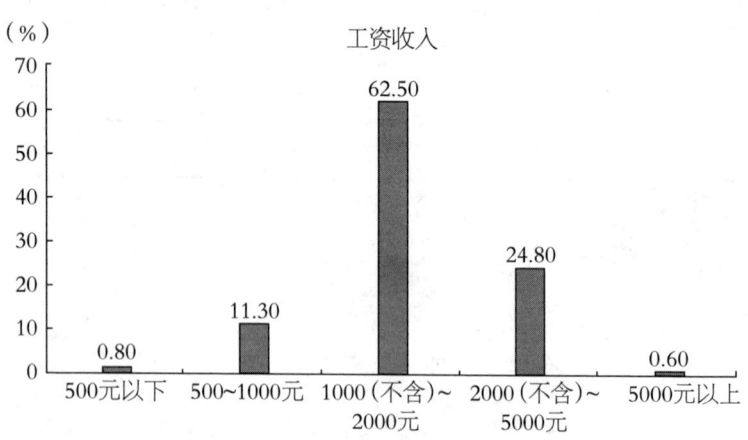

工资收入

	项目	频数	百分比（%）	有效百分比（%）	累积百分比（%）
有效	500元以下	46	0.7	0.8	0.8
	500~1000元	669	10.7	11.3	12.1
	1000（不含）~2000元	3682	59.1	62.5	74.6
	2000（不含）~5000元	1464	23.5	24.8	99.4
	5000元以上	34	0.5	0.6	100.0
	有效合计	5895	94.6	100.0	—
缺失	系统	337	5.4	—	—
	合计	6232	100.0	—	—

C01S2　工资收入中的基本工资

参与调查的农民工，6.8%的人的月基本工资收入在500元以下，36.4%的人的月基本工资为500~1000元，46.1%的人的月基本工资为1000（不含）~2000元，10.4%的人的月基本工资为2000（不含）~5000元，0.3%的人的月基本工资在5000元以上。

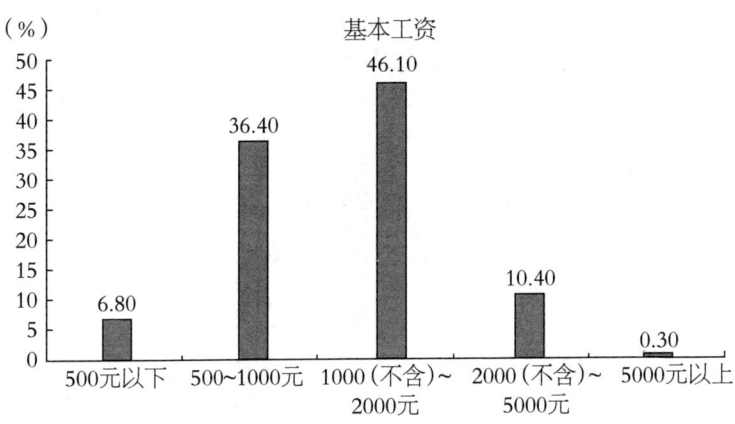

工资收入中的基本工资

项目		频数	百分比（%）	有效百分比（%）	累积百分比（%）
有效	500 元以下	363	5.8	6.8	6.8
	500~1000 元	1930	31.0	36.4	43.2
	1000（不含）~2000 元	2447	39.3	46.1	89.3
	2000（不含）~5000 元	555	8.9	10.5	99.7
	5000 元以上	14	0.2	0.3	100.0
	有效合计	5309	85.2	100.0	—
缺失	系统	923	14.8	—	—
合计		6232	100.0	—	—

C01S3　工资收入中的月奖励/津贴/补贴等

参与调查的全体农民工，19.4%的人没有奖励/津贴/补贴等收入，另外还有27.6%的人未填写（以常识推断，这里面大部分属于没有奖励/津贴/补贴等收入的）；4.7%的人的月奖励/津贴/补贴等收入在100元以下，7.9%的人的月奖励/津贴/补贴等收入为100~200元，23.8%的人的月奖励/津贴/补贴等收入为200（不含）~500元，13.1%的人的月奖励/津贴/补贴等收入为500（不含）~1000元，3.5%的人的月奖励/津贴/补贴等收入在1000元以上。

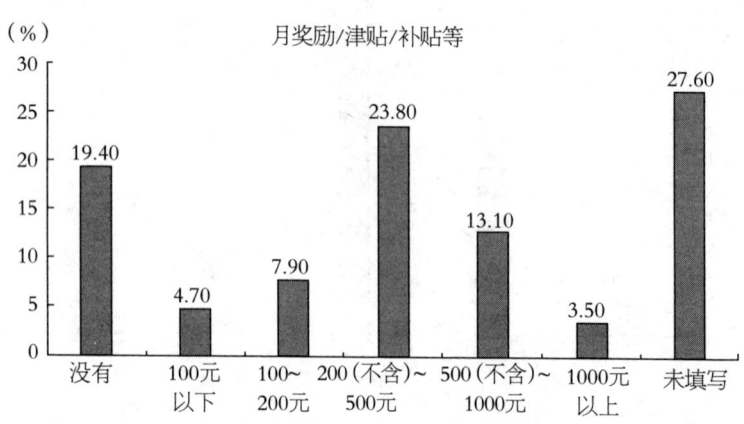

工资收入中的月奖励/津贴/补贴等

	项目	频数	百分比（%）	有效百分比（%）	累积百分比（%）
有效	没有	1211	19.4	19.4	19.4
	100 元以下	293	4.7	4.7	24.1
	100~200 元	494	7.9	7.9	32.0
	200（不含）~500 元	1484	23.8	23.8	55.8
	500（不含）~1000 元	814	13.1	13.1	68.9
	1000 元以上	220	3.5	3.5	72.4
	未填写	1716	27.5	27.5	100.0
	合计	6232	100.0	100.0	—

C02　每天工作的时间及每月加班的时间

参与本次调查的农民工，每天工作时间平均 9.19 小时，每个月的加班时间平均 4.79 天。

描述统计量

	项目	样本数（个）	极小值	极大值	均值	标准差
C02	您现在每天工作几小时	5954	0	19	9.19	1.7499
	每个月加班几天	4759	0	31	4.79	6.9076
	有效的（列表状态）	4738	—	—	—	—

C02S1　每天工作的时间

参与本次调查的农民工，2.4% 的人每天工作时间在 8 小时以下，51.9% 的人每天按 8 小时工作制工作，25% 的人每天工作 8（不含）~10 小时，17.9% 的人每天工作 10（不含）~12 小时，2.8% 的人每天工作 12 小时以上。

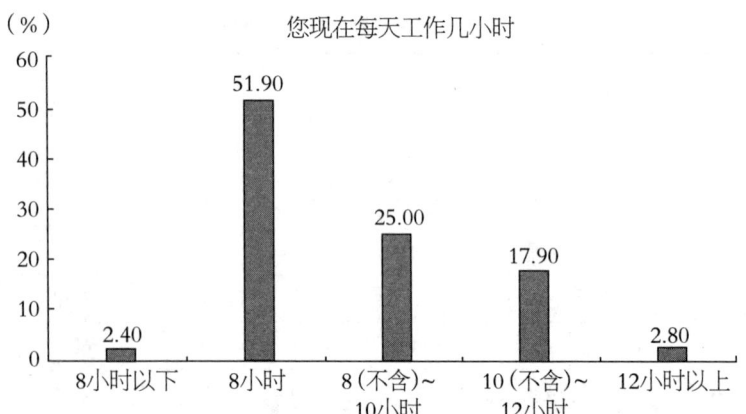

您现在每天工作几小时

	项目	频数	百分比（%）	有效百分比（%）	累积百分比（%）
有效	8小时以下	142	2.3	2.4	2.4
	8小时	3090	49.6	51.9	54.3
	8（不含）~10小时	1489	23.9	25.0	79.3
	10（不含）~12小时	1067	17.1	17.9	97.2
	12小时以上	166	2.7	2.8	100.0
	有效合计	5954	95.5	100.0	—
缺失	系统	278	4.5	—	—
	合计	6232	100.0	—	—

C02S2 每月加班的时间

参与本次调查的全体农民工，24.6%的人没有加班，23.6%的人未填写（以常识推断，这里面大部分属于没有加班的）；有加班的，11.2%的人每月加班2天及以下，19.4%的人每月加班2（不含）~4天，6.3%的人每月加班4（不含）~6天，4.6%的人每月加班6（不含）~8天，10.3%的人每月加班8天以上。

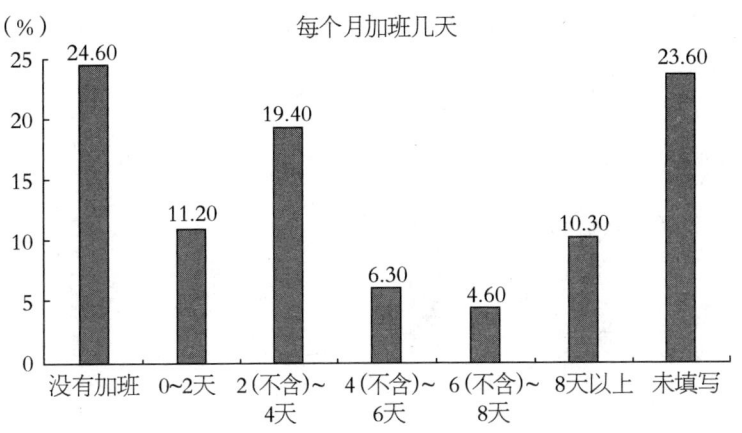

每个月加班几天

项目		频数	百分比（%）	有效百分比（%）	累积百分比（%）
有效	没有加班	1534	24.6	24.6	24.6
	0~2 天	699	11.2	11.2	35.8
	2（不含）~4 天	1207	19.4	19.4	55.2
	4（不含）~6 天	391	6.3	6.3	61.5
	6（不含）~8 天	286	4.6	4.6	66.1
	8 天以上	642	10.3	10.3	76.4
	未填写	1473	23.6	23.6	100.0
合计		6232	100.0	100.0	—

C03 您每个月工资发放情况是否正常

参与本次调查的农民工，其工资发放情况：每月正常发放的占56.3%，每个月发上个月的工资的占37.6%，每个季度或半年发一次的占1.8%，经常拖欠/不固定的占4.3%。总体来说，工资拖欠情况较少。

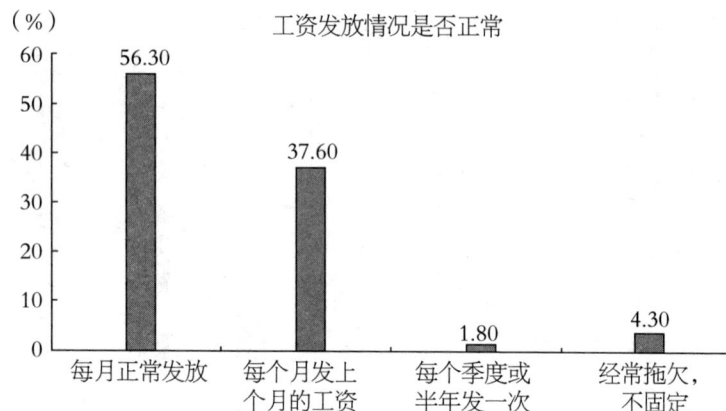

C03 您每个月工资发放情况是否正常

	项目	频数	百分比（%）	有效百分比（%）	累积百分比（%）
有效	1. 每月正常发放	3320	53.3	56.3	56.3
	2. 每个月发上个月的工资	2217	35.6	37.6	93.9
	3. 每个季度或半年发一次	103	1.7	1.7	95.7
	4. 经常拖延，不固定	254	4.1	4.3	100.0
	有效合计	5894	94.6	100.0	—
缺失	系统	338	5.4	—	—
	合计	6232	100.0	—	—

C04 您2009年在外打工的实际工作时间

参与本次调查的农民工，2009年在外打工的实际工作时间平均9.86个月。

描述统计量

	项目	样本数（个）	极小值	极大值	均值	标准差
C04	您2009年在外打工的实际工作时间（月）	5533	0	12	9.86	3.463
	有效的（列表状态）	5533	—	—	—	—

参与调查的农民工中，2009年在外打工的实际工作时间，3个月以下的占9.7%，3~6个月的占4.9%，6（不含）~9个月的占5.5%，9（不含）~12个月的占32.6%，12个月以上的占47.3%，即接近一半的人全年在外打工。

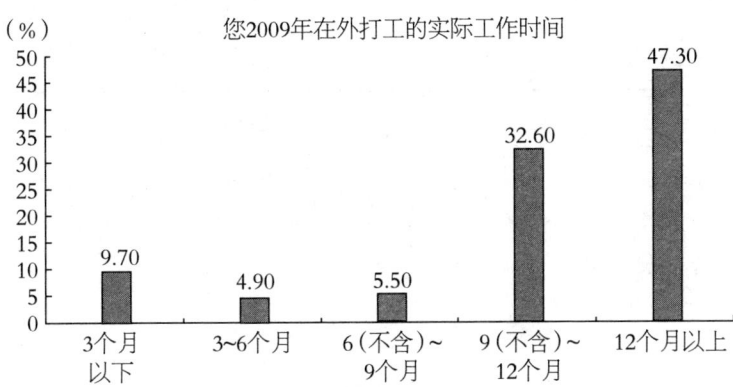

C04　您2009年在外打工的实际工作时间

	项目	频数	百分比（%）	有效百分比（%）	累积百分比（%）
有效	3个月以下	538	8.6	9.7	9.7
	3~6个月	271	4.3	4.9	14.6
	6（不含）~9个月	304	4.9	5.5	20.1
	9（不含）~12个月	1802	28.9	32.6	52.7
	12个月以上	2618	42.0	47.3	100.0
	有效合计	5533	88.8	100.0	—
缺失	系统	699	11.2	—	—
	合计	6232	100.0	—	—

C05　您自己2009年的年工资收入总计

参与本次调查的农民工，2009年的年工资收入平均18107.03元。

描述统计量

	项目	样本数（个）	极小值	极大值	均值	标准差
C05	您自己2009年的年工资收入总计（元）	5528	0	12000000	18107.03	1.61720E5
	有效的（列表状态）	5528	—	—	—	—

参与调查的农民工中，2009年，11.7%的人年工资收入在5000元以下，12.6%的人年工资收入为5000~9999元，45%的人年工资收入为10000~19999万元，29.3%的人年工资收入为20000~49999元，1.4%的人年工资收入为50000元及以上。

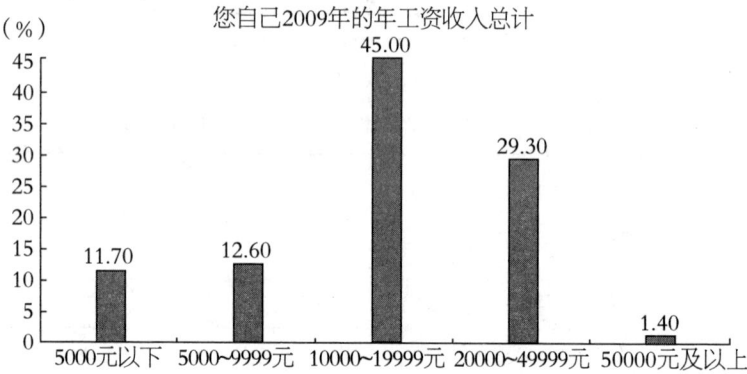

C05 您自己2009年的年工资收入总计

	项目	频数	百分比（%）	有效百分比（%）	累积百分比（%）
有效	5000元以下	645	10.3	11.7	11.7
	5000~9999元	697	11.2	12.6	24.3
	10000~19999元	2486	39.9	45.0	69.3
	20000~49999元	1620	26.0	29.3	98.6
	50000元及以上	80	1.3	1.4	100.0
	有效合计	5528	88.7	100.0	—
缺失	系统	704	11.3	—	—
	合计	6232	100.0	—	—

C06 您2009年的年家庭纯收入总计

参与本次调查的农民工，2009年的年家庭纯收入平均27724.08元。

描述统计量

	项目	样本数（个）	极小值	极大值	均值	标准差
C06	您2009年的年家庭纯收入总计（元）	5061	−100000	9000000	27724.08	1.28757E5
	有效的（列表状态）	5061	—	—	—	—

参与调查的农民工中，2009年，11.0%的人年家庭纯收入在5000元以下，7.3%的人年家庭纯收入为5000~9999元，20.1%的人年家庭纯收入为10000~19999元，48.7%的人年家庭纯收入为20000~49999元，12.9%的人年家庭纯收入为50000元及以上。

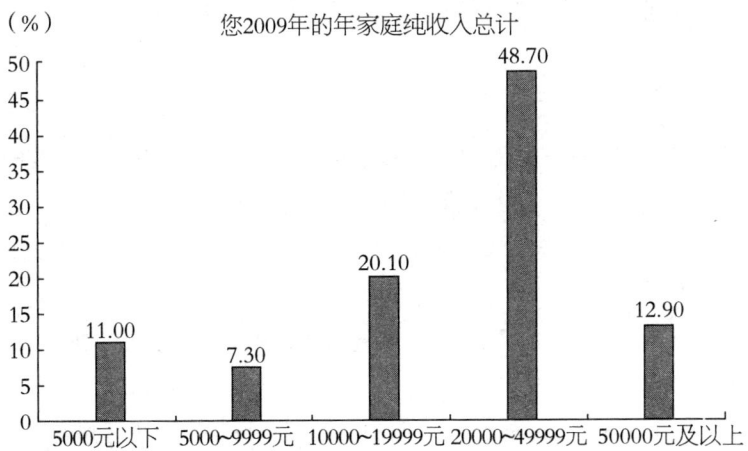

C06 您 2009 年的年家庭纯收入总计

	项目	频数	百分比（%）	有效百分比（%）	累积百分比（%）
有效	5000 元以下	558	9.0	11.0	11.0
	5000~9999 元	368	5.9	7.3	18.3
	10000~19999 元	1017	16.3	20.1	38.4
	20000~49999 元	2466	39.6	48.7	87.1
	50000 元及以上	652	10.5	12.9	100.0
	有效合计	5061	81.2	100.0	—
缺失	系统	1171	18.8	—	—
合计		6232	100.0	—	—

D 支出情况

D00 总体情况

参与调查的农民工，其家庭在目前务工地每月的生活消费支出平均 1243.03 元。其中食品支出最多，平均 540.32 元；其次为居住方面的支出，平均 214.60 元；再次为日常生活支出，平均 173.83 元；其余支出依次为：社会保险个人缴费支出平均 137.31 元，交通支出平均 99.45 元，医疗支出平均 99.35 元，通信支出平均 90.88 元。

2009 年打工净结余平均 7843.94 元；2009 年寄回或带回老家的现金平均 6462.63 元。

描述统计量 （元）

项目	样本数（个）	极小值	极大值	均值	标准差
D01 您的家庭目前在务工地每月的生活消费支出	5690	0	35000	1243.03	1648.751
D02 每个月食品支出	5483	0	40000	540.32	810.911
D03 每个月日常生活支出	5401	0	20000	173.83	350.813
D04 每个月医疗支出	4899	0	3000	99.35	160.516
D05 每个月居住支出	5307	0	6000	214.60	300.313
D06 每个月交通支出	5143	0	3000	99.45	152.745
D07 每个月通信支出	5675	0	5000	90.88	142.075
D08 每个月社会保险个人缴费支出	4506	0	18160	137.31	575.721
D09 您2009年打工净结余	5080	−24730	390000	7843.94	10631.151
D10 您2009年寄回或带回老家的现金	4874	−5000	560000	6462.63	11571.481

D01 您的家庭目前在务工地每月的生活消费支出

参与调查的农民工，其家庭在务工地每月的生活消费支出情况：12.9%的家庭每月生活消费支出在500元以下，32.2%的家庭每月生活消费支出为500~1000元，40%的家庭每月生活消费支出为1000（不含）~2000元，13.3%的家庭每月生活消费支出为2000（不含）~5000元，1.6%的家庭每月生活消费支出在5000元以上。

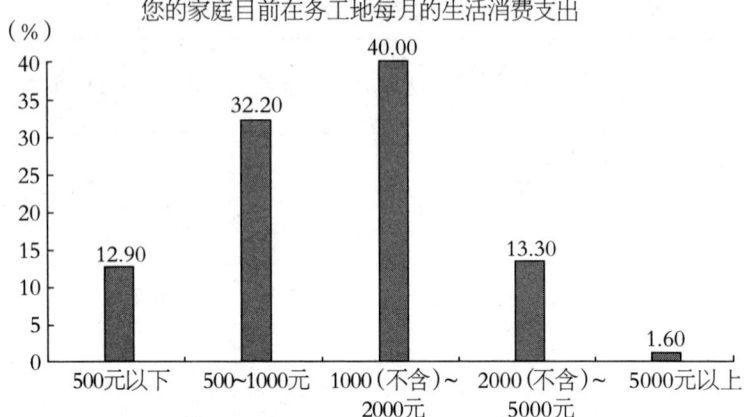

D01 您的家庭目前在务工地每月的生活消费支出

	项目	频数	百分比（%）	有效百分比（%）	累积百分比（%）
有效	500元以下	733	11.8	12.9	12.9
	500~1000元	1833	29.4	32.2	45.1
	1000（不含）~2000元	2277	36.5	40.0	85.1
	2000（不含）~5000元	756	12.1	13.3	98.4
	5000元以上	91	1.5	1.6	100.0
	有效合计	5690	91.3	100.0	—
缺失	系统	542	8.7		
	合计	6232	100.0		

D02 每个月食品支出（包括烟酒类和在饭店吃饭等）

参与调查的农民工，其家庭在务工地每月的生活消费中食品方面的支出情况：2.4%的家庭每月食品支出在50元以下，2.3%的家庭每月食品支出为50~100元，9.8%的家庭每月食品支出为100（不含）~200元，38.4%的家庭每月食品支出为200（不含）~500元，

32.5%的家庭每月食品支出为500（不含）~1000元，14.7%的家庭每月食品支出在1000元以上。

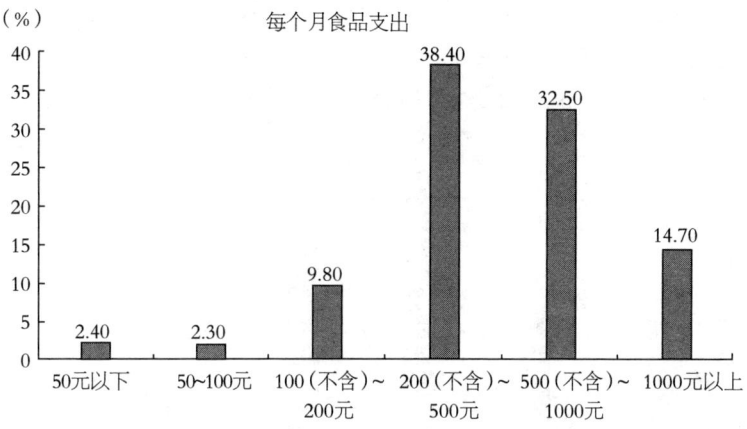

D02　每个月食品支出

	项目	频数	百分比（%）	有效百分比（%）	累积百分比（%）
有效	50元以下	133	2.1	2.4	2.4
	50~100元	126	2.0	2.3	4.7
	100（不含）~200元	535	8.6	9.8	14.5
	200（不含）~500元	2103	33.7	38.4	52.8
	500（不含）~1000元	1780	28.6	32.5	85.3
	1000元以上	806	12.9	14.7	100.0
	有效合计	5483	88.0	100.0	—
缺失	系统	749	12.0	—	—
	合计	6232	100.0	—	—

D03　每个月日常生活支出（包括洗漱用品、化妆品等用品及洗澡、美容、理发等服务）

参与调查的农民工，其家庭在务工地每月的生活消费中日常生活方面的支出情况：11.5% 的家庭每月日常生活支出在 50 元以下，21.7% 的家庭每月日常生活支出为 50~100 元，33.9% 的家庭每月日常生活支出为 100（不含）~200 元，25.1% 的家庭每月日常生活支出为 200（不含）~500 元，5.9% 的家庭每月日常生活支出为 500（不含）~1000 元，1.9% 的家庭每月日常生活支出在 1000 元以上。

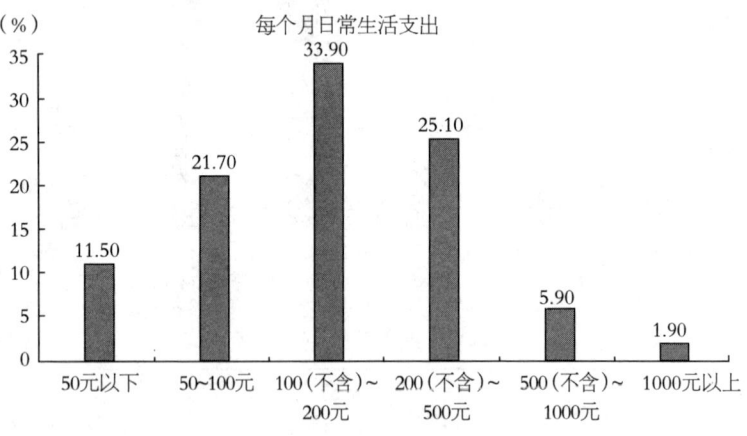

D03 每个月日常生活支出

	项目	频数	百分比（%）	有效百分比（%）	累积百分比（%）
有效	50 元以下	619	9.9	11.5	11.5
	50~100 元	1171	18.8	21.7	33.1
	100（不含）~200 元	1831	29.4	33.9	67.0
	200（不含）~500 元	1358	21.8	25.1	92.2
	500（不含）~1000 元	319	5.1	5.9	98.1
	1000 元以上	103	1.7	1.9	100.0
	有效合计	5401	86.7	100.0	—
缺失	系统	831	13.3	—	—
	合计	6232	100.0	—	—

D04 每个月医疗支出

参与调查的农民工,其家庭在务工地每月的生活消费中医疗方面的支出情况:32.4%的家庭每月医疗支出在50元以下,24.1%的家庭每月医疗支出为50~100元,27%的家庭每月医疗支出为100(不含)~200元,13.7%的家庭每月医疗支出为200(不含)~500元,2%的家庭每月医疗支出为500(不含)~1000元,0.8%的家庭每月医疗支出在1000元以上。

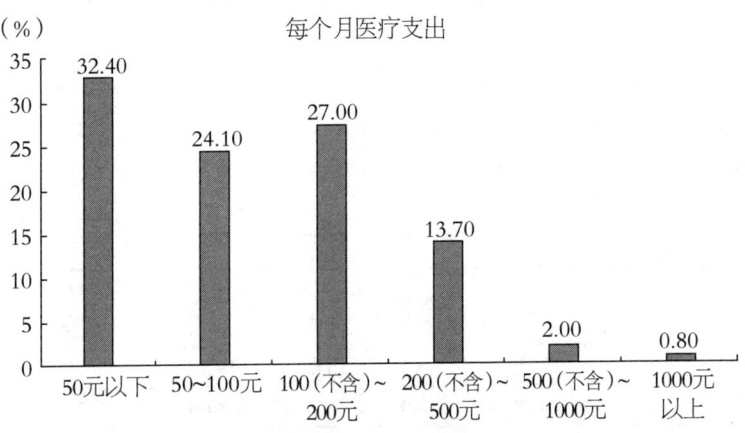

D04 每个月医疗支出

	项目	频数	百分比（%）	有效百分比（%）	累积百分比（%）
有效	50 元以下	1587	25.5	32.4	32.4
	50~100 元	1181	19.0	24.1	56.5
	100（不含）~200 元	1325	21.3	27.0	83.5
	200（不含）~500 元	671	10.8	13.7	97.2
	500（不含）~1000 元	97	1.6	2.0	99.2
	1000 元以上	38	0.6	0.8	100.0
	有效合计	4899	78.6	100.0	—

续表

项目		频数	百分比（%）	有效百分比（%）	累积百分比（%）
缺失	系统	1333	21.4	—	
合计		6232	100.0	—	

D05 每个月居住支出（包括房租、物业费、水电费等）

参与调查的农民工，其家庭在务工地每月的生活消费中居住方面的支出情况：17.6%的家庭每月居住支出在50元以下，14.9%的家庭每月居住支出为50~100元，25%的家庭每月居住支出为100（不含）~200元，31.8%的家庭每月居住支出为200（不含）~500元，8%的家庭每月居住支出为500（不含）~1000元，2.7%的家庭每月居住支出在1000元以上。

D05 每个月居住支出

项目		频数	百分比（%）	有效百分比（%）	累积百分比（%）
有效	50元以下	936	15.0	17.6	17.6
	50~100元	791	12.7	14.9	32.5
	100（不含）~200元	1328	21.3	25.0	57.6
	200（不含）~500元	1685	27.0	31.8	89.3
	500（不含）~1000元	425	6.8	8.0	97.3
	1000元以上	142	2.3	2.7	100.0
	有效合计	5307	85.2	100.0	—
缺失	系统	925	14.8	—	
合计		6232	100.0	—	

D06 每个月交通支出（包括在务工地乘坐交通工具的费用、汽油费等，不包括长途交通费用）

参与调查的农民工，其家庭在务工地每月的生活消费中交通方面的支出情况：28.6%的家庭每月交通支出在50元以下，27.4%的家庭每月交通支出为 50~100 元，29.2% 的家庭每月交通支出为 100（不含）~200 元，12.8% 的家庭每月交通支出为 200（不含）~500 元，1.4% 的家庭每月交通支出为 500（不含）~1000 元，0.7% 的家庭每月交通支出在 1000 元以上。

D06 每个月交通支出

	项目	频数	百分比（%）	有效百分比（%）	累积百分比（%）
有效	50 元以下	1469	23.6	28.6	28.6
	50~100 元	1409	22.6	27.4	56.0
	100（不含）~200 元	1501	24.1	29.2	85.1
	200（不含）~500 元	659	10.6	12.8	98.0
	500（不含）~1000 元	71	1.1	1.4	99.3
	1000 元以上	34	0.5	0.7	100.0
	有效合计	5143	82.5	100.0	—
缺失	系统	1089	17.5	—	—
	合计	6232	100.0	—	—

D07 每个月通信支出（包括通信用品和通信服务）

参与调查的农民工，其家庭在务工地每月的生活消费中通信方面的支出情况：16.3% 的家庭每月通信支出在 50 元以下，41.4% 的家庭每月通信支出为 50~100 元，31.9% 的家庭每月通信支出为 100（不含）~200 元，9.7% 的家庭每月通信支出为 200（不含）~500 元，0.4% 的家庭每月通信支出为 500（不含）~1000 元，0.3% 的家庭每月通信支出在 1000 元以上。

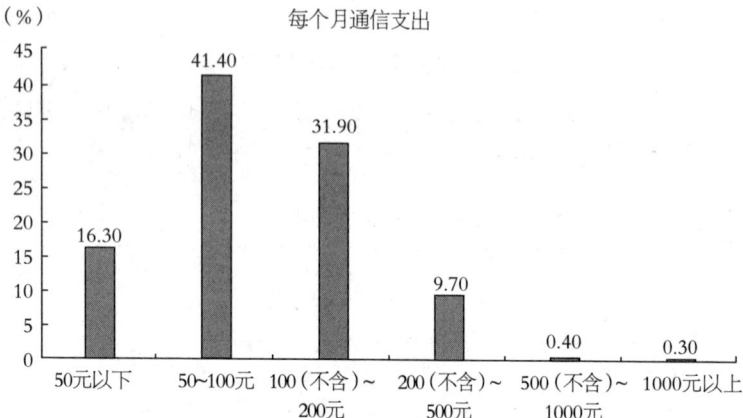

D07　每个月通信支出

	项目	频数	百分比（%）	有效百分比（%）	累积百分比（%）
有效	50元以下	927	14.9	16.3	16.3
	50~100元	2347	37.7	41.4	57.7
	100（不含）~200元	1812	29.1	31.9	89.6
	200（不含）~500元	551	8.8	9.7	99.3
	500（不含）~1000元	23	0.4	0.4	99.7
	1000元以上	15	0.2	0.3	100.0
	有效合计	5675	91.1	100.0	—
缺失	系统	557	8.9	—	—
合计		6232	100.0	—	—

D08　每个月社会保险个人缴费支出

参与调查的农民工，其家庭在务工地每月的社会保险个人缴费支出情况：23.5%的家庭没有社会保险个人缴费方面的支出（问卷上填0），还有27.7%的样本在本题没有作答（依据常识推断，大部分没有填写本题的人也没有这方面的支出）；4.2%的家庭每月社会保险个人缴费支出在50元以下，4.4%的家庭每月社会保险个人缴费支出为 50~100 元，29.4% 的家庭每月社会保险个人缴费支出为 100（不含）~200 元，9.1% 的家庭每月社会保险个人缴费支出为 200（不含）~500 元，1% 的家庭每月社会保险个人缴费支出为 500（不含）~1000 元，0.7% 的家庭每月社会保险个人缴费支出在 1000 元以上。每月有社会保险个人缴费支出的家庭，大部分支出为 100（不含）~200 元。

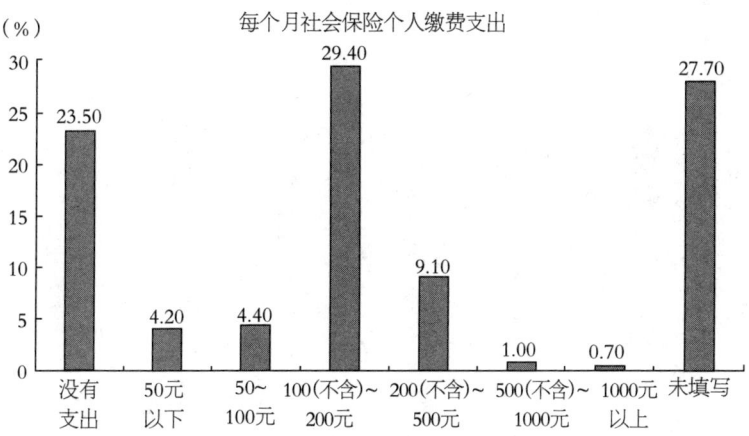

D08　每个月社会保险个人缴费支出

	项目	频数	百分比（%）	有效百分比（%）	累积百分比（%）
有效	没有支出	1464	23.5	23.5	23.5
	50 元以下	260	4.2	4.2	27.7
	50~100 元	275	4.4	4.4	32.1
	100（不含）~200 元	1833	29.4	29.4	61.5
	200（不含）~500 元	569	9.1	9.1	70.6
	500（不含）~1000 元	64	1.0	1.0	71.6
	1000 元以上	41	0.7	0.7	72.3
	未填写	1726	27.7	27.7	100.0
	合计	6232	100.0	100.0	—

D09 您 2009 年打工净结余

参与本次调查的农民工，2009 年打工净结余，在 1000 元以下的人占 19.3%，结余 1000~2000 元的人占 5.2%，结余 2001~5000元的人占 15.6%，结余 5001~10000 元的人占 23.9%，结余 10001~19999 元的人占 26.8%，结余 20000 元及以上的人占 9.2%。

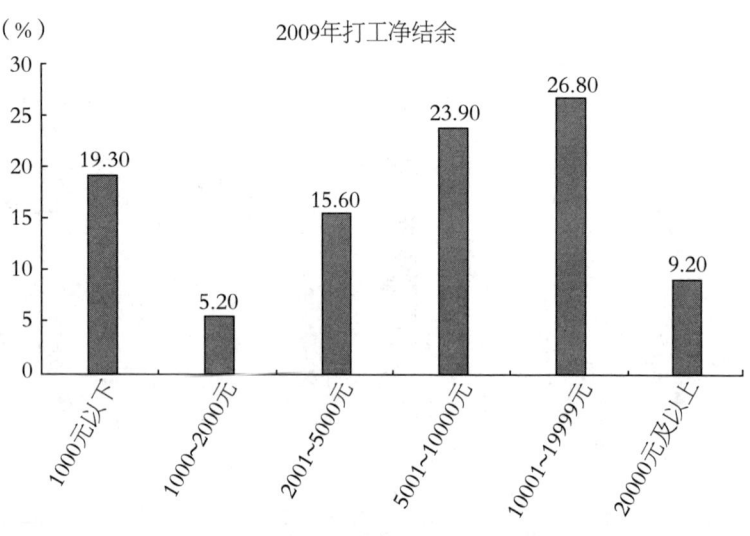

D09 您 2009 年打工净结余

	项目	频数	百分比（%）	有效百分比（%）	累积百分比（%）
有效	1000 元以下	979	15.7	19.3	19.3
	1000~2000 元	266	4.3	5.2	24.5
	2001~5000 元	793	12.7	15.6	40.1
	5001~10000 元	1214	19.5	23.9	64.0
	10001~19999 元	1359	21.8	26.8	90.8
	20000 元及以上	469	7.5	9.2	100.0
	有效合计	5080	81.5	100.0	—
缺失	系统	1152	18.5	—	—
	合计	6232	100.0		

D10　您 2009 年寄回或带回老家的现金

参与本次调查的农民工，2009 年寄回或带回老家的现金，在 1000 元以下的人占 25.5%，1000~2000 元的人占 6.1%，2001~5000 元的人占 17.5%，5001~10000 元的人占 22.6%，10001~19999 元的人占 21.5%，20000 元及以上的人占 6.8%。

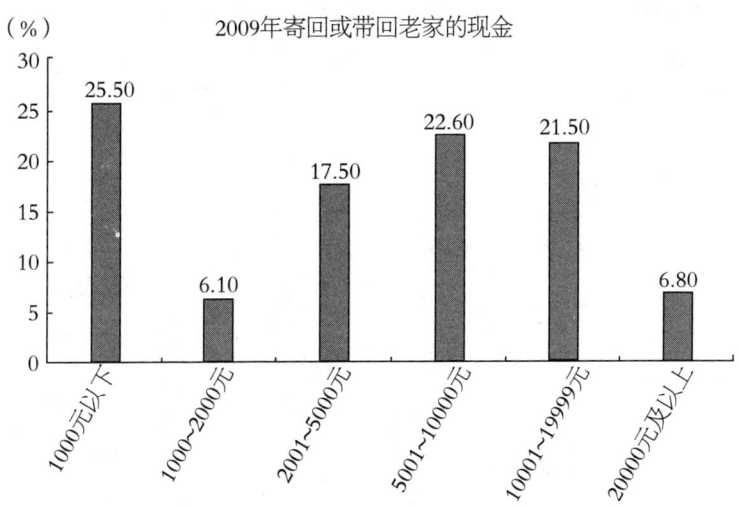

D10　您 2009 年寄回或带回老家的现金

	项目	频数	百分比(%)	有效百分比(%)	累积百分比(%)
有效	1000 元以下	1244	20.0	25.5	25.5
	1000~2000 元	297	4.8	6.1	31.6
	2001~5000 元	853	13.7	17.5	49.1
	5001~10000 元	1101	17.7	22.6	71.7
	10001~19999 元	1046	16.8	21.5	93.2
	20000 元及以上	333	5.3	6.8	100.0
	有效合计	4874	78.2	100.0	—
缺失	系统	1358	21.8	—	—
	合计	6232	100.0	—	—

E 居住情况

E01 您目前在务工地的居住形式

参与本次调查的农民工,在务工地的居住形式:8.4%居住自购商品房,4.8%居住自购的经济适用房或两限房,0.4%居住政府提供的廉租房,34%居住自己租的房屋,33.5%居住单位提供的集体宿舍(包括建筑工棚),18.9%居住其他形式的房屋。自己租房和单位提供宿舍是外出务工的农民工的最主要的居住形式。

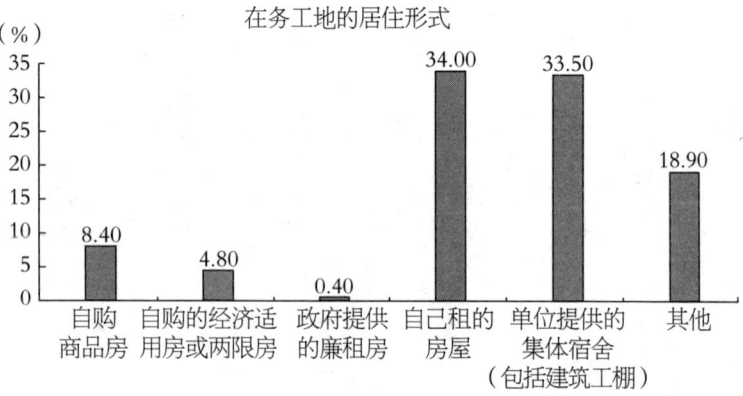

E01 您目前在务工地的居住形式

	项目	频数	百分比(%)	有效百分比(%)	累积百分比(%)
有效	1. 自购商品房	491	7.9	8.4	8.4
	2. 自购的经济适用房或两限房	283	4.5	4.8	13.2
	3. 政府提供的廉租房	25	0.4	0.4	13.7
	4. 自己租的房屋	1991	31.9	34.0	47.7
	5. 单位提供的集体宿舍(包括建筑工棚)	1958	31.4	33.5	81.1
	6. 其他	1104	17.7	18.9	100.0
	有效合计	5852	93.9	100.0	—
缺失	系统	380	6.1	—	—
	合计	6232	100.0	—	—

E02 您目前居住的房屋类型

参与本次调查的农民工,目前居住的房屋类型:居住成套的单元房(有厨房和卫生间)的占22.7%,居住筒子间楼房的占6.2%,居住城镇里的普通平房的占16.6%,居住郊区的普通平房的占19.2%,居住简易宿舍的占24.8%,居住地下室的占0.6%,另外9.9%居住其他类型的房屋。

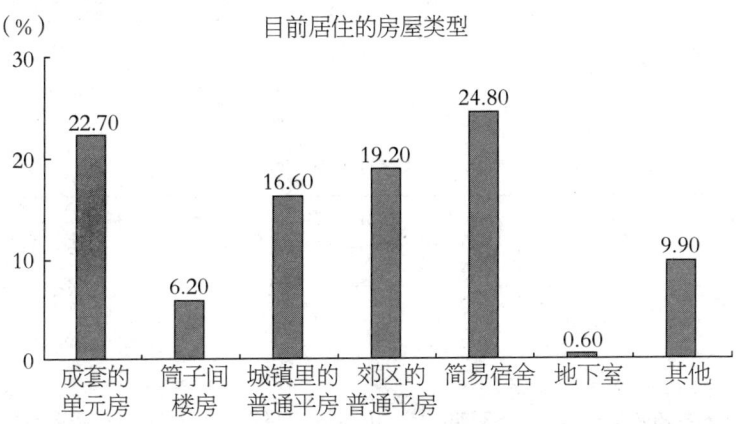

E02 您目前居住的房屋类型

	项目	频数	百分比(%)	有效百分比(%)	累积百分比(%)
有效	1. 成套的单元房(有厨房和卫生间)	1284	20.6	22.7	22.7
	2. 筒子间楼房	350	5.6	6.2	28.9
	3. 城镇里的普通平房	937	15.0	16.6	45.5
	4. 郊区的普通平房	1085	17.4	19.2	64.7
	5. 简易宿舍	1404	22.5	24.8	89.5
	6. 地下室	34	0.5	0.6	90.1
	7. 其他	561	9.0	9.9	100.0
	有效合计	5655	90.7	100.0	—

续表

项目		频数	百分比（%）	有效百分比（%）	累积百分比（%）
缺失	系统	577	9.3	—	—
合计		6232	100.0	—	—

E03　如果您是住在自己租的房屋

本次调查中，住在自己所租房屋的农民工，所租房屋建筑面积平均约为 50.15 平方米，每月租金平均约为 420.83 元，实际居住人数平均 2.90 人，距离上班地点平均 5.10 公里。

描述统计量

项目	样本数（个）	极小值	极大值	均值	标准差
所租房屋，建筑面积（平方米）	2058	0	1200	50.15	56.047
每个月的租金（元）	2028	0	20000	420.83	1471.543
实际居住人数	2079	1	60	2.90	2.033
离上班地点距离（公里）	2049	0	100	5.10	9.344
有效的（列表状态）	1816	—	—	—	—

E03S1　所租房屋建筑面积

本次调查中，住在自己所租房屋的农民工，其所租房屋建筑面积在 20 平方米以下的占 21.7%，20~40 平方米的占 28.9%，40（不含）~60 平方米的占 14.7%，60（不含）~80 平方米的占 13.8%，80（不含）~100 平方米的占 9.8%，另外 11.1% 的房屋建筑面积在 100 平方米以上。

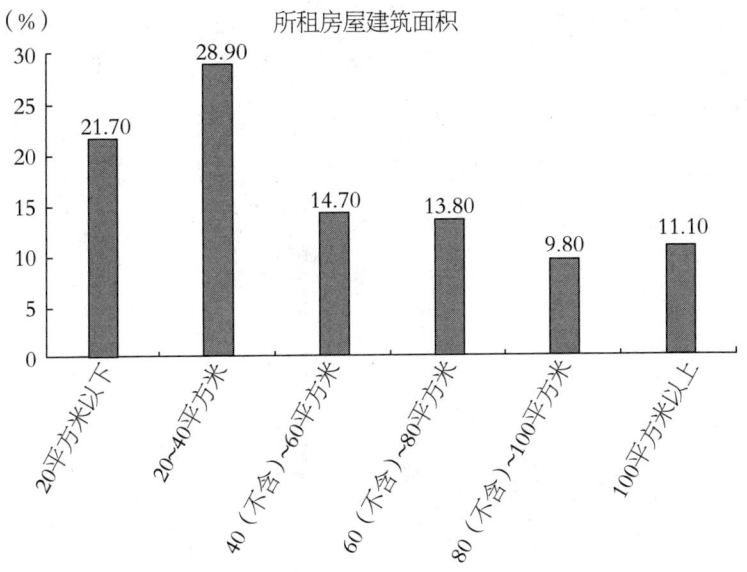

所租房屋建筑面积

	项目	频数	百分比（%）	有效百分比（%）	累积百分比（%）
有效	20 平方米以下	447	7.1	21.7	21.7
	20~40 平方米	595	9.5	28.9	50.6
	40（不含）~60 平方米	303	4.8	14.7	65.4
	60（不含）~80 平方米	283	4.5	13.8	79.1
	80（不含）~100 平方米	201	3.2	9.8	88.9
	100 平方米以上	229	3.7	11.1	100.0
	有效合计	2058	32.8	100.0	—
缺失	系统	4214	67.2	—	—
	合计	6272	100.0	—	—

E03S2 所租房屋每月租金

本次调查中，住在自己所租房屋的农民工，3.9%的人每月房屋租金在50元以下，5.3%的人每月房屋租金为50~100元，27.8%的

第十五章 调查问卷统计分析

377

人每月房屋租金为 100（不含）~200 元，42.8% 的人每月房屋租金为 200（不含）~500 元，16.3% 的人每月房屋租金为 500（不含）~1000 元，3.9% 的人每月房屋租金在 1000 元以上。

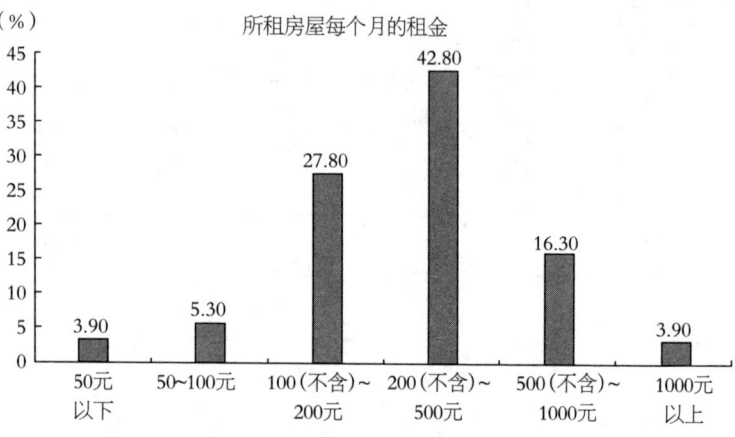

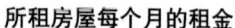

所租房屋每个月的租金

	项目	频数	百分比（%）	有效百分比（%）	累积百分比（%）
有效	50 元以下	80	1.3	3.9	3.9
	50~100 元	107	1.7	5.3	9.2
	100（不含）~200 元	563	9.0	27.8	37.0
	200（不含）~500 元	868	13.8	42.8	79.8
	500（不含）~1000 元	330	5.3	16.3	96.1
	1000 元以上	80	1.3	3.9	100.0
	有效合计	2028	32.3	100.0	—
缺失	系统	4244	67.7	—	—
	合计	6272	100.0	—	—

E03S3　所租房屋实际居住人数

本次调查中，住在自己所租房屋的农民工，13.9% 的人所租的房屋实际居住 1 个人，34.3% 的人所租的房屋实际居住 2 个人，25.9% 的人所租的房屋实际居住 3 个人，13.9% 的人所租的房屋实际居住 4 个人，6.3% 的人所租的房屋实际居住 5 个人，5.7% 的人所租的房屋实际居住 6 个人及以上。

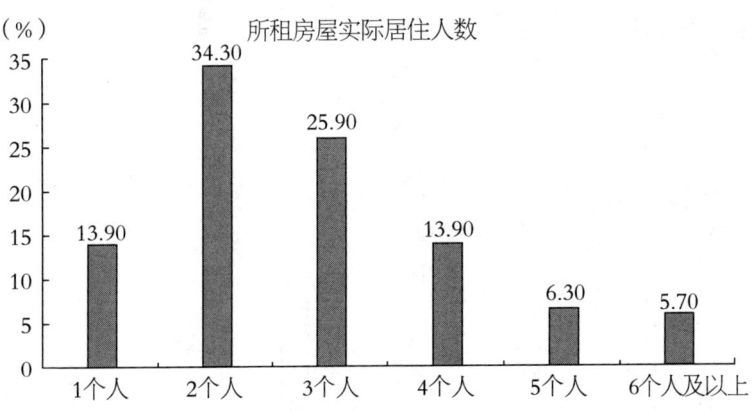

所租房屋实际居住人数

	项目	频数	百分比（%）	有效百分比（%）	累积百分比（%）
有效	1 个人	290	4.6	13.9	13.9
	2 个人	714	11.4	34.3	48.3
	3 个人	538	8.6	25.9	74.2
	4 个人	288	4.6	13.9	88.0
	5 个人	131	2.1	6.3	94.3
	6 个人及以上	118	1.9	5.7	100.0
	有效合计	2079	33.1	100.0	—
缺失	系统	4193	66.9	—	—
	合计	6272	100.0	—	—

E03S4 所租房屋离上班地点距离

本次调查中，住在自己所租房屋的农民工，13.7% 的人所租的房屋距离上班地点 1 公里以内，21.6% 的人所租的房屋距离上班地点 1~2 公里，33% 的人所租的房屋距离上班地点 2（不含）~5 公里，16.4% 的人所租的房屋距离上班地点 5（不含）~10 公里，9.2% 的人所租的房屋距离上班地点 10（不含）~20 公里，5.9% 的人所租的房屋距离上班地点 20 公里以上。

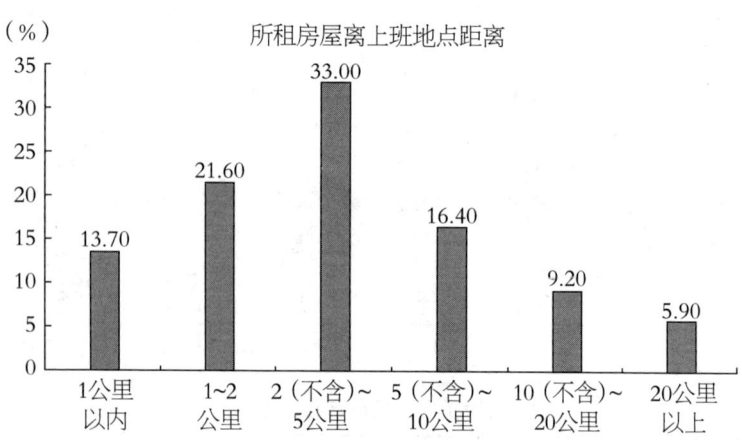

所租房屋离上班地点距离

项目		频数	百分比（%）	有效百分比（%）	累积百分比（%）
有效	1 公里以内	264	4.2	13.7	13.7
	1~2 公里	416	6.6	21.6	35.4
	2（不含）~5 公里	635	10.1	33.0	68.4
	5（不含）~10 公里	316	5.0	16.4	84.9
	10（不含）~20 公里	177	2.8	9.2	94.1
	20 公里以上	114	1.8	5.9	100.0
	有效合计	1922	30.6	100.0	—
缺失	系统	4350	69.4	—	—
合计		6272	100.0	—	—

E03S5　所租房屋居住状况

参与本次调查的住在自己所租房屋的农民工中,21.3% 的人是自己住,58.6% 的人是和家人同住,20.1% 的人是和朋友或亲戚合租。

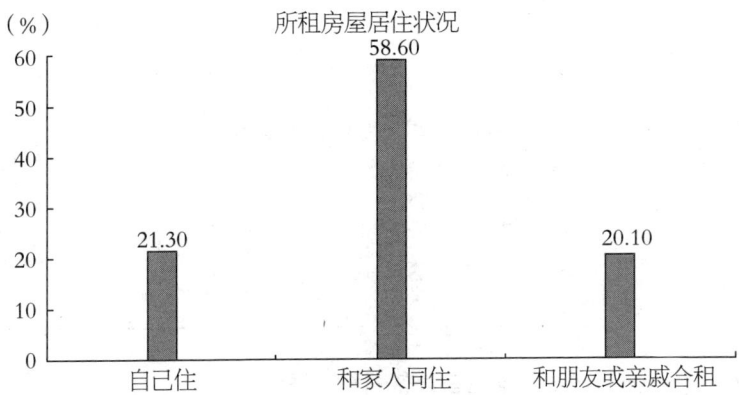

所租房屋居住状况

	项目	频数	百分比（%）	有效百分比（%）	累积百分比（%）
有效	1. 自己住	429	6.8	21.3	21.3
	2. 和家人同住	1180	18.8	58.6	79.9
	3. 和朋友或亲戚合租	404	6.4	20.1	100.0
	有效合计	2013	32.1	100.0	—
缺失	系统	4259	67.9	—	—
	合计	6272	100.0	—	—

E04　如果您是住在单位提供的集体宿舍（包括建筑工棚）

本次调查中,住在单位提供的集体宿舍（包括建筑工棚）的农民工,所住房屋建筑面积平均 52.58 平方米,每月租金平均 56.03 元,实际居住人数平均 5.59 人,距离上班地点平均 5.10 公里。

描述统计量

项目		样本数（个）	极小值	极大值	均值	标准差
E04	集体宿舍（包括建筑工棚），建筑面积（平方米）	1706	1	2000	52.58	113.650
	每个月的租金（元）	1677	0	2800	56.03	213.163
	实际居住人数	1848	0	500	5.59	13.887
	有效的（列表状态）	1492	—	—	—	—

E04S1 所住集体宿舍建筑面积

本次调查中，住在单位提供的集体宿舍的农民工，其所住房屋，建筑面积在20平方米以下的占30.4%，20~40平方米的占35.4%，40（不含）~60平方米的占10.7%，60（不含）~80平方米的占6.2%，80（不含）~100平方米的占4.7%，另外12.7%的房屋建筑面积在100平方米以上。

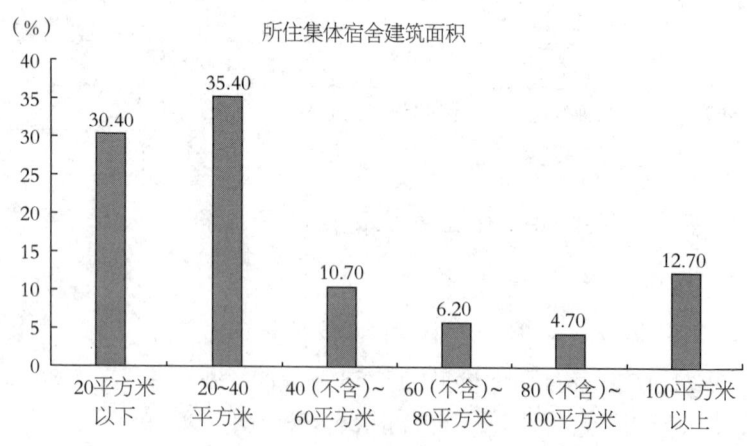

所住集体宿舍建筑面积

	项目	频数	百分比（%）	有效百分比（%）	累积百分比（%）
有效	20平方米以下	518	8.3	30.4	30.4
	20~40平方米	604	9.6	35.4	65.8
	40（不含）~60平方米	182	2.9	10.7	76.4
	60（不含）~80平方米	105	1.7	6.2	82.6
	80（不含）~100平方米	81	1.3	4.7	87.3
	100平方米以上	216	3.4	12.7	100.0
	有效合计	1706	27.2	100.0	—
缺失	系统	4566	72.8	—	—
	合计	6272	100.0	—	—

E04S2 所住集体宿舍每月租金

本次调查中，住在单位提供的集体宿舍的农民工，70.9%的人不用交房租，15.1%的人每月房屋租金为1~100元，6.3%的人每月房屋租金为100（不含）~200元，4.2%的人每月房屋租金为200（不含）~500元，2.3%的人每月房屋租金为500（不含）~1000元，1.1%的人每月房屋租金在1000元以上。即绝大部分住在单位提供的集体宿舍的农民工不用交房租，或者象征性地交一些。

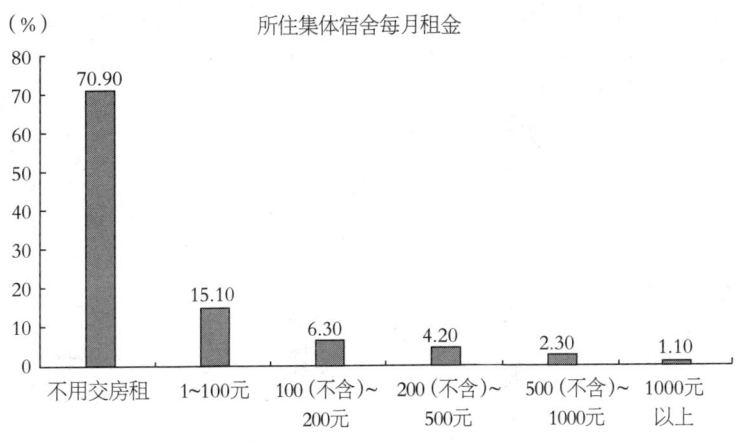

第十五章 调查问卷统计分析

所住集体宿舍每月租金

项目		频数	百分比（%）	有效百分比（%）	累积百分比（%）
有效	不用交房租	1189	19.0	70.9	70.9
	1~100元	254	4.0	15.1	86.0
	100（不含）~200元	106	1.7	6.3	92.4
	200（不含）~500元	70	1.1	4.2	96.5
	500（不含）~1000元	39	0.6	2.3	98.9
	1000元以上	19	0.3	1.1	100.0
	有效合计	1677	26.7	100.0	—
缺失	系统	4595	73.3	—	—
合计		6272	100.0	—	—

E04S3 所住集体宿舍实际居住人数

本次调查中，住在单位提供的集体宿舍的农民工，23.4%的人所住的集体宿舍实际居住1~2人，38.6%的人所住的集体宿舍实际居住3~4人，15.2%的人所住的集体宿舍实际居住5~6人，11.5%的人所住的集体宿舍实际居住7~8人，7.5%的人所住的集体宿舍实际居住9~10人，4%的人所住的集体宿舍实际居住11人及以上。

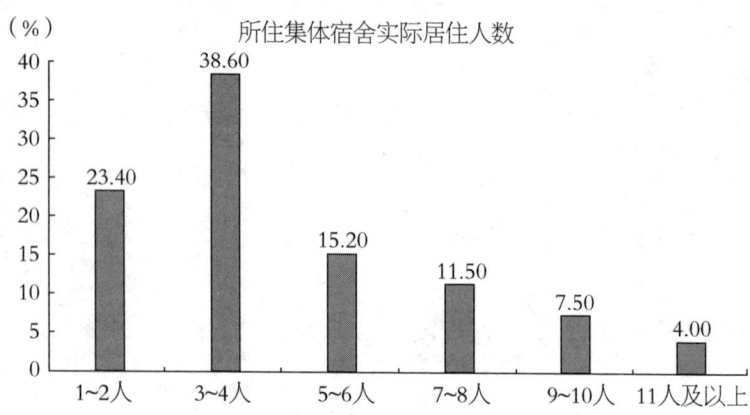

所住集体宿舍实际居住人数

所住集体宿舍实际居住人数

	项目	频数	百分比（%）	有效百分比（%）	累积百分比（%）
有效	1~2 人	432	6.9	23.4	23.4
	3~4 人	713	11.4	38.6	62.0
	5~6 人	280	4.5	15.2	77.1
	7~8 人	212	3.4	11.5	88.6
	9~10 人	138	2.2	7.5	96.0
	11 人及以上	73	1.2	4.0	100.0
	有效合计	1848	29.5	100.0	—
缺失	系统	4424	70.5	—	—
	合计	6272	100.0	—	—

E04S4　所住集体宿舍居住状况

参与本次调查的住在单位提供的集体宿舍（包括建筑工棚）的农民工中，8.2% 的人是自己住，17.4% 的人是和家人同住，74.3% 的人是和工友同住。

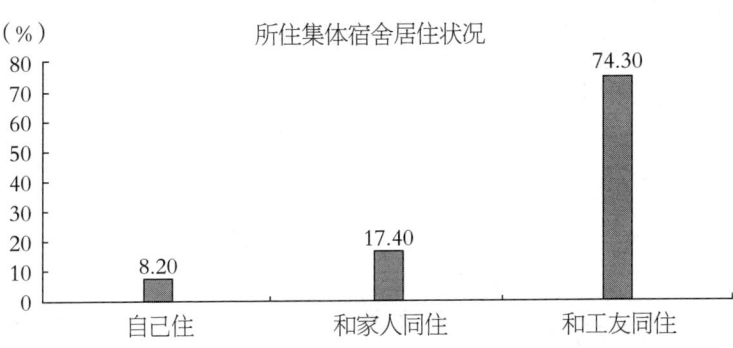

所住集体宿舍居住状况

	项目	频数	百分比（%）	有效百分比（%）	累积百分比（%）
有效	1. 自己住	146	2.3	8.2	8.2
	2. 和家人同住	309	4.9	17.4	25.7
	3. 和工友同住	1318	21.0	74.3	100.0
	有效合计	1773	28.3	100.0	—
缺失	系统	4499	71.7	—	—
	合计	6272	100.0	—	—

E05　如果您是自购房（包括自购的经济适用房或两限房）

　　本次调查中，住在自购房的农民工，所住房屋建筑面积平均约122.49平方米，购房时房屋单价平均约2100.48元，房屋总价平均约19.33万元，实际居住人数平均3.70人。

描述统计量

	项目	样本数（个）	极小值	极大值	均值	标准差
E05	自购房，建筑面积（平方米）	755	5.00	3200.00	122.49	156.428
	房屋单价（元/平方米）	620	0.00	40000.00	2100.48	3079.914
	总价（万元）	683	0.50	125.00	19.33	14.801
	实际居住人数	723	0	9	3.70	1.178
	有效的（列表状态）	603	—	—	—	—

E05S1　所住自购房建筑面积

本次调查中，住在自购房的农民工，其所住房屋建筑面积在50平方米以下的占2.8%，50~100平方米的占44%，100（不含）~150平方米的占35.1%，150（不含）~200平方米的占6.0%，200（不含）~250平方米的占7.7%，另外4.5%的房屋建筑面积在250平方米以上。

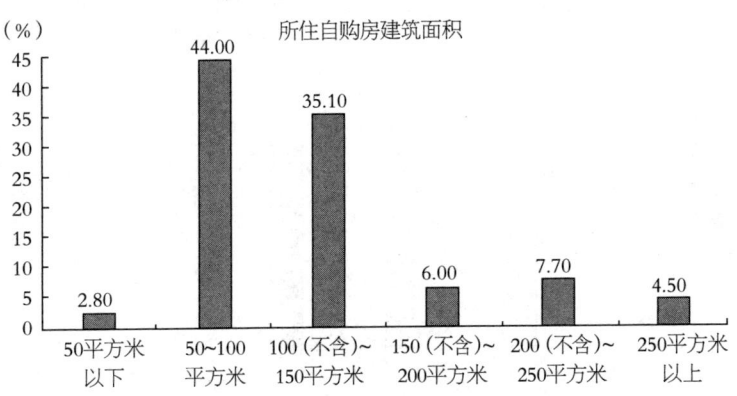

所住自购房建筑面积

	项目	频数	百分比（%）	有效百分比（%）	累积百分比（%）
有效	50平方米以下	21	0.3	2.8	2.8
	50~100平方米	332	5.3	44.0	46.8
	100（不含）~150平方米	265	4.2	35.1	81.9
	150（不含）~200平方米	45	0.7	6.0	87.8
	200（不含）~250平方米	58	0.9	7.7	95.5
	250平方米以上	34	0.5	4.5	100.0
	有效合计	755	12.0	100.0	—
缺失	系统	5517	88.0	—	—
	合计	6272	100.0	—	—

E05S2 所住自购房购买时的房屋单价

本次调查中,住在自购房的农民工,其所住房屋购买时的单价,8.2%在500元/平方米以下,14.8%为500~1000元/平方米,32.4%为1000(不含)~2000元/平方米,40.5%为2000(不含)~5000元平方米,2.6%为5000(不含)~10000元/平方米,1.5%在10000元/平方米以上。

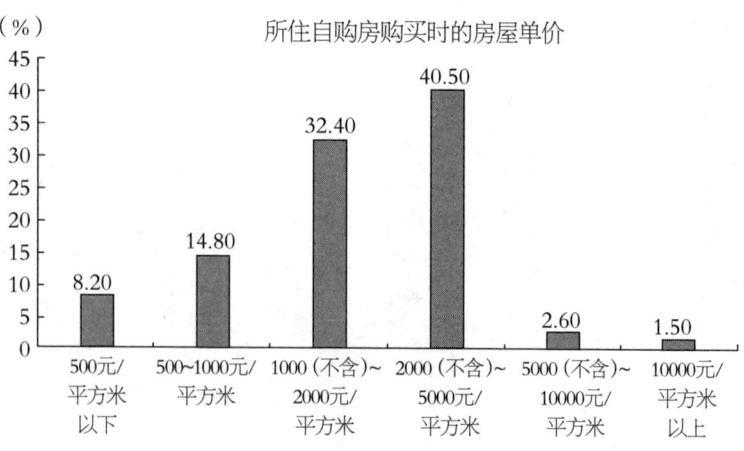

所住自购房购买时的房屋单价

	项目	频数	百分比(%)	有效百分比(%)	累积百分比(%)
有效	500元/平方米以下	51	0.8	8.2	8.2
	500~1000元/平方米	92	1.5	14.8	23.1
	1000(不含)~2000元/平方米	201	3.2	32.4	55.5
	2000(不含)~5000元/平方米	251	4.0	40.5	96.0
	5000(不含)~10000元/平方米	16	0.3	2.6	98.5
	10000元/平方米以上	9	0.1	1.5	100.0
	有效合计	620	9.9	100.0	—
缺失	系统	5652	90.1	—	—
	合计	6272	100.0	—	—

E05S3 所住自购房购买时的房屋总价

本次调查中，住在自购房的农民工，其所住房屋购买时的总价 8.6% 在 5 万元以下，17.1% 为 5 万~10 万元，34.7% 为 10 万（不含）~20 万元，35% 为 20 万（不含）~50 万元，4.2% 为 50 万（不含）~100 万元，0.3% 在 100 万元以上。

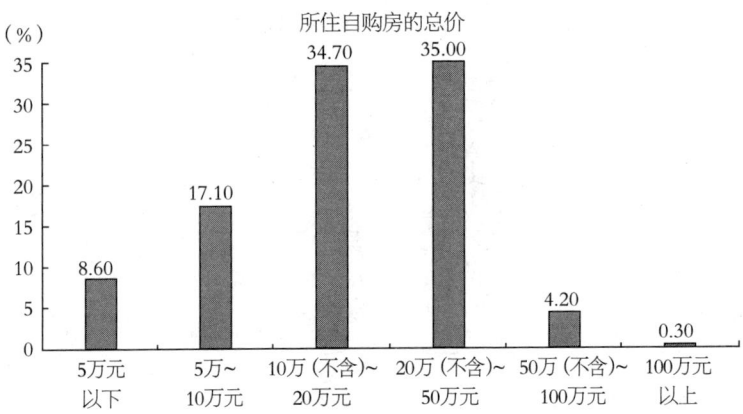

所住自购房的总价

	项目	频数	百分比（%）	有效百分比（%）	累积百分比（%）
有效	5 万元以下	59	0.9	8.6	8.6
	5 万~10 万元	117	1.9	17.1	25.8
	10 万（不含）~20 万元	237	3.8	34.7	60.5
	20 万（不含）~50 万元	239	3.8	35.0	95.5
	50 万（不含）~100 万元	29	0.5	4.2	99.7
	100 万元以上	2	0.0	0.3	100.0
	有效合计	683	10.9	100.0	—
缺失	系统	5589	89.1	—	—
	合计	6272	100.0	—	—

E05S4 所住自购房的实际居住人数

本次调查中,住在自购房的农民工,9.5%的人家里实际居住1~2人,64%的人家里实际居住3~4人,24.6%的人家里实际居住5~6人,1.5%的人家里实际居住7~8人,剩余0.3%的人家里实际居住9~10人。

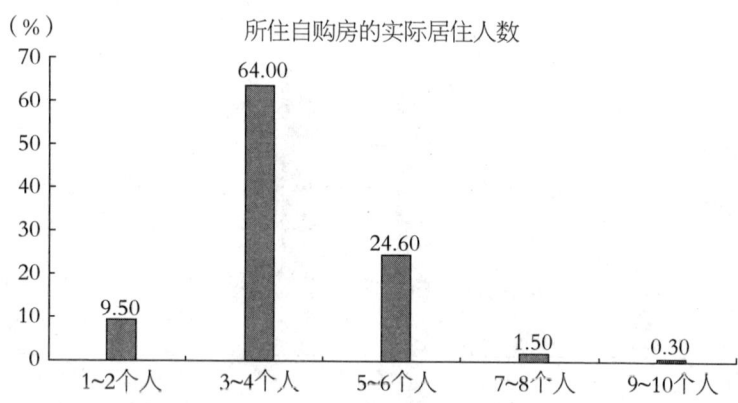

所住自购房的实际居住人数

项目		频数	百分比(%)	有效百分比(%)	累积百分比(%)
有效	1~2个人	69	1.1	9.5	9.5
	3~4个人	463	7.4	64.0	73.6
	5~6个人	178	2.8	24.6	98.2
	7~8个人	11	0.2	1.5	99.7
	9~10个人	2	0.0	0.3	100.0
	有效合计	723	11.5	100.0	—
缺失	系统	5549	88.5	—	—
合计		6272	100.0	—	—

E05S5　所住自购房居住状况

参与本次调查的住在自购房的农民工中，10.2%的人是自己住，88.7%的人是和家人同住，1.1%的人和朋友或亲戚同住。

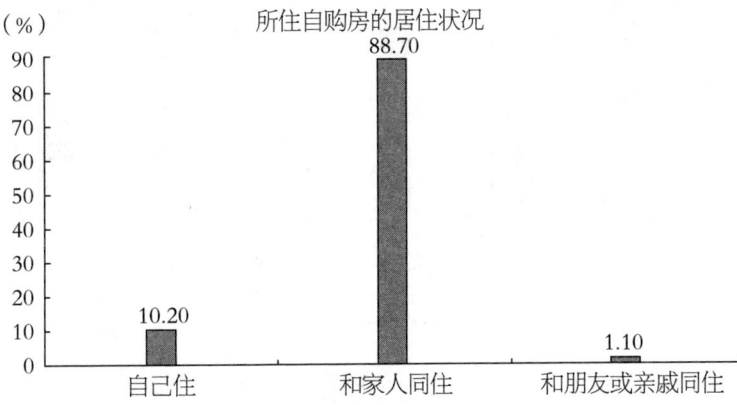

所住自购房的居住状况

	项目	频数	百分比（%）	有效百分比（%）	累积百分比（%）
有效	1. 自己住	71	1.1	10.2	10.2
	2. 和家人同住	620	9.9	88.7	98.9
	3. 和朋友或亲戚同住	8	0.1	1.1	100.0
	有效合计	699	11.1	100.0	—
缺失	系统	5573	88.9	—	—
	合计	6272	100.0	—	—

E06　您目前已经享受哪些住房政策

参与本次调查的农民工中，20%的人可以购买务工地的经济适用房或两限房，23%的人可以购买老家所在市（县）的经济适用房或两限房，15.4%的人可以申请务工地的廉租房或公共租赁房，6.5%的人可以申请老家所在市（县）的廉租房或公共租赁房，13.8%的人的单位缴纳了住房公积金，21.2%的人的单位提供了住房补贴。

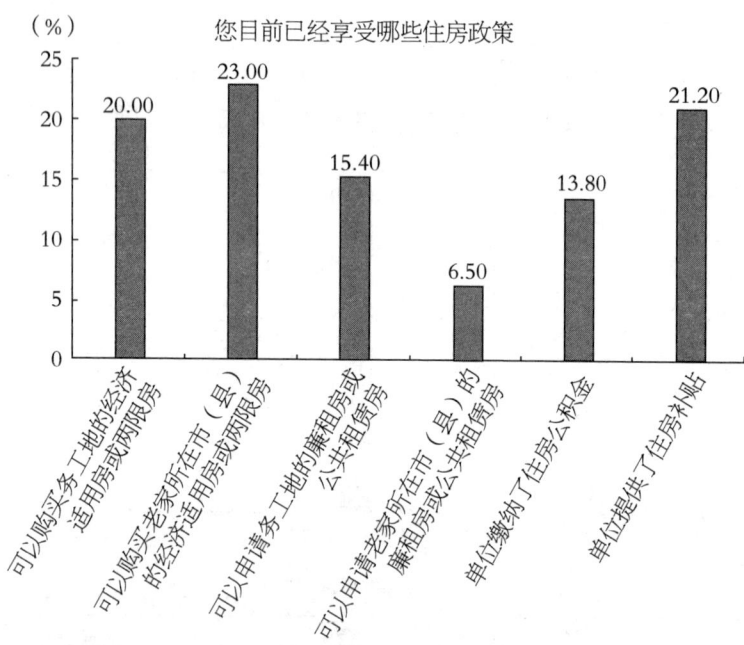

E06 您目前已经享受哪些住房政策

	项目	频数	百分比（%）	有效百分比（%）	累积百分比（%）
有效	1.可以购买务工地的经济适用房或两限房	360	5.8	20.0	20.0
	2.可以购买老家所在市（县）的经济适用房或两限房	414	6.6	23.0	43.0
	3.可以申请务工地的廉租房或公共租赁房	277	4.4	15.4	58.4
	4.可以申请老家所在市（县）的廉租房或公共租赁房	117	1.9	6.5	64.9
	5.单位缴纳了住房公积金	249	4.0	13.8	78.8
	6.单位提供了住房补贴	382	6.1	21.2	100.0
	有效合计	1799	28.9	100.0	—
缺失	系统	4433	71.1	—	—
	合计	6232	100.0	—	—

E07 您对目前务工地的居住情况满意程度

参与本次调查的农民工中,对目前务工地的居住情况,18% 的人表示很满意,65.7% 的人表示满意程度一般,12.3% 的人表示不满意,4% 的人表示非常不满意。

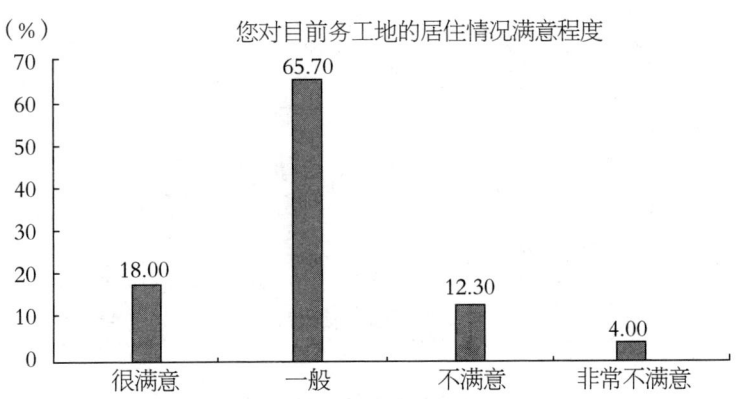

E07 您对目前务工地的居住情况满意程度

	项目	频数	百分比(%)	有效百分比(%)	累积百分比(%)
有效	1. 很满意	991	15.9	18.0	18.0
	2. 一般	3625	58.2	65.7	83.7
	3. 不满意	680	10.9	12.3	96.0
	4. 非常不满意	219	3.5	4.0	100.0
	有效合计	5515	88.5	100.0	—
缺失	系统	717	11.5	—	—
合计		6232	100.0	—	—

E08 您在务工地改善住房的期望方式

参与本次调查的农民工中,22.9% 的人期望政府建设专门的农民工公寓,20.1% 的人期望政府放开购买政策性住房的限制,17.1%

的人期望单位提供更舒适卫生的集体宿舍，16.3% 的人期望单位提供住房补贴，12.6% 的人期望单位缴纳住房公积金，11.1% 的人期望政府改善外来人口集聚区的生活环境。

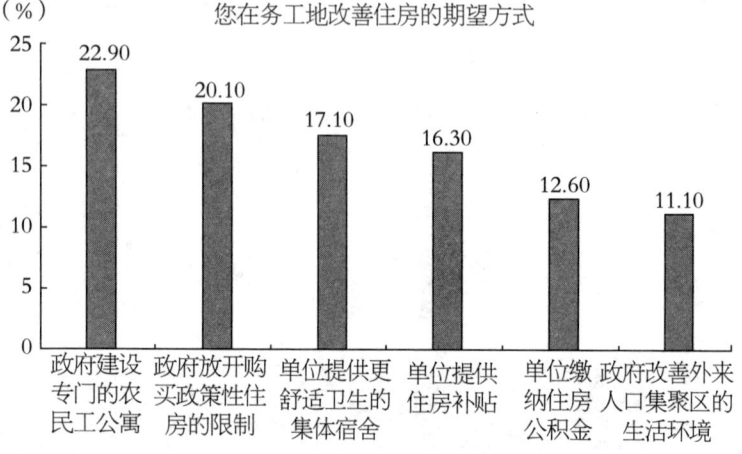

E08　您在务工地改善住房的期望方式

	项目	频数	百分比（%）	有效百分比（%）	累积百分比（%）
有效	1. 政府放开购买政策性住房的限制	1006	16.1	20.1	20.1
	2. 政府建设专门的农民工公寓	1147	18.4	22.9	42.9
	3. 政府改善外来人口集聚区的生活环境	558	9.0	11.1	54.1
	4. 单位提供更舒适卫生的集体宿舍	855	13.7	17.1	71.1
	5. 单位缴纳住房公积金	632	10.1	12.6	83.7
	6. 单位提供住房补贴	815	13.1	16.3	100.0
	有效合计	5013	80.4	100.0	—
缺失	系统	1219	19.6	—	—
	合计	6232	100.0	—	—

F 居住意愿

F01 您未来的打算

参与本次调查的农民工,对未来的打算,16.5%的人打算在务工地所在的城镇定居,23.7%的人打算在务工地所在的城市定居,10.4%的人打算回家乡的城市定居,8.2%的人打算回离家近的小城镇定居,15.6%的人打算回农村定居并改善农村居住条件,25.5%的人表示还没想好。

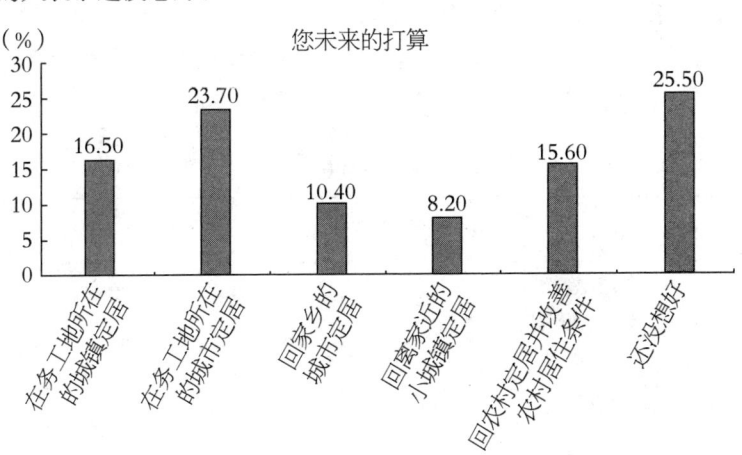

F01 您未来的打算

	项目	频数	百分比（%）	有效百分比（%）	累积百分比（%）
有效	1. 在务工地所在的城镇定居	949	15.2	16.5	16.5
	2. 在务工地所在的城市定居	1362	21.9	23.7	40.2
	3. 回家乡的城市定居	601	9.6	10.4	50.6
	4. 回离家近的小城镇定居	473	7.6	8.2	58.8
	5. 回农村定居并改善农村居住条件	899	14.4	15.6	74.5

续表

项目		频数	百分比（%）	有效百分比（%）	累积百分比（%）
有效	6. 还没想好	1468	23.6	25.5	100.0
	有效合计	5752	92.3	100.0	—
缺失	系统	480	7.7	—	—
	合计	6232	100.0	—	—

F02 如果您想在务工地定居并成为市民

F02S1 希望几年之内实现愿望

本次调查中，对于想在务工地定居并成为市民的农民工，希望实现愿望的时限平均为 5.07 年。

描述统计量

项目		样本数（个）	极小值	极大值	均值	标准差
F02	如果您想在务工地定居并成为市民，您希望几年之内实现愿望	4165	0	95	5.07	4.513
	有效的（列表状态）	4265	—	—	—	—

本次调查中，对于想在务工地定居并成为市民的农民工，11.3% 的人希望 1 年之内能实现这个愿望，33.2% 的人希望 1~3 年内能实现这个愿望，33.3% 的人希望 3（不含）~5 年内能实现这个愿望，18.4% 的人希望 5（不含）~10 年内能实现这个愿望，3.4% 的人希望 10（不含）~20 年内能实现这个愿望，0.4% 的人希望 20 年之后能实现这个愿望。即，有 77.8% 的想在务工地定居并成为市民的农民工希望 5 年之内能实现这个愿望。

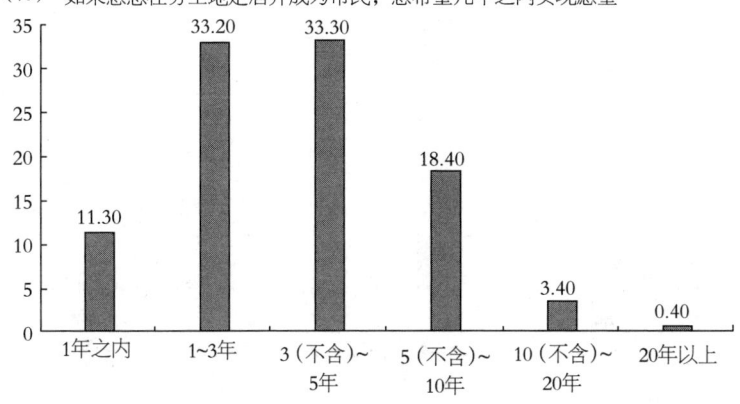

如果您想在务工地定居并成为市民,您希望几年之内实现愿望

项目		频数	百分比(%)	有效百分比(%)	累积百分比(%)
有效	1年之内	469	7.5	11.3	11.3
	1~3年	1382	22.0	33.2	44.4
	3(不含)~5年	1388	22.1	33.3	77.8
	5(不含)~10年	768	12.2	18.4	96.2
	10(不含)~20年	140	2.2	3.4	99.6
	20年以上	18	0.3	0.4	100.0
	有效合计	4165	66.4	100.0	—
缺失	系统	2107	33.6	—	—
	合计	6272	100.0	—	—

F02S2 您改善住房的期望方式

在本次调查中,对于那些想在务工地定居并成为市民的农民工,对改善住房的期望:38.6%的人期望能购买商品房,44.2%的人期望能购买经济适用房或两限房,12.3%的人期望能申请廉租房或公共租赁房,4.8%的人表示要自己租房。

397

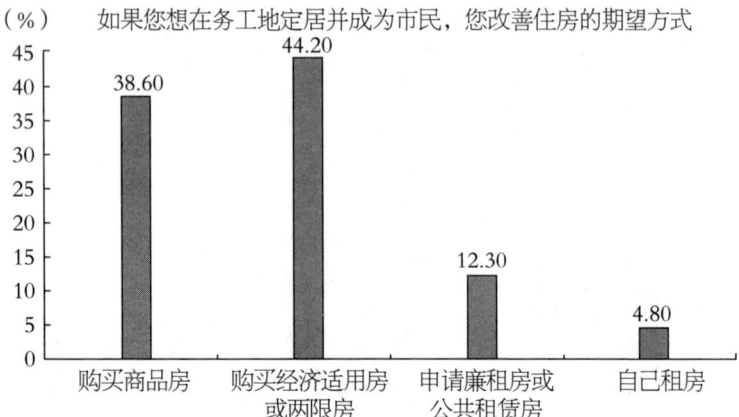

如果您想在务工地定居并成为市民，您改善住房的期望方式

	项目	频数	百分比（％）	有效百分比（％）	累积百分比（％）
有效	1. 购买商品房	1639	26.3	38.6	38.6
	2. 购买经济适用房或两限房	1877	30.1	44.2	82.9
	3. 申请廉租房或公共租赁房	522	8.4	12.3	95.2
	4. 自己租房	204	3.3	4.8	100.0
	有效合计	4242	68.1	100.0	—
缺失	系统	1990	31.9	—	—
	合计	6232	100.0	—	—

F03 如果您想在务工地购房

本次调查中，对于那些想在务工地购房的农民工，期望的住房面积平均约为 119.29 平方米，能够承受的商品房单价平均约为 2214.04 元，能够承受的商品房总价平均约为 21.82 万元；按他们目前的家庭收入水平和当地房价计算，平均大概需要 15.58 年才能买得起房子。

描述统计量

	项目	样本数（个）	极小值	极大值	均值	标准差
F03	如果您想在务工地购房，期望的住房面积（平方米）	4048	0.00	20000.00	119.29	377.910
	能承受的商品房单价（元/平方米）	3764	0.00	99999.99	2214.04	2953.942
	能承受的商品房总价（万元）	3728	0.00	136.00	21.82	13.852
	按您目前的家庭收入水平和当地房价计算，大概需要几年才能买得起房子	3540	0.00	99.90	15.58	15.864
	有效的（列表状态）	3397	—	—	—	—

F03S1　若在务工地购房，您期望的住房面积

本次调查中，那些想在务工地购房的农民工，对住房面积的期望：50平方米以下的占5%，50~100平方米的占38.1%，100（不含）~150平方米的占45.8%，150（不含）~200平方米的占6.3%，200（不含）~250平方米的占2.8%，另外2.1%的人期望的住房面积在250平方米以上。

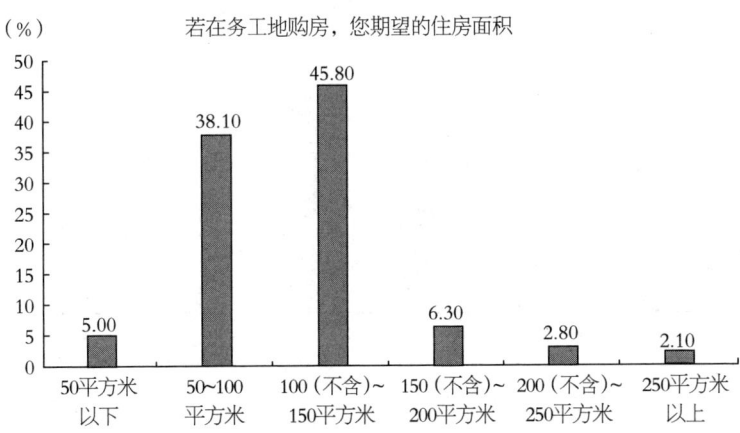

若在务工地购房，您期望的住房面积

项目		频数	百分比（%）	有效百分比（%）	累积百分比（%）
有效	50平方米以下	201	3.2	5.0	5.0
	50~100平方米	1541	24.6	38.1	43.0
	100（不含）~150平方米	1854	29.6	45.8	88.8
	150（不含）~200平方米	253	4.0	6.3	95.1
	200（不含）~250平方米	115	1.8	2.8	97.9
	250平方米以上	84	1.3	2.1	100.0
	有效合计	4048	64.5	100.0	—
缺失	系统	2224	35.5	—	—
合计		6272	100.0	—	—

F03S2 若在务工地购房，能承受的商品房单价

本次调查中，那些想在务工地购房的农民工，能够承受的商品房单价：6.8%在500元/平方米以下，5.3%为500~1000元/平方米，30.8%为1000（不含）~2000元/平方米，52.9%为2000（不含）~5000元/平方米，3.6%为5000（不含）~10000元/平方米，0.5%在10000元/平方米以上。

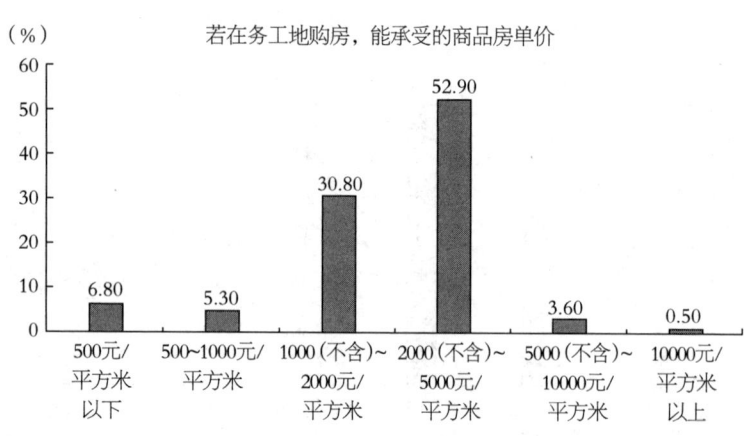

若在务工地购房，能承受的商品房单价

若在务工地购房，能承受的商品房单价

	项目	频数	百分比（%）	有效百分比（%）	累积百分比（%）
有效	500元/平方米以下	257	4.1	6.8	6.8
	500~1000元/平方米	201	3.2	5.3	12.2
	1000（不含）~2000元/平方米	1158	18.5	30.8	42.9
	2000（不含）~5000元/平方米	1991	31.7	52.9	95.8
	5000（不含）~10000元/平方米	137	2.2	3.6	99.5
	10000元/平方米以上	20	0.3	0.5	100.0
	有效合计	3764	60.0	100.0	—
缺失	系统	2508	40.0	—	—
	合计	6272	100.0	—	—

F03S3 若在务工地购房，能承受的商品房总价

本次调查中，那些想在务工地购房的农民工，能够承受的商品房总价：4.5%在5万元以下，7.8%为5万~10万元，34.2%为10万（不含）~20万元，48.3%为20万（不含）~50万元，4.9%为50万（不含）~100万元，0.3%在100万元以上。

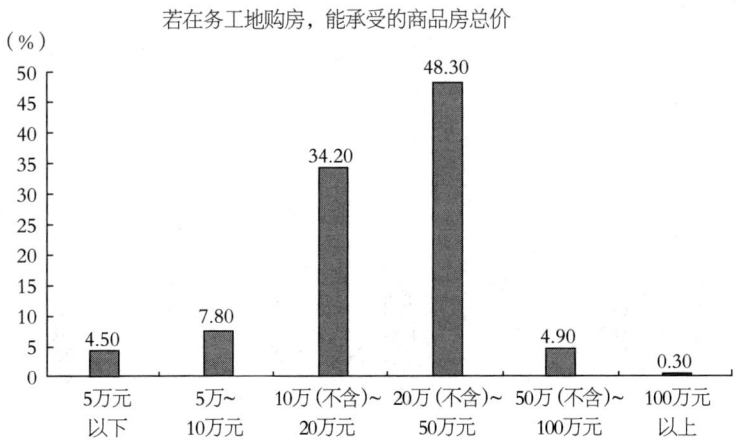

若在务工地购房，能承受的商品房总价

若在务工地购房，能承受的商品房总价

	项目	频数	百分比（%）	有效百分比（%）	累积百分比（%）
有效	5万元以下	168	2.7	4.5	4.5
	5万~10万元	290	4.6	7.8	12.3
	10万（不含）~20万元	1276	20.3	34.2	46.5
	20万（不含）~50万元	1802	28.7	48.3	94.8
	50万（不含）~100万元	182	2.9	4.9	99.7
	100万元以上	10	0.2	0.3	100.0
	有效合计	3728	59.4	100.0	—
缺失	系统	2544	40.6	—	—
	合计	6272	100.0		

F03S4 按您目前的家庭收入水平和当地房价计算，大概几年才能买得起房子

本次调查中，那些想在务工地购房的农民工，按其目前的家庭收入水平和当地房价计算，9.5%的人在5年之内可以买得起房子，19.8%的人需要5~10年才能买得起，29.4%的人需要10（不含）~15年才能买得起，12.2%的人需要15（不含）~20年才能买得起，15.5%的人需要20（不含）~25年才能买得起，13.5%的人需要25年以上才能买得起房子。

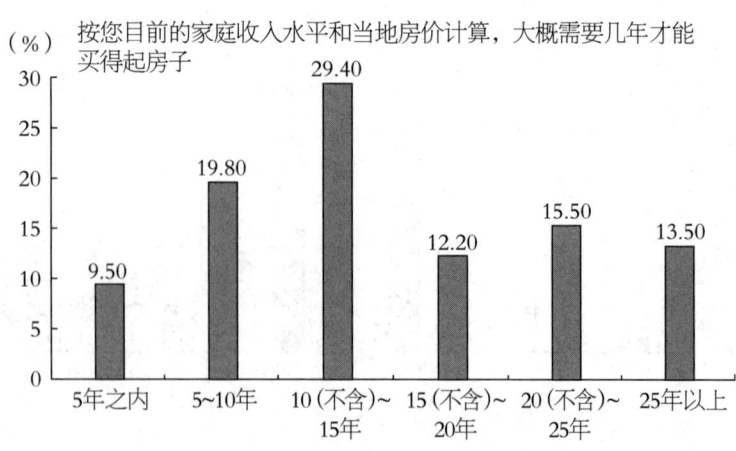

按您目前的家庭收入水平和当地房价计算，大概需要几年才能买得起房子

项目		频数	百分比（%）	有效百分比（%）	累积百分比（%）
有效	5年之内	338	5.4	9.5	9.5
	5~10年	702	11.2	19.8	29.4
	10（不含）~15年	1039	16.6	29.4	58.7
	15（不含）~20年	433	6.9	12.2	71.0
	20（不含）~25年	549	8.8	15.5	86.5
	25年以上	479	7.6	13.5	100.0
	有效合计	3540	56.4	100.0	—
缺失	系统	2732	43.6	—	—
合计		6272	100.0	—	—

F04 如果您想在务工地租房

本次调查中，那些想在务工地租房的农民工，期望的住房面积平均约为70.61平方米，能够承受的租金水平平均约为292.69元/月。

描述统计量

	项目	样本数（个）	极小值	极大值	均值	标准差
F04	如果您想在务工地租房，期望的住房面积（平方米）	3431	0	10000	70.61	255.540
	能承受的租金水平（元/月）	3390	0	15000	292.69	429.458
	有效的（列表状态）	3356	—	—	—	—

第十五章 调查问卷统计分析

F04S1　您期望的住房面积

本次调查中,那些想在务工地租房的农民工,对住房面积的期望:20平方米以下的占8%,20~40平方米的占19.8%,40(不含)~60平方米的占21.6%,60(不含)~80平方米的占19.1%,80(不含)~100平方米的占15.2%,另外16.2%的人期望的住房面积在100平方米以上。

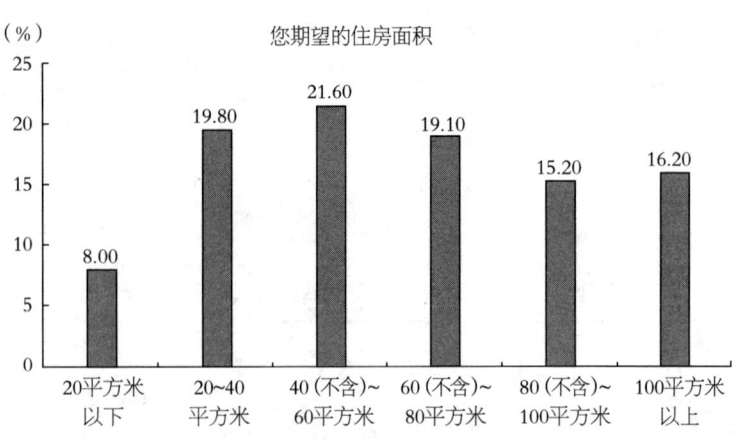

您期望的住房面积

	项目	频数	百分比(%)	有效百分比(%)	累积百分比(%)
有效	20平方米以下	275	4.4	8.0	8.0
	20~40平方米	681	10.9	19.8	27.9
	40(不含)~60平方米	741	11.8	21.6	49.5
	60(不含)~80平方米	657	10.5	19.1	68.6
	80(不含)~100平方米	522	8.3	15.2	83.8
	100平方米以上	555	8.8	16.2	100.0
	有效合计	3431	54.7	100.0	—
缺失	系统	2841	45.3	—	—
	合计	6272	100.0	—	—

F04S2　能承受的租金水平

本次调查中，那些想在务工地租房的农民工，能够承受的租金水平：5.3% 的人在 50 元／月以下，5.2% 的人为 50~100 元／月，25.1% 的人为 101~200 元／月，46.8% 的人为 201~500 元／月，15% 的人为 501~1000 元／月，2.6% 的人能承受 1000 元／月以上的租金。

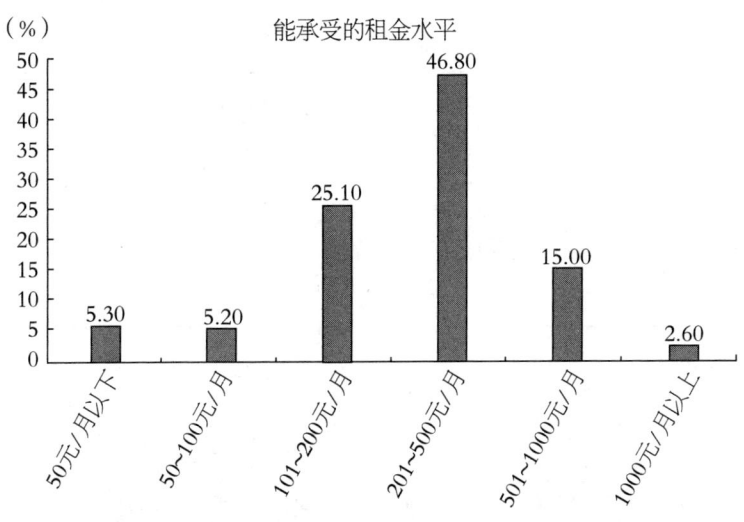

能承受的租金水平

	项目	频数	百分比（%）	有效百分比（%）	累积百分比（%）
有效	50 元／月以下	181	2.9	5.3	5.3
	50~100 元／月	175	2.8	5.2	10.5
	101~200 元／月	852	13.6	25.1	35.6
	201~500 元／月	1585	25.3	46.8	82.4
	501~1000 元／月	508	8.1	15.0	97.4
	1000 元／月以上	89	1.4	2.6	100.0
	有效合计	3390	54.0	100.0	—
缺失	系统	2882	46.0	—	—
	合计	6272	100.0	—	—

F05 如果您想回家乡的城市（城镇）定居并成为市民

F05S1 希望几年之内实现愿望

本次调查中，那些想回家乡的城市（城镇）定居并成为市民的农民工，希望实现这个愿望的时限平均约为 4.96 年。

描述统计量

项目		样本数（个）	极小值	极大值	均值	标准差
F05	如果您想回家乡的城市（城镇）定居并成为市民，您希望几年之内实现	3543	0.0	99.9	4.96	5.538
	有效的（列表状态）	3543	—	—	—	—

本次调查中，对于想回家乡的城市（城镇）定居并成为市民的农民工，13% 的人希望 1 年之内能实现这个愿望，32.4% 的人希望 1~3 年内能实现这个愿望，33.9% 的人希望 3（不含）~5 年内能实现这个愿望，17% 的人希望 5（不含）~10 年内能实现这个愿望，3% 的人希望 10（不含）~20 年内能实现这个愿望，0.6% 的人希望 20 年之后能实现这个愿望。即有 79.3% 的想回家乡的城市（城镇）定居并成为市民的农民工希望 5 年之内能实现这个愿望。

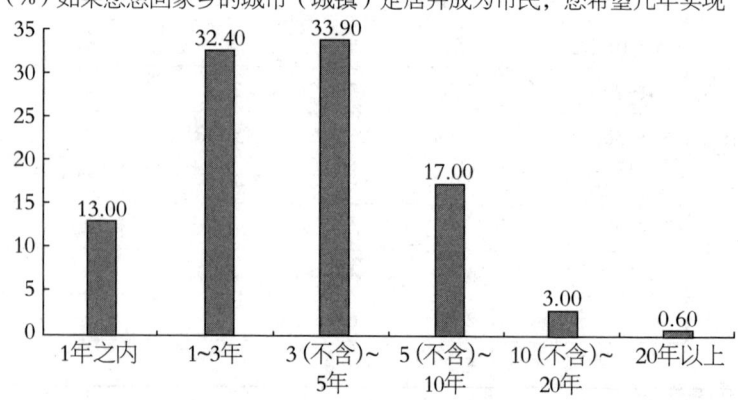

（%）如果您想回家乡的城市（城镇）定居并成为市民，您希望几年实现

如果您想回家乡的城市（城镇）定居并成为市民，您希望几年实现

	项目	频数	百分比（%）	有效百分比（%）	累积百分比（%）
有效	1年之内	461	7.4	13.0	13.0
	1~3年	1149	18.3	32.4	45.4
	3（不含）~5年	1201	19.1	33.9	79.3
	5（不含）~10年	603	9.6	17.0	96.4
	10（不含）~20年	106	1.7	3.0	99.4
	20年以上	23	0.4	0.6	100.0
	有效合计	3543	56.5	100.0	—
缺失	系统	2729	43.5	—	—
	合计	6272	100.0	—	—

F05S2　您改善住房的期望方式

在本次调查中，对于那些想回家乡的城市（城镇）定居并成为市民的农民工，其改善住房的期望方式：34.2%的人期望能购买商品房，31.6%的人期望能购买经济适用房或两限房，5.8%的人期望能申请廉租房或公共租赁房，26.8%的人期望自己建房，1.6%的人表示要自己租房。

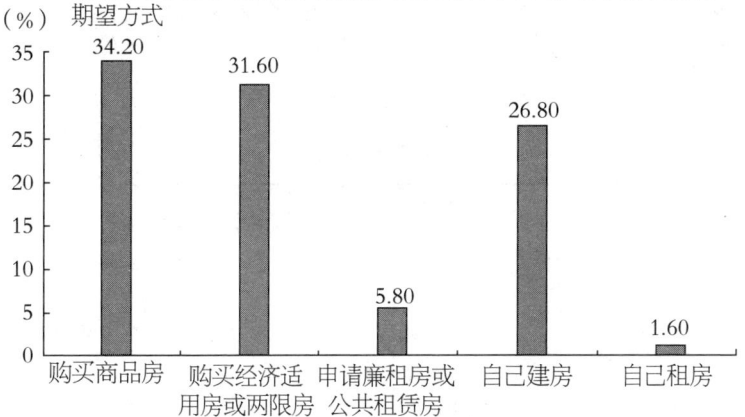

如果您想回家乡的城市（城镇）定居并成为市民，您改善住房的期望方式

	项目	频数	百分比（%）	有效百分比（%）	累积百分比（%）
有效	1. 购买商品房	893	14.3	34.2	34.2
	2. 购买经济适用房或两限房	824	13.2	31.6	65.8
	3. 申请廉租房或公共租赁房	151	2.4	5.8	71.6
	4. 自己建房	699	11.2	26.8	98.4
	5. 自己租房	42	0.7	1.6	100.0
	有效合计	2609	41.9	100.0	—
缺失	系统	3623	58.1	—	—
	合计	6232	100.0	—	—

F06 如果您想在家乡的城市（城镇）购房

本次调查中，对于那些想在家乡的城市（城镇）购房的农民工，期望的住房面积平均约为128.56平方米，能够承受的商品房单价平均约为1960.50元，能够承受的商品房总价平均约为20.96万元；按他们目前的家庭收入水平和当地房价计算，平均大概需要13.76年才能买得起房子。

描述统计量

项目	样本数（个）	极小值	极大值	均值	标准差
F06 如果您想在家乡的城市（城镇）购房，您期望的住房面积（平方米）	3235	0.0	10000.0	128.56	213.777

续表

	项目	样本数（个）	极小值	极大值	均值	标准差
F06	能承受的商品房单价（元/平方米）	3100	0.0	80000.0	1960.50	2901.315
	能承受的商品房总价（万元）	3077	0.0	250.0	20.96	14.793
	按您目前的家庭收入水平，大概需要几年	2986	0.0	99.9	13.76	13.868
	有效的（列表状态）	2858	—	—	—	—

F06S1　您期望的住房面积

本次调查中，那些想回家乡的城市（城镇）购房的农民工，对住房面积的期望：50平方米以下的占2.1%，50~100平方米的占23.5%，100（不含）~150平方米的占56.1%，150（不含）~200平方米的占9.9%，200（不含）~250平方米的占5.3%，另外3.1%的人期望的住房面积在250平方米以上。

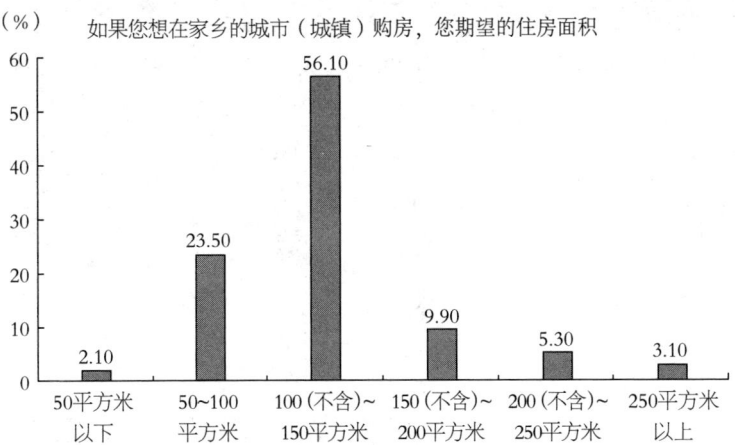

如果您想在家乡的城市（城镇）购房，您期望的住房面积

项目		频数	百分比（%）	有效百分比（%）	累积百分比（%）
有效	50 平方米以下	69	1.1	2.1	2.1
	50~100 平方米	759	12.1	23.5	25.6
	100（不含）~150 平方米	1814	28.9	56.1	81.7
	150（不含）~200 平方米	320	5.1	9.9	91.6
	200（不含）~250 平方米	172	2.7	5.3	96.9
	250 平方米以上	101	1.6	3.1	100.0
	有效合计	3235	51.6	100.0	—
缺失	系统	3037	48.4	—	—
	合计	6272	100.0	—	—

F06S2　若回家乡购房，能承受的商品房单价

本次调查中，那些想回家乡的城市（城镇）购房的农民工，能够承受的商品房单价：6% 在 500 元 / 平方米以下，9.2% 为 500~1000 元 / 平方米，38.7% 为 1000（不含）~2000 元 / 平方米，43.7% 为 2000（不含）~5000 元 / 平方米，1.7% 为 5000（不含）~10000 元 / 平方米，0.7% 在 10000 元 / 平方米以上。

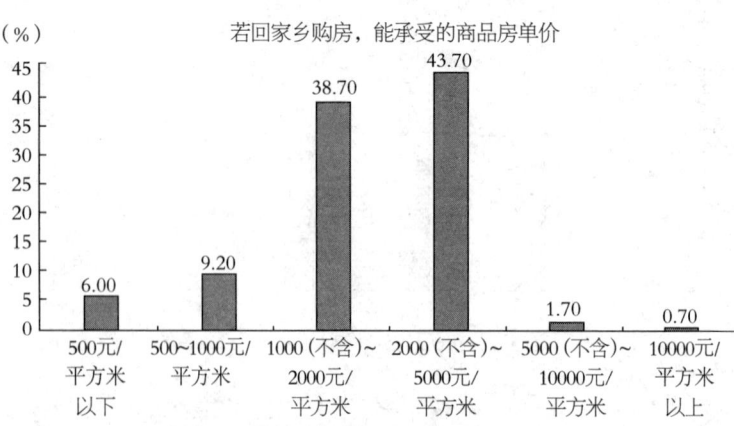

若回家乡购房，能承受的商品房单价

若回家乡购房，能承受的商品房单价

	项目	频数	百分比（%）	有效百分比（%）	累积百分比（%）
有效	500元/平方米以下	186	3.0	6.0	6.0
	500~1000元/平方米	285	4.5	9.2	15.2
	1000（不含）~2000元/平方米	1200	19.1	38.7	53.9
	2000（不含）~5000元/平方米	1355	21.6	43.7	97.6
	5000（不含）~10000元/平方米	53	0.8	1.7	99.3
	10000元/平方米以上	21	0.3	0.7	100.0
	有效合计	3100	49.4	100.0	—
缺失	系统	3172	50.6	—	—
	合计	6272	100.0	—	—

F06S3 若回家乡购房，能承受的商品房总价

本次调查中，那些想回家乡的城市（城镇）购房的农民工，能够承受的商品房总价：2%在5万元以下，10.1%为5万~10万元，39.2%为10万（不含）~20万元，44.6%为20万（不含）~50万元，3.6%为50万（不含）~100万元，0.5%在100万元以上。

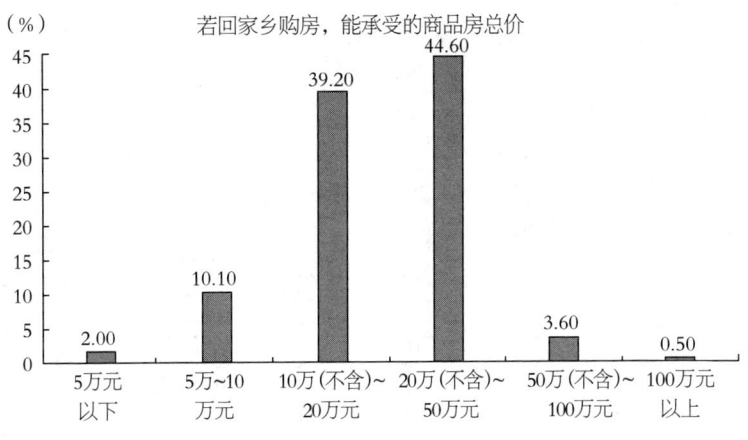

若回家乡购房，能承受的商品房总价

项目		频数	百分比（%）	有效百分比（%）	累积百分比（%）
有效	5万元以下	63	1.0	2.0	2.0
	5万~10万元	311	5.0	10.1	12.2
	10万（不含）~20万元	1206	19.2	39.2	51.3
	20万（不含）~50万元	1372	21.9	44.6	95.9
	50万（不含）~100万元	111	1.8	3.6	99.5
	100万元以上	14	0.2	0.5	100.0
	有效合计	3077	49.1	100.0	—
缺失	系统	3195	50.9	—	—
合计		6272	100.0	—	—

F06S4 按您目前的家庭收入水平和当地房价计算，大概需要几年才能买得起房子

本次调查中，那些想回家乡的城市（城镇）购房的农民工，按其目前的家庭收入水平和当地房价计算，10.2%的人在5年之内可以买得起房子，25.0%的人需要5~10年才能买得起，30.5%的人需要10（不含）~15年才能买得起，11.0%的人需要15（不含）~20年才能买得起，13.7%的人需要20（不含）~25年才能买得起，9.6%的人需要25年以上才能买得起房子。

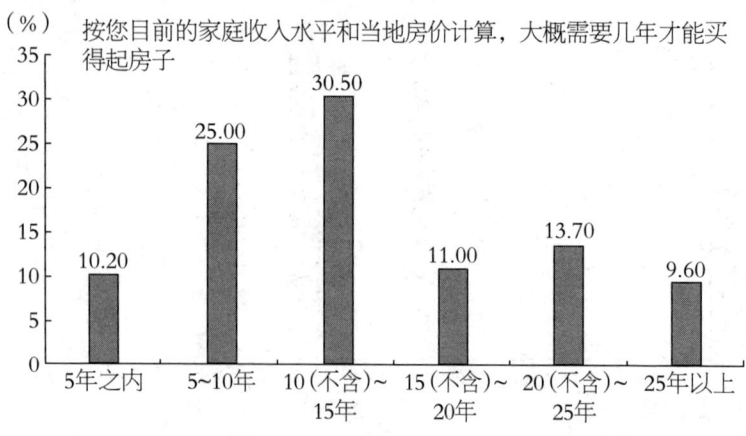

按您目前的家庭收入水平和当地房价计算，大概需要几年才能买房子

	项目	频数	百分比（%）	有效百分比（%）	累积百分比（%）
有效	5年之内	306	4.9	10.2	10.2
	5~10年	746	11.9	25.0	35.2
	10（不含）~15年	911	14.5	30.5	65.7
	15（不含）~20年	329	5.2	11.0	76.8
	20（不含）~25年	408	6.5	13.7	90.4
	25年以上	286	4.6	9.6	100.0
	有效合计	2986	47.6	100.0	—
缺失	系统	3286	52.4	—	—
	合计	6272	100.0		

F07　如果您想在家乡的农村自建房

本次调查中，那些想在家乡的农村自建房的农民工，其期望的建房面积平均约为 191.09 平方米，能够承受的建房总支出平均约为 13.55 万元。

描述统计量

	项目	样本数（个）	极小值	极大值	均值	标准差
F07	如果您想在家乡的农村自建房，您期望的住房面积（平方米）	2820	2.0	10000.0	191.09	318.045
	能承受的建房总支出（万元）	2763	0.5	500.0	13.55	14.119
	有效的（列表状态）	2740	—	—	—	—

F07S1 您期望的住房面积

本次调查中，那些想在家乡的农村自建房的农民工，对自建房面积的期望：100平方米以下的占7.1%，100~150平方米的占32.3%，150（不含）~200平方米的占19.4%，200（不含）~250平方米的占26.7%，250（不含）~300平方米的占2.9%，另外11.6%的人期望的住房面积在300平方米以上。

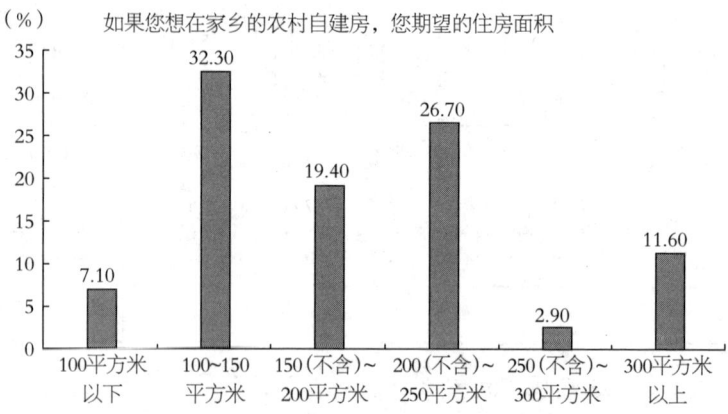

如果您想在家乡的农村自建房，您期望的住房面积

	项目	频数	百分比（%）	有效百分比（%）	累积百分比（%）
有效	100平方米以下	201	3.2	7.1	7.1
	100~150平方米	912	14.5	32.3	39.5
	150（不含）~200平方米	546	8.7	19.4	58.8
	200（不含）~250平方米	752	12.0	26.7	85.5
	250（不含）~300平方米	83	1.3	2.9	88.4
	300平方米以上	326	5.2	11.6	100.0
	有效合计	2820	45.0	100.0	—
缺失	系统	3452	55.0	—	—
	合计	6272	100.0	—	—

F07S2 能承受的建房总支出

本次调查中，那些想在家乡的农村自建房的农民工，能够承受的建房总支出：4.7% 在 5 万元以下，25.1% 为 5 万~10 万元，32.2% 为 10 万（不含）~20 万元，17.1% 为 20 万（不含）~50 万元，13.3% 为 50 万（不含）~100 万元，7.6% 在 100 万元以上。

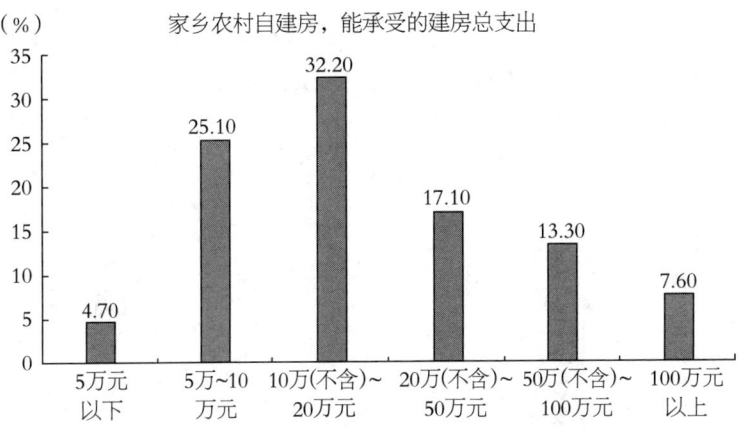

家乡农村自建房，能承受的建房总支出

在家乡农村自建房，能承受的建房总支出

	项目	频数	百分比（%）	有效百分比（%）	累积百分比（%）
有效	5 万元以下	130	2.1	4.7	4.7
	5 万~10 万元	694	11.1	25.1	29.8
	10 万（不含）~20 万元	889	14.2	32.2	62.0
	20 万（不含）~50 万元	473	7.5	17.1	79.1
	50 万（不含）~100 万元	368	5.9	13.3	92.4
	100 万元以上	209	3.3	7.6	100.0
	有效合计	2763	44.1	100.0	—
缺失	系统	3509	55.9	—	—
	合计	6272	100.0	—	—

G 享受公共服务、参与社会保险、业余文化生活情况

G01 您的子女教育情况

参与本次调查的农民工中,其子女接受教育的方式:39.2%在务工地公办学校接受教育,9%在务工地民办学校接受教育,51.8%在老家的学校接受教育。

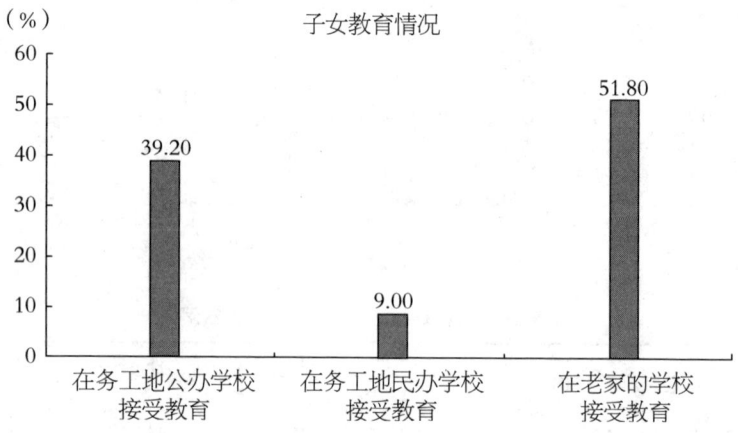

G01 您的子女教育情况

项目		频数	百分比(%)	有效百分比(%)	累积百分比(%)
有效	1.在务工地公办学校接受教育	1324	21.2	39.2	39.2
	2.在务工地民办学校接受教育	303	4.9	9.0	48.2
	3.在老家的学校接受教育	1752	28.1	51.8	100.0
	有效合计	3379	54.2	100.0	—
缺失	系统	2853	45.8	—	—
合计		6232	100.0		

G02 您对子女教育的期望

参与本次调查的农民工,其对子女接受教育的期望依次为:44.5% 的人期望能提高老家学校的教学质量,41.6% 的人期望能在务工地公办学校接受教育,21.9% 的人期望能参加务工地的中考和高考,7.1% 的人期望能在务工地民办学校接受教育。

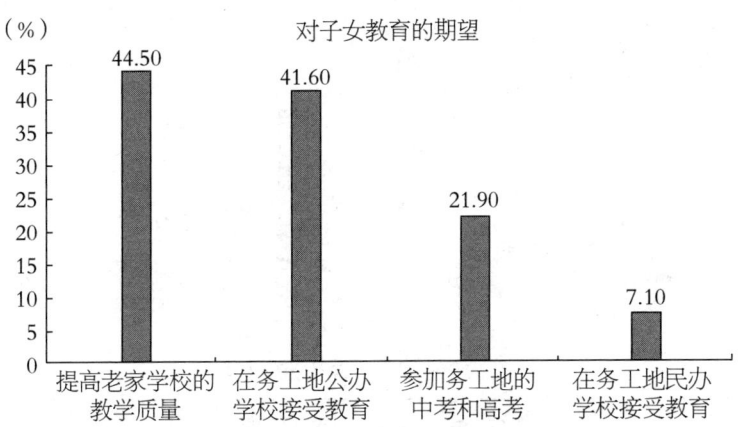

G02 您对子女教育的期望

项目		响应 样本数(个)	响应 百分比(%)	个案百分比(%)
G02[a]	1. 在务工地公办学校接受教育	1411	36.1	41.6
	2. 在务工地民办学校接受教育	242	6.2	7.1
	3. 参加务工地的中考和高考	743	19.0	21.9
	4. 提高老家学校的教学质量	1510	38.7	44.5
	总计	3906	100.0	115.1

G03 目前企业雇主或单位为您缴纳的社会保险

参与本次调查的农民工,企业雇主或单位为其缴纳的社会保险主要为：城镇职工养老保险（50.6%的人参加），工伤保险（50.2%的人参加），城镇职工基本医疗保险（41.6%的人参加），失业保险（29.2%的人参加），生育保险（22.4%的人参加）；另外26.9%的人未参加任何保险。

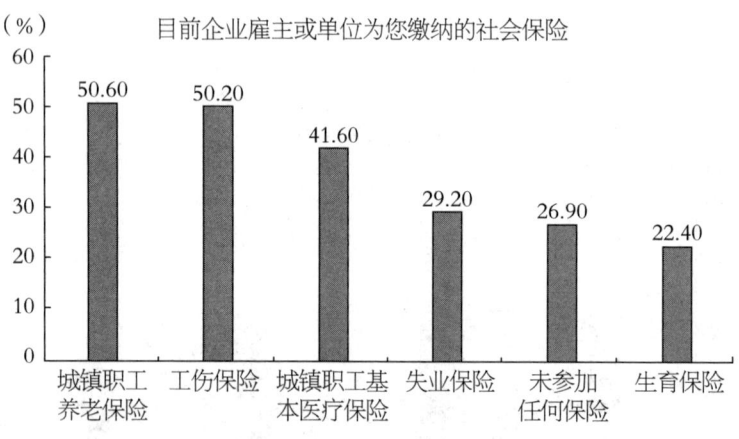

G03　目前企业雇主或单位为您社会保险

	项目	响应样本数（个）	响应百分比（%）	个案百分比（%）
G03	1. 城镇职工养老保险	2740	22.9	50.6
	2. 城镇职工基本医疗保险	2255	18.8	41.6
	3. 工伤保险	2723	22.7	50.2
	4. 失业保险	1585	13.2	29.2
	5. 生育保险	1212	10.1	22.4
	6. 未参加任何保险	1456	12.2	26.9
	总计	11971	100.0	220.9

G04　您目前在老家已参加了哪些社会保险

参与本次调查的农民工中，在老家参加社会保险情况：65%的人参加了新型农村合作医疗保险，11.8%的人参加了农村养老保险，30.4%的人在老家未参加任何社会保险。

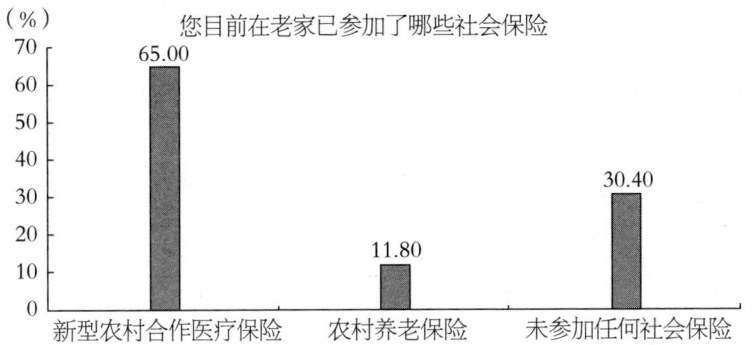

G04　您目前在老家已参加了哪些社会保险

项目		响应		个案百分比（%）
		样本数（个）	百分比（%）	
G04	1. 新型农村合作医疗保险	3494	60.7	65.0
	2. 农村养老保险	634	11.0	11.8
	3. 未参加任何社会保险	1631	28.3	30.4
	总计	5759	100.0	107.2

G05　您平时有时间参加业余文化生活吗

参与本次调查的农民工中，46.3%的人平时有参加业余文化生活，另外53.7%的人平时没有参加业余文化生活。

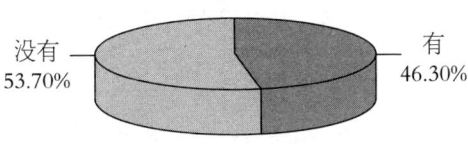

G05 您平时有时间参加业余文化生活吗

	项目	频数	百分比（%）	有效百分比（%）	累积百分比（%）
有效	1. 有	2702	43.4	46.3	46.3
	2. 没有	3129	50.2	53.7	100.0
	有效合计	5831	93.6	100.0	—
缺失	系统	401	6.4	—	—
	合计	6232	100.0	—	—

G06 您的主要业余文化生活

参与本次调查的农民工，主要的业余文化生活依次为：看电视（73%），上网（28.5%），在家里或宿舍休息（28.5%），聊天打发时间（21.1%），逛街（18.8%），看报纸杂志（15.2%），学习培训（13.3%），和工友一起打牌（12.2%），体育锻炼（7.2%），其他（5.7%），看电影（2.5%）。调查数据显示，"看电视"是农民工最主要的业余文化生活，另外农民工极少将"看电影"作为业余文化生活的一部分。

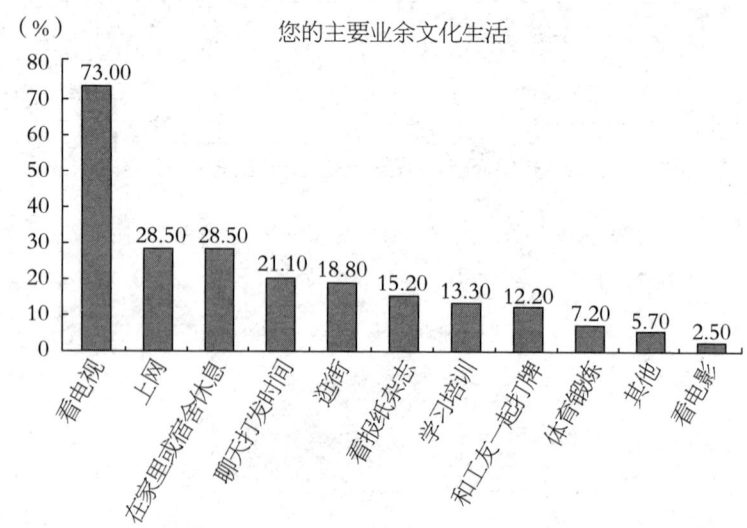

G06 您的主要业余文化生活

项目	响应 样本数（个）	响应 百分比（%）	个案百分比（%）
1. 看电视	4198	32.4	73.0
2. 学习培训	764	5.9	13.3
3. 聊天打发时间	1157	8.9	20.1
4. 和工友一起打牌	699	5.4	12.2
5. 逛街	1081	8.4	18.8
6. 看报纸杂志	874	6.8	15.2
7. 上网	1641	12.7	28.5
8. 在家里或宿舍休息	1640	12.7	28.5
9. 体育锻炼	416	3.2	7.2
10. 看电影	141	1.1	2.5
11. 其他	328	2.5	5.7
总计	12939	100.0	225.0

G07 您业余时间经常去的地方

参与本次调查的农民工，其在业余时间去的地方主要为：家里或宿舍（59.9%），商场（45.2%），公园（31.1%），网吧（18%），图书馆（9.3%），电影院（5.3%），体育馆（4.4%），文化馆（2.3%），另外17%的被调查者还经常去其他地方。

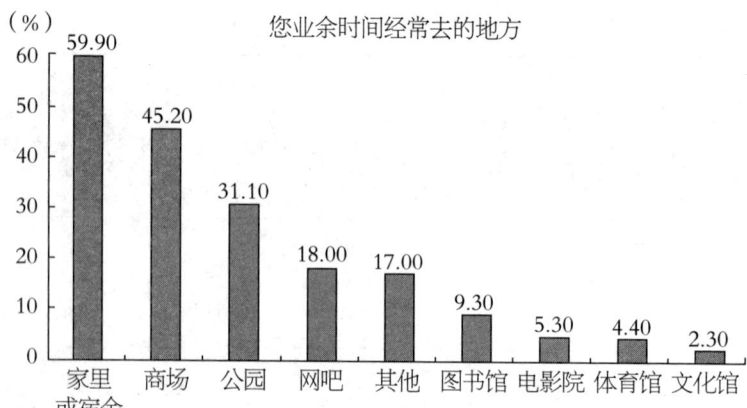

G07 您业余时间经常去的地方

项目		响应		个案百分比（%）
		样本数（个）	百分比（%）	
G07	1. 公园	1786	16.2	31.1
	2. 商场	2592	23.5	45.2
	3. 电影院	306	2.8	5.3
	4. 图书馆	535	4.8	9.3
	5. 文化馆	130	1.2	2.3
	6. 体育馆	252	2.3	4.4
	7. 家里或宿舍	3438	31.1	59.9
	8. 网吧	1036	9.4	18.0
	9. 其他	973	8.8	17.0
	总计	11048	100.0	192.5

G08 您务工的企业是否有健身或文化娱乐设施

本次调查中,31.7%的农民工务工所在企业有健身或文化娱乐设施,60.9%没有相关设施,另外7.5%的农民工务工所在企业定期在其他地方组织一些文化娱乐活动。

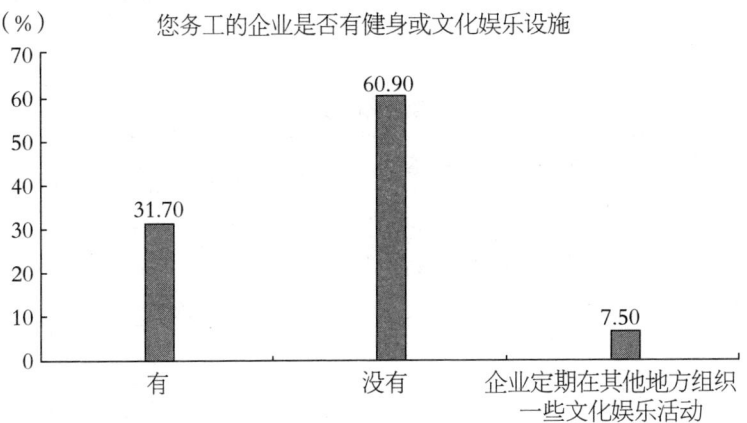

G08 您务工的企业是否有健身或文化娱乐设施

	项目	频数	百分比(%)	有效百分比(%)	累积百分比(%)
有效	1. 有	1745	28.0	31.7	31.7
	2. 没有	3353	53.8	60.9	92.5
	3. 企业定期在其他地方组织一些文化娱乐活动	411	6.6	7.5	100.0
	有效合计	5509	88.4	100.0	—
缺失	系统	723	11.6	—	—
	合计	6232	100.0	—	—

H 土地情况

H01 您老家现有承包地面积

参与本次调查的农民工,其在老家现有承包地面积平均约为3.61亩。

描述统计量

项目		样本数（个）	极小值	极大值	均值	标准差
H01	您老家现有承包地面积（亩）	5398	0	430	3.61	10.639
	有效的（列表状态）	5398	—	—	—	—

参与本次调查的农民工,36.7%的人在老家没有承包土地,4.4%的人承包土地面积在1亩及以下,23.9%的人承包1（不含）~3亩的土地,16.4%的人承包3（不含）~5亩的土地,14.3%的人承包5（不含）~10亩的土地,4.3%的人承包10亩以上的土地。

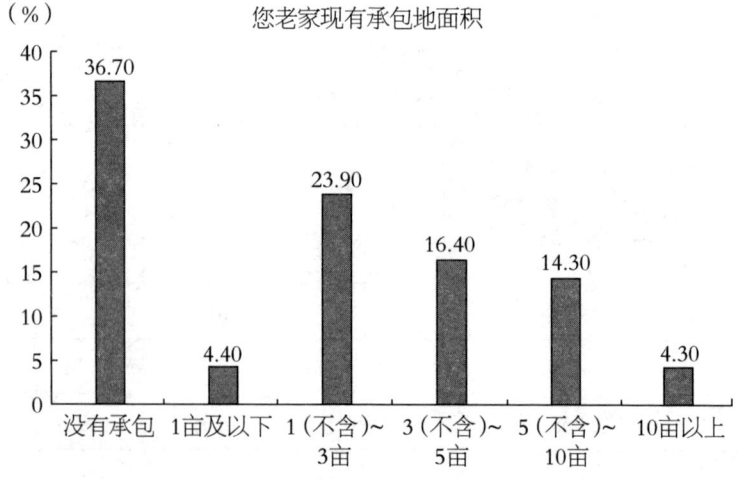

H01 您老家现有承包地面积

项目		频数	百分比（%）	有效百分比（%）	累积百分比（%）
有效	没有承包	1980	31.6	36.7	36.7
	1亩及以下	239	3.8	4.4	41.1
	1（不含）~3亩	1289	20.6	23.9	65.0
	3（不含）~5亩	885	14.1	16.4	81.4
	5（不含）~10亩	771	12.3	14.3	95.7
	10亩以上	234	3.7	4.3	100.0
	有效合计	5398	86.1	100.0	—
缺失	系统	874	13.9	—	—
合计		6272	100.0	—	—

H02 您老家现有宅基地面积

参与本次调查的农民工，其老家宅基地面积平均约为0.77亩。

描述统计量

项目		样本数（个）	极小值	极大值	均值	标准差
H02	您老家现有宅基地面积（亩）	4790	0	10	0.77	1.356
	有效的（列表状态）	4790	—	—	—	—

参与本次调查的农民工，34.8%的人在老家没有宅基地，6.7%的人宅基地面积为0.01~0.20亩，24.3%的人宅基地面积为0.21~0.50亩，19%的人宅基地面积为0.51~1.00亩，8.6%的人宅基地面积为1.01~2.00亩，6.7%的人宅基地面积在2亩以上。

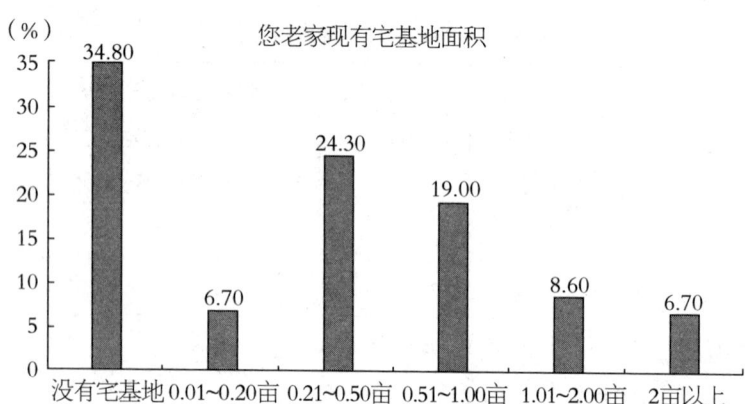

H02 您老家现有宅基地面积

	项目	频数	百分比（%）	有效百分比（%）	累积百分比（%）
有效	没有宅基地	1665	26.5	34.8	34.8
	0.01~0.20 亩	320	5.1	6.7	41.4
	0.21~0.50 亩	1162	18.5	24.3	65.7
	0.51~1.00 亩	910	14.5	19.0	84.7
	1.01~2.00 亩	413	6.6	8.6	93.3
	2 亩以上	320	5.1	6.7	100.0
	有效合计	4790	76.4	100.0	—
缺失	系统	1482	23.6	—	—
	合计	6272	100.0	—	—

H03 您老家住宅情况

H03S1 老家住宅建筑面积

参与本次调查的农民工，其老家住宅建筑面积平均约为 131.67 平方米。

描述统计量

	项目	样本数（个）	极小值	极大值	均值	标准差
H03	老家住宅建筑面积（平方米）	4659	0	5000	131.67	142.615
	有效的（列表状态）	4659	—	—	—	—

参与本次调查的农民工，11.5% 的人在老家没有住宅，4.4% 的人老家住宅建筑面积在 50 平方米以下，35.7% 的人老家住宅建筑面积为 50~100 平方米，21.4% 的人老家住宅建筑面积为 100（不含）~150 平方米，15% 的人老家住宅建筑面积为 150（不含）~200 平方米，12% 的人老家住宅建筑面积在 200 平方米以上。

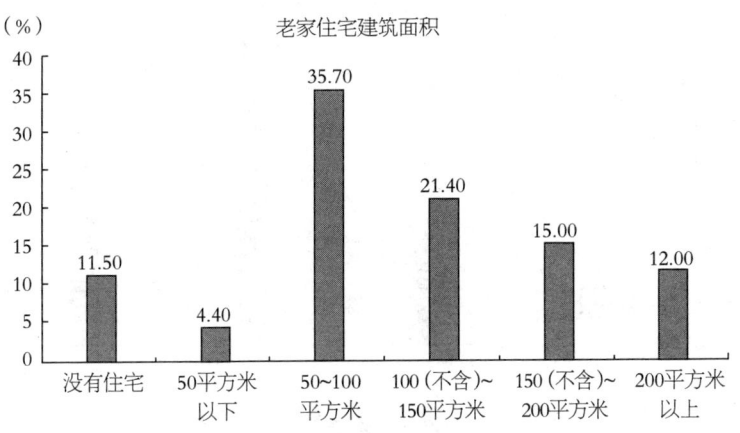

老家住宅建筑面积

	项目	频数	百分比（%）	有效百分比（%）	累积百分比（%）
有效	没有住宅	538	8.6	11.5	11.5
	50 平方米以下	207	3.3	4.4	16.0
	50~100 平方米	1661	26.5	35.7	51.6
	100（不含）~150 平方米	997	15.9	21.4	73.0
	150（不含）~200 平方米	697	11.1	15.0	88.0
	200 平方米以上	559	8.9	12.0	100.0

续表

项目		频数	百分比（%）	有效百分比（%）	累积百分比（%）
有效	有效合计	4659	74.3	100.0	—
缺失	系统	1613	25.7	—	—
合计		6272	100.0	—	—

H03S2　老家住宅是哪年盖的

参与本次调查的农民工，其老家住宅，7.7%是1980年及以前盖的，22.9%是1981—1990年盖的，39.6%是1991—2000年盖的，29.7%是2001—2010年盖的。

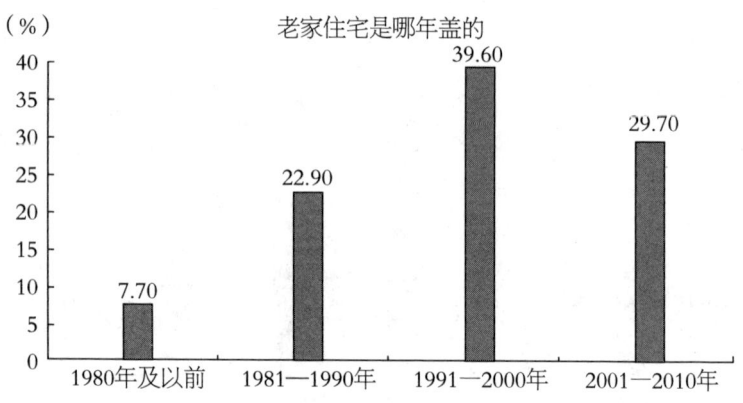

老家住宅是哪年盖的

项目		频数	百分比（%）	有效百分比（%）	累积百分比（%）
有效	1980年及以前	298	4.8	7.7	7.7
	1981—1990年	884	14.1	22.9	30.7
	1991—2000年	1527	24.3	39.6	70.3
	2001—2010年	1147	18.3	29.7	100.0
	有效合计	3856	61.5	100.0	—
缺失	系统	2416	38.5	—	—
合计		6272	100.0	—	—

H03S3 老家住宅约值几万元

参与本次调查的农民工,其老家住宅价值平均约为 7.67 万元。

描述统计量

项目	样本数(个)	极小值	极大值	均值	标准差
约值几万元	4322	0	150	7.67	9.867
有效的(列表状态)	4322	—	—	—	—

参与本次调查的农民工,10.8% 的人在老家没有住宅,17.8% 的人老家住宅价值在 2 万元及以下,24.4% 的人老家住宅价值 2 万(不含)~5 万元,28.2% 的人老家住宅价值 5 万(不含)~10 万元,14.3% 的人老家住宅价值 10 万(不含)~20 万元,4.5% 的人老家住宅价值 20 万元以上。

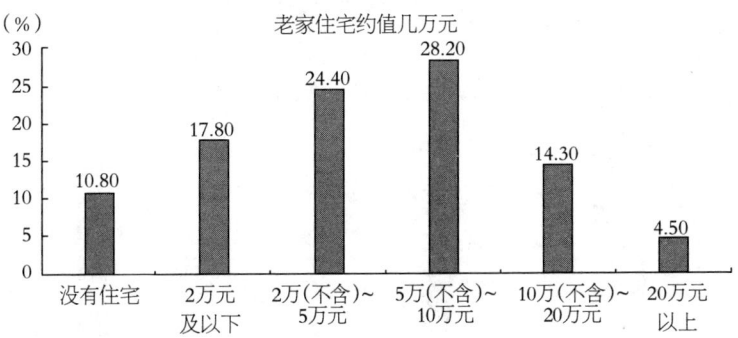

老家住宅约值几万元

	项目	频数	百分比(%)	有效百分比(%)	累积百分比(%)
有效	没有住宅	466	7.4	10.8	10.8
	2 万元及以下	771	12.3	17.8	28.6
	2 万(不含)~5 万元	1053	16.8	24.4	53.0
	5 万(不含)~10 万元	1218	19.4	28.2	81.2
	10 万(不含)~20 万元	618	9.9	14.3	95.5
	20 万元以上	196	3.1	4.5	100.0
	有效合计	4322	68.9	100.0	—
缺失	系统	1950	31.1	—	—

续表

项目	频数	百分比（%）	有效百分比（%）	累积百分比（%）
合计	6272	100.0	—	—

H04 您老家的承包地目前耕种情况

本题缺失值较多，占总问卷的27.7%，主要原因应该是选项中没有考虑"失地农民""农地荒芜"的情况，建议将缺失值视作"其他"选项。

参与本次调查的农民工，其老家的承包地，自种的占51.6%，委托亲友代种的占12.7%，转租给别人种的占8%，其他情况（缺失）占27.7%。

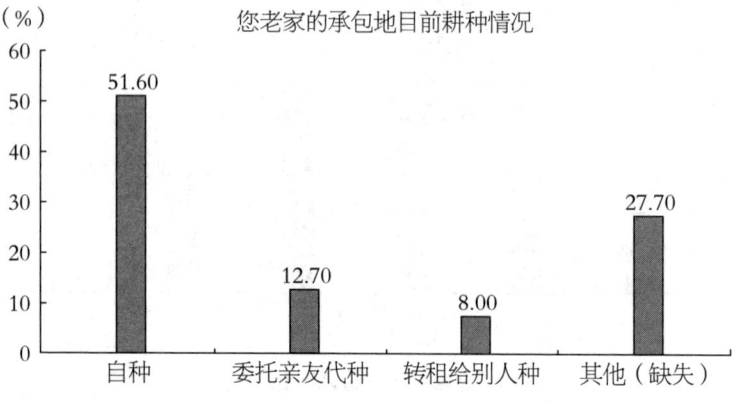

H04 您老家的承包地目前耕种情况

项目		频数	百分比（%）	有效百分比（%）	累积百分比（%）
有效	1. 自种	3214	51.6	71.3	71.3
	2. 委托亲友代种	793	12.7	17.6	88.9
	3. 转租给别人种	498	8.0	11.1	100.0
	有效合计	4505	72.3	100.0	—
缺失	系统	1727	27.7	—	—
合计		6232	100.0	—	—

H05 您老家的承包地若是转租给别人种,每亩每年的租金

参与本次调查的农民工,其老家的承包地若是转租给别人种,每亩每年的租金平均约为 336.74 元。

描述统计量

项目		样本数（个）	极小值	极大值	均值	标准差
H05	您老家的承包地若是转租给别人种,每亩每年的租金	498	0	6000	336.74	655.370
	有效的(列表状态)	498	—	—	—	—

参与本次调查的农民工中,仅有 5.6% 的人在本题回答了有效值,这些人中,21.7% 收取的租金每亩每年在 100 元以下,16.3% 收取的租金每亩每年为 100~200 元,34% 收取的租金每亩每年为 200（不含）~500 元,19.7% 收取的租金每亩每年为 500（不含）~1000 元,8.3% 收取的租金每亩每年在 1000 元以上。

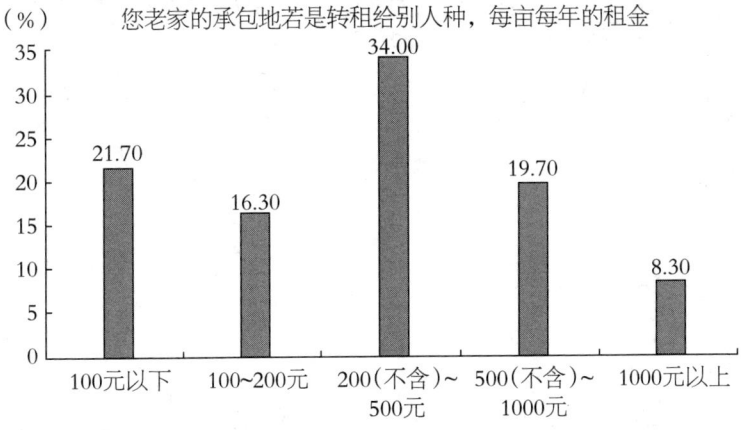

H05 您老家的承包地若是转租给别人种，每亩每年的租金

	项目	频数	百分比（%）	有效百分比（%）	累积百分比（%）
有效	100 元以下	76	1.2	21.7	21.7
	100~200 元	57	0.9	16.3	38.0
	200（不含）~500 元	119	1.9	34.0	72.0
	500（不含）~1000 元	69	1.1	19.7	91.7
	1000 元以上	29	0.5	8.3	100.0
	有效合计	350	5.6	100.0	—
缺失	系统	5922	94.4	—	—
	合计	6272	100.0	—	—

H06 如果您进城定居，希望如何处置承包地

在本次调查中，对于进城定居的农民工，关于其老家承包地的处置方式：46%的人希望能保留承包地，自家耕种；27.2%的人希望能保留承包地，有偿流转；10.4%的人希望能以入股分红的方式处置；2.6%的人表示可以给城镇户口，无偿放弃；6.6%的人表示可以给城镇户口，有偿放弃；另外7.3%的人希望有其他方式处置。绝大多数进城定居的农民希望能保留承包地。

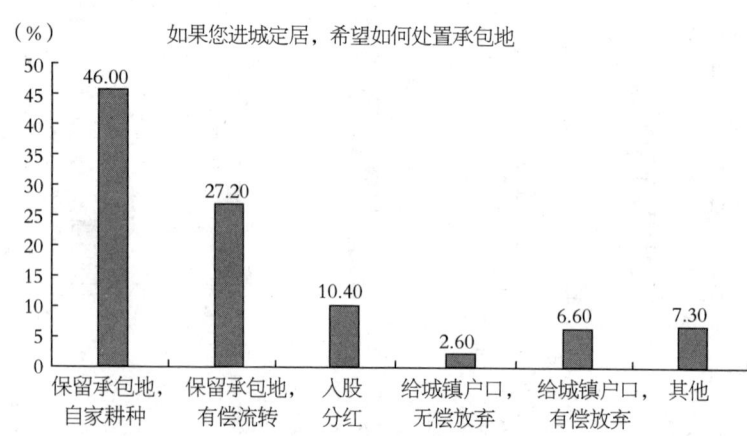

H06　如果您进城定居，希望如何处置承包地

	项目	频数	百分比（%）	有效百分比（%）	累积百分比（%）
有效	1. 保留承包地，自家耕种	1768	28.4	46.0	46.0
	2. 保留承包地，有偿流转	1045	16.8	27.2	73.2
	3. 入股分红	398	6.4	10.4	83.5
	4. 给城镇户口，无偿放弃	99	1.6	2.6	86.1
	5. 给城镇户口，有偿放弃	254	4.1	6.6	92.7
	6. 其他	280	4.5	7.3	100.0
	有效合计	3844	61.7	100.0	—
缺失	系统	2388	38.3	—	—
	合计	6232	100.0		

H07　如果您进城定居，希望如何处置宅基地或房产

在本次调查中，对于进城定居的农民工，关于其老家的宅基地或房产的处置方式：66.7%的人希望能保留农村的宅基地和房产，备将来用；12.3%的人希望能有偿转让；4.7%的人表示可以给城镇户口，有偿放弃；11.4%的人希望能置换城里的住房；另外4.8%的人希望有其他方式处置。

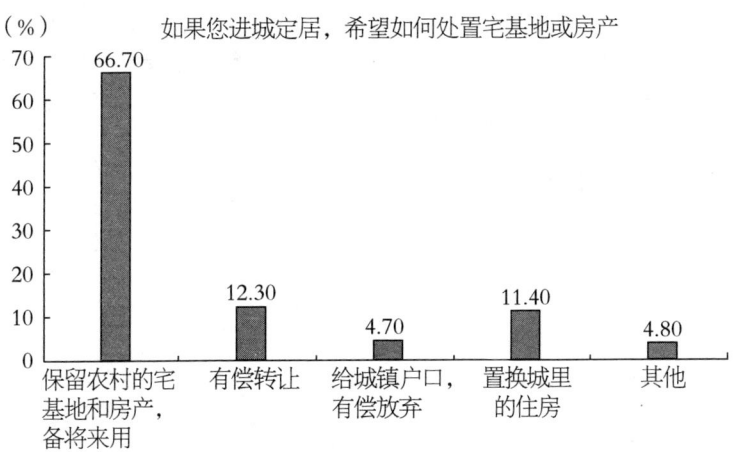

H07 如果您进城定居，希望如何处置宅基地或房产

项目		频数	百分比（%）	有效百分比（%）	累积百分比（%）
有效	1. 保留农村的宅基地和房产，备将来用	2368	38.0	66.7	66.7
	2. 有偿转让	438	7.0	12.3	79.0
	3. 给城镇户口，有偿放弃	167	2.7	4.7	83.7
	4. 置换城里的住房	405	6.5	11.4	95.2
	5. 其他	172	2.8	4.8	100.0
	有效合计	3550	57.0	100.0	—
缺失	系统	2682	43.0	—	—
合计		6232	100.0	—	—

H08 您从老家村集体资产里每年能获得的收入

参与本次调查的农民工，从老家村集体资产里每年能获得的收入平均约为554.32元。

描述统计量

	项目	样本数（个）	极小值	极大值	均值	标准差
H08	您从老家村集体资产里每年能获得的收入	4388	0	1000000	554.32	15238.066
	有效的（列表状态）	4388	—	—	—	—

参与本次调查的农民工，7.8%的人有从老家村集体资产里获得收入，其中，23.4%的人每年从老家村集体资产里获得200元以下的收入，14.1%的人每年从老家村集体资产里获得200~500元的收入，18.3%的人每年从老家村集体资产里获得500（不含）~1000元的收入，13%的人每年从老家村集体资产里获得1000（不含）~2000元的收入，31.2%的人每年从老家村集体资产里获得2000元以上的收入。

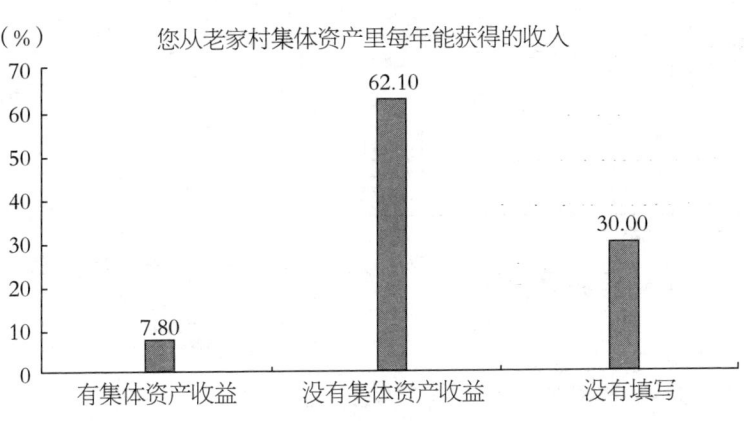

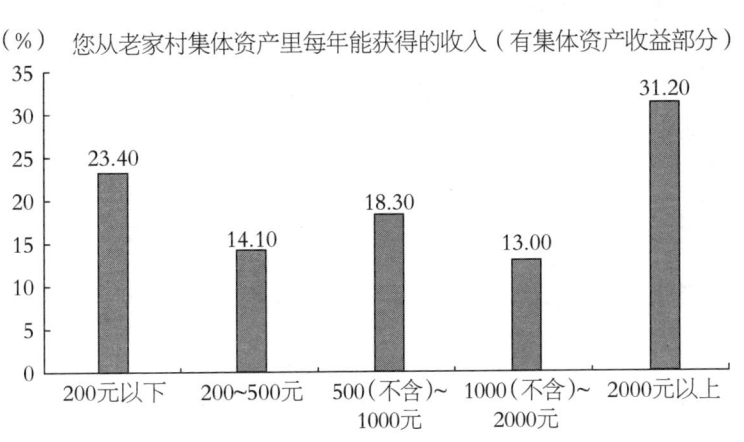

H08 您从老家村集体资产里每年能获得的收入

	项目	频数	百分比（%）	有效百分比（%）	累积百分比（%）
有效	200 元以下	115	1.8	23.4	23.4
	200~500 元	69	1.1	14.1	37.5
	500（不含）~1000 元	90	1.4	18.3	55.8
	1000（不含）~2000 元	64	1.0	13.0	68.8
	2000 元以上	153	2.4	31.2	100.0
	有效合计	491	7.8	100.0	—
缺失	没有集体资产收益	3897	62.1	—	—
	系统	1884	30.0	—	—
	缺失合计	5781	92.2	—	—
	合计	6272	100.0	—	—

意愿调查

I01 您对所在打工地总体上满意吗？

参与本次调查的农民工，对于打工所在地的总体评价，表示很不满意的占6.5%，表示不太满意的占19.5%，表示无所谓的占13.3%，表示基本满意的占52.6%，表示很满意的占8.1%。

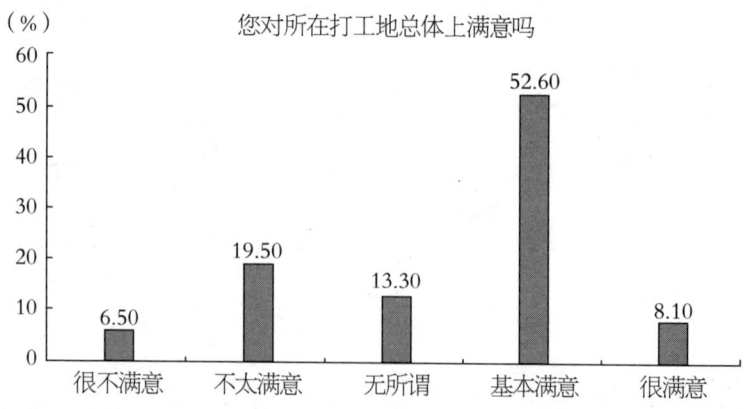

I01　您对所在打工地总体上满意吗

	项目	频数	百分比（%）	有效百分比（%）	累积百分比（%）
有效	1. 很不满意	384	6.2	6.5	6.5
	2. 不太满意	1160	18.6	19.5	26.0
	3. 无所谓	790	12.7	13.3	39.3
	4. 基本满意	3126	50.2	52.6	91.9
	5. 很满意	479	7.7	8.1	100.0
	有效合计	5939	95.3	100.0	—
缺失	系统	293	4.7	—	—
	合计	6232	100.0	—	—

I02　您对下面哪些方面最不满意？

参与本次调查的农民工，最不满意的方面依次为：收入水平（59.7%），居住状况（30.3%），社会保险（28.4%），医疗条件（22.3%），工作环境（19.3%），子女教育（15.1%），权益保障（14.6%），职业技能培训（12%），城市歧视（11.8%），计划生育服务（2.4%）。另外3.3%的人列举了其他方面。调查数据显示，"收入水平"是当前农民工最不满意的方面，远高于其他方面。

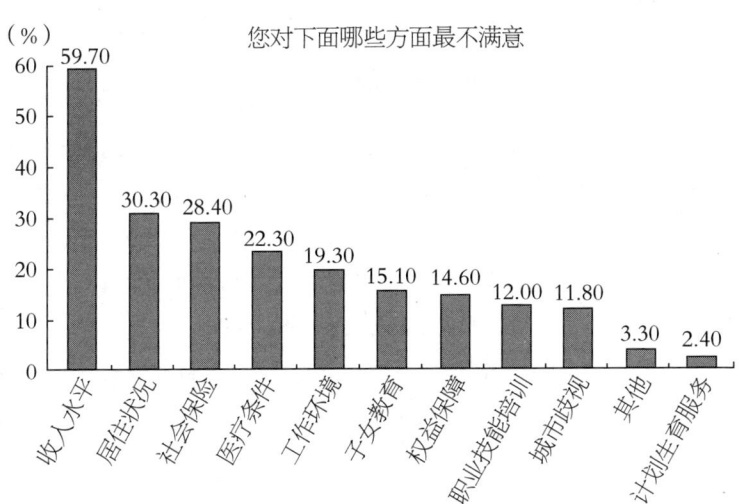

I02 您对下面哪些方面最不满意

项目		响应 样本数（个）	响应 百分比（%）	个案百分比（%）
I02	1. 社会保险	1592	13.0	28.4
	2. 居住状况	1696	13.8	30.3
	3. 收入水平	3342	27.2	59.7
	4. 医疗条件	1250	10.2	22.3
	5. 工作环境	1079	8.8	19.3
	6. 子女教育	845	6.9	15.1
	7. 职业技能培训	670	5.5	12.0
	8. 城市歧视	662	5.4	11.8
	9. 权益保障	817	6.7	14.6
	10. 计划生育服务	132	1.1	2.4
	11. 其他	185	1.5	3.3
	合计	12270	100.0	219.2

I03 城镇户口最吸引您的是什么内容？

对于参与本次调查的农民工，城镇户口最吸引他们的主要内容是：子女教育条件好（37.4%），社会保险水平高（36.6%），城市生活条件好（30.7%），就业稳定（29.2%），有低保、下岗扶持等措施（24.6%），城市比农村福利水平高很多（18.5%），能购买政府保障性住房或政府提供的廉租房（16.9%），身份平等（7.2%），子女高考容易（6.1%），另外2.8%的人列举了其他方面的内容。

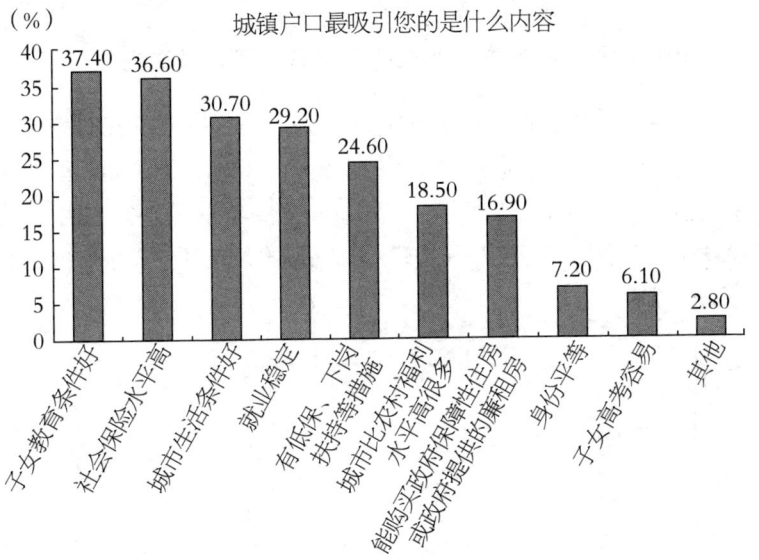

I03 城镇户口最吸引您的是什么内容

项目		响应		个案百分比（%）
		样本数（个）	百分比（%）	
I03	1. 社会保险水平高	1910	17.4	36.6
	2. 有低保、下岗扶持等措施	1283	11.7	24.6
	3. 就业稳定	1525	13.9	29.2
	4. 城市生活条件好	1603	14.6	30.7
	5. 能购买政府保障性住房或政府提供的廉租房	883	8.1	16.9
	6. 子女教育条件好	1955	17.8	37.4
	7. 子女高考容易	321	2.9	6.1
	8. 身份平等	376	3.4	7.2
	9. 城市比农村福利水平高很多	964	8.8	18.5
	10. 其他	144	1.3	2.8
	合计	10964	100.0	210.0

I04 假如不提供城镇户口，您愿意留在城里吗？

参与本次调查的农民工，对于"假如不提供城镇户口，您愿意留在城里吗？"的问题，28.2%的人表示"愿意，无论如何都要留在城里"，20.5%的人表示"不愿意，干些年再回去"，27.7%的人表示"无所谓，可以两边跑"，23.6%的人表示"我相信这种情况会改变的"。

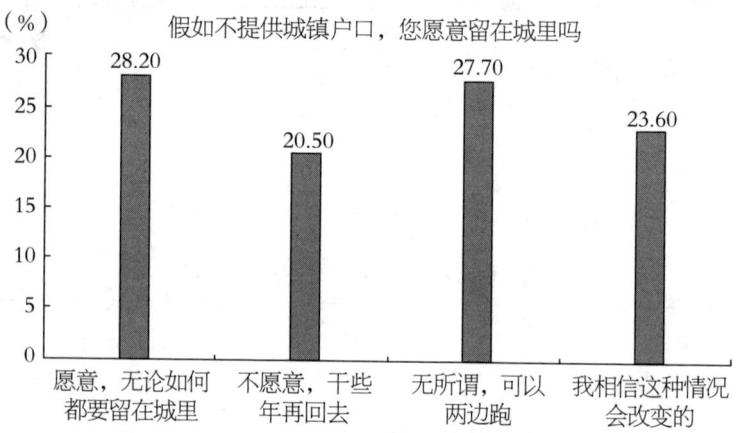

I04 假如不提供城镇户口，您愿意留在城里吗

	项目	频数	百分比（%）	有效百分比（%）	累积百分比（%）
有效	1. 愿意，无论如何都要留在城里	1546	24.8	28.2	28.2
	2. 不愿意，干些年再回去	1122	18.0	20.5	48.7
	3. 无所谓，可以两边跑	1517	24.3	27.7	76.4
	4. 我相信这种情况会改变的	1292	20.7	23.6	100.0
	有效合计	5477	87.9	100.0	—
缺失	系统	755	12.1	—	—
	合计	6232	100.0	—	—

I05 如果能够选择,您希望定居在什么地方?

参与本次调查的农民工,对定居的地方,27.8% 的人表示"在哪里打工就待在哪里",16.4% 的人希望定居在"县城或小城镇",14.7% 的人希望定居在"直辖市",9% 的人希望定居在"省会或副省级城市",8.8% 的人希望定居在"农村",8.4% 的人希望定居在"县级市",7.9% 的人表示"只要是城市,哪里都行",6.9% 的人希望定居在"地级市"。

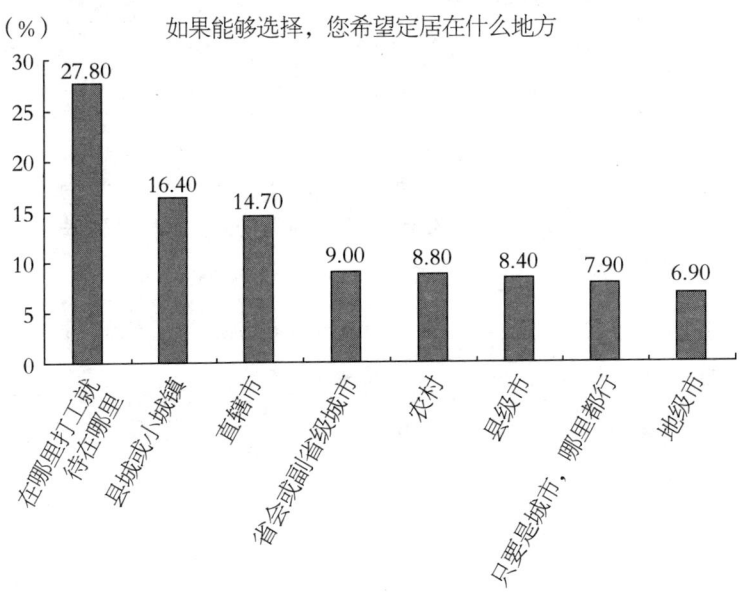

I05 如果能够选择,您希望定居在什么地方

	项目	频数	百分比(%)	有效百分比(%)	累积百分比(%)
有效	1. 直辖市	658	10.6	14.7	14.7
	2. 省会或副省级城市	403	6.5	9.0	23.8
	3. 地级市	309	5.0	6.9	30.7

441

续表

	项目	频数	百分比（%）	有效百分比（%）	累积百分比（%）
有效	4. 县级市	373	6.0	8.4	39.1
	5. 县城或小城镇	731	11.7	16.4	55.4
	6. 农村	392	6.3	8.8	64.2
	7. 只要是城市，哪里都行	354	5.7	7.9	72.2
	8. 在哪里打工就待在哪里	1242	19.9	27.8	100.0
	有效合计	4462	71.6	100.0	—
缺失	系统	1770	28.4	—	—
	合计	6232	100.0	—	—

I06 如果您在城镇落户定居，您是否愿意接受只生一胎的政策？

参与本次调查的农民工，对于"如果您在城镇落户定居，您是否愿意接受只生一胎的政策？"的问题，80.3%的人表示愿意，14.9%的人表示不愿意，2.8%的人表示"生完孩子后再进城"，2%的人选择了"其他"。

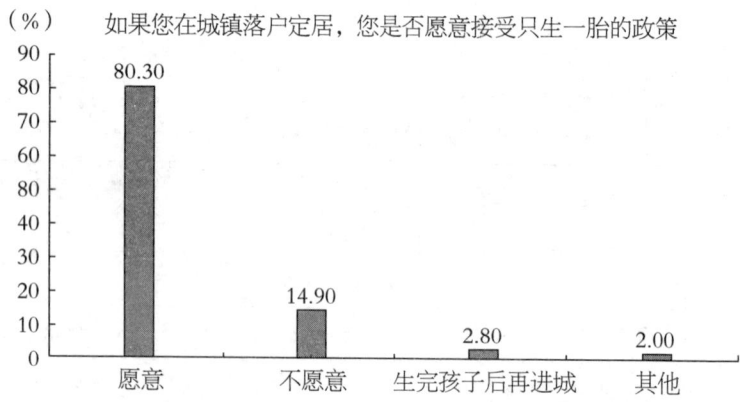

I06　如果您在城镇落户定居,您是否愿意接受只生一胎的政策

	项目	频数	百分比 (%)	有效百分比 (%)	累积百分比 (%)
有效	1. 愿意	4328	69.4	80.3	80.3
	2. 不愿意	801	12.9	14.9	95.2
	3. 生完孩子后再进城	151	2.4	2.8	98.0
	4. 其他	110	1.8	2.0	100.0
	有效合计	5390	86.5	100.0	—
缺失	系统	842	13.5	—	—
	合计	6232	100.0	—	—

I07　您目前最希望政府做的事是什么?

参与本次调查的农民工,最希望政府做的事情依次为:提高最低工资水平(65.90%),改善社会保险(37.70%),提供保障住房或廉租房(29.70%),改善医疗条件(25.40%),改善工作和生活环境(24.20%),加强权益保障(22.80%),改善子女教育条件(18.50%),提高职业技能(12.00%),其他(1.90%)。

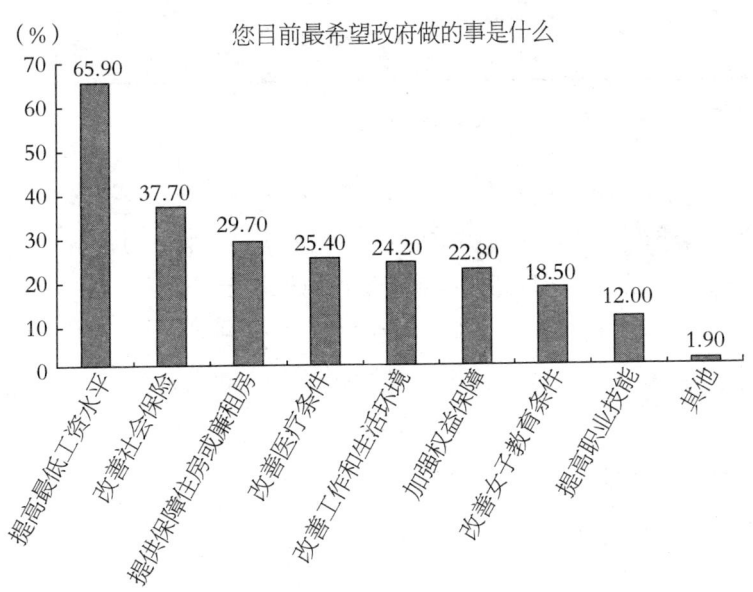

I07 您目前最希望政府做的事是什么

项目		响应		个案百分比（%）
		样本数（个）	百分比（%）	
I07	1. 改善社会保险	2114	15.8	37.7
	2. 提供保障住房或廉租房	1664	12.5	29.7
	3. 提高最低工资水平	3697	27.7	65.9
	4. 改善医疗条件	1424	10.7	25.4
	5. 改善工作和生活环境	1358	10.2	24.2
	6. 改善子女教育条件	1036	7.8	18.5
	7. 提高职业技能	673	5.0	12.0
	8. 加强权益保障	1279	9.6	22.8
	9. 其他	105	0.8	1.9
	总计	13350	100.0	238.1

I08 您最希望提供哪些文化服务？

参与本次调查的农民工，最希望提供的文化服务依次为免费的公园（39.2%）、免费的文化站和图书馆（38.2%）、免费上网（34.3%）、组织农民工自己的文化体育活动（22.8%）、免费的报纸杂志（20.6%）、定期的文艺演出（17.9%）、免费的体育场馆（16.7%）、可供选择的免费电影票（13.8%）、公共电视（13.6%）、夜校（13.4%）、开放社区公共设施（11.3%），另有1.2%的人列举了其他方面的服务。

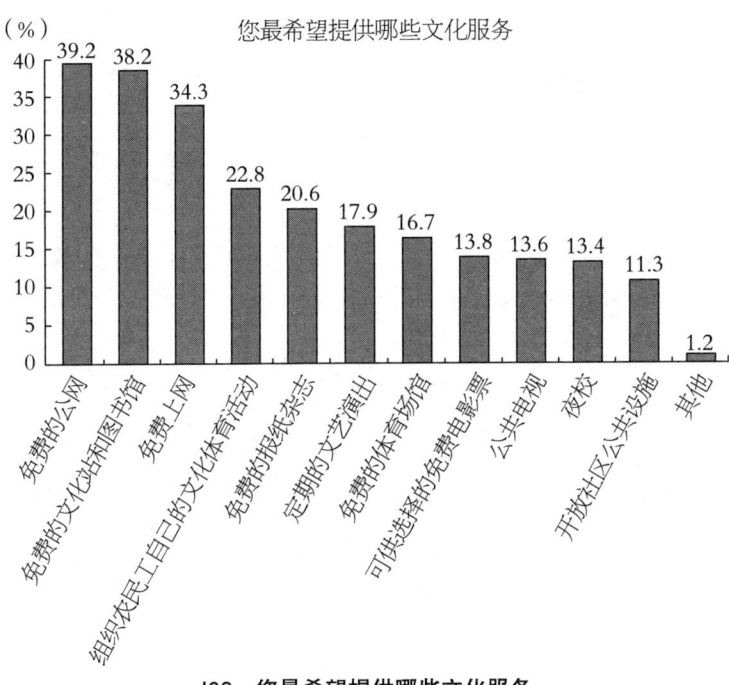

I08 您最希望提供哪些文化服务

项目		响应		个案百分比（%）
		样本数（个）	百分比（%）	
I08	1. 免费的公园	2186	16.1	39.2
	2. 免费的文化站和图书馆	2130	15.7	38.2
	3. 公共电视	757	5.6	13.6
	4. 免费上网	1913	14.1	34.3
	5. 免费的报纸杂志	1150	8.5	20.6
	6. 定期的文艺演出	995	7.3	17.9
	7. 可供选择的免费电影票	767	5.7	13.8
	8. 组织农民工自己的文化体育活动	1271	9.4	22.8
	9. 免费的体育场馆	931	6.9	16.7
	10. 夜校	748	5.5	13.4
	11. 开放社区公共设施	630	4.7	11.3
	12. 其他	67	0.5	1.2
	总计	13545	100.0	243.0

J 社会参与

J01 您的政治面貌

参与本次调查的农民工,其政治面貌:共产党员占5.3%,共青团员占29.6%,群众占60.3%,其他占4.8%。

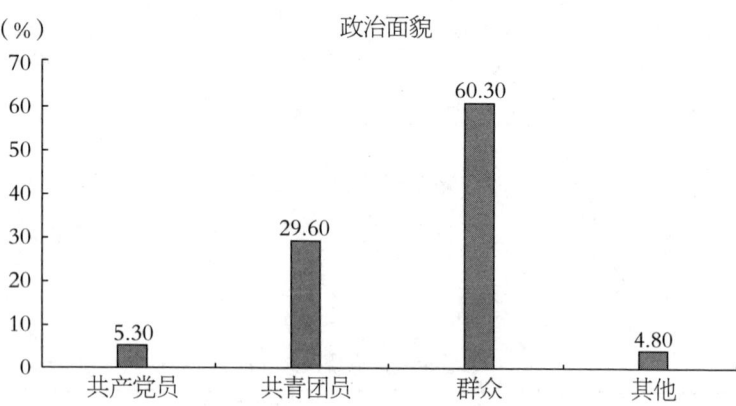

J01 您的政治面貌

项目		频数	百分比(%)	有效百分比(%)	累积百分比(%)
有效	1. 共产党员	307	4.9	5.3	5.3
	2. 共青团员	1708	27.4	29.6	34.9
	3. 群众	3484	55.9	60.3	95.2
	4. 其他	278	4.5	4.8	100.0
	有效合计	5777	92.7	100.0	—
缺失	系统	455	7.3	—	—
合计		6232	100.0	—	—

J02　如果您是党员或团员，您在打工企业或者所在居住社区是否经常参加党团组织活动？

参与本次调查的农民工中的党员、团员，对于在打工企业或者所在居住社区的党团组织活动，经常参加的占18.5%，偶尔参加的占37.2%，从不参加的占44.3%。

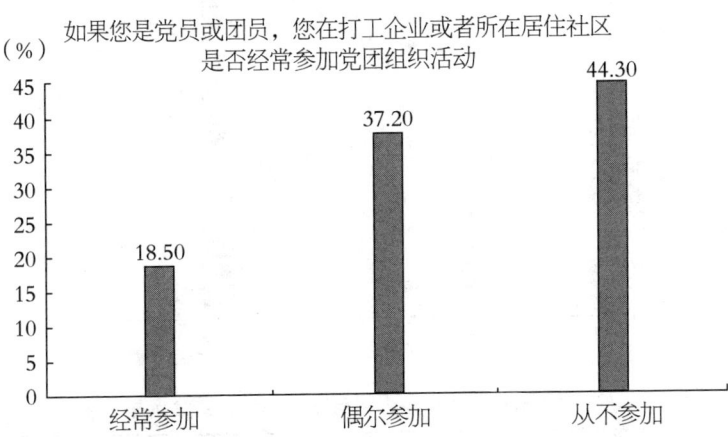

J02　如果您是党员或团员，您在打工企业或者所在居住社区是否经常参加党团组织活动

	项目	频数	百分比（%）	有效百分比（%）	累积百分比（%）
有效	1. 经常参加	737	11.8	18.5	18.5
	2. 偶尔参加	1483	23.8	37.2	55.7
	3. 从不参加	1764	28.3	44.3	100.0
	有效合计	3984	63.9	100.0	—
缺失	系统	2248	36.1	—	—
	合计	6232	100.0	—	—

J03 到城里后,您是否回老家参加过村委会选举?

参与本次调查的农民工,到城里后回老家参加村委会选举的占32.8%,另外67.2%没有回老家参加村委会选举。

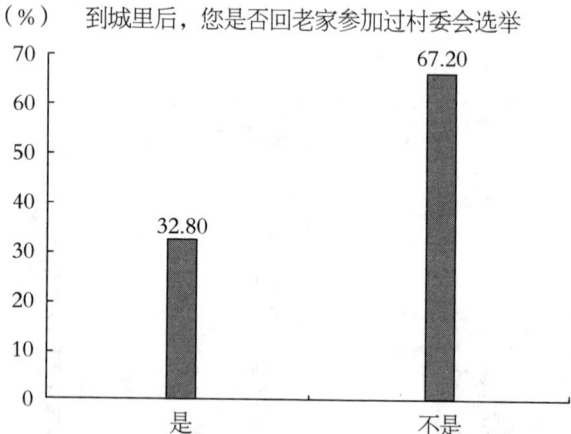

J03 到城里后,您是否回老家参加过村委会选举

项目		频数	百分比(%)	有效百分比(%)	累积百分比(%)
有效	1. 是	1807	29.0	32.8	32.8
	2. 否	3708	59.5	67.2	100.0
	有效合计	5515	88.5	100.0	—
缺失	系统	717	11.5	—	—
合计		6232	100.0	—	—

J04 您认为农民工是否该参与所在居住社区的选举活动?

参与本次调查的农民工,对于"农民工是否该参与所在居住社区的选举活动?"的问题,67.5%的人认为应该参与,5.8%的人认为不应该参与,26.7%的人表示无所谓。

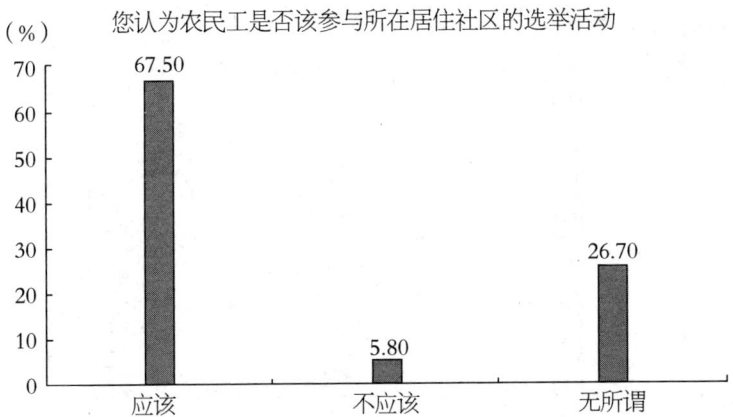

J04 您认为农民工是否该参与所在居住社区的选举活动

项目		频数	百分比（%）	有效百分比（%）	累积百分比（%）
有效	1. 应该	3749	60.2	67.5	67.5
	2. 不应该	324	5.2	5.8	73.3
	3. 无所谓	1483	23.8	26.7	100.0
	有效合计	5556	89.2	100.0	—
缺失	系统	676	10.8	—	—
合计		6232	100.0	—	—

J05 您想不想参加您工作所在单位或所居住社区的管理活动（如民主决策、民主管理、民主监督等）？

参与本次调查的农民工，对于"您想不想参加您工作所在单位或所居住社区的管理活动（如民主决策、民主管理、民主监督等）？"的问题，54.7% 表示想参加，10.2% 的人表示不想参加，35.1% 的人表示无所谓。

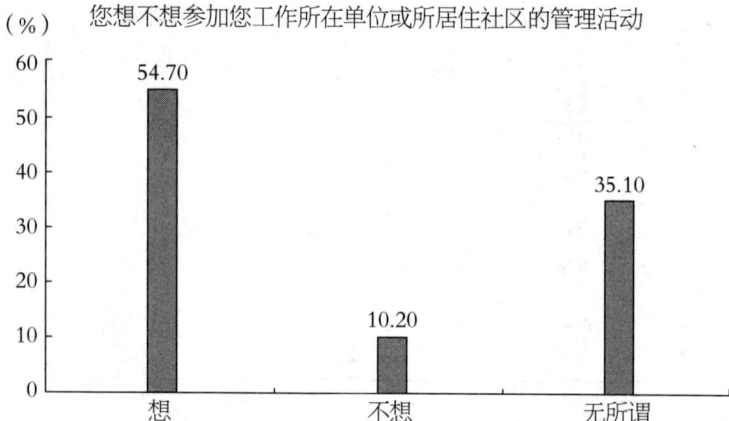

J05 您想不想参加您工作所在单位或所居住社区的管理活动

项目		频数	百分比（%）	有效百分比（%）	累积百分比（%）
有效	1. 想	3031	48.6	54.7	54.7
	2. 不想	564	9.1	10.2	64.9
	3. 无所谓	1943	31.2	35.1	100.0
	有效合计	5538	88.9	100.0	—
缺失	系统	694	11.1	—	—
合计		6232	100.0	—	—

J06 如果您想参加工作所在单位或所居住社区的管理活动，主要目的是什么？

本次调查中，那些表示"想参加工作所在单位或所居住社区的管理活动"的农民工，其主要目的依次为：维护自身利益（36.1%）、维护农民工群体利益（32.2%）、出于社会责任感（14.6%）、个人兴趣（8.3%）、提高自身社会地位（8.1%）、其他（0.7%）。

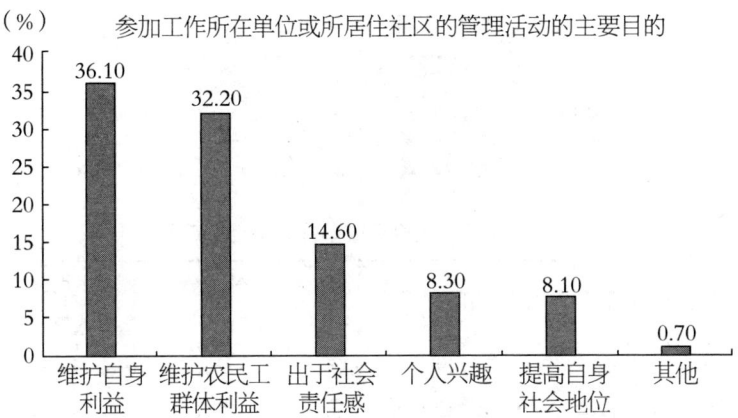

J06 参加工作所在单位或所居住社区的管理活动的主要目的

	项目	频数	百分比（%）	有效百分比（%）	累积百分比（%）
有效	1. 维护自身利益	1961	31.5	36.1	36.1
	2. 提高自身社会地位	441	7.1	8.1	44.2
	3. 维护农民工群体利益	1752	28.1	32.2	76.4
	4. 出于社会责任感	792	12.7	14.6	91.0
	5. 个人兴趣	450	7.2	8.3	99.3
	6. 其他	39	0.6	0.7	100.0
	有效合计	5435	87.2	100.0	—
缺失	系统	797	12.8	—	
	合计	6232	100.0		

J07 您所在的企业或单位有工会组织吗？

参与本次调查的农民工中，55.9%的人所在的企业或单位有工会组织，另外44.1%的人所在的企业或单位没有工会组织。

451

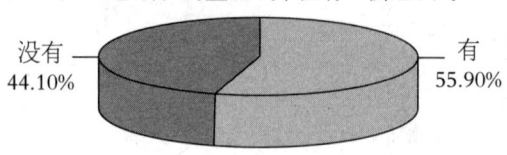

J07　您所在的企业或单位有工会组织吗

项目		频数	百分比（%）	有效百分比（%）	累积百分比（%）
有效	1. 有	3149	50.5	55.9	55.9
	2. 没有	2483	39.8	44.1	100.0
	有效合计	5632	90.4	100.0	—
缺失	系统	600	9.6	—	—
合计		6232	100.0	—	—

J08　您怎样看待现有的工会组织？

参与本次调查的农民工，对于工会组织作用的看法，45.2%的人认为工会"能代表农民工的利益"，12.4%的人认为工会"不能代表农民工的利益"，29.9%的人认为工会"没什么实际用处"，9.6%的人认为工会"能发挥重要作用"，另外2.8%的人对工会有其他方面的看法。

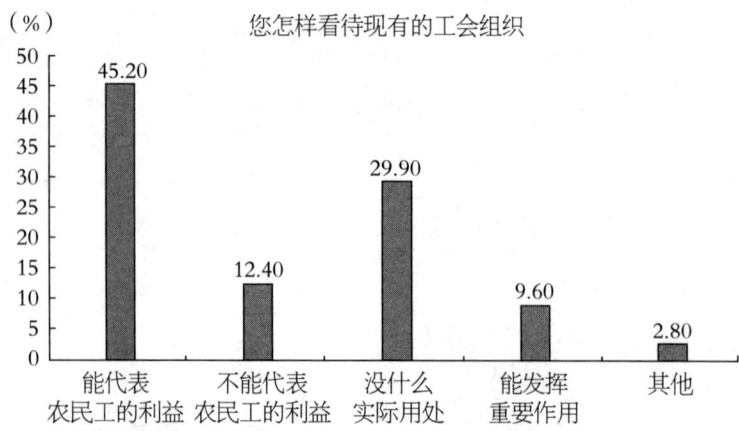

J08 您怎样看待现有的工会组织

	项目	频数	百分比（%）	有效百分比（%）	累积百分比（%）
有效	1. 能代表农民工的利益	2380	38.2	45.2	45.2
	2. 不能代表农民工的利益	654	10.5	12.4	57.6
	3. 没什么实际用处	1576	25.3	29.9	87.5
	4. 能发挥重要作用	507	8.1	9.6	97.2
	5. 其他	149	2.4	2.8	100.0
	有效合计	5266	84.5	100.0	—
缺失	系统	966	15.5	—	—
	合计	6232	100.0	—	—

J09 您有没有加入工会？

参与本次调查的农民工，加入工会的占 26.5%，另外 73.5% 的农民工没有加入工会。

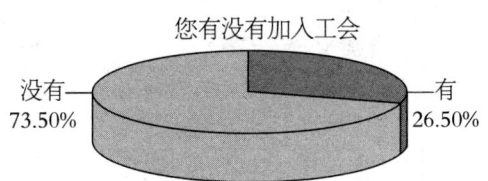

J09 您有没有加入工会

	项目	频数	百分比（%）	有效百分比（%）	累积百分比（%）
有效	1. 有	1456	23.4	26.5	26.5
	2. 没有	4038	64.8	73.5	100.0
	有效合计	5494	88.2	100.0	—
缺失	系统	738	11.8	—	—
	合计	6232	100.0	—	—

J10　您想不想加入属于农民工自己的合法组织?

参与本次调查的农民工,对于属于农民工自己的合法组织的加入意愿,73%的人表示想加入,8%的人表示不想加入,另外19%的人持无所谓的态度。

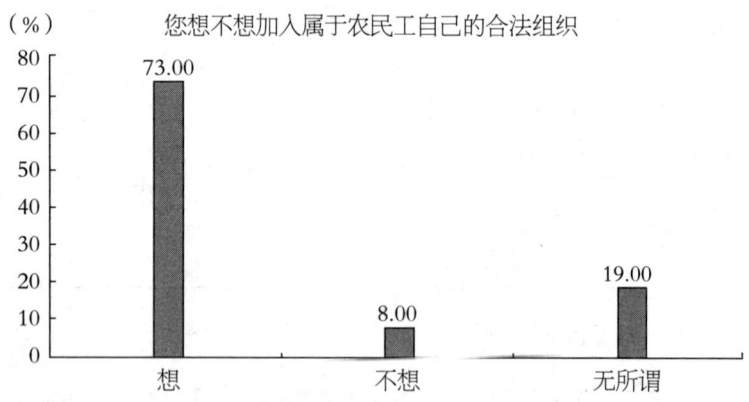

J10　您想不想加入属于农民工自己的合法组织

项目		频数	百分比（%）	有效百分比（%）	累积百分比（%）
有效	1. 想	4183	67.1	73.0	73.0
	2. 不想	460	7.4	8.0	81.0
	3. 无所谓	1089	17.5	19.0	100.0
	有效合计	5732	92.0	100.0	—
缺失	系统	500	8.0	—	—
合计		6232	100.0	—	—

J11　您是否经常收看收听时事新闻?

参与本次调查的农民工,对于时事新闻,47.3%的人表示经常收看收听,39.3%的人表示偶尔收看收听,13.4%的人表示很少收看收听。

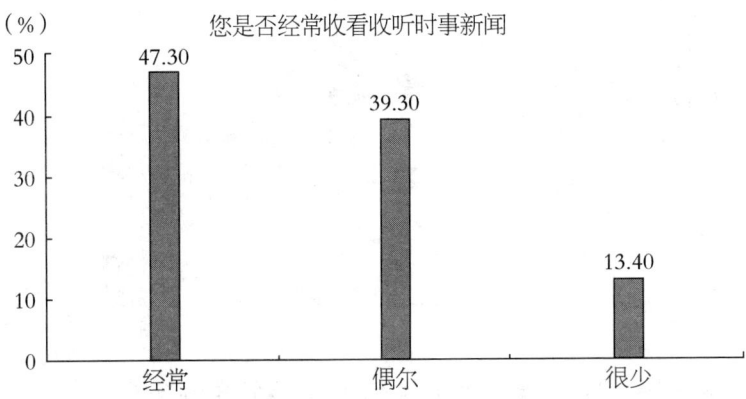

J11 您是否经常收看收听时事新闻

	项目	频数	百分比(%)	有效百分比(%)	累积百分比(%)
有效	1.经常	2750	44.1	47.3	47.3
	2.偶尔	2285	36.7	39.3	86.6
	3.很少	781	12.5	13.4	100.0
	有效合计	5816	93.3	100.0	—
缺失	系统	416	6.7	—	—
	合计	6232	100.0	—	—

J12 您是否经常与家人、朋友谈论国家政治问题?

参与本次调查的农民工,对于国家政治问题,25.7%的人表示经常与家人、朋友谈论,48.6%的人表示偶尔与家人、朋友谈论,25.7%的人表示很少与家人、朋友谈论。

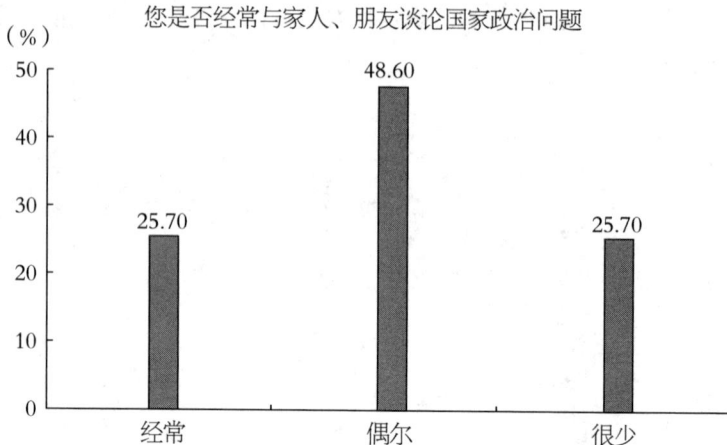

J12 您是否经常与家人、朋友谈论国家政治问题

项目		频数	百分比（%）	有效百分比（%）	累积百分比（%）
有效	1. 经常	1479	23.7	25.7	25.7
	2. 偶尔	2794	44.8	48.6	74.3
	3. 很少	1475	23.7	25.7	100.0
	有效合计	5748	92.2	100.0	—
缺失	系统	484	7.8	—	—
合计		6232	100.0	—	—

J13 您是否关注党的路线、方针和政策？

参与本次调查的农民工，对于党的路线、方针和政策的关注程度，32.1%的人表示很关注，44.8%的人表示一般，16.1%的人表示不太关注，7%的人表示不关注。

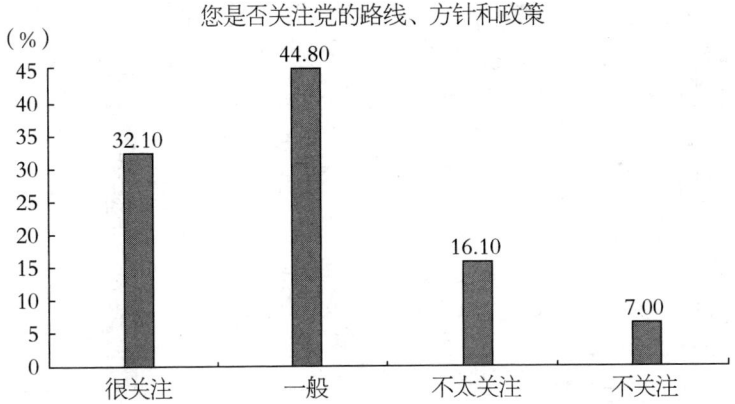

J13 您是否关注党的路线、方针和政策

项目		频数	百分比（%）	有效百分比（%）	累积百分比（%）
有效	1. 很关注	1846	29.6	32.1	32.1
	2. 一般	2576	41.3	44.8	76.9
	3. 不太关注	927	14.9	16.1	93.0
	4. 不关注	404	6.5	7.0	100.0
	有效合计	5753	92.3	100.0	—
缺失	系统	479	7.7	—	—
合计		6232	100.0	—	—

J14 进城后，您是否曾主动向媒体提供新闻线索，报道您身边的事或反映您的想法？

参与本次调查的农民工，对于"进城后，您是否曾主动向媒体提供新闻线索，报道您身边的事或反映您的想法？"的问题，6.2%的人表示经常提供，16.7%的人表示偶尔提供，77%的人表示没有提供。

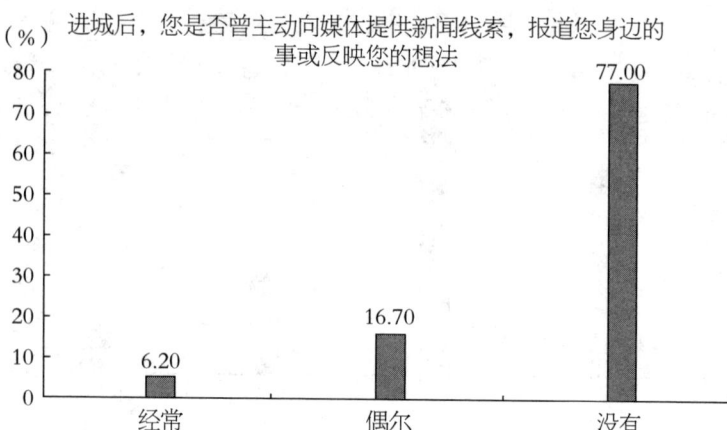

J14 进城后,您是否曾主动向媒体提供新闻线索,报道您身边的事或反映您的想法

项目		频数	百分比(%)	有效百分比(%)	累积百分比(%)
有效	1. 经常	345	5.5	6.2	6.2
	2. 偶尔	927	14.9	16.7	23.0
	3. 没有	4265	68.4	77.0	100.0
	有效合计	5537	88.8	100.0	—
缺失	系统	695	11.2	—	—
合计		6232	100.0	—	—

J15 进城后,您是否曾主动向劳动、妇联等执法部门反映您遇到的权益侵犯问题?

参与本次调查的农民工,对于"进城后,您是否曾主动向劳动、妇联等执法部门反映您遇到的权益侵犯问题?"的问题,4.7%的人表示经常向相关部门反映,12.9%的人表示偶尔向相关部门反映,82.4%的人表示没有向相关部门反映。

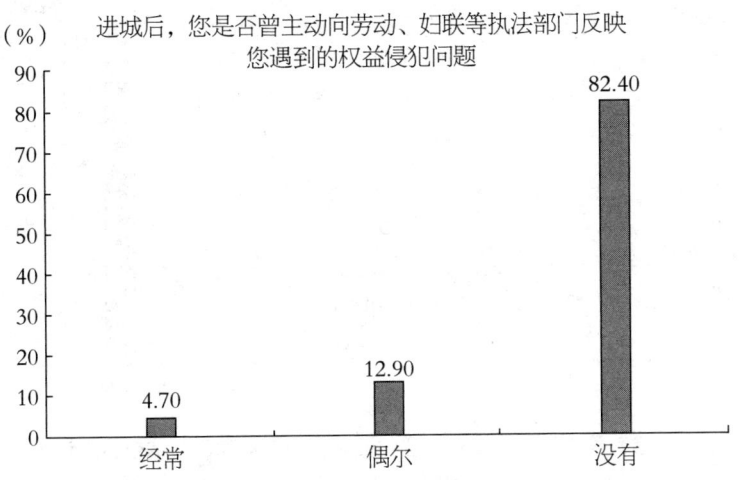

J15 进城后，您是否曾主动向劳动、妇联等执法部门反映您遇到的权益侵犯问题

	项目	频数	百分比（%）	有效百分比（%）	累积百分比（%）
有效	1. 经常	262	4.2	4.7	4.7
	2. 偶尔	720	11.6	12.9	17.6
	3. 没有	4594	73.7	82.4	100.0
	有效合计	5576	89.5	100.0	—
缺失	系统	656	10.5	—	—
	合计	6232	100.0	—	—

J16 您有没有因为在工作中遇到困难，向信访部门写信或打电话，提出您的要求和建议？

参与本次调查的农民工，对于"您有没有因为在工作中遇到困难，向信访部门写信或打电话，提出您的要求和建议？"的问题，3.6%的人表示经常向信访部门反映，12.8%的人表示偶尔向信访部门反映，83.7%的人表示没有向信访部门反映。

459

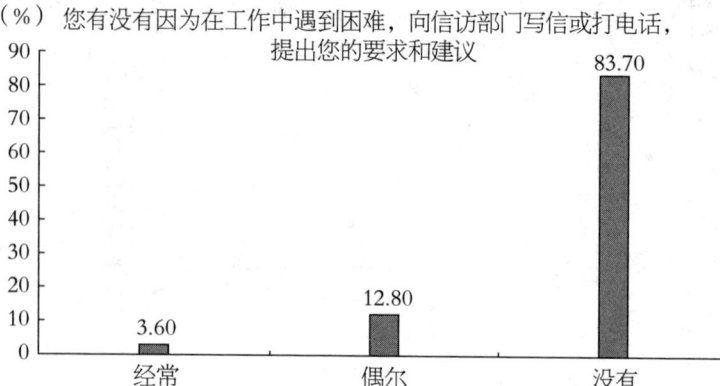

J16 您有没有因为在工作中遇到困难，向信访部门写信或打电话，提出您的要求和建议

项目		频数	百分比（%）	有效百分比（%）	累积百分比（%）
有效	1. 经常	203	3.3	3.6	3.6
	2. 偶尔	725	11.6	12.8	16.3
	3. 没有	4751	76.2	83.7	100.0
	有效合计	5679	91.1	100.0	—
缺失	系统	553	8.9	—	—
合计		6232	100.0		

J17 如果其他农民工因权益被侵犯邀请您去有关部门上访，您的态度是什么？

参与本次调查的农民工，对于"其他农民工因权益被侵犯邀请您去有关部门上访"的态度，46.4%的人表示会"积极参加"，29.8%的人会"表示同情，但不会参加"，6.3%的人表示会"劝阻他们别去"，17.4%的人表示"无所谓"。

（%）如果其他农民工因权益被侵犯邀请您去有关部门上访，您的态度

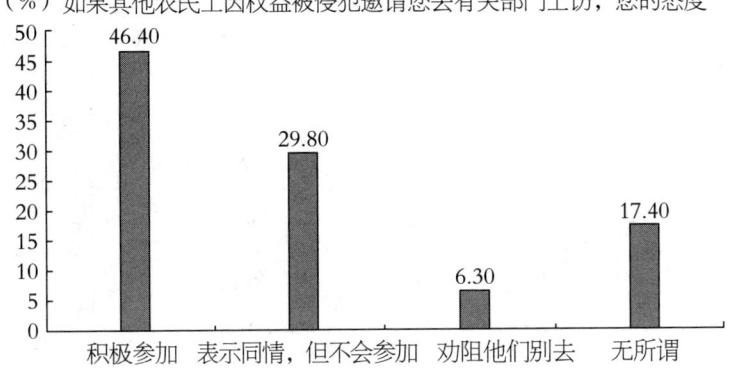

J17 如果其他农民工因权益被侵犯邀请您去有关部门上访，您的态度

	项目	频数	百分比（%）	有效百分比（%）	累积百分比（%）
有效	1. 积极参加	2623	42.1	46.4	46.4
	2. 表示同情，但不会参加	1685	27.0	29.8	76.3
	3. 劝阻他们别去	356	5.7	6.3	82.6
	4. 无所谓	984	15.8	17.4	100.0
	有效合计	5648	90.6	100.0	—
缺失	系统	584	9.4	—	—
	合计	6232	100.0		

J18 当农民工权益受到严重侵害时，您是否赞同用自杀（如跳楼）等极端方式，捍卫自己的权益？

参与本次调查的农民工，对于"当农民工权益受到严重侵害时，您是否赞同用自杀（如跳楼）等极端方式，捍卫自己的权益？"这个问题，3.2%的人表示非常赞同，2.9%的人表示赞同，36.7%的人表示不赞同，57.2%的人表示很不赞同。

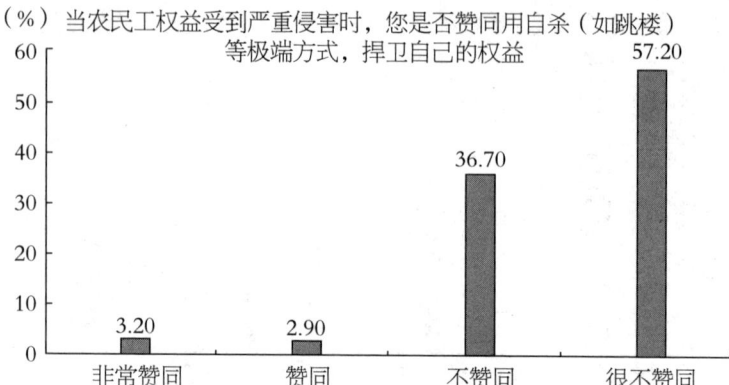

J18 当农民工权益受到严重侵害时,您是否赞同用自杀(如跳楼)等极端方式,捍卫自己的权益

	项目	频数	百分比(%)	有效百分比(%)	累积百分比(%)
有效	1. 非常赞同	182	2.9	3.2	3.2
	2. 赞同	165	2.6	2.9	6.1
	3. 不赞同	2080	33.4	36.7	42.8
	4. 很不赞同	3248	52.1	57.2	100.0
	有效合计	5675	91.1	100.0	—
缺失	系统	557	8.9	—	—
合计		6232	100.0	—	—

J19 当农民工权益受到严重侵害时,您是否赞同用罢工等方式,捍卫自己的权益?

参与本次调查的农民工,对于"当农民工权益受到严重侵害时,您是否赞同用罢工等方式,捍卫自己的权益?"这个问题,16.1%的人表示非常赞同,30.5%的人表示赞同,36.8%的人表示不赞同,16.7%的人表示很不赞同。

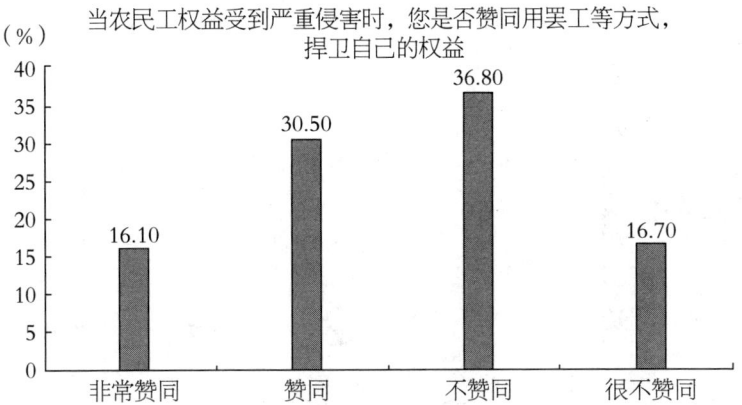

J19 当农民工权益受到严重侵害时，您是否赞同用罢工等方式，捍卫自己的权益

	项目	频数	百分比（%）	有效百分比（%）	累积百分比（%）
有效	1. 非常赞同	904	14.5	16.1	16.1
	2. 赞同	1714	27.5	30.5	46.6
	3. 不赞同	2065	33.1	36.8	83.3
	4. 很不赞同	936	15.0	16.7	100.0
	有效合计	5619	90.2	100.0	—
缺失	系统	613	9.8	—	—
	合计	6232	100.0	—	—

J20 如果您有机会参与城市的政治活动，您的目标是什么？

参与本次调查的农民工，对于"如果您有机会参与城市的政治活动，您的目标是什么？"的问题，65.4%的人表示其目标是反映农民工的利益要求，9%的人表示其目标是为政府科学决策出谋划策，12.7%的人表示其目标是实现个人利益和价值，10.8%的人表示没什么具体目的，另外2.1%的人列出了其他目标。

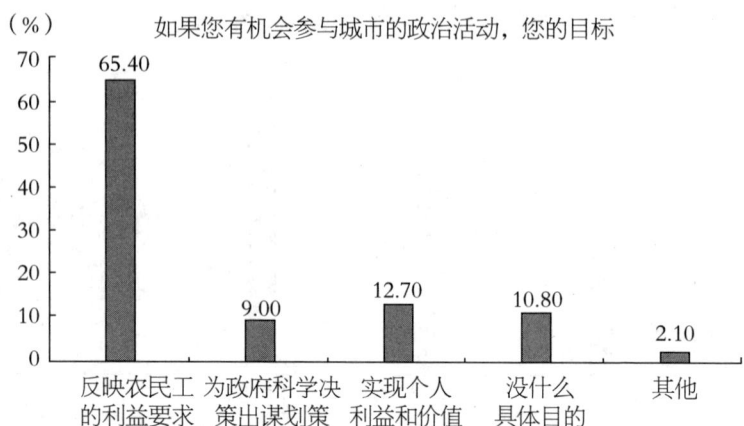

J20 如果您有机会参与城市的政治活动，您的目标

	项目	频数	百分比（%）	有效百分比（%）	累积百分比（%）
有效	1. 反映农民工的利益要求	3709	59.5	65.4	65.4
	2. 为政府科学决策出谋划策	512	8.2	9.0	74.5
	3. 实现个人利益和价值	717	11.5	12.7	87.1
	4. 没什么具体目的	610	9.8	10.8	97.9
	5. 其他	119	1.9	2.1	100.0
	有效合计	5667	90.9	100.0	—
缺失	系统	565	9.1	—	—
	合计	6232	100.0	—	—

J21 当您的权益受到所在企业侵犯时，您会采取什么办法解决？

参与本次调查的农民工，对于其权益受到所在企业侵犯时，采取的解决办法依次是：打官司（26.9%），联合其他农民工一起反映（24.6%），上访（14.5%），找报纸电视媒体曝光（12.6%），找亲友同乡帮助（8.5%），默默忍受（6%），其他（3.7%），罢工（3.2%）。

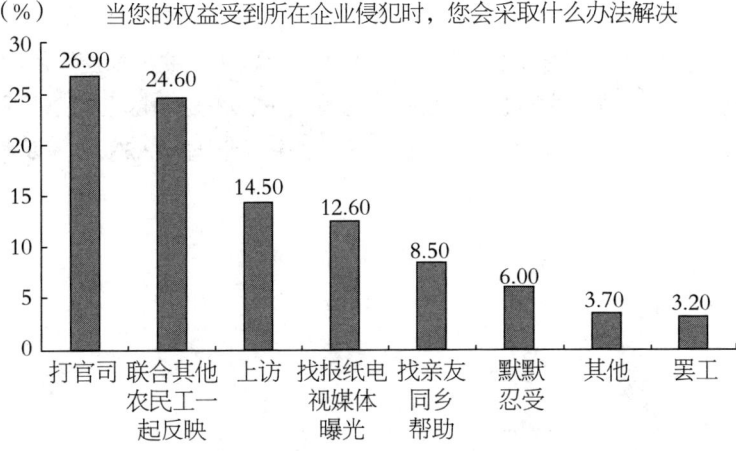

当您的权益受到所在企业侵犯时，您会采取什么办法解决

J21 当您的权益受到所在企业侵犯时，您会采取什么办法解决

	项目	频数	百分比（%）	有效百分比（%）	累积百分比（%）
有效	1. 打官司	1545	24.8	26.9	26.9
	2. 上访	831	13.3	14.5	41.4
	3. 找报纸电视媒体曝光	722	11.6	12.6	54.0
	4. 找亲友同乡帮助	486	7.8	8.5	62.5
	5. 联合其他农民工一起反映	1409	22.6	24.6	87.0
	6. 默默忍受	347	5.6	6.0	93.1
	7. 罢工	186	3.0	3.2	96.3
	8. 其他	210	3.4	3.7	100.0
	有效合计	5736	92.0	100.0	—
缺失	系统	496	8.0	—	—
	合计	6232	100.0	—	—

J22 您期望用什么途径来维护自己的合法权益？

参与本次调查的农民工，维护自己合法权益途径的期望依次为：一切用法律来解决问题（47.6%），政府用制度来维护自己的利益（35.6%），通过工会组织代为解决（9.9%），由人大代表或政协委员代为解决（3%），参加城市的社会管理（2.3%），其他（1.7%）。

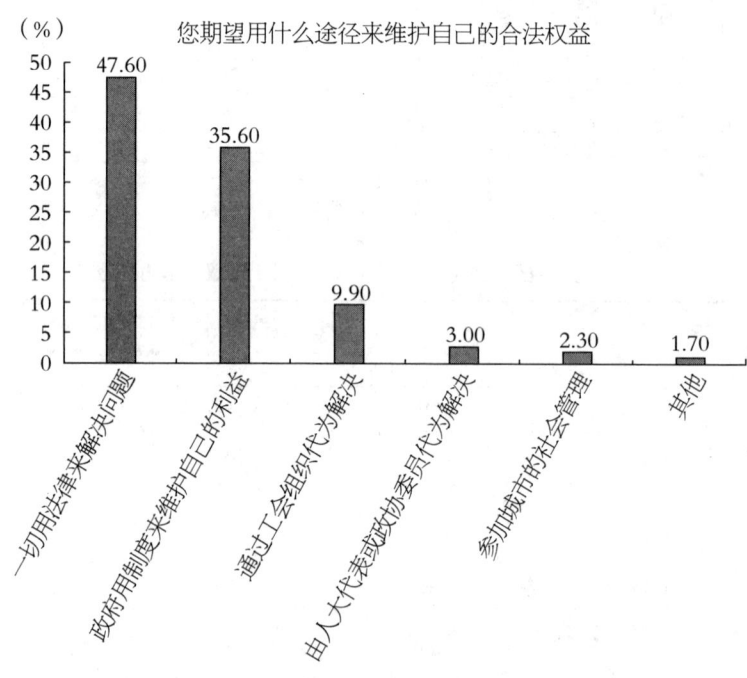

J22 您期望用什么途径来维护自己的合法权益

	项目	频数	百分比（%）	有效百分比（%）	累积百分比（%）
有效	1. 政府用制度来维护自己的利益	2043	32.8	35.6	35.6
	2. 参加城市的社会管理	132	2.1	2.3	37.9

续表

	项目	频数	百分比（%）	有效百分比（%）	累积百分比（%）
有效	3. 一切用法律来解决问题	2733	43.9	47.6	85.5
	4. 由人大代表或政协委员代为解决	174	2.8	3.0	88.5
	5. 通过工会组织代为解决	566	9.1	9.9	98.3
	6. 其他	95	1.5	1.7	100.0
	有效合计	5743	92.2	100.0	—
缺失	系统	489	7.8	—	—
	合计	6232	100.0	—	—

附录 农民工调查问卷

A 基本情况

A01 性别：_____1. 男；2. 女。

A02 年龄：_____岁（周岁）。

A03 婚姻状况：_____1. 未婚；2. 已婚；3. 离异；4. 丧偶。

A04 子女人数：_____人。

A05 受教育程度：_____1. 未上过学；2. 小学；3. 初中；4. 高中 5. 中专；6. 大专及以上。

A06 户籍所在地区域：_____省_____市_____县_____乡（镇）。

A07 家庭成员有_____人，其中劳动力_____人，2009 年出乡（镇）就业的家庭成员有_____人。

A08 目前具有的技能情况：_____ 0. 没有等级；1. 初级技工；2. 中级技工；3. 高级技工；4. 技师；5. 高级技师。

B 就业情况

B01 您本人首次外出就业的年龄是_____岁，到目前为止已经累积外出打工了_____年（不足 1 年计为 0）。

B02 您接受的技能培训情况是（可多选）：_____0. 没有参加过任何培训；1. 当过学徒工；2. 自费参加过技能培训；3. 参加过政府组织的培训；4. 参加过企业组织的培训。

B03 您目前就业地点：_____省_____市_____县_____乡（镇），在目前城市的就业时间有_____年。

B04 您在目前企业的就业时间有_____年。

B05 近三年您更换了几个工作单位：_____1. 没有更换过；2. 更换过1个；3. 更换过2个；4. 更换过3个；5. 更换过4个及以上。

B06 您目前就业的单位行业是：_____1. 工业；2. 建筑业；3. 商业；4. 餐饮和家庭服务业；5. 交通运输业；6. 农业；7. 其他。

B07 您目前就业的单位性质是：_____1. 国有企业；2. 民营企业；3. 外资或合资企业；4. 其他。

B08 您在目前单位中的职务是：_____1. 一般工人或服务人员；2. 技术工人；3. 班组长；4. 中层及以上领导。

B09 您是否举家外出：_____1. 是；2. 否。

B10 您配偶的就业情况是：_____1. 在同一城市打工；2. 在同一单位工作；3. 在其他地方打工；4. 在老家。

B11 您的子女随迁情况是：_____1. 在自己务工城市；2. 在配偶务工城市；3. 在老家。

B12 您在进城打工之前在家从事过_____年农业生产（未从事过的填0）。

C 收入情况

C01 您现在一个月的工资收入是_____元。其中，基本工资是_____元，奖励/津贴/补贴等合计是_____元。

C02 您现在每天工作时间是_____个小时，每个月要加班_____天。

C03 您每个月工资发放情况是否正常：_____1. 每月正常发放；2. 每个月发上个月的工资；3. 每个季度或半年发一次；4. 经常拖延，不固定。

C04 您2009年在外打工的实际工作时间有_____月。

C05 您自己2009年的年工资收入总计有_____元。

C06 您2009年的年家庭纯收入总计有_____元。

D 支出情况

D01 您的家庭目前在务工地每月的生活消费支出是_____元。
D02 每个月食品支出（包括烟酒类和在饭店吃饭等）_____元。
D03 每个月日常生活支出（包括洗漱用品、化妆品等用品及洗澡、美容、理发等服务）_____元。
D04 每个月医疗支出_____元。
D05 每个月居住支出（包括房租、物业费、水电费等）_____元。
D06 每个月交通支出（包括在务工地乘坐交通工具的费用、汽油费等，不包括长途交通费用）_____元。
D07 每个月通信支出（包括通信用品和通信服务）_____元。
D08 每个月社会保险个人缴费支出_____元。
D09 您2009年打工净结余有_____元。
D10 您2009年寄回或带回老家的现金有_____元。

E 居住情况

E01 您目前在务工地的居住形式是：_____1. 自购商品房；2. 自购的经济适用房或两限房；3. 政府提供的廉租房；4. 自己租的房屋；5. 单位提供的集体宿舍（包括建筑工棚）；6. 其他。

E02 您目前居住的房屋类型是：_____1. 成套的单元房（有厨房和卫生间）；2. 筒子间楼房；3. 城镇里的普通平房；4. 郊区的普通平房；5. 简易宿舍；6. 地下室；7 其他。

E03 如果您是住在自己租的房屋，建筑面积是_____平方米；每个月的租金是_____元；实际居住人数是_____人；离上班地点有_____公里。居住状况是：_____1. 自己住；2. 和家人同住；3. 和朋友或亲戚合租。

E04 如果您是住在单位提供的集体宿舍（包括建筑工棚），建筑面积是_____平方米；每个月的租金是_____元（如果没有请填

0）；实际居住人数是＿＿＿＿＿人。居住状况是：＿＿＿＿＿1. 自己住；2. 和家人同住；3. 和工友同住。

E05 如果您是自购房（包括自购的经济适用房或两限房），建筑面积是＿＿＿＿＿平方米；购买时的房屋单价是＿＿＿＿＿元／平方米，总价是＿＿＿＿＿万元；实际居住人数是＿＿＿＿＿人。居住状况是＿＿＿＿＿：1. 自己住；2. 和家人同住；3. 和朋友或亲戚同住。

E06 您目前已经享受哪些住房政策：＿＿＿＿＿1. 可以购买务工地的经济适用房或两限房；2. 可以购买老家所在市（县）的经济适用房或两限房；3. 可以申请务工地的廉租房或公共租赁房；4. 可以申请老家所在市（县）的廉租房或公共租赁房；5. 单位缴纳了住房公积金；6 单位提供了住房补贴。

E07 您对目前务工地的居住情况满意程度是：＿＿＿＿＿1. 很满意；2. 一般；3. 不满意；4. 非常不满意。

E08 您在务工地改善住房的期望方式是：＿＿＿＿＿1. 政府放开购买政策性住房的限制；2. 政府建设专门的农民工公寓；3. 政府改善外来人口集聚区的生活环境；4. 单位提供更舒适卫生的集体宿舍；5. 单位缴纳住房公积金；6. 单位提供住房补贴。

F 居住意愿

F01 您未来的打算是：＿＿＿＿＿1. 在务工地所在的城镇定居；2. 在务工地所在的城市定居；3. 回家乡的城市定居；4. 回离家近的小城镇定居；5. 回农村定居并改善农村居住条件；6. 还没想好。

F02 如果您想在务工地定居并成为市民，您希望＿＿＿＿＿年之内实现愿望；您改善住房的期望方式是：＿＿＿＿＿1. 购买商品房；2. 购买经济适用房或两限房；3. 申请廉租房或公共租赁房；4 自己租房。

F03 如果您想在务工地购房，您期望的住房面积是＿＿＿＿＿平方米，能承受的商品房单价是＿＿＿＿＿元／平方米，总价是＿＿＿＿＿万元；按您目前的家庭收入水平和当地房价计算，大概需要＿＿＿＿＿年

附录　农民工调查问卷

才能买得起房子。

F04 如果您想在务工地租房，您期望的住房面积是_____平方米，能承受的租金水平是_____元/月。

F05 如果您想回家乡的城市（城镇）定居并成为市民，您希望_____年之内能实现愿望；您改善住房的期望方式是：_____1. 购买商品房；2. 购买经济适用房或两限房；3. 申请廉租房或公共租赁房；4. 自己建房；5. 自己租房。

F06 如果您想在家乡的城市（城镇）购房，您期望的住房面积是_____平方米，能承受的商品房单价是_____元/平方米，总价是_____万元；按您目前的家庭收入水平和当地房价计算，大概需要_____年才能买得起房子。

F07 如果您想在家乡的农村自建房，您期望的住房面积是_____平方米，能承受的建房总支出是_____万元（如不想自建房请填0）。

G 享受公共服务、参与社会保险、业余文化生活情况

G01 您的子女教育情况是（未婚或无子女者跳过）：_____1. 在务工地公办学校接受教育；2. 在务工地民办学校接受教育；3. 在老家的学校接受教育。

G02 您对子女教育的期望是（未婚或无子女者跳过）（可多选）：_____1. 在务工地公办学校接受教育；2. 在务工地民办学校接受教育；3. 参加务工地的中考和高考；4. 提高老家学校的教学质量。

G03 目前企业雇主或单位为您缴纳的社会保险有（可多选）：_____1. 城镇职工养老保险；2. 城镇职工基本医疗保险；3. 工伤保险；4. 失业保险 5. 生育保险；6. 未参加任何保险。

G04 您目前在老家已参加了哪些社会保险（可多选）：_____1. 新型农村合作医疗保险；2. 农村养老保险；3. 未参加任何社会保险。

G05 您平时有时间参加业余文化生活吗：_____1. 有；2. 没有。

G06 您的业余文化生活主要包括（可选三项）：_____1. 看电视；2. 学习培训；3. 聊天打发时间；4. 和工友一起打牌；5. 逛街；6. 看报纸杂志；7. 上网；8. 在家里或宿舍休息；9. 体育锻炼；10. 看电影；11. 其他。

G07 您业余时间经常去的地方是（可选三项）：_____1. 公园；2. 商场；3. 电影院；4. 图书馆；5. 文化馆；6. 体育馆；7. 家里或宿舍；8. 网吧；9. 其他。

G08 您务工的企业是否有健身或文化娱乐设施：_____1. 有；2. 没有；3. 企业定期在其他地方组织一些文化娱乐活动。

H 土地情况

H01 您老家现有承包地_____亩（如没有请填0）。

H02 您老家现有宅基地_____亩（如没有请填0）。

H03 您老家住宅建筑面积为_____平方米，是_____年盖的，约值_____万元（如没有住宅请填0）。

H04 您老家的承包地目前是：_____1. 自种；2. 委托亲友代种；3. 转租给别人种。

H05 您老家的承包地若是转租给别人种，每亩每年的租金有_____元。

H06 如果您进城定居，希望如何处置承包地：_____ 1. 保留承包地，自家耕种；2. 保留承包地，有偿流转；3. 入股分红；4. 给城镇户口，无偿放弃；5. 给城镇户口，有偿放弃；6. 其他。

H07 如果您进城定居，希望如何处置宅基地或房产：_____1. 保留农村的宅基地和房产，备将来用；2. 有偿转让；3. 给城镇户口，有偿放弃；4. 置换城里的住房；5. 其他。

H08 您从老家村集体资产里每年能获得的收入有_____元（如没有集体资产请填0）。

I 意愿调查

I01 您对所在打工地总体上满意吗？_____1. 很不满意；2. 不太满意；3. 无所谓；4. 基本满意；5. 很满意。

I02 您对下面哪些方面最不满意（可按重要性高低选三项）？_____1. 社会保险；2. 居住状况；3. 收入水平；4. 医疗条件；5. 工作环境；6. 子女教育；7. 职业技能培训；8. 城市歧视；9. 权益保障；10. 计划生育服务；11. 其他_____。

I03 城镇户口最吸引您的是什么内容（可按重要性高低选三项）？_____1. 社会保险水平高；2. 有低保、下岗扶持等措施；3. 就业稳定；4. 城市生活条件好；5. 能购买政府保障性住房或政府提供的廉租房；6. 子女教育条件好；7. 子女高考容易；8. 身份平等；9. 城市比农村福利水平高很多；10. 其他_____。

I04 假如不提供城镇户口，您愿意留在城里吗？_____1. 愿意，无论如何都要留在城里；2. 不愿意，干些年再回去；3. 无所谓，可以两边跑；4. 我相信这种情况会改变的。

I05 如果能够选择，您希望定居在什么地方？_____1. 直辖市；2. 省会或副省级城市；3. 地级市；4. 县级市；5. 县城或小城镇；6. 农村 7. 只要是城市，哪里都行；8. 在哪里打工就待在哪里。

I06 如果您在城镇落户定居，您是否愿意接受只生一胎的政策？_____1. 愿意；2. 不愿意；3. 生完孩子后再进城；4. 其他_____。

I07 您目前最希望政府做的事是什么（可按重要性高低选三项）？_____1. 改善社会保险；2. 提供保障住房或廉租房；3. 提高最低工资水平；4. 改善医疗条件；5. 改善工作和生活环境；6. 改善子女教育条件；7. 提高职业技能；8. 加强权益保障；9. 其他_____。

I08 您最希望提供哪些文化服务（可按重要性高低选三项）？_____1. 免费的公园；2. 免费的文化站和图书馆；3. 公共电

视；4. 免费上网；5. 免费的报纸杂志；6. 定期的文艺演出；7. 可供选择的免费电影票；8. 组织农民工自己的文化体育活动；9. 免费的体育场馆；10. 夜校；11. 开放社区公共设施；12. 其他_____。

J　社会参与

J01 您的政治面貌是_____1. 共产党员；2. 共青团员；3. 群众；4. 其他_____。

J02 如果您是党员或团员，您在打工企业或者所在居住社区是否经常参加党团组织活动？_____1. 经常参加；2. 偶尔参加；3. 从不参加。

J03 到城里后，您是否回老家参加过村委会选举？_____1. 是；2. 否。

J04 您认为农民工是否该参与所在居住社区的选举活动？_____1. 应该；2. 不应该；3. 无所谓。

J05 您想不想参加您工作所在单位或所住居社区的管理活动(如民主决策、民主管理、民主监督等)？_____1. 想；2. 不想；3. 无所谓。

J06 如果您想参加工作所在单位或所居住社区的管理活动，主要目的是？_____1. 维护自身利益；2. 提高自身社会地位；3. 维护农民工群体利益；4. 出于社会责任感；5. 个人兴趣；6. 其他_____。

J07 您所在的企业或单位有工会组织吗？_____1. 有；2. 没有。

J08 您怎样看待现有的工会组织？_____1. 能代表农民工的利益；2. 不能代表农民工的利益；3. 没什么实际用处；4. 能发挥重要作用；5. 其他_____。

J09 您有没有加入工会？_____1. 有；2. 没有。

J10 您想不想加入属于农民工自己的合法组织？_____1. 想；2. 不想；3. 无所谓。

J11 您是否经常收看收听时事新闻？_____1. 经常；2. 偶尔；3. 很少。

J12 您是否经常与家人、朋友谈论国家政治问题？_____1. 经常；2. 偶尔；3. 很少。

J13 您是否关注党的路线、方针和政策？_____1. 很关注；2. 一般；3. 不太关注；4. 不关注。

J14 进城后，您是否曾主动向媒体提供新闻线索，报道您身边的事或反映您的想法？_____1. 经常；2. 偶尔；3. 没有。

J15 进城后，您是否曾主动向劳动、妇联等执法部门反映您遇到的权益侵犯问题？_____1. 经常；2. 偶尔；3. 没有。

J16 您有没有因为在工作中遇到困难，向信访部门写信或打电话，提出您的要求和建议？_____1. 经常；2. 偶尔；3. 没有。

J17 如果其他农民工因权益被侵犯邀请您去有关部门上访，您的态度是：_____1. 积极参加；2. 表示同情，但不会参加；3. 劝阻他们别去；4. 无所谓。

J18 当农民工权益受到严重侵害时，您是否赞同用自杀（如跳楼）等极端方式，捍卫自己的权益？_____1. 非常赞同；2. 赞同；3. 不赞同；4. 很不赞同。

J19 当农民工权益受到严重侵害时，您是否赞同用罢工等方式，捍卫自己的权益？_____1. 非常赞同；2. 赞同；3. 不赞同；4. 很不赞同。

J20 如果您有机会参与城市的政治活动，您的目标是：_____1. 反映农民工的利益要求；2. 为政府科学决策出谋划策；3. 实现个人利益和价值；4. 没什么具体目的；5. 其他_____。

J21 当您的权益受到所在企业侵犯时，您会采取什么办法解决？_____1. 打官司；2. 上访；3. 找报纸电视媒体曝光；4. 找亲友同乡帮助；5. 联合其他农民工一起反映；6. 默默忍受；7. 罢工；8. 其他_____。

J22 您期望用什么途径来维护自己的合法权益？_____1. 政府用制度来维护自己的利益；2. 参加城市的社会管理；3. 一切用法律来解决问题；4. 由人大代表或政协委员代为解决；5. 通过工会组织代为解决；6. 其他_____。

问卷设计和数据处理：何宇鹏　金三林　钟虹黎

附录　农民工调查问卷